U0755583

"博学而笃志，切问而近思。"

（《论语》）

博晓古今，可立一家之说；
学贯中西，或成经国之才。

复旦博学·复旦博学·复旦博学·复旦博学·复旦博学·复旦博学

作者简介

　　程曼丽，毕业于中国人民大学新闻学院，获学士、硕士、博士学位。毕业后留校任教。现为北京大学新闻与传播学院教授、博士生导师、副院长，世界华文传媒研究中心主任。长期从事世界新闻传播史、公共关系学等方面的教学与研究工作。出版专著《〈蜜蜂华报〉研究》、《海外华文传媒研究》、《公关传播》等；出版教材《外国新闻传播史》（合著）、《公关心理学》、《国际传播学教程》；参与《中西新闻比较论纲》、《苏联新闻史》、《世界传媒概览》等书的写作；发表学术论文百余篇。

新 闻 与 传 播 学 系 列 教 材／新 世 纪 版

博學

外国新闻传播史
导　论
（第二版）

程曼丽　著

JU

復旦大學 出版社

内 容 提 要

　　本书是在外国新闻传播史领域成绩斐然的专家的最新教学、研究成果，被教育部评为"十一五"国家级规划教材。

　　本书突破了外国新闻传播史传统撰写老路，构建了崭新的研究框架。其一，以世界政治、经济的发展脉络为主线，对各国新闻媒体的历史沿革、变迁及其政治、文化传统、背景和经济形态，在突出重点中作了较全面的考察、叙述。其二，史论结合。即对新闻传播理论产生的时代背景和历史必然性作了深刻的描述和评判。其三，历史和现实相结合。即对新闻传播史事件和现象作了深刻的分析和解读，如在重大的国际事件和紧要的历史关头，媒介起了什么样的作用，它对社会发展产生了怎样的影响，等等。

　　书中"新的世界格局中的新闻传播事业"等章节，阐述了"冷战"后至21世纪初世界新闻传播史的现状和发展，无论材料和研究成果都是最新的，为其他同类教材和专著所仅见。此次修订、增补的内容富有较强的时代感，如对俄罗斯及其西方媒介生态的剖析，许多均依据近两年的材料和信息。

　　本书可作为新闻传播学科的教材，也可供新闻业务进修、提高之用。

目　录

第一章

新闻传播业的诞生与发展

现代意义上的新闻传播业诞生于资本主义商品经济的兴起(尽管人类有意识的信息传播活动古已有之),社会的生产、生活的需要为它提供了广阔的空间。它一经出现便为资产阶级所用,成为其沟通信息、牟取利润的手段,并成为其用以反对封建主义、推动资产阶级革命,而后用以巩固资产阶级统治、维护资本主义制度的舆论工具。

第一节　人类早期的新闻传播活动

早在远古时期,人类的信息传播活动就已出现。至近代新闻业诞生之前,它大致经历了口头传播、手写传播、印刷传播三个发展阶段。

一、口头传播

口头传播是人类最早出现的一种传播形式,口头传播时期也是人类传播史上延续最久的时期。

前语言时期,人类使用的传播方式十分简单(呼唤、体态、手势等)。随着社会的演进,人的大脑功能及发音器官逐渐完善,才产生了音节语言(大约几十万年前)。此后,口头语言传播成为人类主要的信息传播形式。

口语传播的具体形式有部落、团体、民族的集会,田间地头的传闻,广泛流传的民谣,行吟诗人的说唱等等。

由于口头语言传播在时间和空间上具有一定的局限性,古代人类还借助体语、标记、图式、声光等多种方式作为新闻信息传播的辅助手段。

二、手写传播

(一)文字的产生

文字出现之前,古代人类曾经通过结绳记事、刻木记事、实物书信等形式用以记事并作为相互交流的手段。原始社会后期,文字出现了。古代埃及人在公元前三千多年创造了一种象形文字。古代苏美尔人在公元前三千多年创造了图画文字,即用简单的图形把牛、羊、谷物、鱼等画下来。同一时期,中国和其他一些国家也都创造出并使用过象形文字。文字的出现,是人类传播史上的重要里程碑,为手写新闻传播的诞生奠定了基础。

(二)书写材料的改进

早期的传播载体大多是简陋的自然材料,如岩壁、黏土、兽皮、兽骨、竹简等。中国人对书写材料的改进做出了重大的贡献。公元前2世纪,中国出现了用植物纤维制成的纸;公元105年,东汉人蔡伦改进了造纸术,开始用树皮、破布、纤维和渔网造纸。这一技术传到高丽、日本,后经中亚、阿拉伯地区传入欧洲,为各国采用。

在此基础上,人类的信息传播活动进入了手写传播时期。这一时期占主导地位的传播形式有两种:官方公报和新闻信。

1. 官方公报

官方公报是统治阶级(奴隶社会、封建社会)内部用以传递信息的工具,与普通民众无涉。在数千年的手写传播时期,具有今日新闻纸性质、正式载入史册的官方公报有:

(1)古罗马时代的《每日纪闻》(Acta Diurna)

公元前59年,尤利乌斯·恺撒当选为罗马执政官后,下令每日公布元老院的工作。于是,一块涂有石膏的特制木板被立在了罗马议事厅外,上面主要是元老院的议事记录,还有法庭审判、税收情况等内容。当时的名称是"阿尔布"(Album),后来人们称之为《每日纪闻》。

恺撒遇刺身亡(公元前44年)后,他的养子屋大维继任。公元前

27年,元老院授予他"奥古斯都"(意为至圣至尊)的尊称和其他荣誉。屋大维成为罗马最高的主宰者,奴隶制的罗马共和国从此转变为罗马帝国。公元前6年,屋大维恢复《每日纪闻》,内容有议会记录、帝国政事、宗教祭祀、贵族的婚丧嫁娶、战争消息等等。公报除缮写在布告牌上,还由书记员抄写多份,颁发给各地要人和驻军首长。罗马帝国的不断扩张使《每日纪闻》的传播范围越来越广。一位美国传播学者认为,罗马帝国之所以能统治辽阔疆域,至少有一部分原因在于它有一个发达的,包括《每日纪闻》在内的传播系统。而西罗马帝国的灭亡则与其传播系统不发达有关。

(2)中国唐代的进奏院状

中国唐代的进奏院状大约出现于公元700年。唐代中期,藩镇势力不断扩大,各节度使纷纷在京设立办事机构,称"进奏院"。进奏院中的官员被称为进奏官,他们既为所代表的地方长官呈递奏章,下达文书,办理与政府各部门联系等事宜,也负责为地方官员了解、汇集和通报朝廷的政治消息。经进奏官传发给各藩镇用以介绍朝廷政事动态和各项消息的书面报告,就是"进奏院状",有时也称为"状报"、"报状"等。到了宋朝,"进奏院状"改称"邸报",成为中央政府统一审定发行的正式官报。

2.　新闻信

新闻信是指传递、交流信息的公私信件。私人新闻信主要流行于上层社会,官方新闻信则时常带有传递政情、军情的性质。例如公元前47年,恺撒由埃及进军小亚细亚,征讨本都王国。战争顺利结束后恺撒立即写信向罗马告捷,信上只用了三个词:"我到,我见,我胜。"

和官方公报相比,新闻信虽形式上有所变化,但它仍是统治阶级和贵族阶层传递信息的工具。从性质上说,它与封建官报没有根本差别。

3.　手抄小报

在手写传播的后期(16世纪初),欧洲的一些国家出现了一种新的新闻传播样式——手抄小报。早期的手抄小报是随着欧洲,尤其是意大利沿海城市(主要是威尼斯)工商业的逐渐繁荣发展起来的。15世纪时,资本主义生产方式开始在这里萌芽,造船、纺织、玻璃制造等行业相当发达,手工工厂林立,工人达19万人之多。这里的手工业主、商人、航海界人士十分关心商品行情、各地物价、来往船期的信息,于是便有人专门打听这些消息,抄写后出售。后来需要相同消息的人多了,他们就抄写多份,谁需要就卖给谁,这就是手抄小报。有资料认为,1536年威尼斯已有专门采集消息的机构和贩卖手抄小报的人。1563年同土耳其发生战争期间,威尼斯政府也曾发行手写的小报。1566年这里又出现定名的小报,叫做"手抄新闻"(Notizie Scritte)。以上小报的内容除了商品行情、船期消息外,间或也有政局变化、战争、灾害消息等,因为这些都会对商贸活动产生影响。手抄小报不定期发行,沿街兜售,每份一个铜元(一说张贴在公共场所,凡入内阅读须付一个铜元)。当时的铜币叫做"格塞塔"(Gazetta)。后来这种小报流传到德国、英国、法国以及欧洲的其他城市,就被称为 Venice Gazetta(威尼斯小报)。而 Gazetta 一词也就成为欧洲各国早期报纸的名称。

应当指出的是,以往出于分期的考虑,一般教科书将手抄小报归入"手写传播"一类,与官方公报相提并论,但事实上,手抄小报虽然出现在手写传播时期,具有早期文字传播的一般特征,然而它却是萌芽状态下的资本主义生产关系的产物,带有资本主义性质,并且已从宫廷走向民间,与封建官报有着本质上的区别。鉴于手抄小报与其后印刷传播的源流关系,我们也可以将它纳入印刷传播时期,看作是印刷传播的先奏。

三、印刷传播

印刷术的发明,为印刷新闻传播奠定了基础,它是人类传播史上又一座里程碑。

印刷术最早出现于中国。公元 7 世纪初,中国人发明了雕版印刷术,即用在板材上雕刻成图文的印版进行印刷。宋朝庆历年间(1041—1048 年),毕昇首创胶泥活字排版印刷术。公元 14 世纪初,中国又出现了木活字印刷。

大约在 14 世纪末、15 世纪初,中国的雕版印刷术传到欧洲,并在意大利、德国、荷兰等地得到推广和应用,印制了纸牌、雕版画、印本书籍等雕版印刷品。从中可见中国古代印刷术对欧洲印刷传播的影响。但是,由于欧洲各国使用的是拼音文字,与雕版印刷不甚契合,所以欧洲的雕版印刷业并没有像在中国那样获得充分的发展。在雕版印刷术传入欧洲半个多世纪以后,欧洲人就开始应用活字印刷了。

对欧洲印刷史有着特别重要意义的是德国人谷登堡的活字印刷

术。谷登堡（Johnnes Gutenberg, 1397—1468 年）早年从事过雕版印刷工作。他的活字印刷是在 1450 年首创的。他用铜模铸出了以铅、锡、锑合金为材料的活字，并形成了由拣字、组版、填空、齐行和印刷还字等步骤组成的活版印刷工艺。他还制成了木制的、靠螺旋在印版上加压力的印刷机，代替了纯粹的手工操作。随后他用自己发明的印刷设施印出了《圣经》释义辞典。

　　谷登堡的活字印刷术及其印刷机问世后不久，15 世纪后半期至 15 世纪末，意大利、法国、荷兰、匈牙利、西班牙、英国、丹麦、瑞典等国先后出现了德国的印刷者创建的印刷所，出版书籍很快成为每一个大城市的时尚和有利可赚的生意。在出版书籍的同时，一些印刷商开始印刷出版记事性的小册子，记述近期发生的大事，例如重大战役、自然灾害、节日庆典、王公葬礼之类。这些内容说不上什么时效性，但对一般读者来说仍不失为新鲜的信息，从而带有某种新闻性。其中比较著名的有：1482 年奥格斯堡发行的《土耳其侵犯欧洲新闻》，1493 年西班牙发行的《哥伦布发现新大陆记》，1508 年奥格斯堡发行的《巴西探险记》等。这些记事性的小册子被看作是印刷新闻传播的萌芽。

　　新航路开辟后，世界主要商路从地中海转移到大西洋，意大利的威尼斯以及其他城市在商业上的重要地位也不得不让位于大西洋沿岸的里斯本、塞维利亚、安特卫普和伦敦。特别是尼德兰的安特卫普（现属比利时），到 16 世纪时，它已经成为世界贸易的中心，近代资本主义社会中的一些经济机构，如证券交易所、股份公司、航运保险公司等，在此也都建立了起来。16 世纪末期，在欧洲手抄小报流行的同时，在记事性小册子的基础上，安特卫普首先出现了不定期的新闻印刷品，其内容是某些重大事件的报道。与前述小册子相比，新闻性明显增强。这些印刷品多为书本形式，故被称为新闻书（Newsbook），也有单页的新闻传单（Newssheet），通常在书店、集市或街头出售。有些新闻书和新闻传单在安特卫普出版后，被翻译成英、法等国文字，向其他国家传布。

　　手抄小报虽然简陋，新闻书虽然不定期印刷，它们却是近代报刊的雏形。一般认为，这两种传播样式的出现，标志着古代新闻传播开始向近代新闻业过渡。由于它们的出现，人类的新闻传播活动发生了质的变化：新闻传播的规模扩大了，从特定的对象（宫廷和贵族）转而面向整个社会了，专门采集和发布新闻的机构出现了，从事这项活动的行业队伍逐渐形成了。这就为近代新闻传播业的诞生奠定了基础。

第二节　近代新闻传播业的诞生

　　近代新闻传播业(主要是报业)诞生于封建社会末期,它是随着封建社会母体内资本主义因素的不断增长而发展起来的。马克思曾经说过:资产阶级在封建社会中形成的历史可以"分为两个阶段:第一是资产阶级在封建主义和君主制的统治下形成为阶级;第二是形成阶级之后,推翻封建主义和君主制度,把旧社会改造成资产阶级社会"[①]。本节所要描述的正是"第一阶段"中资产阶级报刊的状况。

一、欧洲国家近代报刊的出现

　　近代报刊产生的标志,是定期刊物(至少每周出版一次)的出现。而世界上最早的定期刊物诞生于德国。

　　1609 年,德意志地区出现了两种周报:《通告—报道或新闻报》,在沃尔芬比特尔(一说奥格斯堡)发行,每周一张,只有一条新闻;《报道》在斯特拉斯堡出版,当年 9 月 4 日曾刊登著名天文学家伽利略制作一台新的望远镜的消息。这两份周报依靠新闻信获得世界各地的消息并加以刊载。一般认为它们是世界上最早的定期报刊。当时在德意志地区出现的周报或周刊还有:《法兰克福新闻》(1615—1902 年)、《法兰克福邮报》(1616—1866 年)、《马格德堡新闻》(1626—1955 年)等。

　　1650 年,出版商蒂莫台斯·里兹赫在莱比锡创办了《新到新闻》。一般认为,这是德国,也是世界上第一份日报。1660 年,莱比锡印刷局长创办周报《莱比锡新闻》,三年后改为日报出版。这两份报纸存在的时间都不长。

　　1682 年,奥·门克教授在莱比锡创办了德国第一份科学杂志《学术纪事》。它与 1688 年在汉堡出版的《每月论坛报》一起,开创了延续到 19 世纪中叶的德国期刊中文学与哲学成分超过新闻的思辨传统[②]。

---

　　① 《马克思恩格斯选集》第 1 卷,人民出版社,1972 年版,第 159 页。
　　② 参见陈力丹:《世界新闻史纲》,福建人民出版社,1988 年版,第 31 页。

1670 年到 1790 年,德意志地区先后出版期刊 3 494 种,超过同时期世界其他地区期刊出版量的总和。

近代报刊首先出现在德国,有几方面的原因:

第一,德国是最早发明和采用活字印刷技术的国家。新的印刷手段的运用,使信息的大量复制成为可能。这就为定期报刊的出现奠定了技术基础。

第二,德意志地区的邮政系统比其他国家发达,许多城市可以每日递送邮件。这就为报刊的定期发行提供了保障。

第三,由于国家分裂、长期战争和黑暗的专制统治,到 16 世纪末期,德国已经成为欧洲封建统治势力最薄弱的国家。而"报纸首先是在那些中央权力薄弱或统治者比较宽容的地方兴盛起来的,前者如德意志地区,当时它分裂为许多弱小的公国;后者如那些低地国家(指今日的荷兰、比利时和卢森堡——译注)"[①]。

定期报刊在德国出现之后,从 1610 年到 1661 年间,瑞士、奥地利、英国、法国、丹麦、意大利、西班牙、瑞典、波兰等国也陆续出现了定期报刊。由于封建政权的压制,这些报刊起初只刊登国外新闻,后来才增加为当局所许可的国内新闻和言论。在定期报刊逐渐增加的基础上,欧洲以至世界各国先后出现了日报。

英国第一份日报是 1702 年在伦敦出版的《每日新闻》,该报开始单面印刷,以后改为两面印刷,每面两栏,初步具备了近代报纸的形式。法国第一份日报是 1777 年元旦创办的《巴黎新闻》,以报道新闻为主,内容多样,并有广告。美国第一份日报是费城的《宾夕法尼亚晚邮报》,1775 年创办时为周三刊,到 1783 年改为日报,小张两面印刷,存在时间不长。

从 17 世纪初定期报刊的问世到 17、18 世纪日报的陆续创办,是近代新闻事业的初创时期。这一时期的特点是:第一,报刊从一般的印刷出版物中分离出来,同书籍区别开来,成为以报道新闻、评论时事为主的传播媒介;其次,报纸和杂志逐渐区分开来,成为各具特色的新闻载体。报纸刊期短,有日报、周报等;散张,两面印刷,分栏编排;内容有新闻、评论、广告三个主要部分。杂志刊期比报纸长,有周刊、半月刊、月刊、季刊

---

① 〔美〕迈克尔·埃默里、埃德温·埃默里:《美国新闻史》,新华出版社,2001 年版,第 9 页。

等;形式上保留本册式装订;内容分政治时事、科学、文艺等类别。

二、殖民地国家近代报刊的出现

资产阶级"在封建主义和君主制的统治下形成为阶级"之后,随着新航路的开辟、美洲大陆的发现以及环球航行的成功,它们获得了更加广阔的发展空间。从 15 世纪末叶起,为了夺取殖民地、加速资本积累,西欧各国(先是西班牙、葡萄牙,后是荷兰、英、法等)殖民者侵入了亚洲、非洲、拉丁美洲广大地区,开始了全球范围内的殖民掠夺。这种殖民掠夺一直延续到 17 世纪和 18 世纪,给殖民地人民带来了深重的灾难。

西方殖民者在不断突破地域界限,为其产品寻找市场的同时,也将本土的资产阶级报纸带往殖民地。这些报纸从欧洲大陆"出发",穿越大西洋、绕过好望角到达印度,再经过马六甲海峡抵达菲律宾、中国和日本;这些报纸也可能由欧洲大陆传到英伦三岛,再由英伦三岛传到南美洲的墨西哥、巴西等国家。西方殖民者不但携报纸漂洋过海,还在他们所到之处创办具有宗主国色彩的报刊。曾为殖民地的国家,其首份报纸(近代报纸)几乎都是由西方殖民者创办的。

(一) 亚洲国家

亚洲国家最初的近代报纸,大多是西方殖民者为适应其殖民活动的需要,用外国文字出版的。

1. 印度

从 17 世纪起,英国殖民者开始在印度建立东印度公司,进行经济掠夺。1780 年 1 月,英国人詹姆斯·希基在加尔各答附近创办了第一份英文报纸《孟加拉报》(Bengal Gazette)。这是一份篇幅为两页的周报,主要报道政治和商业新闻。此后,类似的英文报纸相继出现,到 18 世纪末已有十多家。它们的出版都得到英国殖民当局的赞助。

2. 印度尼西亚

从 15 世纪起,印度尼西亚先后遭受葡萄牙、西班牙、英国、荷兰等国的入侵,1602 年荷兰人在此成立东印度公司,开始了长达 300 多年的殖民统治。1615 年,第一份荷兰文报纸《新闻纪要》(也称《巴达维亚政治评论》)在巴达维亚(今雅加达)出版。该报主要转载荷兰本土报刊的内容,另有少量本地新闻和广告。报纸办了一个多世纪,于 1744 年停刊。

3. 新加坡和马来西亚

从 16 世纪起,新加坡、马来西亚就先后遭受葡萄牙、荷兰人的入侵,18 世纪逐渐沦为英国殖民地。新、马两国的报业诞生于 19 世纪,初创时期大多是英文报纸,其中最早的是《政府公报》(The Government Gazette),英国商人博恩 1806 年 3 月在槟榔创办,用以给殖民者提供各种信息。1824 年有位英国传教士在新加坡创办了《新加坡纪事报》(1824—1837 年),初为双周刊,后改为周刊。1826 年伦敦布道会所属的英华出版社在马六甲出版了周报《马六甲观察者》,以后又陆续出现了多家英文报纸,但生存期都不长。1845 年 7 月 15 日,一份重要的英文报纸《海峡时报和新加坡商业新闻》(后改为《海峡时报》)在新加坡问世。它开始时为周报,1858 年改为日报,发行量日增,后来成为新、马地区最有影响的报纸,出版至今。

除此之外,在菲律宾,第一份报纸是西班牙殖民总督于 1811 年创办的《总督报》;在泰国,第一份报纸是美国传教士于 1844 年创办的《曼谷纪事报》;在中国,第一份近代报纸是葡萄牙人 1822 年在澳门创办的《蜜蜂华报》。

(二) 拉丁美洲国家

1. 墨西哥

16 世纪初,墨西哥沦为西班牙殖民地。1679 年,西班牙殖民当局在墨西哥城创办了《墨西哥公报》,这是这里最早的定期刊物。1722 年,一位西班牙神父经总督批准创办了五天一期的《墨西哥报》。整个 18 世纪,这份报纸在舆论界一直处于主导地位。

2. 巴西

16 世纪初,巴西沦为葡萄牙殖民地。1808 年,因躲避拿破仑入侵而流亡巴西的葡萄牙国王若昂六世,在巴西创办了《里约热内卢报》,这是一份官方报纸,主要刊登政府公告和战争消息。

除此之外,1729 年危地马拉城出版了《危地马拉报》,1785 年波哥大市出版了每月一期的《公告报》。

(三) 非洲国家

1. 埃及

埃及的报业发端于 18 世纪末。1798 年拿破仑军队入侵埃及,用随身携带的印刷机出版了法文《埃及信使报》和《埃及旬报》。前者供军队传递消息,后者用于研究埃及历史文化。1801 年法军撤退后,两份报纸继续出版过一段时间。

2. 南非

南非曾经是荷兰和英国争夺的殖民地。1652 年,荷兰人在此建立殖民点,1806 年,英国人也在此建立了殖民点。早在 1795 年,英国殖民者就在这里发行了名为《开普敦公报和非洲广知报》的单页周报。大约 20 年以后,英国一名记者又创办了《南非商报》(周报)。1830年,开普敦又出现了用英、荷两种文字出版的《南非人报》。该报延续了 100 多年。

此外,非洲东部法国殖民岛屿毛里求斯于 1733 年出现了法文周报《预告报》;在西非,英属殖民地加纳于 1822 年出现了《皇家黄金海岸公报》,英属塞拉利昂的弗里敦出版了《看守人报》等。

(四) 大洋洲国家

1788 年,英国殖民者在澳大利亚建立殖民地,并带来了第一台印刷机。1803 年,澳大利亚殖民当局创办了《悉尼公报》(Sydney Gazette)。该报主编乔治·豪原为《泰晤士报》的排字工人(因犯罪被流放澳大利亚),由于熟悉印刷技术,被任命创办《悉尼公报》。《悉尼公报》是澳大利亚的第一份报纸。

除澳大利亚外,在大洋洲,很多国家长期处于列强的殖民统治之下,其国内的第一份报纸大多是由殖民者创办的。

应当指出的是,尽管西方殖民者的全球扩张带有掠夺性和侵略性,其利益的获得是以被征服地区利益的损失为代价的,但是,他们不断突破地域界限、寻求投资牟利乐园的行为,客观上却把中世纪以来彼此隔绝的世界几大部分沟通、联系了起来,为国与国之间的交往提供了广阔的舞台。正如马克思、恩格斯指出的那样:"资产阶级,由于开拓了世界市场,使一切国家的生产和消费都成了世界性的了。"[①]从新闻传播的角度来说,尽管当时传播技术的发展还处于低级阶段,国家、地区间的信息往来主要依靠远洋航运系统,传播速度亦为今人所不齿,但具有划时代意义的是,一个以欧洲为起点,将欧、亚、非、拉丁美洲、大洋洲联结起来的信息传播网络已经形成。

---

① 《马克思恩格斯选集》第 1 卷,人民出版社,1972 年版,第 221 页。

第三节　近代报刊在资产阶级革命中的作用

本节所要描述的是马克思所言"第二阶段"(即资产阶级"形成阶级之后,推翻封建主义和君主制度,把旧社会改造成资产阶级社会"阶段)中资产阶级报刊的状况。

在世界近代史上,自从尼德兰人民揭开了资产阶级革命的序幕以后,英国、美国、法国先后进行了具有世界影响的资产阶级革命。17世纪的英国革命,是人类从封建社会向资本主义社会过渡的一次重要的革命。这次革命推翻了封建专制制度,确立了资本主义生产关系在英国的统治地位。美国独立战争不仅是美国人民推翻英国殖民统治、争取民族独立的民族解放战争,也是一次资产阶级革命。法国大革命则是人类历史上最彻底的一次资产阶级革命,它摧毁了统治法国一千多年的封建专制制度,建立了资产阶级共和国,有力地推动了整个欧洲反封建的斗争。

在资产阶级革命发动和进行的过程中,英国、美国、法国资产阶级突破封建限制,纷纷出版报刊、书籍小册子,宣传民主自由思想,动员民众,推进革命进程。这一时期出现的言论出版自由的口号,为西方报刊的"集权主义理论"向"自由主义理论"过渡提供了理论基础和现实依据。

一、英国资产阶级革命与报刊

(一) 革命前的言论限禁

英国的资产阶级革命是在宗教改革的旗帜下进行的。16世纪30年代至40年代,随着宗教改革的推进,反对封建王权和国教(与封建王权紧密地结合在一起)的书籍和小册子纷纷出现。为了阻止新思想的传播,封建统治者加强了出版管制。

1528年,英王亨利八世下令限制印刷业的发展,1538年正式建立皇家特许制度,规定所有出版物均须经过特许,否则禁止出版。1557年,玛丽女王下令成立皇家特许出版公司,规定只有经过女王特许的印刷商才能成为公司的会员,只有公司会员和其他特许者才能从事印刷出版。1570 年,伊丽莎白女王将参议院司法委员会独立为皇家出版法院(即"星法院"),以加强对出版活动的管理。1586 年,皇家出版法院颁布特别法令。该法令规定:

(1)所有印刷商的印刷机必须在皇家特许出版公司登记;

(2)伦敦市以外,除了牛津、剑桥大学,一律禁止印刷;

(3)除非教会同意,不再允许新的出版商登记;

(4)特许制的各项规定;

(5)印刷任何刊物均须事前申请许可,否则处以 12 便士至 14 先令的罚款或坐牢处分;

(6)皇家特许出版公司对非法秘密出版物和印刷机有搜查、扣押、没收及逮捕嫌疑犯的权力;

(7)一般印刷商的学徒不得超过 3 人,牛津、剑桥大学的印刷商各限有 1 名学徒。

1625 年查理一世即位后,"星法院"对自由出版活动的惩罚更加严酷。一些著名的宗教改革家因编写、出版宣传性的小册子而被捕。他们被绑在示众枷上,当众鞭打,并被割耳,投入监狱。

(二)革命中的出版物

英国革命始于 1640 年。这一年,国王查理一世为筹措镇压英格兰起义的军费,不得不召开停止了 12 年的国会。以此为契机,在国会中占多数席位的资产阶级、新贵族向国王发起攻击。1641 年 11 月,国会通过反对查理一世暴政、限制王权的《大抗议书》。查理一世拒绝签字,并于 1642 年 8 月宣布讨伐国会。资产阶级革命于是掀起高潮。这场革命持续了 48 年,直到 1688 年"光荣革命"确立君主立宪政体,革命才告结束。其间随着政权的几次更迭(克伦威尔军事独裁、查理二世复辟),报刊的发展也一波三折。

革命爆发后,1641 年 7 月,"星法院"条例被取消,英国报业第一次获得了出版自由。于是,各种报刊和新闻印刷品如雨后春笋般纷纷涌现,"1640 年到 1660 年有著名的新闻出版物 300 多种"[①]。这些出版物大多仍为书本形式(习惯上仍称为"新闻书"),但第一页不再是封面和

---

① 转引自张隆栋、傅显明:《外国新闻事业史简编》,中国人民大学出版社,1988 年版,第 14 页。

书名,而是改为报纸的头版,报名下面直接刊登新闻或新闻要目。这些新闻书不再被禁止刊登国内新闻,由此出现了专门报道战况和国会议程的新闻书。其中最有影响的是:1641 年 11 月创刊的《国会议程纪要》、1642 年 1 月出版的《国会议程每日纪闻》、1643 年出版的《不列颠信使》等,这几份都是倾向革命的周刊。保皇派刊物则有《宫廷信使》、《公民信使》等。

克伦威尔军事独裁时期(1649—1658 年),对报刊实行了严厉的军事管制。1649 年,克伦威尔颁布规定,除特许者外,一律不准出版印刷品。他还恢复皇家出版公司,让该公司独占出版业并查处一些非法出版活动,政府还派专员负责指挥监督。在克伦威尔的高压政策下,革命初期一度兴盛的定期出版物纷纷消失,允许出版的只有两种官方报纸《政治信使报》(周刊,1650—1660 年)和《公众情报员》(周刊,1655—1660 年)。

查理二世复辟(1660 年)后,封建王朝的出版管制代替了克伦威尔的军事管制。支持克伦威尔的报刊遭到查封,保皇派的两份周报被指定为官方刊物,一份是《国会情报员》(1659—1663 年),一份是《大众信使》(1660—1663 年)。1660 年 6 月复辟王朝颁布决议,规定未经许可不准刊登国会消息。1662 年又颁布"特许制法令",恢复以往"星法院"的做法。1663 年查理二世任命了皇室新闻检查官,严厉管制印刷出版业。1665 年 11 月,复辟王朝出版了一份新的官报《牛津公报》(Oxford Gazette)。该报每周出两期,主要刊登官方新闻和一些简单记事。值得一提的是,该报一改以往新闻书的样式,首次采用单页两面印刷,每面分为两栏,开近代报纸版面形式之先河。这份报纸后改名为《伦敦公报》(London Gazette),一直出版至今,是世界现存历史最悠久的报纸。

1688 年的"光荣革命"结束了复辟王朝的统治,确立了英国的君主立宪制度,英国报纸才从严苛的封建限禁中摆脱出来,获得了喘息之机。但从整体上看,英国报业的发展步伐仍是缓慢的。

(三)弥尔顿和他的《论出版自由》

在英国资产阶级革命中,资产阶级革命家提出了"出版自由"的口号。正式提出这一主张并加以深刻论述的人是约翰·弥尔顿(John Milton,1608—1674 年)。弥尔顿出生于伦敦一个富裕的清教徒家庭,自幼酷爱读书,深受人文主义思想的影响。作为当时有名的政论家和诗人,革命爆发后他写了大量的文章和政论小册子,抨击封建统治,阐述主权在民的思想。1643 年,大资产阶级和新贵族代表操纵国会通过法案,规定未经出版检察官审阅批准,不许印刷任何出版物。弥尔顿对这一法案十分蔑视,他不顾禁令继续出版书籍,引起国会的愤怒。1644 年,弥尔顿被召至国会出版委员会接受质问,他借机作了长篇演讲,系统阐述了出版自由思想。这之后,弥尔顿无视书刊检查机构的存在,自行印刷了这篇演讲词。这就是著名的政论小册子《论出版自由》(AREOPAGITICA, A Speech for The Liberty of Unlicensed Printing)。

在这篇演说中,弥尔顿对出版检查制度进行了猛烈的抨击。他指出:"书籍并不是绝对死的东西。它包藏着一种生命的潜力。……如果不特别小心的话,误杀好人和误禁好书就会同样容易。杀人只是杀了一个理性的动物,破坏了一个上帝的像,而禁止好书则是扼杀了理性本身,破坏了瞳仁中的上帝圣像。"①弥尔顿强调人民的言论出版自由是与生俱来的权利,主张让人们"有自由来认识,抒发己见,并根据良心作自由的讨论,这才是一切自由中最重要的自由"。他认为这种自由"是一切伟大智慧的乳母",限制这种自由只会伤害真理,只有保障言论出版自由,才能使真理最终战胜谬误。他指出:"现在正是我们发表写作和言论来推动大家进一步讨论激动人心的事情的时候。……虽然各种学说流派可以随便在大地上传播,然而真理却已经亲自上阵;我们如果怀疑她的力量而实行许可制和查禁制,那就是伤害了她。让她和虚伪交手吧。谁又看见过真理在放胆交手时吃过败仗呢?"②

《论出版自由》于 1644 年获准出版后,一段时间内流传不广,影响不大,1778 年第一次再版。法国大革命时,米拉波译出该书的法文本。它于 18 世纪开始在英、法、美广泛流传,影响日益扩大,至今在西方仍被认为是关于出版自由的经典论著。

二、美国独立战争与报刊

(一) 革命前的出版管制

从 1607 年到 1733 年,英国殖民主义者在北美洲东岸先后建立了

---

① 约翰·弥尔顿:《论出版自由》,商务印书馆,1989 年版,第 5 页。
② 同上书,第 46 页。

13 个殖民地。

美国独立前,英殖民主义者对北美 13 个殖民地的印刷出版活动严加控制。从 1685 年到 1703 年间,各殖民地总督始终如一地执行英皇命令:任何人不得拥有印刷机进行印刷活动;未获取执照及政府特许,不得印刷任何出版物。1690 年 9 月 25 日,因逃避英国当局迫害而流亡北美的印刷商本杰明·哈里斯在波士顿出版了北美的第一份报纸《国内外公共事件》。由于未经殖民当局批准,只出了一期就被查封,英国总督的理由是"发现其中有极其偏激的言论以及各种可疑与不妥的报道"①。即便是殖民当局批准出版的报纸,只要其言论对当局有所不恭,也会被指控犯有煽动、诽谤罪,加以取缔或迫害。殖民统治者对印刷出版活动的限禁,引起了殖民地人民的不满,以"曾格案件"为起点,北美资产阶级展开了争取新闻自由的斗争。

曾格(J. P. Zenger)是纽约市的印刷商。1733 年 11 月,他在当地平民派领袖的支持下创办了《纽约周报》(N. Y. Weekly Journal)。这是一份四页小型报纸,其内容有相当一部分是批评殖民总督威廉·科斯比的。该报因此被指控"诽谤政府",曾格也于 1734 年 11 月被捕。1735 年 8 月法庭开庭,八十高龄的著名律师安德鲁·汉密尔顿(Anderw Hamilton)出庭为曾格辩护。按照当时英国和北美的惯例,凡是对政府进行批评,不管内容是否属实,一概视为诽谤。汉密尔顿针锋相对地指出:只有言论不实才构成诽谤,除非曾格刊登的言论是虚假的、恶意的、煽动性的(即为诽谤的),否则他就是无罪的。他指出:每个公民都有"陈述无可非议的事实真相的自由",都有"把事实真相讲出来,写出来以揭露和反抗专断权力的自由"。最后陪审团不顾法官的阻挠,裁定曾格无罪。"曾格案件"以曾格的无罪释放而告终,极大地鼓舞了北美殖民地人民争取言论出版自由的斗争。

(二)殖民地启蒙思想家富兰克林和杰佛逊

这一时期,随着印刷条件的改善以及欧洲移民的增加,欧洲启蒙思想家的书籍逐渐传入北美殖民地。这些书籍被大量翻印,广为流传,对殖民地人民反对宗主国的斗争产生了深远的影响。在此过程中,北美殖民地出现了自己的启蒙思想家,其代表人物是本杰明·富兰克林和

---

① 　张隆栋、傅显明:《外国新闻事业史简编》,中国人民大学出版社,1988 年版,第 25 页。

托马斯·杰佛逊。

本杰明·富兰克林(Benjamin Franklin,1706—1790年)出生于手工业者家庭,13岁起就在哥哥詹姆斯·富兰克林办的印刷所当学徒,16岁时以"沉默行善"的笔名给詹姆斯办的《新英格兰报》写稿,所写文章(随笔)成为北美殖民地的优秀作品。17岁起外出谋生,先后在伦敦和费城当印刷工。1729年买下费城印刷商凯默的《宾夕法尼亚报》,经过18年的经营,使该报成为当地最受读者欢迎的报纸。1732年,富兰克林用理查德·桑德斯的笔名编写了《穷人理查德历书》,为农民提供了大量新鲜有用的知识,被认为是现代杂志的先驱。1754年,富兰克林以宾州代表的身份出席北美各殖民地代表大会,参会前,他在《宾夕法尼亚报》上发表了一幅政治漫画——一条断为8节的蛇,题目是"不联合,即死亡",表达了各殖民地联合起来的愿望。该漫画在殖民地的报纸上广为刊登。富兰克林反对英国的殖民统治,认为英国行政长官的无限权力压制了"神圣的个人权利",但起初仅要求北美殖民地在英国范围内获得自治。后来在人民群众的推动下,他改变了观点,主张北美脱离英国而独立。1775年,富兰克林任美国大陆会议代表,参与起草《独立宣言》。他不但是美国开国元勋之一,还是一位科学家、电力学的奠基者之一。法国经济学家杜哥尔曾赞道:富兰克林从天空抓到雷电,从专制者手中夺回权力。

托马斯·杰佛逊(Thomas Jefferson,1743—1826年)出生于种植园主家庭,1760年入威廉-玛丽学院学习,毕业后自学法律,1767年取得律师资格。1769年当选为弗吉尼亚州议员,1774年为该州起草《英属美洲的权利概述》,指出移居美洲的人民"拥有人类的天赋权利,他们有权脱离由于偶然的机会而不是自愿选择所隶属的国家;他们有权去寻觅新天地,在那里建设新社会,并且制定他们认为最能促进公共幸福的法律和典章"。1776年7月4日,由杰佛逊起草的北美《独立宣言》在第二届大陆会议上被通过。《独立宣言》是北美殖民地人民推翻英国殖民统治、争取民族独立的旗帜。它指出:"一切人生而平等,都有生存权和追求幸福的权利";为了实现上述权利,人民群众有革命和建立新政府的权力。宣言正式宣告:北美13个殖民地与英国断绝一切政治上的附属关系,成立完全独立的美利坚合众国。《独立宣言》是资产阶级革命的重要文件,它在历史上第一次以政治纲领的形式宣布了民主共和国的原则,被马克思称为"第一个人权宣言"。《独立宣言》的发表,标志着美利坚合众国的正式诞生,7 月 4 日被定为美国国庆日。1789 年,杰佛逊担任联邦政府国务卿,1797—1800 年任副总统,1801—1808 年连任总统。

（三）独立战争中的革命宣传活动

1775 年 4 月,英军与反英军武装在波士顿附近的列克星敦发生交火,由此揭开了独立战争的序幕。战争初期,刚刚组建的大陆军遭受挫折,陆续从波士顿、纽约、费城等地撤出。这些城市原有的爱国派报刊（当时北美殖民地有 30 余家报刊,其中三分之二以上为爱国派或反英派报刊,近三分之一为保皇派或亲英派报刊）,大多也随军迁移到后方出版,有的暂时停刊,有的倒戈转向保皇派。随着战局的扭转,大陆军每收复一城,爱国派就在那里恢复旧报或创办新刊,而保皇派报刊则随之消失。

1783 年英国政府正式签约承认美利坚合众国独立。1787 年美国国会通过了宪法,1789 年 4 月联邦政府正式成立。时局的稳定、经济的发展带来报业大发展的局面,原有的报纸纷纷改为日报出版。如费城的《宾夕法尼亚晚邮报》(1775 年创办)原每周出版二三次,1783 年 5 月 30 日率先改为每日出版。《宾夕法尼亚邮报》(1714 年创办)也于 1784 年 9 月改为每日出版。随着日报的出现,专业化的记者队伍也逐渐形成。

独立战争期间,出现了一些卓越的革命宣传家和报刊活动家,他们的宣传鼓动工作对革命的进程产生了重要的影响。其中最为著名的是赛缪尔·亚当斯、托马斯·潘恩和艾赛亚·托马斯。

赛缪尔·亚当斯(Samual Adams,1722—1803 年)出生于新兴资产阶级家庭,毕业于哈佛学院。1748 年任波士顿激进派政治俱乐部所办《独立广告报》编辑,经常撰文抨击英国政府横征暴敛的政策。1749 年《独立广告报》停办后,他开始为好友所办《波士顿报》撰文,宣传抗英主张。亚当斯不但是革命的宣传家,还是革命的组织者。1765 年英国政府在北美开征印花税,规定商业执照、合同文书、书籍报刊等必须加贴印花,此举遭到北美人民的强烈反对。在反印花税的高潮中,亚当斯将聚集在《波士顿报》周围的革命分子组织起来,成立了"自由之子社",并在各地设立分社,汇集了一批活跃的报人和印刷商,为革命做了积极的舆论准备。1772 年,他组织成立了一个类似通讯社的信息传播机构——"通讯委员会",用以在各地间互通情报、传递消息。1775

年4月,列克星敦反英武装就是得到通讯委员会报告后,打响独立战争第一枪的。亚当斯在1774年后一直担任马萨诸塞州出席大陆会议的代表,独立战争后长期担任该州的副州长、州长。

托马斯·潘恩(Thomas Paine,1737—1809年)出生于英国一个贫民家庭,1774年以"契约奴"的身份移居北美,曾任《宾夕法尼亚杂志》编辑,经常撰写散文、评论,指责英国的专横无理,呼吁取缔黑奴制度。独立战争爆发后,大陆会议中的右翼分子仍畏首畏尾,不敢与英国公开决裂,不敢宣布独立,这引起了包括农民、工人、手工业者(也包括一部分资产阶级和种植园主)在内的北美殖民地广大民众的不满。在这重要时刻,1776年1月,潘恩出版了他的政论小册子《常识》。在这本小册子中,潘恩用热情奔放的笔触宣扬民主自由思想,批驳右翼分子和保守派的主张。他说:同英国联合,"是一点好处也得不到的",相反,北美"在贸易上是一定会遭到毁灭"。他竭力主张北美殖民地脱离英国而独立;认为谈论和平是"荒唐透顶的说法","应该用武器这个最后的手段来解决争议"。《常识》集中反映了资产阶级革命派的观点,在舆论上起了很大的动员作用。华盛顿说,《常识》使包括他在内的人的心理起了"巨大的变化"。随着战局的发展,潘恩先后又发表了13篇题为《危机》的文章。这些文章有些是在危急关头鼓舞士气的,有的是抨击英国议和使者的,有的是揭露保皇派阴谋的。大陆军统帅华盛顿曾下令在士兵中宣读潘恩的文章,而这些充满激情的檄文也的确有效地振作了士气,鼓舞士兵英勇作战,最终扭转了战局。

艾赛亚·托马斯(Isaiah Thomas,1749—1831年)印刷工出身,曾参加反印花税斗争,公开传播革命派观点。1770年,托马斯在波士顿与人合办《马萨诸塞侦探报》,不久买下全部产权,独立经营。随着反英斗争的发展,他参加了"自由之子社"和"通讯委员会",在报纸上公开宣传独立。列克星敦战斗打响后,他率先发表了详细报道,并大声疾呼,让美国人民"永远不要忘记列克星敦之战",永远不要忘记英国军队的"血腥屠杀和抢劫",永远铭记"先烈们高尚的大无畏行为",用来"鼓舞我们打败可憎的专制暴君"。他的一系列文章有力地鼓舞了人民投入战斗。战争胜利后,托马斯主要从事出版事业,以后又进行新闻史研究,著有《美国印刷史》(1810年出版)。

(四)独立战争的重要成果——《人权法案》的通过

独立战争结束后,制宪过程开始。1787年5月,由各州代表参加的制宪会议在费城召开,4个月后,《美国宪法》草案问世,1788年正式生效。由于保守派的阻挠,这部宪法关于公民的自由权利(包括言论出版自由权利)只字未提,《独立宣言》中所表述的某些重要原则也没有得到充分的体现。宪法生效后,主张迅即采用宪法的联邦派和对宪法表示不满的反联邦派进行了激烈的论战。

联邦派代表人物亚历山大·汉密尔顿(Alexander Hamilton)认为:出版自由是靠舆论、人民和政府来维系的,没有必要写入宪法。他还认为:新闻出版必须接受检查,必须受到严格限制,以杜绝言论诽谤。反联邦派代表杰佛逊则认为:言论出版自由与政府的秩序是一致的,正派的政府不会被言论所打倒。宪法没有明确宣布言论自由,实在是令人难以忍受的疏漏,必须在今后的立法中予以纠正。它认为新宪法应当声明的是:联邦政府将永远不限制报纸发表任何它喜欢发表的东西;也不减轻出版商对于所发表的错误事实承担的责任。他指出:说实话就不是诽谤,即使是诽谤,也没有必要恐惧,自有人民做出公正的判断。关于新闻自由,杰佛逊还有一句经典格言:"如果由我来决定选择一个没有报纸的政府,还是要没有政府的报纸,我会毫不犹豫地选择后者"。

经过一番斗争,1789年9月,国会对原宪法增加了10条修正案(又称《人权法案》),此法案于1791年12月经多数州议会批准而生效。其中第一修正案规定:"国会不得通过建立遵奉某一宗教或禁止宗教自由之法律;不得废止言论与出版自由;或限制人民集会、请愿、诉愿之自由。"至此,新闻出版自由作为美国宪法中的补充条款从法律上得到确立,并成为宪法的一部分,自殖民地时期开始的争取新闻自由的斗争也取得了丰硕的成果。

1791年美国宪法第一修正案与1789年法国《人权宣言》第十一条地位相当,被认为是对资产阶级新闻理念、理论及运作模式产生重大影响的两个最早的法律文献。

三、法国大革命与报刊

(一) 革命前的出版管制

资产阶级革命前,法国长期实行中央集权的封建统治。16世纪宗教改革运动以后,政府建立了印刷出版特许制和审查制,此后又一再颁布法令,强化这方面的管理。

法国早期的正式报刊都是经国王特许发行的。法国的一份周报(一说周刊,当时报、刊不分)是1631年1月书商路易·旺多姆在巴黎创办的《各地见闻》,该报只出版10个月便告停刊。同年5月,泰奥弗拉斯特·勒诺多(Renaudot Theophraste)创办《公报》,由于该报是第一份连续出版的报纸,因此勒诺多被称为法国报业之父。《公报》是一份周报,经首相推荐、国王路易十三特许出版,国王和首相还亲自为之撰稿。该报刊载政府批准的新闻,最初以报道国外新闻为主,后来增加了国会消息、国王谕旨等国内新闻和广告,还有政治评论。从内容上看,该报具有官报的性质。勒诺多家族经营《公报》131年,1762年由外交部接办,改名为《法兰西新闻报》,1780年转卖给亲政府书商庞库克,资产阶级革命爆发前停刊。

国王特许出版的报刊还有另外两份。一份是《学者报》,1665年1月由议员萨洛创办。该刊旨在发表科学和文学报告、对作品的评价以及对发明的评审。初为周刊,1724年改为月刊。另一份是《文雅信使》,1672年多诺·维泽在里昂创办。这是一份开本较小却厚达200多页的文学月刊,开始内容比较庞杂,有新闻、文学记事、诗歌、猜谜以及高级官吏的任免、婚丧等消息,后来以刊载文学作品为主。1724年改名为《法国信使》,由外交部赞助。1788年庞库克买下该刊产权。

路易十四统治末期,国王曾特许发行了一批民办报纸。当这些报纸的言论与《学者报》、《文雅信使》等官报一致时,政府一般不予限制;而当这些报纸言论有所不恭或与官报竞争过于激烈时,政府便向它们发出警告,责令其安分守己。法国革命前,也有一些未获特许的民间报刊在各地流传。其中有不涉及政治、专谈文学艺术的;也有将矛头直指封建统治者、揭露王公大臣腐败行为的。后者通常被称为"抨击性报刊"。其中最有影响的是勒诺布尔创办的月刊《政治试金石》。该报自1689年至1691年共出版三十多期,后被政府查禁,又更换报名继续出版。由于当时书报审查十分严格,一些人(主要是反对派)还将书刊转移到国外印刷(以荷兰为多),然后秘密运回国内。这方面最著名的报纸是1684年至1687年在阿姆斯特丹出版的《共和国文学新闻报》。

法国的一份日报《巴黎新闻》(Le Jorunal de Paris)也是特许制的产物。该报创办于1777年元旦,由印刷商科朗塞和化学家卡德·沃创办。该报虽经特许出版,但在政治新闻方面无法与《公报》等官报竞争,它主要为社会生活服务,刊登一些适用性的资料和琐屑传闻。正因为该报侧重于非政治性的内容,才得以在封建统治下生存,直至1789年革命爆发时停刊。

对于革命前封建统治者在印刷出版方面的限禁,法国著名剧作家博马舍(P. Beaumarchais)在他的名剧《费加罗的婚礼》中有一段讽刺性的议论:"只要我的写作不谈当局,不谈宗教,不谈政治,不谈道德,不谈当权人物,不谈有声望的团体,不谈歌剧院,不谈别的戏园子,不谈任何一个有点小小地位的人,经过两三位检察员的审查,我可以自由地付印一切作品。我因为想利用这个可爱的自由,所以宣布,要出版一种定期刊物,我给这个刊物起的名字是《废报》"①。

（二）革命的舆论准备——启蒙运动

法国启蒙运动发生于18世纪20年代至70年代,它是法国资产阶级为了向封建阶级夺取政权、建立资本主义统治而做的舆论和意识形态方面的准备。

法国著名的启蒙思想家有:孟德斯鸠、伏尔泰、卢梭、狄德罗。其中孟德斯鸠和伏尔泰是最早一代的启蒙思想家,他们代表大资产阶级利益,反对封建专制王权,主张温和的改革,推崇君主立宪制。

孟德斯鸠(1689—1755年)出身贵族家庭,曾任波尔多最高法院院长。早年写了一本《波斯人信札》,揭露封建专制制度的腐朽。晚年写出著名的《法意》一书,书中提出"三权分立"学说,把国家权力分为立法、行政和司法三权,彼此独立而又互相监督,把行政权留给君主,立法权归于民选的国会,司法权属于选举出来的法官,认为这样就能防止专制暴政。"三权分立"学说奠定了资产阶级政权的理论基础。《法意》出版后引起轰动,两年内发行22版,孟德斯鸠的政治学说也为法国大革命时期许多革命家所接受,并在1789年的《人权宣言》和1791年的宪法中得以体现。

伏尔泰(1694—1778年)出身于资产阶级家庭,是一个出色的政治家、诗人、史学家和文学家,青年时代因写诗讽刺贵族被关进巴士底狱,后被驱逐出境,侨居英国。归国后,继续抨击封建专制制度和天主教会,著有《哲学通讯》、《哲学辞典》、《路易十四时代》等重要著作。伏

---

① 〔法〕彼·阿贝尔、弗·泰鲁:《世界新闻简史》,中国新闻出版社,1985年版,第17—18页。

尔泰主张实行"开明"的君主制,限制王权。他反对教会,把教皇比喻为"两足禽兽",但又认为宗教是资产阶级用来统治人民所必需的。伏尔泰的思想"不仅深入到 18 世纪法国第三等级人们的心里,为 1789 年的资产阶级革命准备了思想条件,而且对 19 世纪欧洲许多国家争取独立自由的斗争起过很大作用"①。

狄德罗(1713—1784 年)是著名的唯物论和无神论者。革命前,他主编和出版了《百科全书》,参与编写的启蒙思想家包括科学家、军事家、作家、工艺师等 130 多人,被称为"百科全书派"。他们反映中等资产阶级的利益。《百科全书》是反对封建专制统治的有力武器,它提出了物质第一性、意识是物质的产物的唯物主义观点,并从这一观点中得出了无神论的结论,对宗教和封建统治进行了无情的批判。恩格斯对此给予了很高的评价,指出他们"为《人权宣言》提供了底本"②。

卢梭(1712—1778 年)是当时最激进、最杰出的启蒙思想家,是小资产阶级民主思想的代言人。他著有《论人类不平等的起源和原因》、《社会契约论》、《爱弥儿》等著作,其政治思想核心是"社会契约论"和"主权在民"说。他认为,人是生而自由的,国家的起源是由于人们为了保证自己的自由而彼此缔结契约。因此,国家的全部主权应该属于人民,代表人民的立法机关是最高的权力机关,有权监督行政。如果政府违反了人民的意志,侵犯了人权,撕毁了契约,人民就有起义的权利。卢梭反对君主立宪制和"三权分立"学说,主张建立民主共和国。卢梭思想对法国大革命有巨大影响,是雅各宾派的强大思想武器。

总之,18 世纪法国的启蒙运动是一次资产阶级的思想解放运动,它使人们从封建思想的桎梏中解放出来,对动员群众、组织群众投身反封建的革命运动起了巨大的作用。然而应当指出的是,在 18 世纪的法国,办报还是一种被人轻视的职业,社会上层人士也常把新闻看作是一种没有价值、缺乏魅力的次文学。所以当时启蒙思想家表达思想的主要手段是书籍和小册子,而报纸只是消极被动地反映客观世界,没有真正参与到社会斗争中来。直到大革命爆发,报刊才被人们视为反封建的武器而得到充分的利用。

---

① 罗丹等:《法国文化史》,北京大学出版社,1997 年版,第 95 页。
② 《马克思恩格斯选集》第 3 卷,人民出版社,1972 年版,第 395 页。

（三）革命中的报刊宣传及《人权宣言》的问世

1789年资产阶级革命风暴在法国兴起。是年5月，在国内政治、经济危机和日益高涨的群众运动的压力下，国王路易十六被迫召开"三级会议"，以增收新税，筹集款项，解决眼前的困难。路易十六只打算让第三等级出钱，而拒绝第三等级代表提出的取消封建特权的要求，把"三级会议"变成最高立法机关的提议。6月17日，第三等级代表在人民群众的支持下，宣布自己代表全体国民，单独举行国民会议，遂与王室发生冲突。至7月14日，这一斗争转变为巴黎人民的武装起义（攻占巴士底狱，标志着法国资产阶级革命的开始）。此后革命的发展经历了三个阶段：1789年7月至1792年9月，由主张君主立宪的裴扬派执掌政权；1792年9月至1793年6月，代表工商资产阶级的吉伦特派控制国民公会并执掌政权；1793年6月至1794年7月，代表小资产阶级利益的雅各宾派取代吉伦特派，采取一系列推进革命的措施，并且建立了雅各宾派专政。

革命风暴兴起之后，围绕着"三级会议"的重新召开，资产阶级革命派掀起了反封建宣传运动，出现了一大批宣传性的小册子。其中包括米拉波的《对普罗旺斯人的呼吁》、塔尔热的《致三级会议的信》、罗伯斯庇尔的《对阿图瓦人的呼吁》、修道院长西哀士的《什么是第三等级》以及翻译过来的弥尔顿的《论出版自由》等。其中西哀士的《什么是第三等级》流传最广，影响最大。它猛烈抨击特权阶级，认为特权等级应当废除，提出一切权利归第三等级，即全体国民。政府最初试图阻止这些宣传小册子的出版，但迫于舆论压力，不得不作出部分让步，以至全面让步。封建王朝关于印刷出版的种种限令失效后，各种报刊、传单、小册子纷纷涌现。根据记载，革命爆发前夕的1788年法国约有报刊60种，1789年"三级会议"召开以后新的报刊大量出现，从5月到7月底仅巴黎一地新增报刊就达342种。

1789年8月26日，制宪会议通过了《人权和公民权的宣言》，简称《人权宣言》。这个宣言是资产阶级革命的纲领性文件，它集中表达了18世纪启蒙思想家所阐述的政治主张。宣言共十七条，开始便宣称："在权利方面，人们生来而且始终是自由平等的。"其中第十一条明确规定："自由传达思想和意见是人类最宝贵的权利之一，因此，每个公民都有言论著述和出版的自由，但在法律规定的情况下，应对滥用此项自由负担责任。"这是人类历史上第一个明确规定出版自由的正式文件（比美国宪法第一修正案早两年）。1791 年法兰西共和国第一部宪法又正式将出版自由纳入其中。

整个革命时期法国出现过的报刊约有 1 350 种，其中既有不定期的刊物或小册子，也有期刊和日报。它们一般都有鲜明的政治倾向性，笔调犀利，论战激烈。革命时期各派报刊中最为著名的有：裴扬派米拉波主办的《普罗旺斯邮报》；吉伦特派布里索主办的《法兰西爱国者报》；雅各宾派的《人民之友报》、《杜歇老爹报》、《法国及布拉班革命报》；社会俱乐部的《铁嘴报》；保皇派的《政治及国家报》、《国王之友》等。其中雅各宾派是大革命中最为激进的革命派，它们的报纸在革命进程中发挥了极为重要的作用。以下是几份有代表性的报纸。

1.《人民之友报》

资产阶级革命民主派的主要喉舌，法国大革命中最有影响的报纸。马拉于 1789 年 9 月 12 日创办，日报，初名《巴黎记者报》，4 天后改为《人民之友报》，1792 年 9 月 21 日停刊（中有间断），共出版 627 期。

马拉（Jean Paul Marat，1743—1793 年）是法国大革命时期雅各宾派的领袖之一，生于瑞士，1759—1765 年侨居法国，接受"百科全书派"的影响，1765 年起移居英国，在英国革命思想的影响下开始投身政治活动并从事写作。1789 年法国大革命爆发后，他参加革命并创办了《人民之友报》。该报结合革命进程有力地抨击封建势力的腐朽本质和反革命阴谋，及时揭露大资产阶级的两面性和叛变倾向，主张依靠人民，实行革命的专政。巴黎人民第一次起义取得胜利后，国王路易十六躲在凡尔赛宫秘密调集军队，策划反革命政变。该报及时作了报道和揭露，号召人民向凡尔赛宫进军，制止敌人的反扑。巴黎人民立即起而响应，把国王押回巴黎，挫败了敌人的阴谋。革命过程中由于奸商横行，粮食供应紧张，物价暴涨，人民生活困难。该报在"工人通讯栏"和各种报道中及时反映人民的呼声和要求，主张颁布限价法，严惩情节恶劣的奸商。这些主张后来在雅各宾派专政下陆续付诸实现。

由于《人民之友报》的宣传有力地推动了革命进程，马拉不断受到保皇党、贵族以及大资产阶级的诬陷和迫害。裴扬派执政时期他曾多次被通缉，不得不秘密活动，经常忍饥挨饿、通宵不眠，甚至躲在地窖或下水道里写稿，以保证报纸的正常出版。1792 年巴黎人民第二次起义后，马拉当选为国民公会代表，1793 年 6 月 1 日晚，在巴黎人民反对吉伦特派的第三次起义的热潮中，他亲自敲响市政府塔楼的钟声，向群众发表演说,号召巴黎人民奋起保卫革命成果。第二天吉伦特派代表被驱逐出国会公会,政权转入雅各宾派手中。但是马拉却于 1793 年 7 月 13 日被吉伦特派的刺客刺死。

恩格斯曾经高度评价马拉的革命宣传活动,他在《马克思和〈新莱茵报〉》一文中写道:"当我后来读到布日尔论马拉的一本书时,我便发觉,我们在许多方面都不自觉地仅仅是模仿了真正的(不是保皇党人伪造的)《人民之友》的伟大榜样。"①

2.《杜歇老爹报》

法国大革命中最受大众欢迎的报纸,阿贝尔于 1790 年 9 月 6 日创办。阿贝尔(J. R. Helbert,1757—1794 年)出身城市贫民家庭,革命初期是科尔得利俱乐部的成员,担任过巴黎革命政权的副检察长,曾积极推动雅各宾派政府抗击外国干涉、镇压反革命。阿贝尔于 1790 年 6 月发表政治小册子《杜歇老爹》,以后又以杜歇老爹为中心人物写过几篇文章。他在革命高潮中创办了《杜歇老爹报》。"杜歇老爹"是法国民间戏剧中的角色,他机智灵活,嫉恶如仇,是法国人民喜闻乐见的艺术形象。这份报纸创刊初期比较温和,随着革命的深入和保皇派真面目的暴露,它开始抨击贵族和天主教,表现出鲜明的革命立场和泼辣的战斗风格,深受群众喜爱。雅各宾派专政后期,阿贝尔走向极端,认为"神圣的断头台"是解决一切问题最彻底的手段。1794 年 3 月他密谋反对罗伯斯庇尔的公安委员会,失败后被处死。

3.《法国布拉班革命报》

革命期间颇有影响的报纸,德穆兰于 1789 年 11 月创办。德穆兰(C. Desmoulines,1760—1794 年)是大革命时期的政治活动家,有影响的新闻记者,后加入雅各宾派。1789 年 7 月,他向群众发表演说,号召起义,并带领群众攻打巴士底监狱。革命前期他创办《法国布拉班革命报》,以大量篇幅报道法国革命进程,猛烈抨击封建统治,要求建立共和制度。革命后期,德穆兰转而反对革命专政和普遍限价政策,成为雅各宾派的右翼,后被公安委员会处死。

---

① 《马克思恩格斯选集》第 4 卷,人民出版社,1972 年版,第 182 页。

第四节　资产阶级革命后的政党报刊

资产阶级革命最伟大的成果,是突破了封建限禁,使包括言论出版自由在内的人的各项民主权利得以确认(以法律形式)。尽管革命后各国政治局势的走向不同,新闻出版自由的实施情况亦有所不同,但从总体上说,闸门一旦开启,其汹涌澎湃之势是不可逆转的。

资产阶级革命后,各国先后建立起了共和政体的资产阶级政权。围绕国家治理、权力分配等问题,资产阶级内部迅速分化,形成不同的派别和政治利益集团(即政党)。出于政治斗争的需要,不同党派竞相创办或控制报纸以宣传政见、争取舆论、扩大影响。因此,资产阶级革命后,各国均进入了一个时间长短不一的政党报刊时期。这一时期报刊的主体是资产阶级政党报刊,其特征是经济上依靠政党资助,政治上有明显的党派倾向,内容侧重于时政新闻和言论,读者对象主要是政界和上层社会。

一、英国革命后的政党报刊

革命后,随着资本主义制度的确立和出版特许制的废除(1694年),英国的报业一度出现了繁荣发展的局面。18世纪初,英国出现了日报。最早的日报是1702年创办的《每日新闻》(Daily Courant)。该报创刊时为半张,单面印刷,每页两栏,以翻译外报新闻为主;后改为两面印刷,除新闻外,增加了分类广告和船期消息。1735年因政府津贴减少,经费困难,被并入《每日公报》(Daily Gazette)。这一时期还出现了一些有影响的期刊,特别是由著名文学家主办的三大评论性期刊:1)丹尼尔·笛福的《评论》(1704—1713年),初为周二刊,后改为周三刊;2)里查得·斯梯尔的《闲谈者》(1709—1711年),周三刊;3)阿狄生和斯梯尔合办的《旁观者》(1711—1712年),每日出版,但仍被视为杂志,每期发行3 000多份,是当时发行量最大的杂志。与一般报纸不同,这些刊物除少量新闻外,主要刊登社会政治性的短论、小品、随笔、故事等,文字优美生动,笔调诙谐幽默,颇受各界欢迎。

这些报刊(除了接受政府津贴的)之所以大多停刊于 1712 年前后,与英国当时的政治局势有密切的关系。1648 年的资产阶级革命虽然废除了君主制,建立了共和国,但是 1688 年发生政变,斯图亚特王朝复辟,建立了大资产阶级与土地贵族共同掌权的君主立宪国家。由于英国革命是以资产阶级和封建贵族的妥协告终的,因此,资产阶级报业所承受的桎梏并没有完全解除。加上"报刊的新威力"引起了"政府的不安"①,政府必然采取多种手段控制报业。

政府控制报业的主要手段有三种:

第一,征收印花税。1712 年 5 月 16 日,国会通过印花税法案,规定对报刊一律征收印花税。该法案同时规定征收纸张税和广告税。印花税、纸张税和广告税被统称为"知识税"。"知识税"是英国政府的新发明,此举既可为政府增加财源,又能达到寓禁于税的目的。以后政府又多次提高税率,至 1815 年,一张报纸的印花税就高达 4 便士。

第二,实行津贴收买。为了控制舆论,英国政府常采取贿赂记者和津贴报纸的做法。津贴费用被列入政府财政预算,成为其宣传经费一部分,由此形成"津贴制度"。罗伯特·沃尔波(Robert Walpol)两度任首相的 23 年中(1715—1717 年、1721—1742 年),津贴制度最为盛行。据政府秘密委员会记录,期间每年用于津贴报纸的经费达 5 万英镑。

第三,运用法律制裁。18 世纪英国法律对出版事业的制裁有四种名目:1)叛逆罪:这是最严厉的处罚,应用较少;2)煽动诽谤罪:凡批评国王、宫廷、内阁大臣及高级官员,无论批评是否合理,均以煽动诽谤罪论处;3)侵犯国会特权:凡批评议员、批评国会,都被认为是侵犯国会特权,而且自 1660 年起就禁止报道国会辩论,以后又一再重申此令;4)总逮捕令:凡涉及上述任何一种罪名,国务大臣均可下令对有关人员进行搜捕、审讯,对有关出版物予以没收、焚毁。

由于政府采取上述种种限制性的手段,致使报刊,尤其是言论开放的自由报刊备受压抑,并在短期内大量停刊。例如,"知识税"开征后半年内,伦敦原有的 12 家报刊就停了 7 家。《旁观者》就是因征收印花税后不堪重负停刊的;《评论》和《闲谈者》则因政治原因而停刊。

在这样的政治环境下,得以生存、发展并占据主导地位的,只有政

---

① 《大英百科全书详编》第 15 卷,中国大百科全书出版社,1985 年版,第 238 页。

府、政党报刊。从 17 世纪末期起,英国就形成两大政党——托利党和辉格党(保守党和自由党的前身)在国会中轮流执政的局面。两党领袖都是土地贵族上层,只不过辉格党的土地贵族在经济上和金融、商业大资产阶级的联系较为密切。两党相互争夺议席、阁员和国家机关的各种职位,而经济实力雄厚的辉格党往往占据优势。曾经任首相 23 年的罗伯特·沃尔波就是辉格党成员。为了影响选举、争夺权力,两党分别创办了报刊。

首先创办报刊的是托利党。1710 年托利党领袖亲自主持出版了党的刊物《考察家》(1710—1714 年),聘请著名作家斯威夫特做主笔,经常以尖锐泼辣的文章批评辉格党。1720 年创办《每日新闻报》,1726年出版《艺人报》。托利党还出钱收买丹尼尔·迪福,津贴已经停刊的《评论》杂志,将它收入麾下。

辉格党创办的报刊有《辉格考察家》(1710 年)、《自由人》(1715—1716 年)、《自由英国人》(1729—1735 年)等。此外,辉格党也出资津贴了一批报刊,其中包括里查得·斯梯尔的《闲谈者》和阿狄生和斯梯尔合办的《旁观者》。后来又将《自由英国人》和其他两份接受资助的报纸《每日新闻》、《伦敦新闻》合并为《每日公报》(1735—1748 年),以集中力量。18 世纪中期,随着辉格党在议会中势力的加强,该党报刊占据优势。

由于政党报纸长期居于统治地位,英国报业发展趋于缓慢。

二、美国革命后的政党报刊

如前所述,独立战争结束后,美国社会各阶级围绕制宪问题展开了激烈的斗争,形成联邦派与反联邦派(也称民主共和派)两大政党。联邦派的代表人物是亚历山大·汉密尔顿,反联邦派的代表人物是杰佛逊等。为了宣传各自的政见,反驳对方,两党纷纷利用或创办报刊作为自己的舆论工具,美国报纸从此开始分属两派。

联邦派的报纸主要有: 1)《合众国报》(Gazette of the United States),半月刊,1789 年 4 月 15 日汉密尔顿出资创办,芬诺任主编。最初在纽约,后随政府迁至费城。1793 年短期停刊,复刊后改为日刊。1818 年与其他刊物合并。2)《智慧女神报》,日报,1793 年韦伯斯特创办于纽约,1797 年改名《商业广告报》,发行 100 多年。3)《箭猪报与每日广告报》,1797 年英国人威廉·柯贝特在费城创办,1800 年停刊。
4)《纽约晚邮报》,1801 年 11 月 16 日汉密尔顿与威廉·科尔曼共同
创办,汉密尔顿是该报实际的领导人。

反联邦派的报纸主要有:1)《国民报》(National Gazette),半周刊,
1791 年 10 月 31 日菲利普·弗伦诺在费城出版。1793 年杰佛逊离开
内阁,弗伦诺失去了财政支持,报纸停刊。2)《综合广告报》,1790 年富
兰克林的外孙贝奇在费城创办,1794 年 11 月 8 日改名为《曙光女神
报》。贝奇病逝后,威廉·杜安继任该报主编,经营了 25 年之久。

两派报纸的论战最初是围绕一些政策性的问题展开的。例如联邦
派主张建立国家银行,实行保护关税政策,对外联络英国,敌视法国;反
联邦派则主张减轻人民捐税,降低关税以利于降低工业品价格,对外同
情法国革命,等等。但是随着论争的激化,报刊言论常常伴随着人身攻
击,而且愈演愈烈。如《国民报》的弗伦诺攻击时任财政部长的汉密尔
顿有舞弊行为,汉密尔顿则在《合众国报》上发表匿名信,指责弗伦诺
不应该拿了政府的津贴还攻击政府,并指出杰佛逊是藏在弗伦诺身后
的那些污言秽语的真正作者。《曙光女神报》的贝奇认为总统华盛顿
支持汉密尔顿的联邦派,便对他进行抨击。贝奇在 1796 年 12 月 23 日
的报纸上写道:"如果曾经有一个人使一个国家堕落了,美国就是被华
盛顿堕落了。如果曾经有一个国家遭到了一个人的不正当影响,美国
就是遭受了华盛顿的不正当影响。如果一个国家曾经被一个人所欺
骗,美国就是被华盛顿欺骗了。"①作为报复,联邦党人砸了《曙光女神
报》的营业所,殴打了贝奇。《箭猪报与每日广告报》主编柯贝特在报
纸上挖苦贝奇:"这个穷凶极恶的无耻小人(无愧是老本杰明的子孙)
懂得:凡是有点见识的人都对他嗤之以鼻,把他看作信口雌黄的说谎
者,一个工具,一个被人收买的走狗……"②

1796 年华盛顿卸任,约翰·亚当斯当选为总统。"这时党派偏见的
情绪正在高涨","其结果是导致了不顾一切体面的政治与新闻的搏斗。
……贝奇与芬诺不但在各自的报纸上对对方进行人身攻击,而且在大街
上对骂,'彼得·箭猪'(威廉·柯贝特的笔名)则将谩骂发展到登峰造极

---

① 〔美〕迈克尔·埃默里、埃德温·埃默里:《美国新闻史》,新华出版社,2001 年版,第
109 页。

② 同上书,第 110 页。

的地步,对无论活着的还是死去的著名反联邦党人统统进行攻击"①。

杰佛逊当选总统(1801年)后,上述情况并未改变。"19世纪第一个30年的美国新闻史表明,报纸继续作为主要政党的机关报,它们的主要目的是讨论政治经济问题而不是刊登新闻,报纸反映并加剧了政党政治的恶斗"②。为了攻击杰佛逊这位民主共和派的总统,联邦派以重金收买报纸,使大多数报纸供其驱使,对杰佛逊的攻击谩骂声不绝于耳。1802年,《合众国报》以4栏篇幅刊登了诬蔑杰佛逊人格的文章,联邦派报纸广为转载。一些报纸还制造谣言,对他的私生活进行诽谤性的报道。杰佛逊由此成为美国历史上遭受人身攻击最猛烈的总统。美国报刊史学者莫特将这一时期称作"政党报纸的黑暗时期"。

在美国,以政党报刊为主体的情形一直延续到19世纪60年代(尽管19世纪30年代廉价报纸已经出现)。

三、法国革命后的政党报刊

1789—1794年的法国革命是世界历史上最大的、最彻底的一次资产阶级革命。它不但摧毁了法国的封建制度,也有力地推动了整个欧洲反封建的斗争。

1794年"热月政变"(雅各宾派被颠覆)以后,代表大资产阶级的"热月党人"掌握了政权。其后法国政局多变,经历了热月党人执政和拿破仑帝国统治时期、波旁王朝复辟时期、七月王朝时期、第二共和时期、第二帝国时期以及第三共和时期。伴随这一历程,法国报业(政党报刊)的发展也走过了一条曲折而漫长的道路。

(一)热月党人政变和拿破仑帝国统治时期(1794年7月—1814年3月)

1793年6月雅各宾派掌握政权后,出于统治的需要,对反对派报刊以及民间报刊实行了严格管制:或是将其封闭,或是令其转变立场,成为雅各宾派的喉舌。经过短期内的整治,非雅各宾派的报刊已不复存在。1794年7月底,热月党人推翻了雅各宾政权,建立了督政府。督政府不但封闭了雅各宾派的报刊,在新闻出版方面还持续实行高压

①② 〔美〕迈克尔·埃默里、埃德温·埃默里:《美国新闻史》,新华出版社,2001年版,第112页。

政策,至 1799 年,共封闭 97 家报刊。1799 年 9 月,督政府重新建立了新闻检查制度,并仿效英国实行出版物印花税法,对报刊加以控制。与此同时,督政府对那些拥护政府的报纸予以津贴,使得保留下来和新办报刊达到 73 家。

1799 年 11 月 9 日,拿破仑发动政变(史称"雾月政变"),取消督政府,建立了大出版特许制和审查制的资产阶级军事独裁统治。1804 年拿破仑称帝,建立"法兰西第一帝国"。拿破仑十分懂得报纸的威力,认为"一张报纸抵得上三千毛瑟枪",因而严格控制报业。他恢复了革命中废除的出版特许制和审查制,在各报馆设立了新闻检查官。1800 年 1 月拿破仑颁布命令,将巴黎的 70 多家报刊取缔 60 家,只留下 13 家。1804 年拿破仑称帝后,只允许保留 4 家报纸,而且一律是官报。这四家报纸是《箴言报》、《巴黎日报》、《帝国日报》、《法兰西公报》。他还规定巴黎之外每省只保留一份报纸,且政治新闻都得仿抄《箴言报》。

(二) 波旁王朝复辟时期(1814 年 3 月—1830 年 7 月)

1808 年以后,随着欧洲各国反侵略斗争的日益高涨以及法国国内社会基础的逐渐被削弱,拿破仑的帝国统治发生了危机。1814 年 3 月,欧洲各国反法联军攻入巴黎,波旁王朝随之恢复对法国的统治。其间拿破仑曾经有过反扑,但 1815 年 6 月滑铁卢一战后彻底溃败。

波旁王朝复辟后,国王路易十八不得不接受法国大革命以来发生的政治、经济变化,表示尊重新闻出版自由(1814 年 5 月)。但是 1814 年 10 月他却借口整顿自由,在新的法令中维持了出版特许制、审查制和印花税制。1819 年,在较为开明的司法大臣塞尔推动下,路易十八一度颁布法国历史上第一部新闻法,废除了预审制和印花税制,报业管理有所松动。当时比较有影响的报纸是:保皇派的《法兰西报》,立宪派的《立宪党人》,自由派的《国民报》、《论辩报》。但是,塞尔的新闻法只实行了几个月便被路易的继任者废除,在路易十八之后即位的查理十世(1824—1830 年在位)对新闻出版业的管制更为严厉。1825 年,查理十世制定了严格的书报检查制度,对出版物课以重税。1830 年 7 月,首相波林尼雅克公爵颁布法律,废除所有报纸的发行权,引起报界的愤怒。《国民报》和《立宪党人》等联合发表声明,反对新颁法律,号召打倒波旁王朝。由此引发七月革命,复辟的波旁王朝被推翻。

（三）七月王朝时期（1830年7月—1848年2月）

七月革命后,建立了以波旁王朝的旁系、奥尔良家族的路易·菲力浦为国王的七月王朝。鉴于革命发生的直接原因是对新闻界的迫害,因而新政府不得不放宽对新闻出版的管制。1830年10月和12月,政府两次颁布法令,减少出版保证金的数额,规定出版诉讼中陪审团有裁决权,从而使新闻出版获得了相对的自由。这一时期法国报业呈现出短暂的繁荣局面,政党报纸的数量有所增加,除了自由派的《国民报》、《论辩报》,立宪派的《立宪党人》,保皇派的《法兰西报》等继续出版外,还出现了一些新的报纸。此外,这一时期廉价报纸开始兴起,杂志出版也有了一定的进展,出现了一些优秀的文学刊物和画刊。

但是,七月王朝给予的新闻自由毕竟是有限的。当统治者感到反对派报刊的威胁时,便又加紧了对报刊的控制。1835年发生了图谋杀害国王的事件,议会以此为借口通过法令,将出版保证金增加一倍,并对报刊政治漫画实行预审制。

（四）第二共和时期（1848年2月—1851年12月）

1848年资产阶级革命浪潮在欧洲兴起。当年2月,法国人民起义推翻了七月王朝,资产阶级组织了临时政府,开始了法兰西第二共和时期。这一年3月,政府颁布法令废除印花税、保证金等一切限制报业发展的措施,使新闻业获得了充分的自由。一时间巴黎和外省各种政治倾向和风格的报纸纷纷涌现,总数达450家之多。但是,同年6月巴黎工人起义被政府镇压后,种种限制新闻自由的措施如保证金制等又得以恢复。

（五）第二帝国时期（1852年—1870年9月）

1852年12月2日路易·波拿巴（拿破仑的侄子）发动政变成功,建立了法兰西第二帝国。波拿巴称帝后,仿效叔父的做法,对报刊数量和内容实行严格的控制。他规定:取缔反对派报刊,巴黎只允许保留11家报纸;恢复报刊预审制,报纸有义务刊登官方文告;外省政府可以随时警告和处罚当地报纸。不过从1860年起,帝国统治逐步削弱,波拿巴对报业的限制有所放松,并且允许一些新报创办。1868年5月正式废除新闻预审制,报业生存环境趋于好转。这一时期主要的官方报纸是《箴言报》（1868年改名为《法兰西帝国公报》）。主要的党派报纸有中间偏右的《论辩报》、《立宪党人》,天主教的《宇宙报》,封建正统派的《团结报》、《法兰西报》等。第二帝国后期还出现了一些新报,如《费加罗报》、《觉醒报》及《灯笼》周刊等。

（六）第三共和前期(1870 年 9 月—19 世纪末)

1870 年 7 月法国因西班牙王位争端向普鲁士宣战。普法战争爆发不到两个月,法军战败,路易·波拿巴在色当投降。9 月 4 日巴黎人民起义推翻第二帝国,宣布建立共和国,即第三共和的开端。巴黎公社时期出版自由全面恢复,支持公社的报刊大量出现(详见第二章第四节)。1871 年 5 月巴黎公社遭到资产阶级政府的血腥镇压,新生政权被扼杀。此后资产阶级共和派同保皇派进行了多年较量,终于在 1875 年使国民议会通过宪法,确认了共和体制。1879 年共和派获得议会多数议席,正式执掌政权,第三共和国的局势才趋于稳定。

1881 年 7 月 29 日,法国议会通过了《新闻出版自由法》。它是法国大革命以后新闻出版自由发展进程的全面总结,是法国新闻界为争取出版自由而进行的长期斗争的成果。该法明确规定:印刷和出版享有自由权;日报或定期出版物在向检察院申报其名称、出版方式、经理姓名地址及报刊承印人后即可出版,无需事先批准,无需缴纳保证金。该法也对报刊和其他出版物煽动犯罪、妨碍公共事务、侵犯个人权利等行为规定了某些界限、处罚办法和诉讼程序。1889 年,议会通过对《新闻出版自由法》的重要补充:原则上禁止政府未经法院裁决而查封报社。此后,除 1894 年轻罪法庭对报刊从事无政府主义宣传进行起诉外,再未发生过报刊因发表反对政府观点被起诉或被政府查封的事件。《新闻出版自由法》是《人权宣言》宣告的言论出版自由的具体化,对于法国此后的报业发展有着重要意义。

第二章

工业革命时期的新闻传播事业

英国是最早开始工业革命的国家。工业革命从18世纪60年代开始，到19世纪30年代至40年代基本完成，前后历时约70~80年。在这段时间内，英国广泛采用和发展大机器生产，实现了各个工业部门的机械化，从而极大地提高了生产效率，使社会生产力获得突飞猛进的发展。生产技术上的重大变革，引起社会政治、经济、文化等方面的重大变化，也对报业发展产生了深远的影响。首先，由于蒸汽印刷机、轮转印刷机的使用，由于交通、通讯条件的改善，报纸可以大批复制，广泛传播，其读者可以扩展到更广大的人群。其次，工业革命改变了英国的人口布局，农村人口大量流向城市，促使城市人口迅速增加。而城市化进程的加快和人口的加速集中，进一步提高了人们对新闻信息的需求。大量的需求和大范围传播的可能，为报业发展提供了广阔的空间，使人类的新闻传播活动在前一阶段的基础上产生了一个巨大的飞跃。报刊种类增加了，价格降低了，发行量扩大了，读者群体由过去的政界和社会上层人士逐渐扩展到普通民众。这一时期各国均出现了非党派独立经营的廉价报刊，有的国家则出现政党报刊和非政党报刊同时并存、非政党报刊逐渐占据主导地位的趋势。

工业革命使非党派的商业报纸大量出现，而报纸对新闻信息需求量的增加以及电信业的发展，又为新闻通讯事业的产生创造了条件。

工业革命不但带来生产技术的重大变革，还引起社会关系的改变，使社会日益分裂为两大对抗的阶级：工业无产阶级和工业资产阶级。在资产阶级报刊迅速发展的同时，无产阶级报刊出现，并作为无产阶级反对资产阶级的舆论工具发挥作用。

第一节　英国独立报刊的出现和《泰晤士报》

工业革命时期,英国不但出现了非党派报刊,还出现了《泰晤士报》这样著名的报纸。

一、独立报刊的出现

这一时期,尽管英国政府仍然对报刊征收印花税,报业面临的经济压力一直没有减弱,但由于工业革命的影响,英国报刊的种数和销量都在增长,1776 年有日报 53 家,全国报刊发行总数 1778 年为 1 400 多万份(1771 年只有 200 万份)。报纸的内容也有所扩展,有关国内情况的报道和述评增多,经济新闻、文艺作品、读者来信也不断增加。由于工商业的日益繁荣,广告逐渐多起来,报纸开始刊登广告,广告逐渐成为报纸的主要经济来源。值得一提的是,尽管这一时期许多报刊仍然具有一定的党派背景,但是报业独立自主的倾向日益增强。

这一时期有代表性的报纸有:

《每日广告报》(1730—1807 年)。这是一份商业性报纸,除了刊登广告外,还不时刊登经济消息、商业行情、金融行情以及社会新闻,开创了报纸依靠广告收入而自立的先河。

《大众广告报》(1752—1798 年)。这是由著名出版商亨利·伍德福和他的儿子桑普林·伍德福独立出版的日报,1769 年前后因连载"朱尼厄斯信件"(署名"朱尼厄斯"的人抨击国王、揭露议会选举丑闻的信件)而名噪一时。

《早晨纪事报》(1769—1862 年)。由桑普林·伍德福的弟弟威廉·伍德福创办的日报,因迅速报道国会新闻而为社会瞩目。1789 年伍德福退休后报纸三易其主,一度成为辉格党的机关报,但该报在报道国会以及报道法国大革命等方面一直颇有影响。

《晨邮报》(1772—1937 年)。该报 1795 年后在著名报人斯图亚特的经营下,强调经济自立,提高新闻的趣味性,因而声誉日增。斯图亚特当时就提出"广告既能增加收入,又能吸引读者,增进发行;而发行增加,又可吸引更多广告"这样的经营思想。

在独立报刊纷纷出现的基础上,18世纪末,《泰晤士报》脱颖而出,其影响远远超过同时期的其他报纸,成为独立报纸的典范。

二、《泰晤士报》的创办

《泰晤士报》(The Times)创办于1785年1月1日,创办人是印刷商约翰·沃尔特(John Walter,1739—1812年)。原名《每日环球记录报或泰晤士报》,1788年3月正式定名为《泰晤士报》。该报创刊伊始便采用了新式印刷机,不但印数较以前大为增加,还降低了印刷成本,售价也比其他报纸低(当时其他报纸大多售三个便士,而《泰晤士报》只售两个半便士)。该报最初接受政府津贴,但力求以广告收入实现独立经营。约翰·沃尔特认为:"报纸应当成为时代的记录和各种消息的忠实记录者。"因此该报致力于详尽而迅速地报道国内外新闻,整版刊登国会辩论实况,及时报道法国大革命的进程,几年后便跻身伦敦一流报纸的行列。

1803年,沃尔特的次子小沃尔特(1776—1847年)接办该报。自此,《泰晤士报》进入了它的"黄金时期"。约翰·沃尔特的成功之处在于,首先,他秉承其父独立经营、忠实记录的精神和理念,力求使《泰晤士报》成为一份独立而有权威的报纸;其次,他善于延揽人才,委以重任。1817年始,他先后任命了两位得力的主编托马斯·巴恩斯(Thomas Barnes)和约翰·德莱恩(John Thadeus Delane)。

巴恩斯主持笔政30年。任职期间,他在全国的一些重要城市建立了通讯员和记者网,以便了解民情民意,获取新闻信息。巴恩斯非常重视社论,经常亲自操刀。他认为社论既要反映舆论,又要引导舆论,因而其社论广为读者关注。每当重大事件发生时,人们总想看看《泰晤士报》说了些什么。巴恩斯还鼓励读者来信来稿,在报纸上发表个人意见,为此他开辟了"读者来信栏",并使这个栏目成为非常有趣并为各方重视的一个栏目。

德莱恩主持笔政亦达30年,他的工作方式与巴恩斯不同。他经常出入于上层社会的交际场所,来往于达官显贵和社会名流之间,以获取政界要闻和政府动向方面的信息。在原有国内通讯员、记者网的基础上,他建立了国外通讯员与记者网,以广泛了解和及时报道国际新闻。

德莱恩同样重视评论,但他很少亲自撰写,而是负责选题和把关。他不但修改社论,而且修改新闻稿和几乎所有的文章和稿件,进行严格的业务把关。当时的社论撰写人亨利·韦斯说,德莱恩是整个报纸的主宰。就与政府的关系而言,德莱恩时期《泰晤士报》的独立倾向更加明显一些。他声称:报人的责任是对全体英国人民负责,而不是对德尔贝勋爵(Lord Derby)或上议院负责。他还说,对我们认为有害于公众利益的决定,我们保留意见,适当而正确的消息,均予发表。我们相信,我们的判断与反对党领袖同样正确。

在两任主编先后主持笔政长达 60 年的时间里,《泰晤士报》在新闻业务上取得了长足进步,在政治上也产生了重大的影响。1815 年该报销量 5 000 份,1850 年增加到 5 万份,其销量超过伦敦所有早报之和。在克里米亚战争(1853—1856 年)①中由于该报战地记者 W·H·拉塞尔的出色报道,报纸发行量跃升至 6 万份。在这次报道中,《泰晤士报》一方面募集资金救助伤员,同时揭露并抨击政府的疏漏,最终导致内阁垮台,远征军总司令被撤职。报纸也因为报界赢得了自由批评的权利而备受推崇,其威望达到了顶点。克里米亚战争是世界上第一次有记者参与报道的战争,《泰晤士报》的军事报道也被载入史册。作为英国最大的、权威性最强的报纸,《泰晤士报》的社论不仅能够在国内产生震动,还能对欧洲政治产生巨大的影响,甚至还能引起欧洲小国的倒阁潮。美国总统林肯在南北战争前夕接受《泰晤士报》记者采访时曾说:"伦敦《泰晤士报》是世界上影响最大的一张报纸。事实上,据我所知,除密西西比河外,再没有比它更有力量的东西了"②。

曾任英国首相的迪斯雷利(1804—1881 年)这样评价该报影响:"英国在各国首都有两名大使,一名是英国女王派遣的,另一名是《泰晤士报》派遣的驻外首席记者。"《泰晤士报》的驻外记者因此而获得"第二大使"之美称。

《泰晤士报》之所以有着超国界的影响力,归根到底是因为当时英国资本主义正处于鼎盛时期,该报虽非政党报纸,却与政府有着千丝万缕的联系,有时可以代表英国政府的意见,因而具有重大的政治影响

----

① 又称东方战争。指 1853 年至 1856 年俄国与英国、法国、土耳其、撒丁联军之间的战争,因主要战场在克里米亚而得名。

② 王泰玄:《外国著名报纸概略》,新华出版社,1985 年版,第 107 页。

力。后来英国国势渐弱,加上廉价报纸兴起后的冲击,该报的政治影响也随之减弱,销量已不能和大众报纸相比了。

第二节　廉价报纸的兴起

工业革命后期,以美国为先,各国纷纷出现了面向社会中下层的通俗报刊,因售价低廉,它们被称为廉价报纸(Cheap Newspaper),因其读者均为平民大众,它们又被称为"大众化报纸"(Popular Newspaper)。这是一种新兴的资产阶级商业报纸,内容上注重地方新闻、社会新闻以及各种消闲趣味性的软新闻;形式上文字通俗,版面活泼,可读性强;经营上完全商业化,大量刊登广告,以此来降低售价,扩大发行,进而赢得更多的广告。廉价报纸的出现使非政党商业报纸更加兴盛,逐步成为资产阶级报业的主体,并为其向现代报业的演进奠定了基础。

廉价报纸的出现,是新闻传播大众化的开端。

以下按廉价报纸出现的先后,分别对美国、法国、英国的廉价报纸予以介绍。

一、美国的廉价报纸

在英国资产阶级革命的影响下,从18世纪末期起,美国开始了手工工业向大机器工业的过渡。1810年,美国出现了效率相当于人力印刷机10倍的滚筒式印刷机,使出版物的印刷成本降低,复制能力大大提高。19世纪二三十年代,美国又出现了资产阶级民主改革的浪潮,议会废除了禁止工人结社的法律,各州相继取消了选民的财产资格限制,社会中下层的文化程度逐步提高,参政意识不断增强。在这一大的环境背景下,美国报纸开始向社会中下层扩展。三四十年代,在东北部工商业发达的大城市首先出现了一批廉价报纸,以后这类报纸迅速蔓延到全国各地。费城《公共日报》(1836年3月26日创办)曾撰文描述廉价报纸普及的情形:纽约和布鲁克林两城共有人口30万,而廉价报纸的销数则超过7万份……在大街小巷、旅馆、银行、商店等处都可看到报纸。几乎每个看门人和马车夫的手里都有一份报纸①。19世纪60年代以前,廉价报纸与原有的政党报纸并存,南北战争(1861—1865年)以后,廉价报纸逐渐超过政党报纸而成为报业的主体。

美国早期较为著名的廉价报纸都出现在纽约。

1. 纽约《太阳报》(The Sun)

这是美国第一份成功的廉价报纸,由本杰明·戴(Benjamin Day)于1833年9月3日创办。本杰明·戴当过印刷学徒工,1831年到纽约开办印刷所。当时还是政党报纸的天下,其内容以政治新闻和评论为主,而且报价昂贵(每份售6美分以上),只能订阅,没有零售。为了开发印刷业务,本杰明·戴决心改变传统方式,办一份面向平民百姓的报纸。他在《太阳报》的创刊号上宣称:"本报的目的是办一份人人都能买得起的报纸,为公众报道当天的新闻,同时提供有利的广告媒介。"②

本杰明·戴的成功之处在于:首先,他善于经营。《太阳报》坚持低价发行,每份4版,售价1美分,以街头零售为主。他还给报贩很大的折扣(100份报纸的批发价只有67美分),以促进发行。《太阳报》大量刊登广告,第三版的半个版面和第四版均为广告,有时第一版也插登广告。充裕的广告收入使报纸有可能改善条件,更新设备。1837年,报纸开始采用当时最先进的滚筒式印刷机,每小时印刷4 000份,使报纸的大量发行有了物质技术上的保证。

其次,《太阳报》一改过去单调沉闷的办报风格,以变化多端的地方新闻、社会新闻以及富有人情味的故事吸引读者。为此,该报聘请了一些善于挖掘、采写新闻的行家里手当记者,他们的文章和报道经常给读者带来惊奇的感受。为了吸引读者,扩大发行,《太阳报》还采取哗众取宠的做法,以低级、庸俗、耸人听闻的消息吊读者的胃口,甚至不惜弄虚作假、肆意编造。例如,该报于1835年8月刊登了关于英国科学家在非洲好望角以特大天文望远镜观测月球的连续报道,该报道在描述了月球的地形、山脉、湖泊之后说,经观测发现月球上有鸟兽,接着又说发现了月球人,并绘声绘色地描述了状如蝙蝠、有翼能飞的月球人的种种细节,一时引起很大的轰动,出现报纸一天10小时印刷供不应求,

① 张隆栋、傅显明:《外国新闻事业史简编》,中国人民大学出版社,1988年版,第59页。

② 同上书,第60页。

读者伫立街头等待报纸的情形。后来《太阳报》的骗局被揭穿,同业群起而指责。

　　尽管这一做法被认为是美国新闻史上精心策划的虚假报道的典型,它却为《太阳报》带来了巨大的经济效益。该报创刊时印行 1 000 份,4 个月后日销售 5 000 份,居纽约各报之首;1 年后日发行 1 万份,2 年后日发行 1.9 万份,一度成为世界上销量最大的报纸(当时《泰晤士报》日销量为 1.7 万份),3 年后达 3 万份。随着发行量的上升,广告也急剧增长,本杰明·戴因此而大发其财,每年纯利润 2 万元。

　　《太阳报》的成功经营为美国资产阶级报业开辟了一个新的天地。美国报刊史学家莫特曾以“太阳升起了”作为《美国新闻事业史》一书中“廉价报纸兴起”一章的标题。他一语双关地指出,《太阳报》是资产阶级报业发展中的一个转折点,以突出该报在美国新闻史上的地位和作用。但是据他本人说,他无意过高评价本杰明·戴在新闻学上的贡献。

　　1837 年本杰明·戴把《太阳报》转卖他人。1868 年著名报人查尔斯·达纳接办,任主编 29 年时间,使该报再度辉煌,1876 年日发行 13 万份。达纳之后,《太阳报》几易其主,1920 年停办,《太阳报》晚刊则于 1950 年并入他报。

　　2. 纽约《先驱报》(The Herald)

　　《先驱报》创办于 1835 年 5 月 6 日,创办人詹姆士·戈登·贝内特(James Gordon Bennet)是苏格兰人。他 24 岁移居美国,做过教师、职员、报纸校对、记者、编辑。贝内特起初热衷于创办政治报纸,但未成功,于是决定放弃政治,办一份独立的商业报纸。《先驱报》创刊后不久便获成功,仅半年时间销量就逼近《太阳报》,1836 年扩版后每份报纸由 1 美分提高到 2 美分,销数仍然直线上升。1850 年,该报日发行 3 万多份,19 世纪 60 年代日发行量达 6 万份,超过《太阳报》而居全国各报之首。《先驱报》在欧洲国家也有大量订户,广受欢迎。

　　《先驱报》之所以受欢迎,是因为它有着明确的新闻理念,贝内特在报纸发刊辞中对此曾有充分的阐述:“我们将致力于记录事实,记录公共的和主要的事件与问题。我们不说废话,不带偏见,公正地、独立地、无畏地和善意地进行报道,并且适当地加以评论。”在报纸创刊的前 3 年中,贝内特一直亲任主编,亲自采访、撰写文章,他还招贤纳士,延揽人才,不断扩充记者、编辑队伍,以增强实力。

《先驱报》新闻报道面广、时效性强、文字通俗、笔调辛辣,最初以地方新闻见长,包括警署新闻、金融新闻、社教新闻等等。其警署新闻聚焦于一些离奇案件的审理过程,常常引起社会轰动;其首创的华尔街新闻栏提供的金融市场、货币交易以及证券行情信息引起纽约商界的高度重视;其社交新闻首次对纽约上层社会的社交活动进行报道,引起广泛的关注与兴趣。在地方新闻的基础上,该报又加强了全国新闻和国际新闻的报道力度。从 1841 年起,《先驱报》派记者常驻华盛顿,及时报道首都政局和国会辩论情况。报纸还在各大城市派驻记者,以便及时获取各地新闻。南北战争期间,该报有 40 多名记者分布于各个战场,其战事报道超过了所有的竞争者。作为一份商业报纸,《先驱报》同样热衷于制造各种轰动效应,但在新闻采写与报道方面的成就却大大超过了它的先行者。

在重视新闻报道的同时,贝内特善于经营,大量刊登广告,创刊第二年,广告就占了一半的版面,获益颇丰。

1872 年老贝内特病故,其子(时年 26 岁)小贝内特继任。小贝内特写得一手好文章,有着过人的新闻敏感。1873 年,他与英国《每日电讯报》合作,派记者斯坦利带领探险队前往中非探险。此后该报还组织过北极探险、中亚沙漠探险,并发表了大量引人入胜的新闻通讯。美国新闻史学家莫特对大小贝内特的评价是:“一个是争取新闻的大师,一个是制造新闻的奇才。”

1924 年该报与《论坛报》合并为《纽约先驱论坛报》。

3.　纽约《论坛报》(Tribune)

《论坛报》创办于 1841 年 4 月 10 日,创办人霍勒斯·格里利(Horace Greeley)出身贫苦农家,早年在印刷所做学徒工,当过排字工人,稍后与人合办印刷所。1834 年在辉格党的《宪法报》当编辑,成为辉格党党员。同年自己创办文学周刊《纽约人报》。以后他在州长选举和总统选举中为辉格党编辑竞选刊物,使其获得成功,他因此成为纽约辉格党的三巨头之一。

与其他廉价报纸不同,格里利宣称《论坛报》“是一个政治、文学和综合新闻的新晨报。它将努力维护人民的利益和促进他们道德的、社会的和政治的权益。它将摒弃许多著名便士报上的不道德、下流的警察局新闻、广告和一些其他材料。我们将竭尽心力把报纸办成赢得善良的、有教养的人们嘉许的、受欢迎的家庭常客"①。这充分体现了格里利的新闻理性原则。

如同格里利宣称的,《论坛报》是一份新型的便士报。首先,它摒弃煽情主义的做法,剔除哗众取宠的成分。它也刊登社会新闻和警事报道,但重在说明过程,而非一味寻求刺激。为此,它曾获得"道德机关报"的雅称。其次,该报重视言论,大量刊登鼓吹社会改革的文章。它的言论紧扣下层民众关心的问题,如提倡开发西部、反对奴隶制度、主张男女同工同酬、提倡禁烟禁酒、保护关税等。这些言论在社会上产生了重大的影响,甚至直接促进了群众运动的开展。

该报的改革言论中影响最大的是:1)提倡开发西部。这是当时美国经济发展的必然趋势,也是城市贫民的一条谋生之路。报纸提出"青年人,到西部去"的响亮口号,在 19 世纪 40 年代美国人向西部进军的浪潮中起了重要作用。报纸还积极敦促政府修筑铁路,架设电线,制定《宅地法》(给西部移民购买土地以优惠)。2)反对奴隶制度。50年代美国废奴运动进入高潮,《论坛报》积极配合宣传。1854 年格里利参与创建共和党,并帮助林肯入主白宫。在后来的南北战争中,《论坛报》发表"向里士满进军"、"二千万人的祈祷"等社论,坚决支持政府讨伐南方。美国历史学家高度评价《论坛报》,认为它在废奴运动中的作用仅次于林肯。

《论坛报》在办报中重视延揽人才,并吸引各方面有识之士为报纸撰稿。马克思曾长期担任该报驻英国的通讯记者,1851—1862 年间为它撰写过 500 多篇有关欧洲问题的述评,在很大程度上提高了该报的声誉。

《论坛报》创刊时售价 1 美分,第二年改售 2 美分。尽管该报发行量始终落后于《太阳报》和《先驱报》,但其社会影响力却远远超过这两家。1924 年,该报与《先驱报》合并为《纽约先驱论坛报》(1966 年停办)。

4.《纽约时报》(New York Times)

1851 年 9 月 18 日由亨利·雷蒙德(Henry J. Raymond)和他的两位同仁共同创办。雷蒙德出身富裕农家,从小受过良好的教育,大学毕

---

① 转引自张隆栋、傅显明:《外国新闻事业史简编》,中国人民大学出版社,1988 年版,第 69 页。

业后进入《论坛报》工作,成为格里利的得力助手。后与格里利产生意见分歧,离开该报。1851 年当选为纽约州议会议长。

这份报纸初名《纽约每日时报》,大张 4 版,售价 1 美分,第二年改售 2 美分。1857 年改名为《纽约时报》。该报创刊前,雷蒙德对当时纽约报界的看法是:成功的便士报(《太阳报》和《先驱报》)追求煽情主义,道德水平低、格调低;《论坛报》格调虽高,但其评论有着明显的政治倾向性。如果办一份新闻翔实、议论平和的廉价报纸,必定受到读者的欢迎。为此雷蒙德将"刊登应该刊登的消息"作为自己的办报方针,力求新闻报道详尽准确,言论调和平稳。报纸很快便办出特色。南北战争时,《纽约时报》已成为美国著名的日报,对战争的报道十分出色。

《纽约时报》在发行上也采取了新的做法:先是雇佣报童向全城各住宅送报一周,每周收取报费 6 分,周末收取。因发行形式新颖,加上内容丰富,报纸出版 9 天订户已超过 1 万,2 个月达到 1.5 万,一年达2.6 万。

雷蒙德对新闻事业有独到的见解。他在 1857 年撰写的《新闻事业的理论》一文中指出:公众报纸与政党报纸有着本质上的区别。政党机关报不对新闻事业负责,因而不是新闻事业的合法成员,没有资格享受新闻事业的荣誉。报纸要想取得公众的信任,必须是超党派独立的,必须具有更高尚的职能。尽管雷蒙德是这样分析并强调的,但在实际的办报过程中,由于他本人一直活跃于政界,《纽约时报》也不能彻底摆脱政治上的倾向性。

二、法国的廉价报纸

七月王朝时期政府对出版管制的放松,为廉价报纸的出现提供了政治前提;法国资本主义工商业的发展,印刷技术的进步,教育的普及以及都市化进程的加快,则为廉价报纸的出现提供了物质技术等方面的保证。

法国的廉价报纸出现于 19 世纪 30 年代,并在 19 世纪后半期得到迅速发展。由于政党报纸存在的时间比较长("二战"以后才趋于没落),与其他国家相比,法国的廉价报纸带有较为鲜明的政治色彩。与此同时,在廉价报纸的冲击和影响下,一些政党报纸也效仿廉价报纸刊登小说,逐步降低报价,销量也有了增长。

七月王朝时期法国出现了两份著名的廉价报纸:《新闻报》和《世纪报》。

1.《新闻报》(La Presse)

该报由亲政府的议员埃米尔·德·吉拉丹(Emile de Giradin)创办。吉拉丹1826年发表自传体小说《埃米尔》,一举成名。1828年创办《飞鹰》周刊,1829年创办《时尚》杂志,1831年又创办《有益知识》杂志,均获成功。办杂志的成功,大大增强了他创办一份"与众不同"的报纸的决心。1836年7月1日,吉拉丹创办《新闻报》,以低价出售,零售1苏(20苏为1法郎),一年定价40法郎,低于当时报纸年定价的一半。报纸一面世便受到读者的欢迎,销数不断上涨:3个月后日发行量为1万份,1838年为13 680份,1845年至1846年为2.2万份,1848年达到7.8万份。

《新闻报》的特点是:1)减少政治新闻和言论,大量刊登社会新闻和法院新闻。2)拓宽报道面,有关卫生、健康、食品、服装、家庭等方面知识性、实用性的文章占相当大的篇幅。3)报纸拥有一批为其撰稿的文学家,其中包括雨果、巴尔扎克、大仲马等。该报于1836年连载巴尔扎克小说《老处女》,开法国报纸连载长篇小说的先河。4)重视广告经营,通过增加广告收入来降低报价,这在法国还是首创。

在《新闻报》的影响下,法国报纸开始有意识地、大规模地经营广告,从而保证了报纸不会因价格低而影响收益。法国新闻史学者贝尔纳·瓦耶纳曾对吉拉丹作出过评价:"如果说勒诺多是法国报刊之父的话,那么,吉拉丹无疑是法国报业的革新者。他的独特的商人性格中,流露出人民教育家的气质。他找到了借助广告收入以降低报价而扩大增加报纸销数的诀窍。"吉拉丹不仅是法国廉价报纸的创始人,还是报业企业化经营的先驱。

2.《世纪报》(Le Siecle)

该报的创办人是杜塔克(Dutacq)。杜塔克曾与吉拉丹合作办刊,两人分道扬镳后,他于1836年7月1日(《新闻报》出版的同一天)创办了《世纪报》。该报虽然在政治上倾向于温和的共和派,但它却是独立经营的商业报纸。每份零售1苏,全年40法郎。

与《新闻报》相同,《世纪报》报道面广,内容丰富,注重社会新闻和法院新闻,在法院新闻、犯罪新闻的报道方面该报极力渲染、耸人听闻的程度远远超过《新闻报》。该报率先刊登短篇小说。当《新闻报》开始刊登长篇小说后,它也不甘落后,于 1836 年发表了巴尔扎克的《保尔船长》,1844 年连载了大仲马的《三剑客》等名著。由于该报大量刊登社会新闻,文字通俗,又有著名小说的连载,因而在社会中下阶层中拥有大量读者,销量一直领先于《新闻报》。广告收入也逐年增加,1836—1842 年间,广告收入从 4.5 万法郎增加到 18.7 万法郎。该报后来还组建广告公司,经办几家大报的广告业务。

《世纪报》获得成功后,杜塔克又购买和投资了四五家报纸,其中包括著名的《费加罗报》和《权力报》。

三、英国的廉价报纸

1712 年 5 月英国国会曾通过法案,对所有报刊征收印花税,由此束缚英国报业发展达一个世纪之久。进入 19 世纪以后,有些报纸为了降低售价、扩大发行而逃避纳税,不贴印花,至 1836 年 2 月,逃税报刊的发行量已超过纳税报刊。有鉴于此,一些政界人士提出废除知识税(印花税、纸张税、广告税的统称)的倡议,报界予以声援。在各方面的压力下,政府不得不逐步降低知识税。1836 年印花税从每份报纸 4 便士降为 1 便士,经过一系列的斗争,议会终于在 1853 年决定取消广告税,1855 年取消印花税,1861 年取消纸张税。

英国成功的廉价报纸出现于 19 世纪 50 年代。早在 19 世纪初期(在工业革命的进程中),英国就出现过通俗而廉价的报刊,其中既有非政治性的,也有政治性的。由于知识税的重压,这些报刊大多处境艰难。50 年代知识税取消后,原有的廉价报纸继续出版,新的报纸纷纷涌现,到 1857 年共有报纸 108 种,其中伦敦 20 种,地方 88 种。英国第一份成功的廉价报纸是《每日电讯报》。

《每日电讯报》(Daily Telegraph)创办于 1855 年 6 月 29 日,即在印花税废除的前一天。该报原名《每日电讯邮报》,由于经营不善,销路未能打开,不久即陷入财政困境。该报的承印者、《星期日泰晤士报》业主约瑟夫·摩西·莱维(Joseph Moses Levy)将该报买下加以重组,改用现名,降价 1 个便士出售,同时力求价廉质优,全面提高社论、新闻报道和专栏文章的水平,几个月后发行量就达到 2.7 万份,约为当时销量最大的《泰晤士报》的一半。

《每日电讯报》真正发展为英国报界举足轻重的力量,则是在莱维之子爱德华·莱维·劳森(Edward Levy Lawson)经营时期。为了使报纸更加适合大众的需要,劳森进行了一系列的改革。首先,扩大新闻报道面,注重内容的趣味性,将平铺直叙的记录变为文情并茂的报道,以增强对读者的吸引力。该报重视社会新闻,曾经详细揭露伦敦的卖淫活动等阴暗面,引起很大反响;同时重视独家新闻,曾派遣一些干练的记者分赴国内外"热点"地区进行采访。1873年曾与纽约《先驱报》组成中非探险队,探险队发回的非洲通讯吸引了许多读者。其次,改革版面编排,率先借鉴美国报纸的做法,对重大消息采用大字多行标题,使之更加醒目。如1865年美国总统林肯被刺,该报用了四行题;1870年普法之战,路易·拿破仑兵败被俘,该报用了十行题,占了全栏的四分之一位置。再次,劳森十分重视延揽人才,加强编辑和记者队伍。该报拥有当时英国许多一流的记者、作家、评论家,其中埃米尔·约瑟夫·狄龙(Dr. Emile Joseph Dillon)的表现最为出色。狄龙精通欧洲各国文字,还是东方语言的专家。他曾担任过《每日电讯报》驻俄特派员,1894年化装成僧侣前往土耳其采访,1900年报道过侵略中国的八国联军的行动。作为当时著名的记者,他经常受到各国国王的款待,并得到许多独家新闻。上述措施使得报纸的影响不断扩大,发行量持续上升,1871年每期发行20万份,1888年为30万份,直至19世纪末,一直是英国发行量最大的日报。劳森于1892年被封为男爵,1903年被封为伯纳姆勋爵,并被新闻界尊为"英国报业之父"。

第三节　新闻通讯社的诞生

新闻通讯社是专门搜集和供应新闻稿件、图片和资料的新闻发布机构。它是新闻流通的重要渠道,被称为"消息总汇"。

新闻通讯社是工业革命所带来的科技进步的产物。首先,新的印刷设备和工艺的采用,使报刊这种信息产品的复制能力成倍提高,相应地,报刊对新闻信息量的需求也大为增长,而报社单凭自身的力量是很难满足这一需求的(在新闻业发展的初级阶段上尤其如此),于是通讯社这种专门搜集和供应新闻的机构便应运而生。

其次,工业革命带来电报通讯技术的发展,而电报通讯技术的发展为通讯社的产生提供了物质保障。19 世纪 30 年代莫尔斯电报装置试验成功,1844 年世界上最早的电报线路(华盛顿到巴尔的摩)开始启用,随后欧美各国纷纷建立了国内电报通信系统。1851 年英法之间穿越多佛尔海峡的海底电缆铺设成功。此后 20 多年间,电报线从欧洲延伸到北非、中东、印度、澳大利亚,欧美之间也铺设了越洋电缆,形成了连接全世界的电报通信网络。欧美各国通讯社的早期业务就是通过这一网络展开的,所以通讯社又有电讯社之称。

此外,通讯社的产生还适应了工业革命后社会经济快速发展以及商业、贸易、金融等领域获取信息的需要。

一、四大通讯社的建立

世界上最早建立的 4 家著名的通讯社是:法国的哈瓦斯社、德国的沃尔夫社、英国的路透社和美国的港口新闻社(现在的美联社)。其中欧洲的三大通讯社都是从向工商界、银行界提供金融、经济信息起步,然后才一步步发展成为向报纸提供综合新闻的"消息总汇"的。

(一)哈瓦斯通讯社(Agence Havas)

哈瓦斯通讯社是世界上第一个新闻通讯社,1835 年由法国人查理·哈瓦斯(Charles Havas)在巴黎创办。早在 1825 年,哈瓦斯就组织了一个新闻社,将外国报刊上的消息和资料译成法文出售,订户主要是外交官和商界、金融界人士。他曾动员当时的报纸订用新闻社的稿件,但遭拒绝。直到廉价报纸出现,他向报社供稿的业务才逐渐开展起来。1835 年,哈瓦斯改组新闻社,将它正式定名为哈瓦斯通讯社。他开始增聘记者,扩大采集、发布新闻的范围,开办快速翻译外报新闻、文章的业务,报纸用户逐渐增加,就连销量巨大的《世纪报》和《新闻报》也成为它的订户。

随着技术手段的进步,哈瓦斯不断改变传递新闻的方式。初期曾依靠快马传递,1837 年采用信号传递,1840 年开始用信鸽在欧洲各国首都间传送新闻,这样,比利时或英国早报上的新闻,巴黎的晚报就可以刊出,从而使巴黎几十家报纸以及许多机关、公司和个人陆续成了他的订户。大文豪巴尔扎克曾经把哈瓦斯称为"控制法国报纸的巨头",他在 1840 年的《巴黎杂志》上曾经写道:"一般人都认为巴黎有好多家报纸,但是严格说全巴黎只有一家报纸,那就是……哈瓦斯先生经营的

'哈瓦斯通讯社'编发的新闻稿。"可见哈瓦斯社当时的影响之大。1845年,该社开始在国内线上用电报传送新闻,同时又在布鲁塞尔、罗马、维也纳、马德里以及纽约等地设立分社。1848年的二月革命使巴黎报业呈现繁荣景象,哈瓦斯社的业务也更加兴旺。进入19世纪50年代以后,哈瓦斯社已经普遍使用电报向法国各地及欧洲许多城市的报纸供稿。70年代,该社通过海底电缆把新闻业务扩展到了拉丁美洲。

（二）沃尔夫通讯社(Wolff Telegraphen Bureau)

沃尔夫通讯社是德国最早的新闻通讯社,1849年由德国人伯纳德·沃尔夫(Bernard Wolff)在柏林创办。沃尔夫曾于1848年来到巴黎短期工作,在哈瓦斯社当过译员,同年回到柏林,接任《国家日报》社长。1849年,从柏林到边境城市亚琛的电报线开通,沃尔夫便建立了以自己名字命名的通讯社,利用电报收集和发布股票行情和经济信息,给报社提供新闻稿。

沃尔夫社建立后业务发展顺利。1855年起逐步增发政治新闻和其他非经济类信息,成为德国报刊重要的新闻供应者。在国外,该社与其他通讯社有合作业务,1856年与路透社交换经济信息和股市行情新闻;1859年与路透社、哈瓦斯社以及美国联合通讯社共同签订互换政治、经济新闻的合同。1860年,该社已能每天向报纸和商业公司提供经济信息和各种新闻稿。

（三）路透社(Reuters Ltd.)

路透社是英国最早的新闻通讯社,1851年由德国人朱利叶斯·路透(Julius Reuter)在伦敦创办。路透曾于1848年到巴黎谋生,在哈瓦斯通讯社短期做过译员。当他返回德国时,巴黎至布鲁塞尔、柏林至亚琛已分别架设了电报线,哈瓦斯社和沃尔夫社各据一端,经营新闻业务。鉴于亚琛和布鲁塞尔之间尚无电报可通,路透便于1850年在亚琛设立了一个营业所,利用信鸽向布鲁塞尔传递商业信息和股票行情。1851年,联结英伦三岛和欧洲大陆的海底电缆开始启用,路透将其营业所正式迁往伦敦。当年10月,他在伦敦金融街皇家股票交易所租用房间,开始从事电讯业务。最初的工作人员只有路透夫妇两人,他们做的主要是将欧洲大陆传来的金融、商业消息汇编成"路透社快讯",向伦敦的银行、公司、交易所、股票商出售;同时向巴黎、柏林、维也纳、阿姆斯特丹等地发布商情信息。路透曾多次与报社联系,希望它们订用新闻稿,均遭拒绝。直到大众化报纸出现,地方报纸也发展起来,这种情况才得以改变。

针对大众化报纸信息需求量大的特点,路透开始采集和发布政治、经济、军事等方面的新闻,向报界供稿。1858 年 10 月,他说服《广告晨报》的总编,让该报免费试用路透社快讯两个星期,接着又和其他几家报纸达成了同样的协议。由于路透社提供的报道迅速准确、价格便宜,各报陆续与它签订了订稿合同,就连一向保守自负的《泰晤士报》后来也成为它的订户。取得报界支持以后,路透社积极拓展海外业务,并且常常以时效性强的独家新闻在同行竞争中取胜。1859 年 2 月 7 日,当法奥关系日趋恶化、整个欧洲都在关注事态发展之时,路透社记者从拿破仑第三在国会的演说词中了解到法国政府对奥地利的态度,并通过电报线路迅速向英国发布新闻,从而成为第一个报道法国有可能对奥宣战消息的记者。美国南北战争期间,路透社又一次抢在其他媒体之前发布了战况消息。1865 年 4 月,美国总统林肯遇刺,路透社比欧洲所有新闻媒体早两天报道了这一震惊世界的突发事件。这些都极大地提高了路透社的声誉和影响。路透于 1857 年加入英国籍,1871 年被封为男爵。

（四）美国联合通讯社（Associated Press,简称美联社）

美联社的前身是"港口新闻联合社"（Harbour News Association）,它是由包括《太阳报》在内的纽约的 6 家报纸于 1848 年联合组建的,目的是为了协调采访活动,共同负担采集新闻的费用。1851 年《纽约时报》创刊后,成为它的第七个成员。

1857 年,港口新闻联合社与当地另一家新闻社"电讯与一般新闻社"（1850 年建立）合并,组成"纽约新闻联合社"（New York Association Press）,同时将业务扩展到国内其他地方的报社,参加的成员不断增多。该社对内曾与美国"西部新闻联合社"、"南部新闻联合社"及"新英格兰新闻通讯社"合作,彼此交换新闻,并为所属报纸共同负担行政、编辑与电讯的一切开支;对外则同路透社、哈瓦斯社、沃尔夫社三大通讯社建立联系,缔结合作协议。当欧洲三大通讯社在世界范围内采集和发布信息时,纽约新闻联合社还是一家国内性的通讯社,多年以后,随着美国国家实力的逐渐增强,该社才突破原有的格局,由国内通讯社发展成为国际性的通讯社。

至 1880 年,纽约新闻联合社所属会员已有 355 家报纸。1885 年,西部新闻联合社退出联合社,至 1892 年才正式改组为美国联合通讯社,即美联社。

二、其他通讯社的兴办

除了欧洲三大通讯社以及美国联合通讯社的创立外,19世纪后半期,世界各地还陆续创建了一些新闻通讯社。与哈瓦斯社、沃尔夫社、路透社这些国际性的通讯社不同,它们的活动范围一般都在国内。

这些通讯社中建立较早的是由新闻记者古利尔摩·斯蒂法尼于1853年建立的斯蒂法尼通讯社。1861年意大利统一,该社改组为股份公司。1881年总部迁往罗马。斯蒂法尼通讯社专门采访国内新闻,国际新闻则转发哈瓦斯社的稿件。"二战"后该社改组为安莎社。

随后在欧洲出现的新闻通讯社还有:奥地利国家电信局(1860年)、丹麦通讯社(1866年)、西班牙法布拉通讯社(1867年)、挪威通讯社(1867年)、瑞典电讯社(1867年)、英国报联社(1868年)、英国交换电讯社(1872年)、法国富尔尼埃通讯社(1879年)、匈牙利通讯社(1881年)、西班牙门契塔通讯社(1882年)、芬兰通讯社(1887年)、瑞士通讯社(1894年)、俄国通讯社(1894年),以及德国几家较小的通讯社。它们一般都同哈瓦斯社、路透社、沃尔夫社三者之一订立协议,以获得国际新闻。

日本在19世纪末期曾出现过一些小通讯社,但存在的时间都不长。其中时事通讯社(1888年)、新闻用达会社(1890年)后来合并为帝国通讯社(1892年),成为当时日本最有影响的通讯社。大洋洲的新西兰在1879年成立了报联社,拉丁美洲的阿根廷在1900年成立了新闻通讯社。这些也都是国内通讯社。

三、早期的竞争与垄断

欧洲的三大通讯社分别属于当时资本主义世界三个举足轻重的国家——英国、法国、德国。随着三国殖民扩张的不断推进,三国的通讯社也竭力扩大其采集、发布新闻的范围,至19世纪60年代末基本上把世界新闻市场分割完毕。为了确认既成事实和各自的垄断范围,1870年1月17日,路透通讯社、哈瓦斯通讯社和沃尔夫通讯社签订了"三社协定",亦称"连环同盟"(Ring Combination)协定。该协定以三大通讯社为主,美国的纽约新闻联合社虽然也加入此协定,但由于它处于弱势,不是与欧洲三大社站在平等地位上的缔约方,只是以参加者的身份出现,故这个协定又称"三社四边协定"。

这个协定规定了各社采访和发布新闻的范围,并规定互换采集到的新闻。具体划分如下:

哈瓦斯社:法国、瑞士、意大利、西班牙、葡萄牙、埃及(同路透社共享)、中美洲、南美洲。

路透社:大英帝国、埃及(同哈瓦斯社共享)、土耳其、远东。

沃尔夫社:德国、奥地利、荷兰、斯堪的纳维亚诸国、俄国和巴尔干各国。

纽约新闻联合社:美国。采集的新闻经由伦敦供给欧洲三社,欧洲三社发往美国的消息也只供给该社。

通过"连环同盟"的缔结,四大通讯社在世界范围内垄断了新闻市场。它们凭借自己各方面的优势,限制和排斥其势力所在国的新闻采集、发布活动,迫使众多的新闻机构只能通过它们这唯一的渠道获取新闻,从而达到更好地为本国殖民政策服务的目的。

"连环同盟"的签订虽然缓和了欧美四大通讯社之间的冲突,但是没有也不可能消除竞争。在1870年的普法战争中,法国战败,这使它同战胜国普鲁士之间的关系日趋紧张,哈瓦斯通讯社和沃尔夫通讯社也因此而不能顺利交换新闻。路透社巧妙地利用这种关系,在两社之间左右逢源,使哈瓦斯社不能从沃尔夫社得到的新闻和沃尔夫社不能从哈瓦斯社得到的新闻都可间接地从路透社获得,从而加强了自己的地位。"一战"爆发后,哈瓦斯社和沃尔夫社彻底断绝了关系。哈瓦斯社不向其势力所在国南美洲报纸发布德军战况公报,引起南美一些报纸的不满。长期处于从属地位的美联社利用这个机会向南美报纸发布新闻,由此打入了哈瓦斯社长期独占的南美洲。与此同时,美联社又向东方发展,先后于1922年和1926年从路透社那里取得在日本和中国开展业务的权利。

20世纪初期,美国出现了两家新的通讯社:合众社和国际新闻社。由于它们不是"连环同盟"的成员,因而在对外活动方面无所顾忌,很快就将其触角伸向世界各地。至此,"连环同盟"已名存实亡。1934年11月,各通讯社代表在拉脱维亚首府里加召开会议,宣布取消这一协定,同时接受美国提出的在各处任何人都可以自由发布新闻的原则。这就意味着4家通讯社独占世界新闻市场的局面已告结束,依靠实力相互竞争并争取新的垄断的时期即将来临。

第四节　无产阶级报刊的出现

工业革命在社会关系方面最重要的变革,是出现了工业无产阶级和工业资产阶级,形成了资本主义社会两个相互对抗的阶级。无产阶级自产生之日起,就展开了反对资产阶级的斗争。初期是破坏机器的自发斗争,到了19世纪30、40年代,随着无产阶级觉悟程度和组织程度的提高,工人运动进入了一个新的时期,由破坏机器发展到有组织的经济斗争和政治斗争,由反抗个别资本家的自发的分散的斗争发展到反对资产阶级的自觉的联合斗争。

在同资产阶级的斗争中,工人阶级产生了为自身利益进行宣传鼓动的要求,于是工人报刊、工人组织的机关报应运而生。工人报刊首先在英国,接着在欧美的其他一些国家出现。初期的工人报刊虽然不成熟,但它们在揭露资本主义剥削、启发工人觉悟、引导工人斗争方面起过重要的作用。随着无产阶级作为独立的政治力量登上历史舞台(以法国里昂工人起义、英国宪章运动和德国西里西亚纺织工人起义为标志),随着马克思主义理论的创立及其与工人运动的结合,无产阶级的队伍不断发展、壮大,无产阶级报刊也日益成熟。

一、早期工人报刊的出现

19世纪20—30年代是无产阶级报刊的"童年时期"。这一时期的报刊大都受到资产阶级政府的压制和迫害,在困难的条件下坚持出版。

(一) 英国工人报刊

1. 早期工会机关报

英国工人运动开始于18世纪末期。1794—1796年,英国羊毛加工业和缝纫业中出现了最早的一批工人团体。以后工人组织不断增多,罢工斗争此起彼伏。19世纪20年代,工会机关报相继出现,其中最早的是1825年夏伦敦各行业代表委员会创办的《各行业新闻和工匠新闻》周刊。1830年,纺织工人领袖约翰·道尔蒂组建全国劳工保护协会,并创办了《联合行业周报》,从1830年3月6日起至同年 10 月 2 日止,共出 31 期。此后协会又创办了《人民之声》周刊,从 1831 年 1 月出版到 9 月,详细报道了全国劳工保护协会在曼彻斯特、诺丁汉开会的情况,支持各地罢工斗争,积极宣传"10 小时工作制法案",销量达 3 000 份。

这一时期的重要报纸是 1830 年创办的《贫民导报》(Poorman's Guardian)。该报原名《人民便士报》,第二年改用此名,主编为赫瑟林顿和奥布林。《贫民导报》公开抵制英国政府征收"知识税"的做法,率先提出工人阶级的新闻出版自由等政治要求。它在发刊词中明确指出:"我们将在防护和确认之下创造这个最重要堡垒,以捍卫我们的全部权利,我们所有自由的关键——报刊自由。"报纸还提出"为了表示抗议而出版,以公理对抗强权"的口号。该报第一次用通俗的文字介绍了空想社会主义的基本概念,说明劳动人民和剥削者之间没有共同利益可言,号召工人阶级为争取自己的权利而斗争。在《贫民导报》的推动和影响下,各地工人报刊也展开了反对对报刊课以重税的斗争。1836 年 4 月,伦敦成立了"争取廉价与正直报刊工人协会"(后来发展成为"伦敦工人协会")。

2. 宪章运动中的报刊宣传

19 世纪 30 年代工业革命接近尾声的时候,英国爆发了一场政治性的无产阶级革命运动——宪章运动,上百万工人参加了斗争,斗争持续了 10 多年。

1837 年 6 月,"伦敦工人协会"拟定了一个关于争取普选权的文件,1838 年 5 月,这个文件以法案形式正式公布,称为"人民宪章"。"人民宪章"公布后,立即得到广大工人的积极响应和支持,并在全国各地举行游行、集会。在这些集会上,工人们发表演说,甚至公开号召起义。宪章运动经历了 1839 年、1842 年和 1848 年 3 次高潮,每次都有几百万工人参加。1840 年 7 月还成立了全国性统一组织——"全国宪章派协会",亦称宪章党。宪章党已初具无产阶级政党的性质,因而恩格斯将它称作"近代第一个工人政党"。在宪章党的领导下,工人斗争遍及全国,个别大城市曾发动武装起义,占领了市政机关。宪章运动的 3 次高潮虽然都归于失败,但它在国际工人运动史上具有重要的意义。

宪章运动一开始就注重公开的宣传鼓动工作。1837 年 11 月,宪章派左翼领袖菲格斯·奥康瑙尔创办了《北极星报》(The Northern Star),编辑部成员还有同为宪章派左翼领导人的哈尼和琼斯。该报最初在利兹出版,1843 年迁往伦敦,1852 年停刊,出版长达 15 年之久。

《北极星报》是宪章派最有影响的报纸。它高举"人民宪章"的旗帜,广泛宣传宪章派左翼的各项政治主张,及时报道英国各地宪章派的活动,有力地指导了英国工人阶级的斗争。对于欧洲各国无产阶级和被压迫民族的革命运动,该报也给予了极大的关注。《北极星报》主张一切国家的工人阶级联合起来,争取共同的胜利,并把支持各国无产阶级和被压迫民族的革命运动视为英国无产阶级的义务。进入 19 世纪40 年代以后,该报有关欧洲各国革命运动的报道,特别是揭露俄国沙皇统治者压迫波兰人民、反对英国吞并爱尔兰、支持 1848 年巴黎二月革命的宣传报道,表现了十分鲜明的国际主义立场。

《北极星报》还注意用生动、形象的语言,富于感染力的文字激发读者的情感。在报道工人运动惨遭反动势力的血腥镇压的文章中,该报鲜明地指出:要在资本家和工人之间建立一致的感情和利益,比让猛虎和羔羊媾和还难。《北极星报》坚定的阶级立场和旗帜鲜明的战斗风格使它赢得大量读者,其销量最高时达到 10 万份,比当时《泰晤士报》的销量高得多。马克思、恩格斯高度评价《北极星报》,称它是真正民主的、没有民族和宗教偏见的报纸,"在各方面都成了欧洲最优秀的报纸之一"①。

在《北极星报》出版的同时,该报编辑部成员之一哈尼于 1850 年 6月创办了《红色共和党人》(The Red Republican)周刊。11 月,该刊在第 21 期至 24 期连载了《共产党宣言》的第一个英译本。哈尼在周刊序言中首次指出这一著作的作者是马克思和恩格斯,并对它进行了高度的评价。译文发表后,引起当局的恐惧,决定以追查印花税为借口迫害哈尼。杂志只好改名《人民之友》(The Friend of the People)继续出版,1852 年 4 月停刊。

宪章运动后期,琼斯成为左翼领袖。他曾于 1851 年至 1852 年在伦敦出版《寄语人民》(Notes to the People)周刊。马克思和恩格斯积极支持该刊,亲自参与编辑和出版工作,从 1851 年 6 月到 1852 年 4 月的几个月中,为它撰写了许多文章。1852 年 5 月《寄语人民》停刊后,琼斯立即创办了《人民报》(The People's Paper)。

《人民报》是英国宪章运动后期一份重要的报纸。它继承了宪章

---

① 《马克思恩格斯全集》第 2 卷,人民出版社,1957 年版,第 668 页。

派报刊的优良传统,勇敢地捍卫工人阶级的利益,组织工人的革命斗争,表现出无产阶级的国际主义和大无畏的战斗精神。马克思和恩格斯特别关心这份当时"唯一的宪章派机关报",从 1852 年 10 月到 1856年 5 月为它撰稿,还参与编辑工作,协助管理报纸财务和推广报纸。1856 年 4 月 14 日,马克思在《人民报》创刊四周年纪念会上发表了关于无产阶级历史使命的演说,刊登在该报第 207 期上。

1856 年 5 月,琼斯和资产阶级激进派接近起来,6 月,《人民报》转入资产阶级实业家手中,马克思、恩格斯不再为它撰稿。与此同时,宪章运动也退出了历史舞台。

(二) 法国工人报刊

18 世纪末期,法国工人中开始出现各种互助、救济团体,罢工次数日益增多。19 世纪 30 年代,伴随着里昂丝织工人的两次起义(1831 年和 1834 年),法国工人运动逐渐由自发的经济斗争发展成为政治斗争。这一时期,法国出现了第一批工人组织的报纸。其中重要的有《工人报》、《手工业者报》、《工场回声报》等。这些报纸虽然印刷份数不多,存在时间不长,但是已经意识到工人阶级的作用,在教育劳动者加强团结、揭露资本家的压迫和欺骗方面做了不少工作。《手工业者报》曾经指出:人民不是什么别的,人民就是工人阶级。开发资本,为资本创造价值的是工人阶级。国家的商业和工业所依赖的也是工人阶级。《工场回声报》也指出:劳动者只有兄弟般团结起来,才能改善自己的命运。工人劳动者的利益是一致的,不应该互相仇视,应该彼此帮助。该报还宣传凡人均有生存和劳动权利的思想,说劳动者如果不进行联盟结社,在眼前弱肉强食的法则下,进行工价的谈判是根本办不到的。报纸还积极鼓动工人进行政治斗争。1831 年 11 月 25 日《工场回声报》在缅怀里昂工人起义中牺牲的烈士时曾写道:"安息吧,十一月起义的烈士们! 愿压在你们身上的泥土不至于使你们感到沉重! ……你们的鲜血滋润了这片土地,从那里一定会生长出无产者解放之树!"

尽管由于法国政府的限禁,工人报刊举步维艰,但是进入 19 世纪40 年代以后,仍有报刊继续出版。《人民的蜂房》是一份与空想社会主义者有联系的工人月刊,1839 年 12 月至 1849 年 12 月在巴黎出版。《1841 年人民报》是宣传空想社会主义思想的机关报,1841 年至 1852年在巴黎出版。《同盟月刊》,由工人自己编辑和出版,是一份受空想社会主义思潮影响的巴黎工人和手工业者欢迎的小型工人报纸,1843

年 12 月至 1846 年 9 月在巴黎出版。《1845 年友爱月刊》,为共产主义刊物,是 18 世纪末期的巴贝夫革命者的信徒们创办的一个工人月刊。该报揭露资本主义剥削,抨击君主制度,宣传民主主义和空想社会主义思想。

法国工人运动及其报刊受空想社会主义思想的影响比较大,与法国当时的历史条件有关:早在 19 世纪 20—30 年代,法国就出现过宣传空想社会主义思想的刊物,如圣西门的信徒们出版的《地球》和《生产者》等。19 世纪 40 年代,社会主义、空想共产主义思想的宣传在法国盛极一时,如《1841 年人民报》的主编、法国著名的空想社会主义者卡贝通过报刊广为宣传经由和平方式建立理想社会的思想,反对无产阶级进行革命斗争。这种思想不但在知识分子中传播,对广大工人及其报刊也产生了深远影响,许多工人报刊的创办者都与空想社会主义者有密切的联系,并热衷于宣传这一思想,有些工人报刊更是在空想社会主义者的帮助下创办的。在空想社会主义学说和形形色色的社会主义流派的影响下,法国工业革命的发展以及法国工人阶级的形成过程比较慢,工人运动长期保留了原始的反抗形式,这从某种程度上阻碍了工会的发展和全国性联合性组织的建立,致使法国工人运动和法国工人报刊发展缓慢。

(三) 美国工人报刊

18 世纪末期,美国出现了第一批工人组织,并展开了反对剥削者的罢工斗争。19 世纪二三十年代,在美国工人普遍开展争取 10 小时工作日运动及各地技工工会联合会纷纷成立的基础上,出现了美国最早的工人报刊。费城是美国第一个工人组织和第一个工人政党建立的地方,因此美国的第一份工人报刊也就诞生在这里。

1827 年,费城技工工会联合会创办了《技工雇工拥护者》,出版不到一年便停刊,第二年又创办了《技工自由先驱》和《技工自由报》两种周刊。1828 年费城建立了第一个工人政党后,各地工人政党纷纷兴起,工人报刊也出现了繁荣发展的局面,出版各类周刊 50 多种。如《时代精神》、《农工拥护者》、《自由主义者》、《独立政治评论》、《工人公报》、《工人团结》等。

工人报刊中最出色的是《工人辩护者报》(Working Man's Advocate)。该报 1829 年 10 月 31 日创办于纽约,发行人兼编辑是来自英国、当过印刷工的乔治·亨利·伊文斯。该报以争取"平等教育、平等权利"为自己的奋斗目标和主要宣传内容。它在第一篇社论中就宣称:在压迫工人阶级的势力全部被消灭之前,工人阶级决不放弃斗争。在美国的工人报纸中,《工人辩护者报》居于领导地位,经常号召并带领各报进行反对当权者的斗争。其影响不仅限于纽约,在美国其他州和城市也有订户。1836 年,因伊文斯健康状况不佳,该报曾一度停刊。1844 年伊文斯康复后,该报又重新出版。

《人报》(The Man)也是一份办得不错的报纸。它详细报道了美国、英国以及其他国家工人运动以及工会活动的情况,对各个国家贫民遭受的苦难给予了深切的同情。它还将矛头指向合众国银行(当时合众国银行的许多股东都是英国贵族,银行实际上由他们控制),刊登来信、来稿和调查报告,对其享有的特权予以抨击。

1834 年美国全国总工会成立,创办了《全国总工会报》。该报在工资工时、币制改革、工厂法规、国民教育、自由土地等问题上积极为工人说话。

1837 年美国爆发了第一次全国性的经济危机。经济危机严重打击了工会运动,生产几乎停止,成千上万的工人失业。资本家拒绝雇用工会会员,解雇在职的工会会员,各地工会组织及全国总工会无法维持,相继解体,早期工人报刊也随之停刊。

二、马克思主义的诞生与无产阶级报刊的发展

英国、法国和德国的工人运动体现了无产阶级的觉醒和革命精神。但是由于缺乏用科学理论武装起来的政党的领导,而空想社会主义学说又不能给无产阶级指明解放的道路,创立科学共产主义理论并把它同工人运动相结合,就成为无产阶级的迫切要求和历史发展的必然。19 世纪 40 年代后期,马克思、恩格斯在批判地继承人类优秀文化遗产并加以改造的基础上,创立了科学社会主义理论,把社会主义从空想变成了科学。这一理论与工人运动相结合,使无产阶级在政治上、思想上逐渐走向成熟。随着国际共产主义运动的兴起,产生了无产阶级的报刊,它们在宣传革命思想、启发工人觉悟、组建无产阶级政党等方面发挥了重要的作用。

(一)共产主义者同盟与《共产主义杂志》

共产主义者同盟的前身是正义者同盟。后者成立于 1836 年,最初

只是侨居巴黎的德国工人的秘密团体,后来活动范围逐渐扩大,在英国、法国、德国和瑞士相继建立支部,成为国际性的工人组织。1847年春,马克思、恩格斯被邀请参加同盟的改组工作,同年6月改组大会在伦敦召开。大会接受了马克思和恩格斯的建议,决定将正义者同盟改名为共产主义者同盟,用"全世界无产者,联合起来"的口号代替"四海之内皆兄弟"的旧口号,并规定同盟的最终目标是建立共产主义社会。因此,这次大会也就成为共产主义者同盟的第一次代表大会(同盟的第二次代表大会于1847年11月召开,大会委托马克思和恩格斯起草同盟的新纲领——《共产党宣言》。1848年2月,《共产党宣言》在伦敦正式发表)。大会选举了共产主义者同盟中央委员会,并决定出版同盟的机关刊物《共产主义杂志》,由马克思、恩格斯的战友,德国无产阶级革命家、政论家威廉·沃尔弗(1809—1864年)担任负责人。

沃尔弗以极大的热情投入了杂志的筹备与出版工作。1847年9月,《共产主义杂志》在伦敦创刊,封面上印有"全世界无产者,联合起来!"的口号。杂志一共16页,印行1 000份。

创刊号充分体现了共产主义者同盟的目标和宗旨。它高举战斗旗帜,对当时的各种错误思潮进行了批判。杂志严厉批评了原正义者同盟领导成员威廉·魏特林的错误主张,特别驳斥了他的宗派思想和密谋活动,指出只有进行无产阶级革命才是推翻资本主义制度的唯一正确道路。对自命为德国共产主义代表的克利盖鼓吹的平分土地就能消灭贫困,就能实现共产主义的论调,杂志也进行了抨击,指出共产主义不是"爱的王国"。对改良派和不抵抗主义者,杂志同样进行了批判,指出暴力革命是通向良好制度的必由之路,放弃斗争就意味着死亡。

创刊号还刊登了同盟中央委员会反对卡贝空想计划(通过和平方式建立理想社会)的决定,指出这一计划会给共产主义事业带来巨大的损失,共产主义者的事业不是回避斗争,而是教育人民、鼓舞人民、组织人民进行反压迫斗争。

《共产主义杂志》是在十分困难的条件下出版的,同盟领导者没有必要的资金,没有印刷机和足够数量的铅字,也没有固定的编辑人员,因此只出一期创刊号就停刊了。它存在的时间虽然短,但在无产阶级报刊史上的地位不容忽视。它是最早以科学理论为指导的第一个无产阶级国际共产主义组织正式的机关刊物,开创了共产主义机关报刊的历史。

（二）马克思恩格斯的报刊活动

在德意志地区,长期的封建禁锢使报业发展十分缓慢(尽管近代报业在此发轫)。

1789 年的法国资产阶级革命浪潮席卷整个欧洲,资产阶级民主自由思想越过国界,在德意志境内广泛传播。19 世纪初,拿破仑击败普、奥为首的反法联军,继而横扫欧洲大陆,占领了德意志的许多地区。1806 年,莱茵地区的 16 个邦在法国庇护下组成莱茵联邦,神圣罗马帝国就此宣告解体。拿破仑的入侵强烈地冲击着德意志的封建秩序,带来了法国资产阶级的政治思想和法典制度。在这种形势下,德国报业有了新的起色。

这一时期,在拿破仑占领过的地区先后出现了一些带有自由主义色彩的报纸,如 1802 年创办的《科伦日报》、1807 年创办的《知识界晨报》、1814 年创办的《莱茵信使》等。19 世纪 30 年代以后,在一些君权统治较为薄弱的邦国,又出现了一些具有民主倾向的报纸,如《莱比锡总汇报》(1837—1842 年)、《德意志电讯》(1838—1848 年)。进入 40 年代,民主思潮更加高涨,逐步形成了要求"统一与自由"的全民族运动,无产阶级也开始登上历史舞台。为了缓和社会危机,1840 年即位的普鲁士国王腓特烈·威廉四世于 1841 年颁布新的书报检查令,其中某些条款比以往有所放宽。一些资产阶级自由派人士利用这一时机创办了新的报刊。马克思参与编辑(后任主编)的《莱茵报》就是在这一时期出版的。

《莱茵报》创办于 1842 年 1 月,全名《莱茵政治、商业和工业日报》,是由莱茵省科伦市的一些资产阶级民主派人士出资创办的。马克思从 5 月开始为该报撰稿,10 月被聘为主编。马克思任主编后,《莱茵报》的政治态度发生了很大的变化,报纸连续讨论了许多重大的社会问题,如农民问题、报刊检查问题、德国统一问题等,对普鲁士的反动统治和官僚制度进行了深刻的揭露和批判。由于报纸日益明显的革命倾向性,它的影响日增,发行量曾经达到 3 400 份。它同时也多次遭到检察官的刁难、政府当局的指责和资产阶级股东的埋怨。马克思不甘屈服,于 1843 年 3 月辞职,不久报纸也被查封。

1848 年到 1849 年,欧洲大陆兴起了一场革命风暴,其规模之大、范围之广,是史无前例的。在这场革命风暴中,1848 年 3 月,德国发生了反对政府军的武装起义(称"三月革命"),在这场革命中,普鲁士国王威廉四世被迫下令废除书报检查制度,这为德国报业带来了新的转机。几个月内,德国各地一下子出现了数百家新办报刊,其中就有马克思和恩格斯共同创办的大型日报《新莱茵报》。

《新莱茵报》(Neue Rheinische Zeitung)是世界上第一份马克思主义日报,1848 年 6 月 1 日创刊于德国科伦,1849 年 5 月 19 日被迫停刊,共出 301 期。

1.《新莱茵报》创办的背景和经过

1848 年法国二月革命爆发时,马克思和恩格斯先后来到巴黎,为未来的德国革命进行舆论上的准备。他们受共产主义者同盟中央的委托起草了德国革命的政治纲领——《共产党在德国的要求》。《要求》的草稿经中央委员会讨论通过后,在巴黎印成传单,连同《共产党宣言》一起分发给回德国参加革命的同盟盟员,并于 4 月初发表在一些民主派的报刊上。《要求》从当时德国的政治经济状况出发,规定德国革命的基本任务是推翻封建专制制度,建立"一个统一的、不可分割的共和国"。《要求》把德国资产阶级民主革命的胜利看作是无产阶级革命的序幕,指出:无产阶级必须坚持把民主革命进行到底并努力推动革命前进,使之向社会主义的方向转变。

为了传播革命思想,贯彻共产主义者同盟在德国的政治纲领,领导分散在各地的盟员的斗争,马克思、恩格斯决定在德国创办大型日报。鉴于科伦是大工业的中心,无产阶级的力量比较集中,他们决定在这里出版报纸。

在马克思、恩格斯到达科伦之前,这里的民主党人和一部分共产主义者同盟盟员也在筹备办报。同盟科伦支部的大部分盟员受当地"真正社会主义者"的影响,在出版一份什么样的报纸和在什么地方出版报纸的问题上与马克思、恩格斯发生了意见分歧。他们主张办一份地方性的报纸,并试图把马克思和恩格斯排挤出去。在这种情况下,马克思、恩格斯一方面坚持在科伦创办能够影响全德国的大型日报,同时作了一点让步,同意"同盟"科伦支部的亨利希·毕尔格尔斯加入报纸编辑部。恩格斯后来回忆这段历史时说,我们(主要是由于有马克思)在24 小时内就把阵地夺了过来,报纸成了我们的了。

这份大型日报在筹措了出版经费、组成了编辑部之后,于 1848 年 6 月 1 日正式出版。为了继承《莱茵报》的革命传统,又表明两者的区别,马克思、恩格斯决定将这份报纸命名为《新莱茵报》。

《新莱茵报》实际上是"同盟"的机关报,是"同盟"盟员的组织和舆论中心,但是为了团结更多的人,这份报纸在刊头上标出"民主派机关报"的字样。但是,它并不代表议会中的资产阶级左派,正如马克思所说:"这个民主派在各个具体场合,到处都强调了自己的特殊的无产阶级性质,这种性质使它还不能一下子就写在自己旗帜上的。"①

《新莱茵报》的编辑委员会由 8 人组成,马克思任主编,恩格斯是他的主要助手,实际上的副主编,并且负责撰写政治军事评论文章。其他编委会成员有威廉·沃尔弗(兼任秘书)、恩斯特·德朗克、格奥尔格·维尔特、斐迪南·沃尔弗、亨利希·毕尔格尔斯、弗莱里格拉特。他们大都是当时著名的政治家、作家,共产主义者同盟的盟员。这是一个团结精干的战斗集体,共同承担了全部编辑、采访、撰稿、联系通讯员、处理读者来信的任务,工作十分繁忙,但工作效率却极高(只有亨利希·毕尔格尔斯一人例外)。

马克思领导编委会的工作有两个突出的特点:一是器重编辑们的才华,科学分工,用其所长;二是要求编辑们既做报纸工作,同时又要积极参与社会活动,把办报和实际斗争结合起来。

马克思、恩格斯不但要负责报纸的编辑和出版、发行工作,而且经常为报纸撰稿。在《新莱茵报》存在不到一年的时间里,他们为报纸撰写各种体裁的文章 400 多篇。马克思在斗争最激烈的日子里写的《资产阶级和反革命》、《资产阶级文件》、《霍亨索伦王朝的丰功伟绩》等文章,不仅是捍卫无产阶级利益的典范,而且是新闻评论的精品。

《新莱茵报》除星期一以外,每天出版。一般为 4 版,新闻多的时候出增刊。报纸十分重视新闻的时效性,遇到重大消息就以传单形式出号外,有时一天出两次报纸。每期报纸和附刊的末尾还辟有《最新消息》栏,简告开印前收到的最新消息。报纸发行方式大部分为订阅,也有一些零售。尽管遇到种种阻挠,报纸的销量在 3 个月内就达到 5 000 份,最高时达到 6 000 份。

报纸出版过程中的最大困难是经费。创办之初征集到的股份很少,而且只有一小部分付了款。随着报纸的出版,陆续有人退股。在发表了抨击法兰克福议会和支持巴黎工人六月起义的言论之后,全部股份都失去了。为了坚持出版,编委会成员千方百计向友人借贷,向革命

---

① 《马克思恩格斯全集》第 21 卷,人民出版社,1956 年版,第 19 页。

者募集,并且贡献出自己的积蓄和家产。马克思除了献出现金外,还用继承的全部遗产作抵押来偿还报社欠债。待到他被强行驱逐出境时,他已经一贫如洗了。

2.《新莱茵报》的宣传内容

《新莱茵报》是适应德国革命的需要创办的。它始终不渝地宣传《共产党在德国的要求》所规定的革命纲领和路线:对内彻底推翻封建制度,建立统一的、不可分割的、民主的德意志共和国;对外推进反对沙皇俄国的战争。这是德国革命的两项基本任务,因而也是《新莱茵报》宣传内容的两个基本方面。

德国三月革命爆发后,在德国如何实现统一,统一后建立什么样的国家的问题上,存在着完全不同甚至截然相反的主张。以普鲁士和德意志北部各邦为主的资产阶级主张排除奥地利,由普鲁士来统一各邦国,称为"小德意志方案";以奥地利和德意志南部各邦为主的资产阶级,则主张由奥地利来统一德意志,称为"大德意志方案"。无论是"小德意志方案"还是"大德意志方案",都主张建立一个君主立宪制的德意志帝国。

德国的小资产阶级在国家统一问题上的态度也是不一致的。小资产阶级的上层分子,一般都支持"小德意志方案";小资产阶级的下层分子,态度较为接近无产阶级,即主张用革命手段推翻各邦国封建专制政权,建立统一的民主共和国;但在西南部各邦国,小资产阶级则普遍主张建立类似瑞士那样的联邦共和国。

《新莱茵报》不断揭露资产阶级企图以普鲁士王国或是奥地利帝国为中心实现统一的主张的反动实质,批驳小资产阶级主张君主立宪或建立联邦共和国的错误路线。指出德国的未来只能是普鲁士国家的消灭,奥地利国家的崩溃,德国真正统一成为共和国。

在对外政策上,《新莱茵报》反复说明,只有联合欧洲一切被压迫民族共同反对沙皇俄国,德国才能取得民主革命的胜利并实现真正的统一。因为沙俄是反动政治势力的支柱,德国三月革命后沙俄就表示要提供军队帮助普鲁士重建专制政体。这一事实说明,实现德国统一不仅要打倒普鲁士的王朝统治,还要对俄宣战。1848 年 7 月 12 日的《新莱茵报》(第 24 期)明确指出:只有反对俄国的战争才是革命的德国的战争。

《新莱茵报》在宣传革命纲领的同时,还针对共产主义者同盟内部阻挠纲领贯彻的错误观点进行了批驳。以科伦工人联合会领导人哥特沙克为代表的"左"倾机会主义路线,反对同民主派结盟,认为工人阶级参加民主运动是"机会主义",要求立即建立"工人共和国";而以柏林工人中央委员会领导人彼尔恩为代表的右倾机会主义路线则认为资产阶级民主革命是资产阶级的事,工人只应进行经济斗争,反对进行政治斗争。《新莱茵报》发表了许多文章澄清被他们搞乱了的思想,阐明资产阶级民主革命对于无产阶级解放运动的意义,指出无产阶级一定要积极参加资产阶级民主革命,争取革命的领导权,为把这场革命转变为社会主义革命创造条件。

由于《新莱茵报》在宣传革命纲领和路线方面做出了很大的努力,德国实现统一的方向和目标为越来越多的人所了解和认同,柏林和科伦的工人组织也开始走上同盟指引的方向,站到同盟中央方面来。遗憾的是,在当时的历史条件下,无产阶级还没有足够的力量领导德意志的统一,而资产阶级依然软弱无力,统一德国的领导权最终还是落在了普鲁士手中。

3.《新莱茵报》的宣传特色

《新莱茵报》在无产阶级报刊历史上写下了光辉的一页。列宁曾称赞它是"革命无产阶级最好的、无与伦比的机关报"。它的办报思想、宣传特色和战斗风格,是无产阶级新闻事业的宝贵财富。

《新莱茵报》的宣传特色主要有以下几个方面。

第一,把对敌斗争的原则性和策略性结合起来。

《新莱茵报》打出的虽然是民主派的旗帜,但是它时时处处强调了自己的无产阶级性质,始终站在无产阶级立场上分析问题,坚决维护无产阶级的根本利益。它不遗余力地宣传共产主义者同盟为德国革命制定的政治纲领,全力贯彻《共产党在德国的要求》中规定的党的路线、方针和策略,以此来武装群众、指导斗争。

与此同时,《新莱茵报》注意斗争策略,对不同对象采取区别对待的方针。对专制制度、容克地主、贵族官僚和反动军阀,《新莱茵报》坚决抨击,深刻揭露;对大资产阶级的反动主张,报纸采取同样的方法。《霍亨索伦王朝的丰功伟绩》一文揭露了几代王朝的罪恶行径,《资产阶级和反革命》一组文章深入剖析了自由资产阶级的本质;对小资产阶级,报纸采取既团结又斗争的态度,支持他们与无产阶级一致的观点,维护他们与无产阶级相同的利益,而对于他们的动摇和不切实际的幻想,则采取批评的态度。这就在很大程度上联合了同盟军,孤立了敌人。

第二,建立广泛的通讯员网,联系群众,指导斗争。

在马克思、恩格斯的领导下,《新莱茵报》建立了广泛而灵活的通讯员网,各国的共产主义者同盟盟员,激进的革命民主主义者,普通的工人群众都成了它的耳目和朋友。这些通讯员遍布各个城市,与编辑部保持着密切的联系,从而使《新莱茵报》能够及时获得有关运动的最新情况,并以比其他报纸更准确的信息赢得读者。从这个角度来说,《新莱茵报》不仅是德国民主派的,而且是欧洲民主派的机关报。

《新莱茵报》十分重视读者来信,从中获得社会信息,了解群众情绪,据以撰写报道和述评。报纸每期刊发十几封读者来信,直接反映群众的呼声。同时,《新莱茵报》十分重视指导群众,给他们提供理论武器。报纸连载了马克思的《雇佣劳动与资本》一文,用通俗的语言教育广大工人认识自身的历史使命,为阶级的解放而战斗。报纸发表的《西里西亚的十亿》等有关农村问题的文章,揭露了贵族地主对农民的贪婪榨取,号召农民在反封建斗争中团结奋进。报纸在革命发展各阶段及时发表的评论,提出的口号,都为群众指明了方向。

报纸编辑部成员不仅用笔战斗,而且直接参加到群众活动中去。他们都加入了科伦工人联合会和民主协会。马克思、恩格斯还经常参加这些组织的集会,发表演说,散发传单。特别是恩格斯,从爱北斐特起义一开始就走上了"士兵的岗位",以后又参加了巴登、普法尔茨起义,接受了战火的洗礼。《新莱茵报》就是这样同群众打成一片,积极指导运动,推动革命的。

第三,具有鲜明的战斗风格。

《新莱茵报》是无产阶级的旗帜与号角,它的每一篇文章、每一篇报道,都表现出一往无前的战斗精神,浓缩着强烈的爱憎。创刊伊始,它就把矛头指向资产阶级把持的法兰克福议会,说它形同虚设,使统治者大为恼火。《新莱茵报》创办3个星期后,巴黎爆发了工人起义(六月起义)——法国工人为了争取自己的生存权利,与资产阶级军队展开了激烈的街垒战。从起义的第一天起,《新莱茵报》就坚定地站在起义者一边,不断地发消息,出号外,向读者报道起义情况。起义失败后,《新莱茵报》愤怒谴责当局的残暴行为,热情赞颂起义者英勇抗敌的精神,并对这次革命进行了总结。当时,在全欧洲的资产阶级报刊都对巴黎工人起义横加指责时,只有《新莱茵报》支持它,并以极大的热情报道了这次起义。

《新莱茵报》文风鲜明生动、尖锐泼辣,特别是对敌人的讽刺揭露,更是犀利无比,战斗力极强。恩格斯后来回忆这段战斗历程时写道:"这是革命的时期。在这种时候从事办日报的工作是一种乐趣。你会亲眼看到每一个字的作用,看到文章怎样真正像榴弹一样地打击敌人,看到打出去的炮弹怎样爆炸。"①

正是因为《新莱茵报》具有以上特色,普鲁士王朝和与之勾结的资产阶级无比憎恨它,攻击它是"一切可恶报纸中最可恶的报纸",并且想方设法加以迫害。在不到一年的时间里,政府当局对该报编辑人员制造了 23 起诉讼案,马克思先后 7 次受到传讯和庭审,恩格斯也受到两次通缉。1848 年 9 月 25 日,该报多位编辑人员在参加群众集会时遭到当局逮捕,报纸一度停刊。以后,随着新的革命高潮的出现,《新莱茵报》又重新披挂上阵。1849 年 4 月和 5 月,报纸频频出版号外,号召人民准备起义。莱茵省省长和警察厅厅长惊恐万分,决心采取措施置《新莱茵报》于死地。他们向马克思下达了"警察局的逐客令",德朗克和维尔特也作为"非普鲁士臣民"被驱逐,斐迪南·沃尔弗和威廉·沃尔弗则受到了法律追究。这样,编辑部除一两个人之外,基本上都受到了迫害,报纸不得不停刊。5 月 19 日的终刊号是用红色油墨印刷的,发表了德国革命诗人弗莱里格拉特的著名的告别诗和马克思的《致科伦工人》,文章满怀激情地写道:《新莱茵报》的编辑们在向你们告别的时候,对你们给予他们的同情表示感谢。无论何时何地,他们的最后一句话始终将是:工人阶级的解放!

1848 年革命失败后,欧洲工人运动暂时转入低潮。马克思、恩格斯流亡到伦敦,重新开展革命工作,着手积聚由于革命失败和遭受迫害而被削弱的无产阶级力量。为了帮助无产阶级群众总结经验教训,发展和宣传革命理论,迎接新的革命高潮,马克思和恩格斯于 1850 年 3 月 6 日创办了《新莱茵报·政治经济评论》,该刊在伦敦编辑,在汉堡出版。

杂志出版期间,马克思和恩格斯认真总结了欧洲革命的经验,写出了《中央委员会告共产主义者同盟书》、《1848 年至 1850 年的法兰西阶

---

① 《马克思恩格斯全集》第 22 卷,人民出版社,1956 年版,第 89 页。

级斗争》、《德国的革命和反革命》、《路易·波拿巴的雾月十八日》等著作,进一步发展了关于无产阶级革命和无产阶级专政的学说,其中的一些刊登在杂志上。这标志着马克思主义的重大理论进展。杂志也没有忽视对当前时事政治问题的关注。马克思和恩格斯合写的《国际述评》按月、按国家和地区,分别就重大的政治经济事件进行分析和评论,提出了许多精辟的见解。

马克思和恩格斯原打算在杂志出版后逐步将它改为周刊,然后再改为日报,但由于警察的迫害和资金的短缺,这一计划未能实现。1850年11月底,在出了5、6期合刊后,杂志就宣告停刊了。在杂志停刊前,共产主义者同盟中央委员会内部已经发生策略上的分歧和斗争。1852年11月7日,同盟宣告解体。

马克思、恩格斯的理论工作和包括办报在内的革命实践活动,使马克思主义进一步和工人运动结合起来,从理论上、思想上、组织上为新的无产阶级国际组织的建立准备了重要条件。

(三) 第一国际及其报刊

19世纪50、60年代,是西欧和北美资本主义迅速发展时期。然而世界性的经济危机也于此时不期而至(1857—1861年)。危机使阶级矛盾和民族矛盾进一步尖锐化,使工人运动和民族解放运动重新走向高潮。这时无产阶级已经意识到加强国际团结的重要性,自发地建立起各种国际组织。1864年9月28日,英、法、德、意和波兰等国的工人代表在伦敦圣·马丁堂举行大会,讨论支持波兰起义和各国工人联合斗争的问题。会议经过热烈讨论,成立了国际工人协会。马克思应邀出席了这次大会,被选入中央委员会并担任德国通讯书记。国际工人协会当时简称"国际",1889年第二国际成立后,被改称为"第一国际"。

由于条件的限制,国际工人协会无力创办自己的机关刊物,只能利用已有的工人报刊进行宣传工作。

1864年11月,国际中央委员会(后改称总委员会)确定英国工会联合会的报纸《蜂房报》(The Bee-Hive Newspaper)为自己的机关报。该报1861年10月在伦敦创刊,每星期六出版,创办人和主编是右翼工联主义者、伦敦工联理事会理事乔治·波特尔。国际成立前,该报不时报道英国和各国工人运动的动态,对促进欧洲各国工人的团结合作起过一定的作用。国际成立后该报曾热情地报道了成立大会盛况以及临时委员会最初几次会议的情况,刊登了国际的宣言和临时章程。但该报在被宣布为国际的机关报后,控制权并未移交,只是达成一种默契:按互惠条件,报纸无偿提供版面,定期报道委员会会议和刊登文件;委员会按每份 2 便士计价,订阅该报,分送给各位委员和各分部。《蜂房报》在国际的宣传活动中曾作出过贡献,但波特尔始终没有放弃改良主义的错误倾向,后来甚至经常在报道中对国际所提供的情况任意篡改和删节。1869 年底,《蜂房报》又更换了所有者,完全陷入自由派投机分子的控制之下。1870 年 5 月 17 日,经马克思建议,国际总委员会通过决议同它断绝联系。1876 年,《蜂房报》停刊。

在此之前,1865 年夏天,国际总委员会委员、大不列颠矿工联合会机关报《矿工和工人辩护士报》的所有者利诺,决定把报纸交给总委员会支配。为此,总委员会集资建立了一个"工业报纸公司",并且按照马克思和国际总委员会其他委员的提议,将报名改为《工人辩护士报》。马克思认为,更改后的名称本身就说明了这份报纸的任务,也就是说,它随时都要维护工人阶级的利益。1865 年 9 月底,马克思担任该报国际报道组的领导人。该报开始刊登总委员会的材料,广泛介绍各种工人运动并予以声援。但是,自报纸移交之日起,马克思等人与资产阶级分子的斗争就没有中断过,而报纸公司理事会里的改良主义者又总是采取妥协的办法,以取得他们的资助。1866 年 2 月初,理事会的一些人趁马克思因病没有出席总委员会会议之机,改组了编辑部,将《工人辩护士报》更名为《共和国报》,改变了报纸的性质,提出了一个不包含工人阶级特有要求的纲领。尽管马克思作了许多努力,还是未能防止该报的蜕变。由于工联机会主义分子对《共和国报》的控制日益加强,6 月 9 日,马克思退出"工业报纸公司"理事会。1866 年 9 月 8 日起,该报宣称自己是"改革运动机关报",实为资产阶级激进派的喉舌。1867 年 7 月 20 日,该报停刊。

虽然由于条件所限,国际总委员会一直没有掌握可靠的机关刊物,但是自 1865 年起由国际工人协会各地方支部创办的刊物在一定程度上弥补了这方面的不足。这类刊物有:瑞士的《国际工人协会报》(1865—1866 年)、《先驱报》(1866—1871 年);法国的《法兰西信使报》(1866—1868 年);比利时的《人民论坛报》(1861—1869 年)、《国际报》(1869—1873 年)、《左岸》杂志(1865—1866 年);俄国的《人民事业》杂志(1868—1870 年)。这些刊物经常刊登国际文件,宣传无产阶级国际主义思想,在引导工人斗争、促进社会主义与工人运动结合方面起到了重要的作用。其中的一些颇得马克思的赞赏。例如,马克思认为1868—1869年的《先驱报》"是协会最出色、最有影响的刊物之一"。该报不但在瑞士广为传播,在德国、奥地利、法国、英国、美国等也有自己的读者。

由此可见,《先驱报》等虽然不是总委员会的机关报,却在很大程度上起到机关报的作用。

三、巴黎公社时期的革命报纸

1870年普法战争后期,路易·波拿巴色当战败,成为德国人的阶下囚。消息传到巴黎,群情激愤,9月4日爆发革命,人民起而推翻了帝制,恢复了共和。然而革命后政权落入资产阶级国防政府手中。以梯也尔为首的新政府非但没有解决帝国时期的各种矛盾,反而加紧镇压人民。1871年3月18日,梯也尔政府袭击巴黎人民组织的国民自卫军阵地,以巴黎工人为骨干的国民自卫军勇猛反击,举行起义,并于3月26日通过民主选举成立了巴黎公社。

巴黎公社是人类历史上无产阶级专政的第一次尝试。当时巴黎约有近40种支持公社的报纸,这是无产阶级专政条件下出版的第一批革命报纸,是公社事业的一条重要战线。配合公社的任务和目标,这些报纸大力揭露国防政府的投降卖国政策,公布并解释公社的各项法令和决议,反映群众的愿望和要求,从而形成了强大的社会舆论,为捍卫历史上第一个无产阶级政权作出了贡献。

在巴黎公社时期的报纸中,最重要的有以下几种:

(一)《法兰西共和国公报》(Joural Officel de La Re'publigue Francaise,简称《公报》)

这是巴黎公社时期最重要的报纸。原为梯也尔政府的机关报,从1871年3月18日起被国民自卫军接管,巴黎公社成立后成为公社机关报。共出66期。

作为巴黎公社的机关报,《公报》及时发布公社的各项宣言、法令、决议和指示,公社成立后拟定的许多文件,如《3月18日革命公告》、《告法国人民书》、公社选举委员会的报告、废除国家机关高薪法令、废除面包工人夜班制、关于补选公社委员的法令、关于将逃亡业主所遗弃的工场转交工人协作社的法令等,都是在《公报》上刊登的。从 4 月 15 日起,《公报》开始公布公社委员会的会议记录(机密部分除外),表明该委员会政务公开和主动接受人民群众监督的姿态。除刊登政府文件外,《公报》还报道有关军事、社会、政治、经济和文教方面的时事新闻。《公报》版面分为官方和非官方两个部分,官方部分专门刊登政府的法令、通告和决议,时事新闻、社论和文章则刊登在非官方部分。

由于《公报》受旧官报传统习惯的影响,风格呆板,较少读者参与,价格偏高,印刷发行业务又掌握在私人手里,因此销行仅 3 000 份左右,使它的影响力受到限制。该报也曾犯过错误,比如它曾被人用来替梯也尔传话,说梯也尔答应对那些放下武器的公社社员不予追究。尽管如此,《公报》毕竟是无产阶级专政条件下第一份正式出版的机关报,它在真实记录公社活动、反驳资产阶级的舆论攻击等方面作了许多工作。

(二)《杜歇老爹报》(Le Pere Duchene)

这是亲布朗基主义者(公社委员会中的多数派)的报纸,也是巴黎公社时期影响最广、发行量最大的报纸,日发行 6 万份至 7 万份。该报以小册子的形式出版,每期 8 页,首页上印有"或者是共和国,或者是死亡"的格言。该报自 3 月 7 日至 5 月 22 日出版,共出 68 期。

《杜歇老爹报》坚持镇压反革命的主张,敏锐地反映现实问题,对公社的各项措施经常予以评论,并主动向公社提出建议和要求。该报的最突出的特点是大量刊登读者来信,及时反映群众的意愿。来信有反映情况的,有提出要求的,对此报社认真对待,并促使公社采取相应措施。例如,一位叫罗斯·普兰斯的女工来信诉说她在德国人围困巴黎期间的困苦生活,要求把典押在当铺里的物品无偿归还穷人。公社很重视这一要求,不久就通过了关于无偿发还当铺典当品的法令,保护了劳动者的利益。

《杜歇老爹报》的读者对象是广大群众,它语言浅近活泼,文字通俗,很受读者欢迎。该报也曾发表过对公社不利的言论,例如,公社军事代表罗谢尔在叛变前的辞呈中有意暴露公社防务上的弱点,《杜歇老爹报》不但发表了这份辞呈,还对罗谢尔进行吹捧。但无论如何,从该报印刷厂门前每天被来信塞得满满的信箱中,可以看到读者对这份报纸的信任和喜爱,它的历史进步作用是不可否定的。

（三）《社会革命报》（La Sociale）

这是蒲鲁东派（公社委员会中的少数派）影响比较大的一份报纸，发行5万份，自3月31日至5月7日出版，共出48期。该报主张坚决同反动政府作斗争，以大量篇幅报道国民自卫军战士的英勇业绩。该报也很注意探讨诸如住宅、粮食供应等社会问题，辟有"无产者论坛"专栏，专门刊登读者来信，讨论相当活跃。5月3日该报刊登的《巴黎公社社员告农村劳动人民书》（由该报主编列奥·安德烈起草）是公社存在期间关于农民问题的一份最重要的文件，该文认为工人同贫苦农民利益是一致的，并提出工农联盟的思想主张。公社成立期间，大多数委员对农民的作用认识不足，看不到农民在革命中的力量以及工农联盟的重要性，一些报纸也提出了五花八门的观点，甚至发表了指责农民的文章。在这种情况下，《社会革命报》刊登这样的文件不能不说是一个进步。该报最后几期还公布了有关国防政府叛国活动的调查材料。

由于《社会革命报》是从蒲鲁东主义者的立场出发观察问题，因而它的一些观点带有历史局限性，例如把农民和资产阶级的利益混为一谈，认为工人可以和资产阶级、农民一道推翻人剥削人的雇佣劳动制度等等。

（四）《公社报》（La Commune）

这也是蒲鲁东派颇有影响的一份报纸，自3月20日出版到5月19日停刊，共出60期。该报发表了许多探讨公社的政治和经济任务的评论文章，也广泛报道了各方面的消息。该报也非常重视农民问题，除登载列奥·安德烈的《巴黎公社社员告农村劳动人民书》之外，还发表革命政论家昂利·布里萨有关农民问题的文章。布里萨认为，农民与工人、手工业者一样，是资本家和特权者的奴隶，不能排斥他们，而应与他们建立联盟。5月1日公社委员会因改组权力机构发生意见分歧，《公社报》在两派纷争中站在少数派一边，后被勒令停刊。

除此之外，新雅各宾派的《人民觉醒报》、《复仇者报》，蒲鲁东派的《命令报》、《人民之友》，以及反映各派主张的《人民呼声报》、《自由人报》等都是公社时期有影响的报纸。

虽然上述报纸存在的时间不长，它们的历史进步意义却不容低估。作为公社重要的舆论工具，它们发挥了应有的作用，它们的革命宣传，是无产阶级国家报刊宣传的先奏。但是，巴黎公社是在极其复杂的条件下展开活动的，一方面是梯也尔反动势力的破坏，一方面是公社内部的矛盾纷争,加上缺乏经验,不少报纸卷入派系斗争,有的还发表过替反动势力张目的言论。此外,公社领导人对敌视和反对公社的报刊(几十种)没有采取果断措施,使反动言论甚嚣尘上,致使公社失去了中间阶层特别是农民的支持,这些都是公社失败的重要原因。公社失败后,凡尔赛反动政府立即封闭了所有革命报刊并残酷迫害公社的报刊活动家,有的被处决,有的被流放。

第三章

"一战"前后的新闻传播事业

19世纪五六十年代,欧洲、北美的资产阶级民族民主运动进一步扫除了资本主义发展的障碍,俄国和日本在经历了农奴制改革和"明治维新"以后,也进入了资本主义快速发展时期。这一时期报刊种类进一步增加,发行量进一步扩大,在工业革命时期非政党报刊逐渐占据主导地位的基础上,报业进一步"大众化"了。资本主义生产力的发展、竞争的加剧使生产和资本的集中加速了,而生产集中发展到相当程度就自然而然地走向垄断。从19世纪70年代开始,首先在重工业和交通运输部门中出现了各种形式的垄断组织,报业垄断的初级形式——报团也于不久后出现。

在垄断资本主义条件下,国内"获利的"投资场所已显得狭小,资本家为了追求最大限度的利润,就把剩余资本大量地输出到殖民地半殖民地以及比较落后的资本主义国家。19世纪70年代以后,各国垄断集团开始了抢占殖民地的高潮,到1898年,资本主义列强已经把世界领土瓜分完毕。德国是后起的资本主义国家,当它跻身帝国主义行列时,英、法等老牌帝国主义国家的势力范围已经划定。德帝国主义不满足于吃点英、法帝国主义饱餐后的残羹,迫切要求重新瓜分殖民地。它加大军费开支,积极扩军备战,成为第一次世界大战的祸首之一。在此过程中,德国形成了自己独具特色的报业体系。

"一战"是以德、奥为首的"同盟国"和以英、法、俄为首的"协约国"两大军事集团之间争夺霸权的战争。各国统治者都把战争的负担转移到国内民众的身上。俄国人民遭受的战争苦难最深重,反战和反对沙皇的情绪日趋高涨。战争引起革命,革命中诞生了世界上第一个社会主义国家——苏联。苏联的报业模式为后起的社会主义国家提供了学习样本。

"一战"结束后,20世纪二三十年代,随着无线电通信业的发展,广播电视诞生。从此,人类新闻传播活动由以印刷媒体为主的时代,进入了印刷媒体与电子传媒并驾齐驱的时代。大众传播中的"大众"性质真正显示了出来。

第一节 德意志帝国的建立与报业发展

一、德国统一前的无产阶级报刊

巴黎公社失败后,法国无产阶级遭受严重挫折,英国工人运动则因工人贵族的存在和工联主义的干扰,长期处于落后状态。只有德国的工人运动仍在发展,并且走到了世界无产阶级斗争的前列。从19世纪60年代到90年代,马克思主义为越来越多的人所接受,并日益产生重大的影响。在这一过程中,德国无产阶级政党逐步建立、壮大起来。

当时德国曾经并存过两个工人政党。一个是全德工人联合会(又称拉萨尔派),创立于1863年5月,主席为拉萨尔。该组织奉行机会主义路线,主张通过选举和依靠"国家帮助"建立生产合作社,使资本主义过渡到社会主义。另一个是德国社会民主工党(也称爱森纳赫派),是在威廉·李卜克内西和奥格斯特·倍倍尔领导下从前一组织中分裂出来的,1869年8月正式成立。该党在马、恩影响下,逐步接受了科学共产主义理论,贯彻第一国际的纲领和路线,主张通过自下而上的革命统一德国。以后两党逐步接近,并于1875年5月在哥达举行合并大会,建立了统一的德国社会主义工人党(后改称德国社会民主党)。两党的合并对于加强工人运动的团结是有益的。但是合并时通过的纲领带有浓重的拉萨尔主义色彩,马克思曾在《哥达纲领批判》中给予了严肃的批评。

全德工人联合会与社会民主工党合并前,两党都有自己的机关报。拉萨尔派的机关报是《社会民主党人报》,创办于1863年。马克思、恩格斯曾经在该报发表过文章,后来因该报坚持错误主张并吹捧普鲁士王朝,便与之断绝关系。1871 年该报改名为《新社会民主党人》,为周三刊,出版至 1876 年。该报除奉行机会主义路线外,还竭力宣扬个人崇拜,排斥不同意见。因为按拉萨尔的理论,领袖要尽可能独裁,工人只有接受领袖的"智力独裁"才能获得解放。拉萨尔还曾建议俾斯麦把用电报传递国内外消息的事业由国家垄断起来,钳制人民的言论和新闻自由①。对于上述观点,马克思、恩格斯给予了严厉的批判。爱森纳赫派的倍倍尔也曾指出,这是"给掌权的个人提供了在党内还掌握舆论工具的可能性,从而使他可以把党的机关报变成自己的私有财产,并且只准许在党的机关报上发表那些对他有利的东西,其他所有的意见都遭到压制……从而使任何反对派都不能公开发表意见,因为当权者可以立即通过报刊公布那个在某一点反对他的人是叛徒"②。

爱森纳赫派的机关报是《人民国家报》,1869 年 10 月 2 日至 1876 年 9 月 29 日在莱比锡出版,起初每周出版 2 次,1873 年起改为每周出版 3 次。威·李卜克内西和奥·倍倍尔主持报纸工作。《人民国家报》编辑部同马克思、恩格斯保持着密切的联系,在他们的关心和帮助下,该报成为革命的喉舌,成为当时德国最优秀的工人报刊,在对德国无产阶级进行政治教育方面发挥了重要的作用。

作为德国社会民主工党的机关报,《人民国家报》致力于宣传党的纲领路线,在德国统一、普法战争、巴黎公社等一系列重要问题上坚持党的立场,反映党的意见主张。《人民国家报》还经常刊载第一国际的文件,报道国际的消息,普法战争期间及时刊登马克思为第一国际起草的宣言,这使它实际上成为第一国际在德国的机关报。马克思、恩格斯非常重视该报的宣传活动,并为它撰写了许多文章。马克思的《资本论》部分章节、《〈路易·波拿巴的雾月 18 日〉第二版序言》,恩格斯的《论住宅问题》、《〈德国农民战争〉德文第二版序言》、《在国际中》等文章都是在这家报纸上发表的。1870 年 12 月,倍倍尔、李卜克内西等人被捕后,报纸的质量有所下降。1872 年至 1873 年间,马克思、恩格斯多次批评该报同拉萨尔派妥协调和的倾向。

---

① 张允若、高宁远:《外国新闻事业史新编》,四川人民出版社,1996 年版,第 104 页。
② 《国际共产主义运动史文献史料选编》第 2 卷,中国人民大学出版社,1983 年版,第43 页。

德国社会民主工党和全德工人联合会合并后,两派机关报暂时并列为新成立的德国社会主义工人党的中央机关报。1876 年 10 月 1日,《前进报》(Vorwarts)在莱比锡创刊,取代了上述两家报纸。《前进报》主编是威·李卜克内西和当时被选为党的执行委员会两主席之一的哈森克莱维尔。该报每周出 3 期,创办后两个月就拥有 1.2 万订户。它曾刊登过不少马克思、恩格斯的重要文章,最为重要的是它在 1877年至 1878 年间发表了恩格斯批判资产阶级哲学家、庸俗经济学家、改良主义者杜林的一系列文章,即《反杜林论》,对宣传科学社会主义理论产生了积极的作用。

两党合并后,在党报和党的领导机构的关系上,确立了一些明确的准则,1875 年代表大会通过的组织章程曾经对此有过规定。主要是:党的机关报是党的财产,它的业务由执行委员会根据代表大会的决议进行监督;党的报刊在原则问题上必须遵守党的纲领,在党的策略问题上应服从执行委员会;机关报的主要人员由代表大会选举产生(但也可以授权执行委员会确定),其他人员由执委会确定;执委会有权免除报刊编辑人员的职务,但这些人员有权向监察委员会以至代表大会提出申诉。这些原则是德国党在马克思、恩格斯的影响下在实践中逐渐形成的,直至第一次世界大战为止基本上没有变化。

二、"铁血宰相"俾斯麦统治时期的报刊

1871 年普法战争中德意志帝国的建立,标志着德国统一的最后完成。统一后的德国保留了普鲁士的专制制度和军国主义传统。1871年到 1890 年间,作为帝国宰相的俾斯麦独揽军政大权,成为容克地主利益的坚决的维护者。为了维护容克资产阶级的统治,俾斯麦对日益高涨的工人运动实行高压政策。1878 年 10 月,他借口两次谋刺德国皇帝事件,颁布了《镇压社会民主党企图危害治安的法令》(简称《非常法》),取缔社会民主党的一切组织,解散群众性的工人团体,封闭进步报刊,没收社会主义书报。根据《非常法》的规定,党的机关报《前进报》于 10 月 25 日被查封。

《非常法》颁布后,德国社会民主党失去了合法地位,在国内创办党报已经是不可能的了。为了抗击反动政府的迫害,继续进行革命的宣传鼓动,德国党的领导人决定在国外出版报刊,把合法斗争与秘密斗

争结合起来。

《灯笼》(1878 年 10 月—1879 年 6 月)是《非常法》施行期间第一个在国外出版的德国社会民主党的机关报,创刊于布鲁塞尔,后在伦敦出版,发行人是卡·希尔施。该报以信件形式寄往德国秘密散发,对帝国政府反民主的政策进行了抨击,同时批评了德国党内某些领导人的机会主义倾向。由于该报不能胜任党的机关报的重任,一年后停刊。

1879 年 9 月 28 日,在马克思、恩格斯的直接参与和支持下,德国社会民主党的中央机关报《社会民主党人报》(Der Sozialdemokrat)创刊。这是一份周报,先在瑞士苏黎世出版,1888 年 10 月迁至伦敦出版,1890 年 9 月停刊,共出版 12 年。《非常法》施行期间,该报通过"红色战地邮局"秘密运回国内,在德国各地广为传阅,发行 1.1 万份,成为德国社会民主党曾经拥有过的最好的报纸。

《社会民主党人报》的创办过程充满了矛盾和斗争。早在报纸筹办之时,马、恩得知流亡苏黎世的党报编辑人员(被称为苏黎世"三人团")主张放弃阶级斗争和暴力革命,采取机会主义的办报方针,便撰写了致奥·倍倍尔、威·李卜克内西等党的领导人的"通告信"。"通告信"严厉批评了"三人团"的错误主张,强调报纸必须坚持正确的立场,必须贯彻党的政治纲领。党的领导机关接受了马、恩的意见,拒绝了"三人团"提出的办报纲领,同时解除了他们党刊编辑的职务,保证了报纸的正确方向。

在马克思、恩格斯的关心和指导下,《社会民主党人报》同俾斯麦政府的反动政策、同党内的机会主义派别进行了不妥协的斗争,坚持了无产阶级的策略纲领。1885 年春天,俾斯麦政府为了推行殖民主义政策,向国会提出航运津贴法案(要求每年支用 450 万马克津贴航运企业主)。当时社会民主党的代表机关——议会党团中的一部分右倾机会主义分子准备对法案投赞成票。这一做法立即遭到党团左翼以及广大党员的反对。《社会民主党人报》连续发表文章和编辑部评论,谴责议会党团某些领导人的机会主义立场,终于迫使他们对法案投了反对票。议会党团起初试图中止党报活动,经过一番激烈的论争,党团被迫让步,并于 1885 年 4 月 23 日和报纸编辑部发表联合声明,承认《社会民主党人报》不是少数人的私家报纸,而是全党的机关报;党团是党的代表机关,有权对报纸工作进行监督,但是党报具有批评的权利,任何限制批评的企图都是违反党的原则的。

《社会民主党人报》在《非常法》期间的宣传活动,使它不仅成为德国,也成为国际工人运动中最重要的报刊之一。恩格斯对该报在革命年代发挥的作用给予了高度的评价,说"在它的篇幅上极其明确地和坚决地阐述并捍卫了党的原则,编辑部的策略几乎毫无例外地都是正确的"①。他还赞扬说,《社会民主党人报》是德国党的旗帜,德意志帝国最后不得不在我们的旗帜面前降下了自己的旗帜。

1890年《非常法》废除后,德国社会民主党重新获得了公开活动的权利,《社会民主党人报》完成了自己的历史使命,自动停刊。

《社会民主党人报》停刊后,1891年1月1日,新的中央机关报《前进报》在柏林出版,李卜克内西长期担任主编。1891年该报有订户2.5万个,1899年增加到5.3万个。19世纪90年代,德国社会主义报刊有很大发展,党的各类报刊相当齐全。1894年至1895年,共出版社会民主党报65种,工会报纸50种,总发行数达100万份,大大超过同期欧美其他资本主义国家的工人报纸数目。

德国社会民主党人的机关刊物是《新时代》。该刊1883年1月创办于斯图加特,按月出版,1890年起改为周刊,考茨基任主编。考茨基1874年参加社会民主党,1881年与马克思、恩格斯相识,在他们的影响下,写了不少宣传和解释马克思主义的论著。马克思、恩格斯的许多著作,也被刊登在《新时代》上。1891年1月底,《新时代》发表了马克思于1875年写的《哥达纲领批判》,这对德国社会民主党人起草党纲具有重要的意义。1892年至1895年间,恩格斯在《新时代》上发表了《德国的社会主义》、《法德农民问题》、《1848年至1850年的法兰西阶级斗争》再版导言等许多重要文章。恩格斯逝世后,《新时代》逐渐背离了马克思主义。1910年,该刊成为中派分子的机关刊物,第一次世界大战期间支持社会沙文主义,1923年8月停刊。

三、"一战"期间的报刊

19世纪末20世纪初,在德国占主导地位的虽然是政党报纸(包括资产阶级各党派的报纸和社会民主党的报纸),但商业性的大众化报纸也获得了较快的发展。

---

① 《马克思恩格斯全集》第22卷,人民出版社,1956年版,第90页。

在现代大众化报纸兴起的过程中,鲁道夫·莫斯(Rudolf Mosse)起了重要的作用。莫斯早在 1865 年就创办了《广告电讯报》(柏林),用一半以上的篇幅刊登广告,报价低廉,获利甚丰。他还自办广告社,经营广告业务。1871 年他在柏林创办的大众化报纸《柏林日报》又获成功(该报同英美等国廉价报纸相类似,以社会新闻、娱乐材料和广告为主要内容,以社会下层为发行对象,形式活泼,报价低廉),成为其他报刊模仿的对象。

1883 年,出版商奥古斯特·谢尔(August Scherl)创办了《柏林地方新闻》。该报初为周报,1885 年改为日报,主要刊登地方新闻,并辟有多种特写专栏,颇受市民欢迎,发行量很快达到 10 万份。

造纸和印刷商乌尔斯泰因(Leopold Ullstein)也创办了一系列大众报纸,如 1889 年的《柏林画报》(周刊)、1898 年的《柏林全德新闻》、《柏林晨邮报》,后者创刊 10 天,发行量就达到 10 万份,1913 年达到 40 万份。1904 年,乌尔斯泰因又创办了德国首份以零售为主的大众报纸《柏林午间报》,着重刊登社会新闻和娱乐材料,头版全部是照片和大字标题。

在上述商业性报纸发展的过程中,逐步形成了德国最早的报团:莫斯报团、谢尔报团和乌尔斯泰因报团。它们分别拥有多家报刊。

1914 年 7 月 28 日,第一次世界大战爆发。第一次世界大战虽然以巴尔干事件为导火线,战争开始后,真正的决定性的战斗却是在德国与英、法、俄之间进行的:从北海到瑞士边界的西线,是德国对法国、英国和比利时作战;北起波罗的海,南到罗马尼亚的东线,是德国和奥匈帝国对沙皇俄国作战;在巴尔干地区的南线,主要是奥匈帝国对沙皇俄国和塞尔维亚作战。为了稳定军心、鼓舞士气,同时为了瓦解敌军斗志,两大军事集团纷纷控制并利用新闻媒体,在另一条战线上展开了攻势。

战争期间,德国建立了新闻检查制度——由直接隶属德军司令部的"作战新闻局"负责实施,加强了对新闻媒介的控制和利用。但是,由于德国"对军事胜利估计得太早",他们的战时宣传"开始得相当晚",以致"丧失了许多有利时机"①。当然,在同协约国的较量中,德国

① 哈罗德·拉斯维尔:《世界大战中的宣传技巧》(中译本),中国人民大学出版社,2003 年版,第 172 页。

也曾成功地利用宣传战术,达到了预期效果。例如,在1917年10月的卡波雷托战役中,德军面对的是由地域观念极强的北意大利皮蒙特人组成的军队。德军于是伪造了大量的北意大利报纸,上面刊登着皮蒙特居民与当地警察发生流血冲突的消息和图片,并煞有介事地公布了"死伤者"的姓名、性别、职务等详细资料。总攻前夕,德军将这些报纸扔到意军阵地,意军官兵读报后,军心大乱。德军和奥匈军队乘隙而入,一举击溃了敌人。又如,为了消除敌方对自己的仇恨,德国曾经对法国展开了声势浩大的宣传攻势,一些法国报纸深受影响,以至于有人怀疑这些报纸的编辑部人员被德国人洗了脑,并在配合德国人的行动和目标。不过,在战争期间,由于德国军队传统意识强,对宣传的重要性缺乏足够的认识,因而最终难以抵挡协约国的凌厉攻势,特别是英、法等国"传单炸弹"的攻势。

日本学者池田德真指出:"德国在武力战中,确实是进攻性的,但是相反,在宣传战中,它完全是被动的。它似乎提供了一个对敌宣传中的被动法如何无济于事的标本。"①战时德军的宣传重心主要放在防御敌人方面,宣传上的主动进攻意识比较淡薄。其具体做法是:第一,向自己的士兵收购英国和法国空投的传单;第二,严密封锁边界线,防止那些反战的、攻击德国的宣传品进入德国本土。这种防御性的宣传效果是十分有限的,因为在战争后期的几个月间,协约国方面投下了1 830万份传单,根本不可能全部收购到手;而且,即便在与邻国交界处拉上铁丝网,也不可能完全阻止英法等国通过中立国把宣传品运到德国。希特勒在《我的奋斗》一书中对英国的宣传谋略极为称道,并认为,德国之战败,并不在于军事战略失误,而是因为英国的宣传炸弹摧毁了它的战斗精神。

第一次世界大战使德国百业凋敝。1918年,柏林爆发"十一月革命",以士兵、工人为主的起义大军推翻了霍亨索伦王朝的统治,建立了共和国。在1919年1月的国民议会选举中,政权转移到了资产阶级右翼手中,同年8月通过了魏玛宪法,德国历史上第一个资产阶级共和国——魏玛共和国(1919—1933年)正式成立。

---

① 〔日〕池田德真:《宣传战史》,新华出版社,1984年版,第49页。

四、魏玛共和国时期的报刊

魏玛共和国国民议会把新闻出版自由纳入基本法的范畴。宪法第118条规定:每个德国人在一般法律的范围内,都有权通过言论、印刷品、图画以及其他方式自由发表自己的意见。劳动关系或雇佣关系均不能损害这种权利。当他在使用这种权利时,任何人都不得予以歧视。不再实行书报检查。并规定,如要重新实行书报检查,必先取得国民议会中三分之二人的同意而修改宪法。这就意味着德国不会再有像1878年《非常法》之类的压制报刊自由的法令出现。

魏玛宪法有关新闻出版自由的规定,为德国报业的发展提供了广阔的空间。1914年,全国有报纸2 200家,1932年上升到4 703家,总销数2 500万份,达到了德国报业史上的最高点。

这一时期,政党报纸仍有很大的影响力,约占报纸总数的47%。这是因为"一战"结束后,各报经营困难,纷纷求助于政党;而议会政治活跃,也促使各党派竞相占领宣传阵地。当时主要的政党报纸有中央党的《科隆新闻》、天主教党的《德意志报》、国家党的《新普鲁士十字新闻》、社会民主党的《前进报》等。

与此同时,希特勒的纳粹报刊也在伺机发展。希特勒于1920年建立了国家社会主义工人党,同年买进一家私人报纸,改名《人民观察家报》。这是该党的第一份机关报。1929年,国家社会主义工人党的另一份主要报纸《攻击报》创刊,1933年3月成为该党宣传部的机关报。至1932年,国社党的报刊已达120家。

1890年反社会党人法废除后,德国无产阶级政党的报刊进入了一个新的发展阶段。1918年,德国共产党成立,同时将在革命高潮中创办的《红旗报》作为机关报。"十一月革命"失败后,德共转入地下,到20世纪20年代逐步恢复正常活动,并建立了以《红旗报》为中心的党报系统。

这一时期德国商业性报纸不断增加,报业垄断逐渐形成。原有的三大报团在发展中出现了一些新的变化。

以《柏林晨邮报》起家的乌尔斯泰因报团此时已拥有5家日报:《柏林晨邮报》、《柏林全德新闻》、《柏林午间报》、《福斯新闻》、《时报》晚刊。其中《柏林晨邮报》销量最大,1932年达到60万份,为全国报刊发行量之首。该报团还拥有 10 种周刊、10 种月刊,以及出版社、广告社、印刷厂等。

莫斯报团的规模也在不断扩大,此时拥有 4 家日报:《柏林日报》、《柏林人民报》、《柏林晨报》、《准时晚报》。该报团还拥有广告社、通讯社以及其他附属企业。

谢尔报团在"一战"时趋于衰落,1916 年被矿业大王胡根贝格购买。胡根贝格集团在柏林拥有 3 家日报:《柏林地方通讯》、《每日报》、《柏林图画晚报》,此外还拥有 1 个很大的地方报团、1 家汉堡日报、9 种周刊以及广告公司、通讯社、出版社、影剧院、电影公司,实力雄踞各报团之首。

第二节 美、英、法、日报业垄断的形成

19 世纪末和 20 世纪初,世界主要资本主义国家从"自由"资本主义进入垄断资本主义阶段。与此同时,报业垄断逐渐形成。

垄断组织在德国和美国出现得更早,发展得更快,英、法次之。报业垄断也是如此。日本开始工业革命、发展资本主义的时候,欧美国家已经开始向垄断资本主义过渡。在这样的历史条件下,日本资本主义在其发展的早期阶段,就出现了与政府相勾结,并得到其大力保护的许多垄断组织。日本的报业也与政府处在这样一种特殊的关系状态中。

一、美国报业垄断的形成

(一)世纪之交的报业发展

美国的南北战争为国内资本主义的迅速发展扫清了道路。黑奴制的废除、《宅地法》的实施和西部地区的开发,在美国形成了其他任何资本主义国家所没有的广阔市场。在 19 世纪的最后 30 年中,美国在经济上很快超过了其他资本主义国家,1890 年,美国工业生产已跃居世界第一位。与此同时,美国城市人口成倍增加,交通邮电业空前发达,初等教育基本普及。在此背景下,美国报业出现了新的繁荣景象。从 1870 年至 1900 年,报纸数目增加了 3 倍,销售量增加近 6 倍,周刊

数目增加了 2 倍。报刊经营全面转向商业化轨道,从而形成一条"90 年代的分水岭",它标志着资本主义"新闻事业进入现代化的时代的进程已经完成"①。

在新闻事业进入"现代化的时代"之时,美国出现了一些著名的报刊和报人,他们的办报与经营活动为美国报刊的专业化(职业化)发展以及新闻理论体系的建立奠定了基础。

1. 普利策与《世界报》

约瑟夫·普利策(J. Pulitzer,1847—1911 年)是美国现代报业的奠基人。他出生于匈牙利,1864 年应募来美从军,退役后做过各种杂工,工余时间自修法律,1867 年取得律师资格,同年加入美国籍。1868 年在德文报纸《西方邮报》当记者。一年后当选密苏里州议员。

1878 年,普利策买下《圣路易电讯报》,开始了办报生涯。1883 年,他以 34.6 万美元买下了纽约《世界报》(The World,1860 年创刊)。他在发刊词中宣称:本报将采取新的经营管理方法,新的宗旨、方针、新的信息、新的兴趣以面向新的读者。在美国新闻史学家看来,《世界报》有两大"法宝":一是以揭露社会弊端、发动改革运动赢得声誉;二是以煽情新闻刺激销量。该报注重社会热点问题的评论和报道,经常揭露时弊,反映民情。它在社论中曾提出解决社会不公平问题的"十大纲领",即征收奢侈品税;征收巨额收入税;征收垄断企业税;向特权公司征税;严惩贪官污吏;严惩在选举中左右雇员选票的雇主;改革文官制度;征收遗产税等。它还发动社会运动,如为建造自由女神像台座募捐等。该报同时采用煽情主义和耸人听闻的手法,大量刊登社会新闻和各种犯罪新闻。从《世界报》的新闻标题中就可以看出这一点,如"救命的呼声"、"一个母亲的可怕罪行"、"爱情与毒药"、"华尔街的恐怖"、"血的洗礼"、"是女英雄还是罪犯?"等等。《世界报》提倡社会改革受到了人们的尊敬,但是它大量刊登犯罪新闻,则为世人所诟病。

美国新闻史学者莫特曾把普利策的办报特点归结为六项:1)以国内外重大新闻为骨干,以轻松或刺激性的新闻增加读者对报纸的兴趣;2)发起社会运动,推动改革,以提高声誉;3)高质量的社论版。以社论版的言论支持新闻栏所倡导的社会改革运动;4)篇幅大、报价低;

① 〔美〕迈克尔·埃默里、埃德温·埃默里:《美国新闻史》,新华出版社,1982 年版,第 321 页。

5)率先使用插图(木刻图画);6)重视报纸的推广工作,用各种奖励办法扩大销路。这种办报方式代表了当时美国报业的新潮流,因而被称为"新式新闻事业"。

由于普利策适应了当时社会发展的需要和广大读者的心理,因而获得了很大的成功。《世界报》在他接办后4个月内,每期销量翻一番,达4万多份,1884年10万份,1887年为25万份,这一年还增办晚刊,1897年早晚刊共销100万份。篇幅也在不断扩大。原为对开8版,后来增至16~24版(星期日版是20版,后增加至40版,出版10周年纪念号为100版,开美国报纸巨大篇幅之先河),一半为广告。广告收入的增加不仅使它保持低廉的报价(2美分),而且可以增加篇幅和内容,扩大销路。普利策接办后10年,报社资产由35万美元扩充为1 000万美元,职工1 300人,每年盈利百万美元,成了资本主义大企业。

2. 赫斯特与《纽约新闻报》

威廉·赫斯特(W. R. Hearst, 1863—1951年)出生于旧金山一个矿业主家庭,1887年从父亲手里接办了《旧金山考察家报》。1895年来到纽约,买下一份陷于困境的报纸,更名为《纽约新闻报》。

早在主持《旧金山考察家报》时间,赫斯特就仿效《世界报》的某些做法。买下《纽约新闻报》之后,更是把《世界报》作为竞争对象和超越目标。他获取新闻的原则就是:得到新闻,第一个得到新闻,不怕花钱。为了在竞争中取胜,他不惜采取任何手段。《世界报》星期日版有一个引人注目的漫画专栏,是画家奥特考特的"黄孩子"(Yellow Kids)。主人公是一个头发稀疏、没有门牙、穿着肥大的黄色衣服的男孩。作者借"黄孩子"的行踪将纽约近期发生的新闻事件通过漫画语言表述出来,并予评论。因为"黄孩子"漫画图文并茂,滑稽有趣,很受读者欢迎,"黄孩子"也成为纽约家喻户晓的人物。1896年1月,赫斯特用高薪将奥特考特以至《世界报》星期日版的全班人马挖走,出版《纽约新闻报》的星期日版,"黄孩子"漫画也就出现在《纽约新闻报》上。赫斯特将作者挖走后,普利策另请画家作画,并以侵犯版权为由将《纽约新闻报》告上法庭。当时剧院上演"黄孩子"戏剧,商店用"黄孩子"做广告,加上两份报纸互不相让地继续上演"黄孩子"闹剧,一时间"黄孩子"就成了这两份报纸的象征,新闻界就称它们为黄色报纸,把两报惯用的煽情主义手法称为黄色新闻。其实《纽约新闻报》在黄色新闻的使用上比

《世界报》更为露骨和粗劣。该报主要版面充斥着凶杀、灾祸、暴力、色情的报道,而且经常使用触目惊心的大字标题。该报有时也为一些社会运动大造舆论,但纯属虚张声势,哗众取宠。1898年美国为了争夺殖民地和势力范围,挑起了对西班牙的战争。赫斯特和某些资产阶级报纸事前制造气氛、鼓吹战争,事后又全力推波助澜,以便在战争喧嚷声中扩大发行量以牟利。《纽约新闻报》的每期发行量1896年为43万份,1897年为60万份,美西战争开始后一度达到150万份。

在《纽约新闻报》和《世界报》激烈竞争中发展起来的黄色新闻,引起全国报纸的仿效,并于1899—1900年达到高峰。新闻史学家莫特认为,黄色新闻是在煽情主义基础上发展起来的,但还增添了一些特殊的做法:1)使用大字号煽动性标题,给人以耸人听闻的虚假感;2)滥用照片以至伪造照片;3)采取种种欺骗手法(如捏造访问记或其他报道)和歪曲性的标题;4)登载彩色滑稽连环画和肤浅的文章;5)标榜同情"受压迫者",发起运动反对平民遭受的屈辱等等。

随着黄色新闻负面影响的加深,它开始受到人们的反对和指责,《世界报》后来逐渐摒弃了黄色新闻的做法,而《纽约新闻报》却依然如故。1901年该报在竞选宣传失败后公然教唆行刺新任总统麦金莱,同年9月麦金莱被人暗杀,一时间舆论大哗,社会各界纷纷抵制该报。赫斯特被迫有所收敛,并将报纸改名为《美国人报》。

3. 奥克斯与《纽约时报》

阿道夫·奥克斯(A. S. Ochs,1858—1935年)出生于德国犹太移民家庭,从小在印刷所当学徒,1878年买下一家地方小报,办得颇为成功。1896年,当《纽约时报》(1851年创刊)由于创办人去世而陷于危机时,他接管了下来,并与股东们达成协议:如果能在4年内使报纸恢复元气,该报将由他控制。

《纽约时报》创办时就是一份内容翔实的严肃报纸,南北战争时已经成为美国的一份著名报纸。奥克斯接办后,决意要把报纸办成新闻全面、言论稳健的报纸,办成一份和以煽情新闻为卖点的报纸完全不同的报纸。他摒弃黄色新闻的做法,坚持严肃的办报方针,强调"刊载一切适于刊登的新闻",并从1896年10月5日起将这句话每日刊登在报眼上(直至今天)。他还以"本报不会玷污早餐餐巾"为广告语,以强调报纸庄重、严肃的个性和与众不同的追求。此外,《纽约时报》力求报道翔实。在经济方面及时提供市场行情、金融信息、商界动态、航运消息,在政治方面详细登载政府文件、重要演说、外交协定,同时开辟法院案件专栏、图书评论专页以及评述时事为主的星期日增刊。奥克斯十分注重延揽人才,他的一大功绩就是聘用卡尔·范安达为总编辑(1904 年起)。在以后 20 年的时间里,范安达在新闻报道方面不断进行创新,并于 1912 年成功组织了对"泰坦尼克"号邮船沉没事件的报道,使该报成为最早公布这一事实真相的报纸。奥克斯还善于经营管理,注重印刷质量,保持低价发行。经过一番努力,《纽约时报》很快呈现转机。1899 年每期发行量上升到 7.5 万份,1901 年超过 10 万份,成为面向上层读者的格调庄重的现代报纸的先驱。

(二) 早期报团的形成

按照美国新闻学者的定义,报团是指在两个以上城市拥有两份以上日报的报业公司。报团是报业垄断的初级形态,它是在 19 世纪末期开始的报业竞争与兼并的过程中形成的。

美国也是世界上第一个报业集团为斯克里普斯报团。爱德华·斯克里普斯(E. W. Scripps, 1854—1926 年)是世纪之交的一位著名报人。他出生于一个农场主家庭,年轻时曾在兄长所办的《底特律新闻》做事,1878 年自己创办《克利夫兰新闻报》,1883 年收买了《辛辛那提邮报》,随后又办了《肯塔基邮报》,初具报团的规模。1889 年他同辛辛那提的业务经理麦克雷正式组成斯克里普斯-麦克雷报业联盟。随后便积极在中小城市发展报业,到 1914 年已经在中西部拥有 23 家报纸。同一年,斯克里普斯的合伙人麦克雷退出,霍华德加盟,1922 年组成斯克里普斯-霍华德报团。随后继续在各地创办或兼并报纸。老斯克里普斯于 1926 年去世,其子罗伯特于 1938 年去世,报团遂为霍华德掌握。

世纪之交,被称为黄色新闻鼻祖的赫斯特也组建了报团。他原有《旧金山考察家报》,1895 年出版《纽约新闻报》,1900 年在芝加哥创办《美国人报》,1902 年又出版《芝加哥检查报》,1904 年创设波士顿《美国人报》。以后又不断在各地兼并报纸,到第一次世界大战时报团已具有相当规模。从 1917 年起,赫斯特报团几乎年年增加新报,1935 年达到全盛期。当时该报团在 19 个城市拥有 26 家日报(发行量占全国13.6%)、17 家星期日报(发行量占全国 24.2%),另外还有 14 家杂志、3 个新闻社、2 个电影公司、8 个电台,成为显赫一时的报业王国。

第一次世界大战前后,美国报业掀起了新一轮的兼并热潮,在此期间出现了芒西报团这样疯狂兼并报纸的报团。芒西报团的业主弗兰克·芒西于 1889 年在纽约创办杂志《芒西》获得成功后,开始向报界发展。1916 年买下著名的廉价报纸《太阳报》,1920 年收买了《先驱报》、《电讯报》,1923 年兼并了《环球报》,1924 年吞并了《邮快报》,一时间席卷纽约的报坛,被人称为"报业绞肉机"。不过 1925 年正当他为收买芝加哥《每日新闻》进行谈判时突然去世,他那为时不长的报团也随之瓦解。美国早期报团还有甘尼特报团、奈特·里德报团、考克斯报团、柏德逊-麦考密克报团(现名论坛报报团)、纽豪斯报团等。

随着报团的增加、报纸种数的减少,美国报业集中、垄断趋势进一步加强,一个城市一份日报(即"一城一报")的现象已经出现。

二、英、法报业垄断的形成

(一) 英国

19 世纪中叶,英国是世界上工业最发达的国家,它的商品垄断了世界市场,号称"世界工厂"。但是 70 年代以后,英国的经济发展缓慢下来,被后起的德、美两国相继赶上和超过。英国工业垄断地位虽然丧失,但它与其他资本主义国家一样,19 世纪末 20 世纪初进入垄断资本主义阶段。英国的报业垄断也于世纪之交形成。

1. 世纪之交的报业发展

如果说普利策是美国现代报业创始人的话,那么,英国现代报业的创始人首推北岩。

(1) 北岩与《每日邮报》

北岩原名艾尔弗雷德·哈姆斯沃斯(Alfred Harmsworth, 1865—1922 年),1905 年受封为勋爵(Lord Northcliffe,为行文方便,以下简称北岩)。北岩出生于爱尔兰一个穷困律师家庭,幼年随父母移居伦敦。中学时开始向杂志投稿,17 岁起在一些杂志当编辑。1888 年 6 月自己创办《回答》周刊。这是一份综合性刊物,内容以通俗知识为主,并采用"有奖竞猜"等方法吸引读者,扩大销路。4 年后周刊销量逾百万份。他还与弟弟哈罗德·哈姆斯沃斯共同创办了《滑稽选辑》、《勿忘我》、《甜蜜的家》、《国旗》等刊物。1894 年北岩买下了濒于倒闭的《新闻晚报》,通过改革,第一年就收回了投资。在取得了一系列的成功之后,1896 年,北岩创办了《每日邮报》(Daily Mail)。

在《每日邮报》正式出版之前,北岩曾花费 4 万英镑做报纸的试办工作。他还派人在全国各地招贴板上张贴广告:"惊人的《每日邮报》,将于5月4日创刊","这是忙人的报纸,这是穷人的报纸",并注明"售半便士的便士报"。同时连日在各报刊登预告出版的大字广告。在伦敦报界所在地舰队街,这种做法实属罕见。

作为英国现代报纸的早期代表,《每日邮报》有许多新的特色。首先,在内容上,它一改当时英国报纸大多侧重报道政治、社会新闻的做法,尽量扩大报道范围。除了国内外一般新闻外,还有股票行情、法庭消息、体育新闻、政治漫谈、世界舆论摘要、社交新闻、妇女园地、小说连载、趣事杂谈以及其他种种特稿。《每日邮报》也刊登犯罪新闻,但其煽情程度远不及美国的《世界报》和《纽约新闻报》。其次,在新闻业务上,它强调"解释、简洁、清晰"的原则,努力做到文字简短,标题鲜明,以适应"忙人""穷人"的需要。第三,该报高薪聘请一流记者,常驻世界一些重要城市,以便快速报道国际性的重大事件。第四,该报重视经营管理,广泛招揽广告,经济上主要依靠广告支持。

《每日邮报》的这些做法充分适应社会的发展,因而发行量不断上升,创刊号为39.7万份,1898年40万份,1899年50万份,同年在英国与布尔的战争中达到100万份。该报在1900年买下《每周快讯》,改为自己的星期日版;同年增出北部版,1904年出海外版,1905年出欧洲版,一时间称雄报坛。

《每日邮报》的成功,使得伦敦和外地的报纸纷起效尤。它被认为是英国大众化报纸的典范,由于它的出现,英国报业开始进入了一个大众化报纸与高级报纸泾渭分明、并行发展的时代。

(2)北岩接办《泰晤士报》

如果说《每日邮报》是大众化报纸的典型代表的话,《泰晤士报》就是高级报纸的典型代表。这份由沃尔特家族创办(1785年)并经营的报纸,在19世纪末20世纪初陷入困境:由于连载一封伪造信件,该报不但要偿付20万镑的调查费和诉讼费,承担着沉重的债务负担,而且声誉严重受损。加上经营不善,报纸每况愈下,最后不得不转手他人。1907年北岩以32万英镑买下了《泰晤士报》。得到该报控制权以后,北岩实施了一系列的改革措施:首先更新设备,添置打字机、莫若铸排机和新式戈斯印刷机,并对报纸设计和版面编排进行改革。其次是奖勤罚懒,对称职、敬业的记者给予丰厚的待遇,对因循守旧的工作人员则严厉惩罚或予开除。再次是主张文章写得短一些,更有力量一些,少一点温文尔雅,多一点争论,多一点活力。在北岩的经营下,《泰晤士报》不但摆脱了困境,还赢得了大发展的局面。北岩接办时该报发行只有3.8万份,以后发行量不断扩大。"一战"期间,该报向主要战场派出战地记者,报道军事新闻,发表评论,每月初还出版两幅战事地图并附开战以来的大事记,颇受欢迎。战时《泰晤士报》销量达到31.8万份,此为该报创刊以来的最高纪录。第一次世界大战结束后,德皇威廉二世曾叹道:"德国之所以失败,就在于没有一张《泰晤士报》。"①

北岩晚年在作世界旅行时曾于1921年11月来到中国,并与《申报》经理史量才进行了会晤。1922年回国途中瘫痪,同年8月14日在伦敦逝世。

2. 早期报团的形成

世纪之交,在英国大众化报刊纷纷出现的基础上,早期报团形成。

(1)北岩报团

北岩报团是英国最早的报团。北岩原先拥有《回答》等杂志,以后创办了《每日邮报》(1896年)、《每日镜报》(1903年),购买了《观察家报》(1905年),控制了《泰晤士报》(1908年),还拥有多种地方报刊,从而组成了庞大的报业帝国。他本人也被称为"舰队街的拿破仑"。

以北岩报团的出现为起点,英国开始了报业垄断化的进程。

(2)罗瑟米尔报团

该报团为北岩的弟弟哈罗德·哈姆斯沃斯(1914年受封为罗瑟米尔勋爵)所建。他早年协助北岩经营报业,自己也创办了《每日纪实报》等报纸,1914年获得了《每日镜报》的控股权,1915年创办了《星期日画报》。1922年北岩去世后,罗瑟米尔的"联合报业公司"继承了北岩的大部分报刊,一举成为英国最大的报团。30年代以后,罗瑟米尔报团逐渐走向衰落,所属《每日镜报》于1931年分离出去独立经营。

(3)比维布鲁克报团

报团拥有者威廉·马克斯韦尔·艾特肯,原籍加拿大,1910年定居伦敦,1917年受封为比维布鲁克勋爵。一战期间任内阁情报大臣。战后辞去职务,低价收购《每日快报》。1918年创办《星期日快报》,1923年买下《标准晚报》,同年又购入几家地方报纸,形成报团。

除了上述报团之外,当时还有贝里兄弟报团、奥德汉斯报团、西敏

---

① 中国社会科学院新闻所编:《七国新闻传播事业》,重庆出版社,1988年版,第412页。

斯特报团等,报团的出现并数量增多,使报业的兼并、集中进一步加剧,报纸发行量虽然在增加,种数却在不断减少。与此同时,"一城一报"的现象出现并不断发展:1921 年全国有日报的城市总数为 65 个,其中只有一家日报的城市为 32 个;1927 年这种比例变成 66 比 37,1937 年进一步上升为 70 比 49。

（二）法国

19 世纪 70 年代以前,法国的工业生产总量仅次于英国,居世界第二位。但是普法战争以后,法国工业发展的速度逐渐缓慢下来。到 19 世纪末,法国的工业发展水平大大落后于德、美、英三国。20 世纪初,法国出现了垄断组织,这标志着法国资本主义的发展进入了垄断阶段。法国报业垄断也于此时形成。但是由于法国报业的商业化进程相对缓慢,因而其集中与垄断的程度远比德、英、美等国低。

1. 世纪之交的报业发展

1881 年法国《新闻出版自由法》颁布后(见第 1 章第 4 节),法国报业发展进入了一个全新的时期。从那时起至第一次世界大战,被称为法国报业的"黄金时期"。在此期间,报刊数量大为增长,商业性报纸的规模和影响日益扩大。这正是法国报业进入现代阶段的重要标志。当时最有影响的商业性报纸,是巴黎的《小日报》、《小巴黎人报》、《晨报》和《新闻报》,它们是在 19 世纪 30 年代廉价报纸的基础上发展起来的,并于世纪之交称雄报坛。

（1）《小日报》(Le Petit Journal),是由米劳德于 1863 年创办的一份廉价报纸,每天 4 版,售价 5 生丁(相当于半苏)。该报以社会新闻、刺激性的内容以及连载小说吸引读者,两年后销量即达 20 万份。报纸曾以刊登某凶杀案的连续报道吊读者胃口,使报纸在短期内销量大增。1869 年 9 月初登案情(一家 8 口人被杀害)时,报纸销量为 35.7 万份,随着尸体一具具被发现,销量一点点上升,第 8 具尸体发现时,销量为 46.7 万份,案件结束时,销量达 59.6 万份。1880 年该报发行 60 万份,占巴黎报刊销量的四分之一。1884 年 6 月《小日报》首创《图画副刊》,小开本 8 页,售价 5 生丁;1891 年增加了彩印图片,销量达 100 多万份。该报后来因支持极右势力遭唾弃,发行量开始下滑。

（2）《小巴黎人报》(Le Petit Parisien),1876 年创办,原为激进派小报,1888 年转入让-迪皮之手。迪皮对该报进行了改革,具体表现在:脱离激进派的影响,政治上标榜独立(但迪皮是一个政治上的活跃分子,曾长期在政府中任职,因而该报还是有政治倾向性);内容上仿照《小日报》的做法,大量刊登社会新闻、连载小说以及各种娱乐性的材料;注重技术更新,成为巴黎第一个使用轮转印刷机的报纸。这些改革措施使该报发行量直线上升:迪皮接管前的1886年为15万份,1901年为85万份,1903年为100万份,1914年达150万份,成为当时法国以至欧洲销量最大的报纸。让-迪皮同时还兼营八九种期刊。

(3)《晨报》(Le Martin),1883年由美国人创办,1884年被阿尔弗莱德·爱德华收购,1896年归莫里斯·比诺·瓦里亚所有,一直经营到1944年。虽然该报几度易主,但始终保持它创刊时的美国(廉价报纸)风格:文字通俗,标题字体大,常用多栏大标题,版面活泼,可读性强。1914年销量90万份。该报宣称自己是一份没有政治背景和经济后台的报纸,它并不鲜明地支持或反对某一党派,它的社论或评论几乎对各届政府的方针政策都提出过批评,这似乎给人以超党派的独立的印象。但实际上该报利用一些政治、财政事件暗中接受津贴、索取贿赂。它不但接受本国政党、政府的津贴,还接受过外国政府的津贴。

(4)《新闻报》(Le Journal),1892年由斐迪南·贺创办。该报宣称其宗旨是"为小商人、工人、小学教师和职员们提供一些符合他们口味的文学作品",因此曾以优厚的稿酬约请当时的文坛巨匠写稿,左拉等著名作家都为它撰写过小说和文章,这使该报具有浓厚的文学色彩。1899年勒特利埃家族买下《新闻报》后,逐步扩大其新闻报道面,吸引广告,同时采用新式印刷设备,使报纸销量大增,1900年发行50万份,1914年超过100万份。

以上4家报纸1914年的发行量占巴黎报纸总发行量的75%、全国报纸的40%。这在一定程度上表现了集中化的趋势,但当时法国还没有出现报团。

2. 早期报团的形成

"一战"以后,法国报业出现了兼并集中的趋势,主要表现在报纸销量有所上升,报纸种类却在减少。不过这种兼并集中不如英美等国显著,也未能形成如同斯克里普斯报团和北岩报团那样的大型报业集团。这一方面是因为法国报业商业化进程慢,商业报纸长期未能取代政党报纸而成为报业主体;另一方面则因为法国外省报纸实力比较强,这使巴黎大报难以向外省扩张渗透、兼并地方报纸而成为报团。

这一时期法国的主要报团主要有以下几个。

（1）普鲁沃斯特报团

普鲁沃斯特是羊毛纺织公司的老板，1917 年涉足报业，买下《家园》杂志，1924 年购入《巴黎午报》，1930 年又取得了《巴黎晚报》和《不妥协报》的所有权。该集团中最重要的报纸是《巴黎晚报》。

《巴黎晚报》创办于 1923 年，是一份左派报纸。普鲁沃斯特接手后，聘请了一批出色的报人，将该报办成图文并茂的新闻画报，内容侧重于社会新闻、体育新闻和富有人情味的报道，政治经济方面的报道力求简明扼要，结果发行量逐年增加，1933 年为 100 万份，1940 年曾达到 200 万份。普鲁沃斯特 1938 年还创办了《竞赛画报》，发行量也高达 110 万份。

（2）柯蒂报团

该报团所有者弗朗索瓦·斯波蒂诺是法国著名的柯蒂化妆品公司老板，20 世纪 20 年代进入报界。1925 年买下《费加罗报》，1928 年吞并了《高卢人报》，同年创办了宣传极右观点的《人民之友报》。在 1930 年的经济危机中，科蒂报团破产，所属报纸先后出售或关闭。

（3）温德报团

温德家族是法国钢铁和军火工业大王。"一战"以后购买了《时报》、《论坛报》、《新闻报》以及《工业日报》，在《晨报》、《巴黎回声报》和哈瓦斯通讯社也拥有部分股权。

（4）帕特诺特报团

雷蒙·帕特诺特是糖业大王，曾随父亲在美国居住，回国后仿照美国模式建立报团。1936 年拥有《小日报》、《共和报》、《里昂共和报》等，还持有《巴黎晚报》和《劳动报》的股份。

以上可见，这一时期法国出现的报团基本上是由工商企业收购报纸而形成的。它们实际上是这些工商企业的子公司。由于报纸所有权常因股权的出售而变更，因此报团所属子报的数目很不稳定。

三、垄断资本主义时期的日本报业

1868 年明治维新以后，日本建立起了地主资产阶级专政的中央集权国家，实现了由封建社会向资本主义社会的转变，并为资本主义的发展扫平了道路。正是在这一时期，孕育和诞生了日本的近代报刊。进入 20 世纪，日本逐步走上帝国主义（垄断资本主义）道路，而日本的帝国主义是"带军事封建性"①的帝国主义。在带军事封建性的帝国主义政权的统治下,日本报刊日益发展成为现代化的大企业,并在政府主导下形成与前述资本主义国家不同的垄断格局。

(一)近代报业的形成

1871 年 1 月《横滨每日新闻》的创办,标志着日本近代报纸的诞生。在此之前,大约从 17 世纪起,日本也曾依次出现过类似报纸的出版物"瓦版"、"官版"报纸,以及外国商人、传教士创办的报纸,但由于这些出版物基本上是木版手工印刷,又多为不定期出版,因此不能算是真正意义上的近代报纸。

《横滨每日新闻》是在神奈川县令关盛良的鼎力支持下创办的,他动员富商们捐款,并让外务省在横滨工作的翻译官子安峻等协助发行。该报新闻与广告各占一半,在新闻报道中,贸易和物价方面的内容占有相当的比重,其中有关贸易都是横滨的经济新闻,颇受关东一带工商业者的欢迎。

《横滨每日新闻》问世后,在各地政府的支持下,类似的报刊相继出现。如 1871 年的《京都新闻》、1872 年的《大阪新闻》就分别是在京都府知事和大阪府知事的援助下创办的。1871 年在东京创刊的《新闻杂志》,也是在明治政府高级官员木户孝允的帮助下创办的。该报初为小型周刊,后改为对开报纸,隔日出版,读者遍及关东一带。

东京最早的日报,是 1872 年 3 月创刊的《东京日日新闻》。该报由条野传平等创办,民间发行,同时得到当时的政治家江藤新平和大隈重信的支持。1874 年底,福地源一郎就任该报社长,《东京日日新闻》自此一直站在官方一边,成为明治新政府的御用报纸。据说这份报纸当时的发行份数为 1 000 份左右,而政府订阅份数占 22·5%。

1872 年 4 月,英国人约翰·布拉克在东京创办了日文报纸《日新真事志》。该报每期 4 页,内容包括东京及横滨地方消息、海外新闻等,信息面很广,言论自由无羁,颇有生气。该报因此获得左院(法令审议机关)御用的特权,经常刊登左院议事、议案、建议等。

1872 年 7 月,《邮便报知新闻》在日本首任邮政长官前岛密的支持下创办。该报以当时遍布全国的 5 000 多名邮政办事人员为读者对象和义务通讯员,通过邮政系统获取消息。这种便利条件使《邮便报知

---

① 林举岱等:《世界近代史》,上海人民出版社,1982 年版,第 520 页。

新闻》在新闻报道的丰富性方面大大超过其他报纸。

明治维新后出现的这些报纸,均是在中央、地方政府的保护和支持下,借助官方的力量向全国发行的。1873年3月,大藏省曾通知各府县:《新闻杂志》、《东京日日新闻》、《横滨每日新闻》是传播国内外新闻和知识的报纸,故每日或每二日向各府县发送上述3种报纸,以供阅读。同年7月8日,又发出通知,将《日新真事志》与以上3种报纸并列,决定同时向东京以外的各府县发送4种报纸。

由此可见,日本近代报纸一问世,便与政府结下了不解之缘。这是它与其他资本主义国家报业发展的不同之处。由于最初创办的这些报纸不同程度地受到政府的扶持与指导,因此它们更多地不是作为新闻传播的载体,而是作为政府的喉舌发挥作用。后来随着日本不同政治党派如自由党、立宪改进党、立宪帝政党的形成(19世纪80年代),许多报纸又先后成为不同政党的喉舌,表现出了明显的党派色彩。

当时各政党的主要报纸有:自由党的《朝野新闻》、《自由新闻》(1882年,东京)、《立宪政党新闻》(1882年,大阪);立宪改进党的《邮便报知新闻》、《东京·横滨每日新闻》、《大阪新闻》(1872年,大阪);立宪帝政党的《东京日日新闻》(1872年)、《明治日报》(1881年)。

围绕立宪后的日本应当建立怎样的国体、政体的问题,各个政党通过所属机关报展开了激烈的论战。自由党和立宪改进党主张把日本改造成英、法那样的资产阶级民主国家,立宪帝政党则主张把日本建成德国那样的君主立宪制国家。论战范围不断扩大,许多报纸卷入其中。由于政党论争成为这一时期报纸宣传的最突出的特点,日本新闻史把它称作"政党报纸"时期。政党报纸之间的相互攻讦,引起政府的不满。政府通过分化离间,削弱反对党(自由党和立宪改进党)及其报刊的力量。

同一时期,在以政论为主的大报纸外,还出现了以娱乐为主的通俗、廉价的"小报"。1874年创刊的《读卖新闻》和1879年创刊的《朝日新闻》就是有代表性的"小报"。"小报"主要面向中下层读者群,一般不刊登政论性文章,主要内容是新闻报道、娱乐材料、连载小说等;小报亦文亦图,形式活泼;语言通俗,标注假名(日语拼音字母);版面较小,售价低廉。总之,小报是一种大众报纸。日本新闻界人士认为,这一时期出现的小报,是日本现代报纸的前身。由于"小报"超脱于当时的政治斗争之外,受政府的干预、限制比较少,因而经营较为顺利,以至后来发展成为现代化的商业报纸。

（二）现代报业的发展

明治维新后期，日本的资本主义经济有了很大的发展。电报、电话、蒸汽发动的轮转印刷机等先进设备和技术的引进，促进了报业的现代化。与此同时，大报由于不断受到当局的打击，经营日趋退化，发行量开始落后于"小报"。而"小报"在资本主义工业发展提供的必要的物质条件的基础上发展起来，开始走上商业化的道路并逐渐成为日本报纸的主体。这标志着日本的近代报纸开始进入现代化阶段。

最先走上商业化经营之路的是《邮便报知新闻》。1886年，该报仿照欧美模式，对报纸内容、版面、组织机构乃至经营方式进行了全面的调整。具体做法是：第一，对新闻报道、评论写作加强管理和监督，投入高素质的人力完成这项工作；第二，一反常规，变大型化版面为小型化版面；第三，版面力求大众化，文章力求平易近人，汉字加注假名，刊登连载小说；第四，改进发行方式——要求地方提前交款订报，东京市内的发行全部改由报社直接投递。同时大幅度削减报价，将每月定价由8角3分降至3角，结果销量大增。1886年日发行6 700份，1887年日发行12 000份，1888年达到22 000份，跃居东京首位。《邮便报知新闻》降价后，各报纷起仿效，报纸之间展开了争夺读者的自由竞争。

之后是《东京日日新闻》。该报社长原为福地源一郎，1888年，福地将社长职位让给关直彦。关直彦摆脱了福地时代御用报纸的传统，标榜不党不私，使报纸面貌焕然一新。该报登载福地的连载读物《色与欲》、《外国巡礼》等，关直彦本人除了撰写社论，也发表连载作品《欧美的故事》，介绍新知，活跃版面。报纸还邀请一批社会名流作为名誉客员，为报纸撰稿。这样，在关直彦担任社长后，报纸发行量增加了一倍。

这一时期最为引人注目的报纸是《朝日新闻》。1888年，大阪的《朝日新闻》打入东京，收买东京的《觉醒报》，创办了"朝日"系统的《东京朝日新闻》，从而形成了日本第一个跨城市经营的报系。该报励精图治，与同行展开了激烈的竞争，并且在竞争中获得很大的发展。具体做法是：

第一，采用先进的印刷技术。《朝日新闻》社率先引进法国的马里诺尼轮转印刷机，由以往的平版印刷改为圆筒两面同时印刷，大大加快了印报速度，降低了报纸的印制成本。

第二,使用电报传发新闻。早在19世纪80年代初期,电话、电报等近代通讯工具在日本刚刚出现的时候,大阪《朝日新闻》就开始利用电报传送消息,从而极大地提高了发稿速度。1889年2月11日,明治天皇颁布"帝国宪法",政府决定在当天上午发布宪法,将宪法全文交付各报刊登。由于使用了电报,几乎和东京报纸同时,大阪《朝日新闻》登出了发布宪法的消息,并出版了印有宪法全文的"号外"。速度之快,令同行震惊(当然,花费之大也令其他报纸难以企及)。

第三,采取多种促销手段。首先下调报价——比《邮便报知新闻》更便宜,月定价2角5分,订报半年者,只收原价的一半。报社还买下了当时东京唯一的交通工具铁道马车,凡积极订阅报纸的读者,都可免费乘坐。由于采取了这样一些促销手段,报纸的发行份数不断增加。

这一时期实行商业化经营的报纸还有:大阪《每日新闻》(该报前身是1876年创刊的《大阪日报》)、《时事新报》(1882年,东京)、《万朝报》(1892年,东京)、《二六新报》(1893年,东京)等。

进入20世纪,日本报业无论在新闻报道方面,还是在技术手段方面都取得了长足的进步,各报发行量均有所增长。当时,号称全国第一的"大众报纸"《万朝报》的发行量已达到12万份。1904年,大阪《每日新闻》和《朝日新闻》后来居上,分别达到20万份,占全国首位;《万朝报》为16万份,退居第三。1907年,大阪《朝日新闻》和《报知新闻》(1896年初由《邮便报知新闻》改名)又分别达到30万份;大阪《每日新闻》次之,为27万份;第三位是《万朝报》,25万份;第四位是《东京朝日新闻》,20万份。

(三)"一战"时期报业垄断的形成

第一次世界大战爆发后,大阪《朝日新闻》、《每日新闻》等纷纷派记者随军采访,报道有关战局的进展情况和国际形势的变化。《朝日新闻》先后派遣驻英记者3人,驻美记者3人,驻俄记者2人,驻法记者1人。《时事新报》派遣驻英记者2人,驻俄记者1人。但是,正如该报驻英记者伊藤正德所说,"报社财力有限,不能用电报同别的报社竞争。《朝日》、《每日》记者坐汽车,自己只能跑步追赶。而且,当时西伯利亚铁路不通,邮件经美国送回日本,中间要经过重重检查,船行大洋的速度也比今天慢两倍,两个月之内自己的报道只能见报一两次"[①]。

---

① 刘明华、郑超然译:《日本大众传播工具史》,青海人民出版社,1984年版,第106页。

因此,《时事新报》无论如何也竞争不过《朝日新闻》和《每日新闻》(其他报纸更是无力派遣驻外记者,而只能依靠路透社的电报)。

除派驻记者外,《朝日新闻》同路透社、同英国《泰晤士报》还有特别合同;《每日新闻》同合众社也有特别合同。

1914 年 8 月 23 日,日本政府发表声明,宣布站在英法一边,对德宣战。日本报纸大都支持政府的这一立场,并支持日本政府乘机抢夺德国在中国山东省权益的侵略活动。日本军队进攻青岛时,《朝日新闻》和《每日新闻》纷纷派文字和摄影记者赴战地采访,发回大量报道。

总之,在第一次世界大战中,大阪《朝日新闻》和《每日新闻》因拥有雄厚的资金和贯彻商业主义的办报方针,逐步确立了自己在日本报界的地位。

"一战"以后,报纸日益成为现代化的大企业。投资报业的资金大为增加,各报社陆续建成商业性的股份公司。报社内部分工更为严密,除了负责采编的编辑部外,还有专门负责经营的营业部,内设发行、广告、会计、印刷等专门机构。报纸的版次增多,主要大报除了正版还有几个甚至十几个地方版。报纸的广告篇幅日益增多,广告已成为报社的重要收入来源。报纸的生产和传输手段不断更新,20 世纪 20 年代一些大报装备了超高速轮转印刷机、自动铅字铸造机、专用长途电话电报线路,有的还有自己的飞机。报纸的发行量大幅度增长,在各地设有专属销售店或综合销售店。20 年代中期大阪《朝日新闻》和《每日新闻》的发行数字已突破百万份大关,其他主要报纸也都有几十万份,全国报纸日发行量达到 650 万份。

这一时期,报业竞争进一步加剧。各报都处心积虑地要用更多更快的新闻争取读者,每逢重大事件都全力以赴,力争在快速报道中取胜。1928 年中国奉系军阀张作霖的火车被炸,《朝日新闻》的飞机从平壤将新闻照片送到大阪和东京,当天就刊出了。同年裕仁天皇登基大典期间,《每日新闻》和《朝日新闻》的飞机飞遍全国和朝鲜主要城市,及时运送号外。在竞争中,日本报纸加紧了垄断进程。《朝日新闻》、《每日新闻》两家报社在大阪和东京都有报纸,资金雄厚、设备先进,在竞争中占有很大的优势。1923 年关东大地震,东京大多数报社被大火焚毁,以大阪为基地的这两家报社乘机扩张,1924 年的发行量就占到全国日报总发行量的一半。它们还凭借实力,垄断报纸发行和广告价格,使其他报纸陷入更大的困境。曾辉煌一时的《万朝报》、《时事新报》就此衰落下去。当时东京只有《读卖新闻》在危机中坚持下来。该报在地震中也曾受损,但是1924年正力松太郎接任社长以后,进行了一系列改革,充实内容,增设栏目,特别是同一些地方报纸订立协定,以每天提供几次特别消息为代价,使用地方报纸的发行网以扩大发行。就这样,《读卖新闻》终于摆脱困境,逐步赶上,至20世纪20年代末形成了同《朝日新闻》、《每日新闻》鼎足而立的局面①。

第三节 沙皇专制制度下的俄国报刊

沙皇俄国是一个以农奴制度为基础的封建君主专制国家。19世纪初期,资本主义生产关系在封建社会内部缓慢地生长起来。1861年2月19日(公历3月3日),沙皇亚历山大批准了关于废除农奴制的法令。农奴制的废除,为俄国资本主义发展提供了必要的条件。俄国报刊也于此时得到了较快的发展。

一、资产阶级报刊的产生与发展

俄国的第一份报纸是由彼得一世下令创办的《新闻报》(1703年,莫斯科),从此开始了俄国定期报刊的历史。1756年莫斯科大学主办的《莫斯科新闻》,宣告了俄国第一份非官方报纸的问世;18世纪70年代启蒙思想家诺维科夫创办的具有民主主义倾向的讽刺杂志,预示着民办报刊的出现。然而19世纪60年代以前,俄历届沙皇政府对舆论的控制和对报刊出版的管制一向十分严厉。尼古拉一世于1826年制定的被称为"铁的法典"的书刊检查法就充分证明了这一点。该法规定由3位部长组成最高书刊检查委员会,并由它负责指导舆论,使其符合现实政治形势与政治观点。1861年农奴制被废除,沙皇政府对舆论的控制有所松动,俄国新闻出版业才逐渐发展起来,俄国近代新闻业的帷幕也才算正式拉开。

列宁认为,从农奴制度崩溃到19世纪90年代中期俄国革命运

---

① 张允若主编:《外国新闻事业史》,武汉大学出版社,2000年版,第151页。

动的发展,按它的阶级内容来说,是一个资产阶级民主时期,按运动参加者的成分来说,是一个非贵族时期,按参加者的世界观来说,是民粹主义(广义地说)的时期①。在这个"资产阶级民主时期",当时颇有影响的资产阶级派别——革命民主主义派和民粹派都创办了自己的报刊。

(一) 革命民主主义派的报刊

以代表广大人民群众利益,尤其是农民利益为己任的革命民主主义者,早在 19 世纪 40 年代就已崭露头角,而他们的影响一直持续到 60 年代以后。他们创办了一批民主主义报刊,其中最著名的是《同时代人》和《祖国纪事》。

《同时代人》是文学和社会政治杂志,1836 年由普希金在彼得堡出版,开始是季刊,1843 年改为月刊。普希金去世后,该刊主编几经更易,1847 年转入涅克拉索夫和帕纳耶夫之手。1853 年车尔尼雪夫斯基参加编辑工作,1856 年任主编。

车尔尼雪夫斯基(1828—1889 年)出生于萨拉托夫的一个教士家庭,从小就了解农奴的悲惨境况。1850 年大学毕业后,车尔尼雪夫斯基回到故乡的中学教书,用革命的思想引导学生。此举遭到学校当局的嫉恨,不久被迫离开学校。1853 年迁居彼得堡,应《同时代人》主编涅克拉索夫之邀参加该杂志的编辑工作。1856 年涅克拉索夫因病出国就医,他接替了主编职务。

1853 年车尔尼雪夫斯基参与《同时代人》编辑工作后,该刊经常发表有关农民革命问题的文章,成为革命民主派的主要论坛,社会影响不断扩大。尤其在废除农奴制法令草拟时期,车尔尼雪夫斯基及其战友在《同时代人》上发表了大量的论文、书评和小品文,坚决捍卫农民的利益。他们向读者介绍了废除农奴制工作的准备过程,讲述了农奴的困苦状况,揭露了农奴主贪得无厌的本质和自由派②的伪善面目,坚决主张无条件地把农奴使用的份地分给他们,使他们享有完全的所有权。针对贵族地主企图侵害农民的人身自由和财产权益的阴谋,车尔尼雪夫斯基指出,最低限度必须把农奴使用的份地给他们,使他们享有完全的所有权。1862 年车尔尼雪夫斯基被捕,《同时代人》被勒

---

① 参见《英法德俄历史 1830—1917》(下册),商务印书馆,1972 年版,第 350 页。
② 主张通过和平途径进行政治改革,实为维护沙皇专制统治的资产阶级派别。

令休刊 8 个月。复刊后,该刊连载车尔尼雪夫斯基《怎么办?》以及其他民主主义作家的作品,继续进行革命的宣传活动。1866 年亚历山大二世遇刺无恙,他转而采取专制手段严格控制报业,《同时代人》被勒令长期停刊。

《祖国纪事》是文学和社会政治月刊,1839 年在彼得堡出版。前期由安·克拉耶夫斯基负责发行,别林斯基主持评论栏。该刊曾大力宣传唯物主义、空想社会主义和现实主义。1846 年别林斯基与克拉耶夫斯基在政治观点上发生了分歧,转到《同时代人》杂志工作,《祖国纪事》的战斗性有所减弱。1848 年以后,在沙皇政府出版监督委员会的严厉管制下,该刊逐渐带有学院派色彩。1868 年,克拉耶夫斯基将该刊发行权转让给涅克拉索夫,在涅克拉索夫的主持下,《祖国纪事》重新发扬《同时代人》民主主义的革命传统,抨击专制政治制度,揭露贵族的寄生性和资本家的掠夺性,支持农民群众的革命斗争。1877 年涅克拉索夫去世后,著名的民粹派理论家米海伊洛夫斯基参加并主持编辑部工作。1872 年,《资本论》第一卷俄译本在彼得堡出版,引起了极大的反响。《祖国纪事》在 1872 年第 4 期上发表了《评卡尔·马克思的书的俄文版》的文章,热烈祝贺《资本论》俄译本的出版,同时指出"该书是对学院派政治经济学理论的详细的批判,同时也是一部精雕细琢的英国经济发展史"。

19 世纪 70 年代末期,俄国经济学界围绕《资本论》展开了一场争论。争论是由尤·茹科夫斯基引起的。他发表了一篇题为《卡尔·马克思和他的〈资本论〉一书》的文章,说马克思的经济学说只不过是一种具有各种辩证形式的乌托邦,并试图证明资本主义制度的合理性和否定马克思的经济理论。针对茹科夫斯基的观点,《祖国纪事》发表了米海伊洛夫斯基的文章《卡尔·马克思在茹科夫斯基的法庭上》和俄国著名的经济学家、基辅大学教授尼·季别尔的文章《对尤·茹科夫斯基〈卡尔·马克思和他的资本论一书〉的几点意见》,对茹科夫斯基的反马克思主义立场进行了批判,捍卫了《资本论》的基本原则。1878年 10 月 10 日马克思在致友人的信中高兴地写道:"我增加了《资本论》的俄文译本,因为恰恰是在俄国,年轻的大学教授公开地接受和维护了我的理论。"①

---

① 转引自傅显明、郑超然:《苏联新闻史》,新华出版社,1994 年版,第 31 页。

　　由于《祖国纪事》坚持革命民主主义立场,支持俄国的民主革命运动,因而多次受到出版检察机关的迫害和查封,1884 年被迫停刊。

　　(二)民粹派的报刊

　　19 世纪 70 年代是俄国民粹主义的繁荣时期。和革命民主主义者相同的是,民粹派要求消灭沙皇专制制度和农奴特权制,主张把土地分给农民;与之不同的是,他们否认农奴制废除后资本主义必然在俄国发展的历史规律,认为资本主义在俄国是一种"不幸"的、"人为"的"偶然"现象,是倒退而有害的"越轨行动",鼓吹为了保护小生产必须遏止资本主义的发展。他们同时否认无产阶级是最先进、最革命的阶级,认为农民是实现社会主义的主要力量,主张由知识分子领导农民暴动来推翻沙皇专制政府,然后依靠农民"天生的传统的社会主义倾向",通过"社会主义胚胎"——村社来实现社会主义。

　　民粹派拥有《俄国财富》、《欧洲通报》、《俄国劳动》、《周刊》等刊物,其中以《俄国财富》最为著名。民粹派的代表人物是尼·康·米海伊洛夫斯基。

　　米海伊洛夫斯基(1842—1904 年)出身于贵族家庭,1868 年起为《祖国纪事》月刊撰稿,后任主编。1892 年起在《俄国财富》杂志工作,1894—1904 年任主编。

　　《俄国财富》是科学、文学和政治旬刊,1876 年在莫斯科出版,同年迁至彼得堡。该杂志创刊之初刊登了许多研究经济问题的文章,是民粹派宣传其主张的重要讲坛。米海伊洛夫斯基任主编后,在杂志上发表了大量的文章。19 世纪 80 年代以后,随着米海伊洛夫斯基立场的改变(由革命民粹主义者蜕变为自由民粹主义者),《俄国财富》成为自由民粹派的机关报。从 90 年代初期起,该刊登载了一系列反马克思主义的文章,宣扬唯心史观,诬蔑革命群众运动。在 1893 年第 10 期的文章中,米海伊洛夫斯基宣布要对"俄国所谓的马克思主义者或社会民主党人进行一场论战"。列宁在《什么是"人民之友"以及他们如何攻击社会民主主义者?》(回答《俄国财富》杂志反对马克思主义者的论文)中,对《俄国财富》所发表的文章的观点进行了深入的剖析,重申了马克思主义的立场。

　　1905—1907 年俄国资产阶级革命后,《俄国财富》改变了编辑方针,政治上保持中立,1918 年停刊。

二、无产阶级报刊的产生与发展

农奴制废除后,俄国社会生活中的一个重要变化,是新兴的无产阶级的出现。19世纪末20世纪初,列宁在对一系列文献资料进行分析后认为:在俄国的人口中,属于无产阶级各阶层的总人数不下2 200万,其中农业雇佣工人,工厂、矿山及铁路工人,建筑工人,木材工人以及在家中工作的工人,约为1 000万人[①]。随着资本主义经济的发展,它们逐渐形成为一支独立的政治力量。而随着无产阶级队伍的不断壮大,无产阶级革命运动的蓬勃发展,作为阶级的舆论机关,无产阶级报刊也随之出现。

(一) 工人运动的兴起和早期工人报刊

在沙皇专制制度的暴戾统治下,俄国无产阶级深受经济和政治上的双重压迫,处境十分艰难。据记载,在19世纪60—80年代,工人一天工作12~14小时,很多情况下甚至超过14小时。在西伯利亚金矿,在制糖厂的种植园里,工作日"从黎明持续到黄昏"。而工人的实际工资比名义工资要少得多。沙皇行政机关的代表永远站在资本家一边,压制工人为改善生存条件而进行的抗争。于是从70年代起,群众性罢工斗争蓬勃兴起。1870年5月,彼得堡涅瓦纱厂爆发了俄国工人的第一次罢工。从1870年至1880年,俄国共发生350次工人斗争。

在工人斗争的洪流中,1875年敖德萨成立了第一个工人组织"南俄工人协会"。1878年,彼得堡成立了"俄国北方工人协会"。协会的纲领庄严宣布,要"推翻国内现存的政治、经济制度",并提出了言论、出版、集会自由等政治要求。协会积极开展宣传教育活动,多次领导工人罢工,并于1880年出版了俄国历史上第一个工人秘密刊物《工人曙光报》。该报号召工人与农民联合起来,为最终推翻沙皇的专制统治而斗争。由于沙皇政府的迫害,报纸只出了一期便停刊。

1883年,侨居日内瓦的普列汉诺夫(1856—1918年)在国外创立了俄国第一个马克思主义团体——劳动解放社。劳动解放社把马克思主义的主要著作译成俄文,在国外印刷后秘密运到俄国来,为社会民主主义的发展进行思想准备。与此同时,国内也出现了一些马克思主义

---

① 参见《列宁全集》第3卷,人民出版社,1960年版,第460页。

小组。国内第一个马克思主义小组是 1885 年彼得堡的名为"俄国社会民主党"的组织。该组织创办了俄国最早的社会民主主义报纸《工人报》,但该报出版了两期便因领导人被捕而停刊。此后,从 1885 年到 1895 年的 10 年间,俄国一直没有工人报刊出版。

当时俄国革命者面临的一项重要任务,就是把马克思主义同工人运动结合起来,把零散的马克思主义小组联合成一个统一的工人阶级政党,以便领导无产阶级和劳动人民推翻沙皇专制统治,建立社会主义制度。这项历史任务就落在了无产阶级领袖列宁身上。

弗拉基米尔·伊里奇·列宁 1870 年 4 月 10 日(公历 22 日)生于辛比尔斯克(现名乌里扬诺夫斯克)。19 世纪 80 年代后期,还在中学读书时,列宁就开始了革命生涯。1887 年进入喀山大学法律系学习,不久即因投身学生运动而被捕流放。1888 年秋,列宁返回喀山,参加了当地的马克思主义小组。1893 年,列宁在萨马拉组建了马克思主义小组,同年 8 月,他来到俄国革命运动的中心彼得堡,经常深入群众,了解工人状况,传播马克思主义思想。1895 年 11 月,他将彼得堡的约 20 个马克思主义小组联合在一起,成立了"工人阶级解放斗争协会",把马克思主义同工人运动结合起来,提出了从政治上领导工人运动的任务。

"工人阶级解放斗争协会"是俄国无产阶级政党的萌芽。它一成立,就十分重视宣传鼓动工作,先后出版了 79 种油印的传单和宣传品。随着其他大城市中以"斗争协会"为名的社会民主主义小组和团体的相继出现,随着马克思主义宣传工作的扩大,这种宣传品已经不能适应运动发展的需要。1895 年 12 月,列宁曾打算出版协会的机关报《工人事业报》,创刊号的全部稿件已校订完毕,但因 12 月 8 日晚列宁及协会的其他领导人被警察逮捕入狱(后被流放),《工人事业报》未能问世。1896 年底,彼得堡"工人阶级解放斗争协会"秘密出版了《彼得堡工人小报》,该报只出两期,就被沙皇政府查禁了。第一期是油印的,印数 300～400 份;第二期于 1897 年 9 月在日内瓦出版。这一期的报纸采用小册子的形式,封面上印有"全世界无产者联合起来!"的口号。《彼得堡工人小报》以反映民众的疾苦、呼声为主要内容,号召民众组织起来,进行反对专制制度的政治斗争。当时较为重要的地方性工人报刊还有基辅社会民主主义小组于 1897 年 1 月秘密出版的《前进报》(油印),先后出版了 4 期。

1897年3月,由基辅"斗争协会"发起的斗争协会代表会议在基辅召开。会议除讨论了筹备召开党代表大会的问题外,还决定出版一份全俄革命报纸。同年8月,第一份全俄社会民主主义报纸《工人报》在基辅秘密出版。报纸在创刊号中明确指出:要使工人认识到自己的切身利益和历史使命,为在俄国建立统一的社会民主工党而斗争。在第2期的社论中,报纸进一步阐明了建立统一的社会民主工党的必要性,指出如果将俄国各地分散的工人小组联合成一个有共同名称、统一且组织严密的政党,并由这个政党来领导工人运动,其力量就会大10倍。

1898年3月,各城市斗争协会和其他组织的代表在明斯克召开了俄国社会民主工党第一次代表大会。大会宣告了俄国社会民主工党的成立,并指定已出版两期的《工人报》作为党的机关报。但是,这次大会没有制定党纲、党章,大会选出的中央委员会成员不久即被逮捕,《工人报》第3期稿件也被警察搜去,报纸未能继续出版。所以明斯克大会实际上并没有完成建党任务。

然而,即使是在社会民主党人遇到巨大困难时期,俄国工人运动的进程也没有停止。据记载,1895—1899年间,俄国罢工工人达40~45万之多,几乎比前5年增加了1倍。在工人斗争的影响下,学生运动蓬勃兴起,上万名学生参加了学潮;农民反对地主的斗争也日益尖锐化了。革命运动蔓延到整个俄国。

(二) 列宁与全俄政治报《火星报》

列宁被捕入狱以至流放西伯利亚(1897—1899年)期间,一直密切关注俄国和国际工人运动的进程,孜孜不倦地寻求建立马克思主义政党的途径。他认为,出版一份具有全国影响的政治报纸,把各地分散的社会民主党人的思想统一起来,是目前最紧迫的任务。从流放地回来后,他就立即着手办报。鉴于当时国内环境十分险恶,列宁决定将报纸办在国外,然后再把它们秘密运回国内。

1900年秋,列宁到国外和劳动解放社的普列汉诺夫等人商讨了办报的有关事宜。普列汉诺夫等起初对创办全俄政治报纸的意义认识不足,后来又在如何办报的问题上与列宁发生了意见分歧。经过耐心说服,普列汉诺夫终于同列宁达成共同创办党报的协议。1900年12月24日,第一份全俄政治报——《火星报》在德国莱比锡创办,报头上印着当年被流放的十二月党人的诗句:"行看星星之火,燃成熊熊之焰"。

《火星报》创刊不久就迁往慕尼黑出版。1902年4月起改在伦敦出版。最初参加编辑部的有:列宁、普列汉诺夫、马尔托夫、阿克雪里罗得、波特列索夫和查苏利奇。自 1901 年春天起,克鲁普斯卡娅任编辑部秘书。1903 年 5 月,劳动解放社成员不顾列宁的反对,将《火星报》迁往日内瓦。由于多次迁移,《火星报》编辑部实际上分成了两部分,慕尼黑和伦敦部分由列宁领导,日内瓦部分由普列汉诺夫领导。但从《火星报》创办的全过程看,列宁起着主导和领导作用。

1.《火星报》的宣传内容

《火星报》的宣传内容主要集中在两个方面:同"经济派"论战和宣传党的纲领。

批判机会主义流派"经济派"是当时的首要任务。自从 1895 年恩格斯逝世以后,德国工人运动中出现了以伯恩施坦为代表的机会主义思潮,并且流传到其他一些国家。这一思潮的基本特征是:否定马克思关于无产阶级革命、无产阶级专政的基本原则,试图使社会民主党由主张社会革命的政党变为社会改良的政党。俄国工人运动中的"经济派"正是伯恩施坦主义在俄国的变种,他们利用所办的《工人思想报》和《工人事业杂志》反对马克思主义,宣传机会主义主张。1899 年,一些"经济派"人士还发表宣言,公开反对无产阶级革命,鼓吹资产阶级改良主义。于是,反击和批判"经济派",就成为统一思想、建立无产阶级政党的重要前提条件。

"经济派"崇尚工人运动的自发性,否认革命理论对工人运动的指导意义。针对这一论调,《火星报》多次予以反驳。例如该报第 12 期发表列宁《同经济主义的拥护者商榷》一文。文章指出,经济派的主要错误在于,他们搞不清运动的"物质的"因素和思想的因素的相互关系问题,"他们不懂得,'思想家'所以配称为思想家,就是因为他走在自发运动的前面,为它指出道路,善于比其他人更早地解决运动的'物质因素'自发地遇到的一切理论的、政治的、策略的和组织的问题"[①]。《火星报》还指出,社会主义思想体系是革命的思想家以马克思主义理论为指导,参加工人运动实践,在研究社会发展规律和无产阶级斗争规律的基础上形成的,它不会自发地产生。向工人群众传播革命的理论,对俄国极为重要。因为俄国的社会主义革命刚刚开始,许多问题亟待解决,迫切需要革命理论的武装与指导。如果像"经济派"那样赞赏自

---

① 《列宁全集》第 5 卷,人民出版社,1960 年版,第 326—327 页。

发的工人运动,否认革命理论的指导意义,工人运动就会受资产阶级思想体系的支配,偏离社会主义轨道。

"经济派"崇尚经济斗争,认为反对沙皇制度的政治斗争不是工人运动的任务而是资产阶级自由派的事情。《工人事业报》就曾鼓吹:"增加一个戈比要比任何社会主义和任何政治更加切实而可贵";"罢工储金会对于运动比一百个别的组织更重要"。针对这些论点,《火星报》教育工人"不但要组织互助会、罢工储金会和工人小组,而且要组织政党,组织起来同专制政府和整个资本主义社会进行坚决的斗争"。《火星报》还指出:引诱工人阶级离开反对沙皇制度的斗争,把工人阶级的任务局限在反对资本家的经济斗争上,就是使工人永远处于奴隶的地位。工人的斗争如果不是为了从根本上消灭人剥削人的资本主义制度,其结果最多是使工人出卖自己劳动力的条件稍加改善而已。

"经济派"在思想上崇尚自发性,在行动上崇尚经济斗争,在组织上就必然认可松散的结合形式和手工业方式,不主张建立集中统一的无产阶级政党。他们认为建立集中统一的组织是同民主原则相抵触的。列宁通过《火星报》清楚地阐明了民主集中制,指出这是唯一正确的建党原则。列宁认为,在沙皇专制制度下,在白色恐怖的环境中,只有首先推翻沙皇专制制度,才能有条件实现真正的广泛的民主。

制定并宣传党的纲领,为召开社会民主工党第二次代表大会作准备,是《火星报》肩负的又一重任。围绕制定党纲的问题,列宁曾与普列汉诺夫发生过意见分歧。党纲草案是由普列汉诺夫起草的。列宁对他起草的第一、第二个党纲草案都不满意,认为草案在许多问题上含糊其词,有着明显的改良主义的倾向。列宁对党纲草案进行了原则性的修改,加进了无产阶级专政的条文,明确规定党的最高纲领是进行社会主义革命和实行无产阶级专政,实现共产主义;最低纲领是进行资产阶级民主革命,推翻沙皇专制制度,建立民主共和国,实行八小时工作制,消灭农奴制残余,没收地主土地给农民。

1902年6月,《火星报》第21期将修改后的党纲草案刊登出来,同时发表编辑部的文章,指出党纲应当是全党思想的集中体现,希望每个委员会、党小组和个人都要参加讨论,发表意见。党纲草案公布后,《火星报》又连续发表论文和文章,进一步阐明党的纲领和策略。在

《火星报》的宣传、引导下,列宁的建党思想深入人心。许多地方组织发表声明,表示同经济派断绝关系,拥护党的纲领。

2.《火星报》的组织工作

《火星报》在进行政治、思想宣传的同时,还为建党进行了大量的组织准备工作。

列宁在《火星报》第4期发表的《从何着手?》一文中指出:"报纸的作用并不只限于传播思想、进行政治教育和争取政治上的同盟者。报纸不仅是集体的宣传员和集体的鼓动员,而且是集体的组织者。"他把《火星报》比作建筑工地上的"脚手架",希望它在"建筑"社会民主工党这座"大厦"的过程中发挥重要的作用。这一点主要是通过列宁亲自建立起来的代办员网实现的。代办员是各地革命运动的参加者,地方组织中的骨干。他们散布在俄国各地,能有效地进行宣传鼓动和组织工作。他们的主要任务是:第一,为报纸征集稿件(包括自己写稿),向地方组织传递党的文件,向《火星报》反映国内基层组织的情况。编辑部每月都能收到几百封从俄国辗转带来的工人来信,使报纸能够与国内广大劳动群众保持经常性的联系,并及时对俄国革命运动的重大事件进行报道和评述。第二,运送和分发报纸。《火星报》在国外出版,每次都要通过代办员秘密运回国内。为了避开警察的追踪和搜索,他们不得不经常改换运输路线。一期报纸往往要经过许多国家,运行几千公里,经过许多代办员的手,才能到达读者手中。第三,在国内建立地下印刷所,翻印报纸或印刷传单。第四,为报纸募集出版和活动经费。《火星报》出版的最初15个月中就募集了1.6万卢布,绝大部分是这些代办员的功劳。

依靠这些代办员的努力,《火星报》出色地完成了自己的历史使命,为建党奠定了组织基础。而这些代办员又在实际的工作中锻炼成长,成为各地的建党骨干,有的还成为职业革命家。巴布什金就是他们中的优秀代表。他于1893年参加革命运动,协助列宁组织彼得堡工人斗争协会和创办《火星报》。他不但自己为《火星报》写稿,宣传列宁的建党思想,还把莫斯科附近几个大工业区工人写的几百篇通讯转交给《火星报》,并且和其他同志一起做了大量的组织工作,把莫斯科的大部分社会民主党人团结在《火星报》周围。巴布什金屡遭沙皇政府逮捕、监禁和流放,1906年在西伯利亚为起义工人运送武器时,被沙皇的讨伐队枪杀。列宁曾给予他很高的评价,称他是"人民的英雄","一个杰出的党的工作者"①。

正是由于编辑部集体和广大代办员的共同努力,第一份全俄政治报——《火星报》完成了统一全党思想、联合各地分散的组织、筹备召开党代会的艰巨任务。1903 年 7 月 17 日至 8 月 10 日,俄国社会民主工党第二次代表大会召开(先后在布鲁塞尔和伦敦举行),正式宣告了党的成立。

由于《火星报》为建党作出了巨大的贡献,俄国社会民主工党第二次代表大会通过决议,表彰其历史功绩,并宣布它为党中央机关报。

(三) 布尔什维克党的报刊

社会民主工党第二次代表大会虽然把党建立了起来,但是,"二大"期间围绕"建立什么样的党"的问题,列宁同马尔托夫等人发生了意见分歧。列宁希望建立一个集中统一、纪律严明的革命政党,马尔托夫希望建立的则是一个松散的、不定型的、谁都可以参加的俱乐部。由于得到反对派首领托洛茨基的支持,马尔托夫的提案竟被通过,并以党章条文的形式确定下来。因此,俄国社会民主工党从建立之初就分成了相互对立的两大政治派别。在选举中央委员会时,列宁的拥护者获多数票,被称为布尔什维克(俄文多数派的译音);马尔托夫派获少数票,被称为孟什维克(俄文少数派的译音)。

"二大"曾作出决定,由列宁、普列汉诺夫和马尔托夫共同领导《火星报》编辑部的工作。马尔托夫无视大会的决定,拒绝参加编辑部工作。《火星报》第 46~51 期就由列宁和普列汉诺夫负责编辑出版。后来,普列汉诺夫转到孟什维克方面去,竟要求曾被大会否决了的孟什维克原任编辑重新加入编辑部。列宁反对这种做法,并于 1903 年 11 月 11 日发表声明,退出编辑部。从 52 期起,《火星报》的领导权被孟什维克掌握,报纸因此而成为反对列宁和布尔什维克党的工具。此后,党内称 52 期以后的《火星报》为"新《火星报》",52 期以前的《火星报》为"旧《火星报》"。新《火星报》于 1905 年停刊。

孟什维克控制《火星报》以后,在报纸上大力宣传机会主义观点。为了反击孟什维克的进攻,捍卫无产阶级政党的组织原则,列宁决定创办自己的布尔什维克报刊。经过紧张的筹备,布尔什维克的第一份机关报——《前进报》于 1905 年 1 月 4 日在日内瓦问世。该报继承旧

---

① 《列宁全集》第 20 卷,人民出版社,1960 年版,第 79 页。

《火星报》的传统,发表了列宁的 40 多篇论文和短评,同机会主义进行了坚决的斗争。

1905 年 1 月 9 日,彼得堡发生震惊世界的"流血星期日"惨案,全国工人奋起罢工,引起俄国第一次革命的爆发。为了制定统一的行动纲领和斗争策略,把革命引向胜利,布尔什维克建议召开党的第三次代表大会。该建议遭到孟什维克的拒绝后,布尔什维克于 4 月 25 日至 5 月 10 日在伦敦单独召开代表大会("三大"实际上是布尔什维克党的第一次代表大会)。大会制定了党在民主革命中的策略路线,废除了党内存在两个中央领导机构的制度,选举了以列宁为首的新的中央委员会,并决定创办布尔什维克党新的中央机关报——《无产者报》(因创办《无产者报》,《前进报》于 1905 年 5 月 18 日出至第 18 号终刊)。

《无产者报》于 1905 年 5 月 27 日在日内瓦创刊,列宁任主编,同年11 月停刊,共出 26 期。"三大"结束后,孟什维克党人向布尔什维克发起了新一轮的进攻,他们利用报纸、传单、小册子等大肆鼓噪,说这次代表大会不合法,大会决议对社会民主工党党员不具约束力。在他们的影响下,党的一些地方组织的成员对"三大"的合法性也产生了怀疑。《无产者报》对"三大"的合法性及其全党性质进行了充分的论证,同时揭露了孟什维克企图分裂党的阴谋,号召党员和工农群众紧密地团结起来,共同贯彻"三大"决议,为准备武装起义而斗争。列宁非常重视该报的工作,并亲自为报纸撰写了 69 篇论文和短评。这些文章大量引述并评析马克思主义关于革命斗争及其策略的理论,其中包括:在资产阶级民主革命中,无产阶级必须坚持以工人阶级为领导,建立工农联盟,牢牢掌握革命的领导权;通过武装起义,建立临时革命政府;不停顿地将资产阶级民主革命转变为社会主义革命。在以后的革命斗争中,列宁正是这样实践的。

在布尔什维克的影响和推动下,1905 年下半年爆发了有 200 多万人参加的全俄政治总罢工,全国各大城市和工业中心还普遍建立了工人代表苏维埃。在民众的压力下,沙皇尼古拉二世不得不于 10 月底发表立法宣言,宣布公民可以享有言论、集会、结社等自由和人身不受侵犯的权利,答应召开由全体公民选举的国家杜马(即议会),试图以此缓解矛盾,维持摇摇欲坠的统治。布尔什维克一方面及时揭露沙皇的立宪骗局,同时利用这个有利时机开展公开、半公开的活动,创办公开出版的报纸。

布尔什维克党的第一份合法日报是《新生活报》,1905 年 11 月 2 日在彼得堡出版。同年 11 月 20 日列宁从国外返回俄国,亲自领导编辑部的工作。《新生活报》配合党的中心任务——准备武装起义,开展了大规模的宣传活动。它的坚定的政治立场和旗帜鲜明的战斗风格,引起了资产阶级政治家的恐惧和仇视,一些资产阶级报人也打出"代表人民利益"的旗号,主张报纸应当"无党性"。针对这种言论,列宁在《新生活报》第 12 期上发表《党的组织和党的出版物》一文,鲜明地提出了党的出版物的党性原则,指出:社会民主主义出版物应当成为党的出版物;党的文字宣传工作应当是党的事业的组成部分,党所创办的报纸杂志以及其他出版物应当旗帜鲜明地宣传党的观点;党报的撰稿人,尤其是党员作者,应当和党保持一致,绝不容许背离党的观点。列宁写道:"写作事业应当成为整个无产阶级事业的一部分,成为由整个工人阶级的整个觉悟的先锋队所开动的一部巨大的社会民主主义机器的'齿轮和螺丝钉'。写作事业应当成为社会民主党有组织的、有计划的、统一的党的工作的一部分。"列宁在《新生活报》第 16 期、第 22 期、第 27 期上又发表文章,对党性原则进行了深入阐述。

《新生活报》的革命宣传,深受广大群众的欢迎。报纸每日出 4~6 版,发行 8 万多份,成为俄国无产阶级政党的最大的讲坛。报纸共出 27 期,其中有 15 期遭到沙皇政府的没收和焚毁,1905 年 12 月 15 日因刊登工人代表苏维埃的财政宣言而被查封。

除《新生活报》之外,布尔什维克在彼得堡先后出版的其他报刊还有:《浪潮报》(1906 年 5 月—6 月,共出 25 期);《前进报》(1906 年 6 月 8 日—27 日,共出 17 期);《回声报》(1906 年 7 月 5 日—20 日,共出 14 期);《视觉报》(1907 年 2 月 7 日—17 日);《新光线报》(1907 年 3 月 5 日—12 日,共出 7 期)。这些报纸常常是一份被查封,立即改名再出。列宁直接领导了这些报纸的编辑和出版工作。此外布尔什维克还在各大工业中心出版报纸,在一些地方还出版了士兵报纸和农民报纸。

1905 年 12 月,布尔什维克领导下的莫斯科工人代表苏维埃在莫斯科举行政治总罢工,罢工很快发展为武装起义。起义工人同沙皇军队进行了 9 天的激战,终因寡不敌众而失败。起义失败后,革命转入低潮,开始了斯托雷平反动统治时期(1906 年,斯托雷平被任命为沙皇政府的总理大臣)。斯托雷平疯狂实行白色恐怖,宪兵、特务残酷迫害革命者;绞架、监狱、流放所遍布全国。在这种情况下,布尔什维克只能暂时停止公开的活动,将报纸出版转入地下。

这一时期,布尔什维克秘密出版了 3 份报纸:《无产者报》(1906 年 9 月在芬兰创办,后迁至日内瓦及巴黎,1910 年 1 月停刊,出了 50 期);《社会民主党人报》(1908 年 2 月在俄国创办,后迁至巴黎、日内瓦,1917 年 1 月终刊,共出 58 期);《工人报》(1910 年 11 月在巴黎出版,1912 年 8 月停刊,共出 9 期)。列宁亲自领导这些报纸的工作,并为它们撰写了大量文章。这些报纸在革命的低潮时期发挥了重要的作用,尤其是《工人报》,实际上起到布尔什维克司令部的作用,并完成了筹备召开俄国社会民主工党第六次全国代表会议的任务。正是这次于 1912 年 1 月在布拉格召开的代表会议,决定将一切坚持分裂活动的机会主义派别清除出党,从此以后布尔什维克正式成为独立的无产阶级政党,称俄国社会民主工党(布),并将《工人报》定为它的正式机关报。

1910 年下半年,俄国工人运动开始由低潮转入高潮。斯托雷平政府不得不改变统治手法,甚至作出一些让步,放宽对报刊出版的管制。在新的形势下,社会民主工党在国内又创办了《思想》、《启蒙》、《明星报》等合法报刊。《思想》是一份哲学和社会经济月刊,1910 年 12 月在莫斯科公开出版,1911 年 4 月出至第 5 期被查封。《启蒙》于 1911 年 12 月在彼得堡创刊,用以替代《思想》月刊,1914 年 6 月(第一次世界大战前夕)被查封。《明星报》是一份公开出版的供先进工人阅读的报纸,1910 年 12 月 29 日在彼得堡创办。初为周刊,后改为周二刊、周三刊,中间曾被迫停刊 4 个多月。它用大量篇幅刊登工人的来信、工会的稿件和讨论工人运动问题的文章,在工人和广大劳动人民中享有很高的威信,发行量达到五六万份。1912 年 5 月 5 日,《真理报》出版的同时,《明星报》停刊。

(四)群众性政治日报——《真理报》

1912 年 4 月 4 日,西伯利亚连纳金矿工人举行罢工,遭到沙皇军队的镇压,死 250 人,伤 270 人,史称"连纳惨案"。"连纳惨案"引发了全国性的大罢工,俄国出现了一个新的革命高潮。在新的形势下,原来的《明星报》已经不能满足要求了,必须创办新的供广大工人群众阅读的政治性日报。于是,在列宁的亲自筹划下,1912 年 5 月 5 日,布尔什维克在彼得堡创办了大型的群众性政治日报《真理报》。

还是在布拉格党代会期间,列宁就开始酝酿创办这份日报。会议结束后,他指示《明星报》出版人波利塔耶夫、中央委员奥尔忠尼启则负责筹办。斯大林从流放地回来后也参加了《真理报》创刊号的筹备工作。不过,他在《真理报》创刊当日即被捕。1912 年 9 月,斯大林获释回到彼得堡,重新参与《真理报》工作,并被任命为主编。但在两个月后,他根据列宁的指示到波兰和奥地利等地从事民族理论研究,主编由斯维尔德洛夫担任。当时列宁虽然侨居国外,但是有关报纸的一切问题,如报纸宣传目标、策略的制定,编辑人员的变动,各种副刊、专栏的设定与改进,他都要亲自过问并认真审定。此外他还为报纸撰稿,几乎每天一篇。从报纸创刊到被查封的两年多的时间里,列宁发表各种文章、通讯、书信等近 300 篇。它们涉及的内容相当广泛:阐述马克思主义的学说,分析俄国和世界资本主义的发展,介绍工人、农民运动的状况,评论俄国政党的活动和国际政治领域中最重要的事件等等。与此同时,《真理报》大量刊登工人通讯,介绍工人生活、工作情况以及各个企业罢工的消息。两年间总共有近 5 000 篇工人通讯刊出。报纸真正成了全俄性的政治讲坛、广大工人群众的耳目喉舌。

1913 年 11 月,布尔什维克通过《真理报》在彼得堡发动了有 10 万工人参加的大罢工。在组织工人斗争时,《真理报》告诉工人应当采取什么样的斗争方式,怎样才能取得最好的效果。但在当时的情况下,有些话不能讲得过分明白,以免遭致敌人的镇压,于是编辑部往往采取灵活的策略,用暗示的方法与工人沟通。例如,当《真理报》提到"1905 年的全部的不折不扣的要求"时,工人们便懂得这是指 1905 年俄国第一次革命中布尔什维克提出的推翻沙皇制度,成立民主共和国,没收地主土地,实行 8 小时工作制的要求。他们就会按照这个要求去做。

《真理报》在经济上全靠工人们的捐款维持。工人们除了为它募款、捐款外,还为它提供稿件,组织订阅,扩大发行。《真理报》通常每日印刷 4 万份,个别日子出 10～13 万份。一份报纸往往不是一个人、两个人读,而是几十个人共同阅读。它的读者范围之广、影响面之大,是当时俄国的其他报纸无法比拟的。

正因为如此,《真理报》引起了沙皇政府的恐惧和仇视,他们通过罚款、没收和查封报纸、逮捕审讯编辑人员等手段对它进行迫害。两年多时间里它就被查封过 8 次。每次被查封后,它都改用其他名称继续出版。它使用过的名称有:《工人真理报》《北方真理报》《劳动真理报》《拥护真理报》《无产阶级真理报》《真理之路报》《工人日报》和《劳动的真理报》。第一次世界大战爆发前夕,沙皇政府采取非常手段镇压革命,《真理报》报社被捣毁,全体工作人员被捕,报纸于1914年7月8日停刊。

《真理报》虽然只存在了两年多的时间,它却为布尔什维克党奠定了坚实的群众基础,造就了新的一代工人革命者——真理报派,为十月革命的胜利做了充分的准备。正如斯大林所说:"1912年的《真理报》为布尔什维克1917年的胜利奠定了基础。"①

(五)无产阶级报刊为十月革命胜利而斗争

第一次世界大战期间,俄国国内的阶级矛盾和民族矛盾日益激化,罢工斗争愈演愈烈:1914年8月至12月罢工人数为34 000人,1915年为54万,1916年增加到100万以上。沙皇政府原想利用世界大战平息革命浪潮,但事情正好走向反面。战争不但使数百万人丧生,而且使人民生活更加困苦。于是,反对沙皇制度的革命运动重新高涨起来。1917年二三月间,布尔什维克党领导的彼得格勒罢工斗争在革命士兵的支持下迅速扩展为武装起义。2月27日(俄历),起义群众逮捕了沙皇政府的大臣和将军,结束了统治俄国达3个世纪之久的罗曼诺夫王朝,取得了二月革命的胜利。

在新的形势下,布尔什维克党结束了地下状态,公开出面领导俄国革命,并决定恢复出版《真理报》,作为党中央和彼得格勒市委的机关报。1917年3月18日(俄历3月5日),《真理报》在莫洛托夫、叶列麦耶夫和加里宁3人组成的编委会的领导下正式复刊。这时,莫斯科和其他城市或地区党组织也纷纷出版报刊(1917年7月初,布尔什维克拥有30多种报纸、11种杂志),它们和《真理报》一起,共同进行宣传、鼓动和组织工作,团结劳动人民为争取社会主义革命的胜利而斗争。复刊后的《真理报》又成为资产阶级临时政府的眼中钉,它几次被封,5次易名出版。尽管如此,它不减斗争锋芒。当时布尔什维克党面临的任务,就是领导俄国人民推翻资产阶级临时政府,把革命推进到社会主义阶段。作为党的机关报,《真理报》在此过程中发挥了重要的作用。

首先,揭露临时政府的本质,宣传将革命进行到底的思想。

按照布尔什维克党中央为党报制定的《策略任务》,《真理报》对临时政府的本质进行了揭露。报纸指出:临时政府是地主和资本家的政府,它正在反对革命,继续推行帝国主义政策。二月革命虽然取得了初

---

① 《列宁全集》第5卷,人民出版社,1960年版,第104页。

步胜利,但是离革命的全面胜利还差得很远。因为政权仍然掌握在临时政府手中,人民仍然得不到和平、土地和面包。要想取得革命的全面胜利,就必须前进一步,把政权交归苏维埃。《真理报》号召工人阶级组织起来,成立近卫军,准备向资产阶级发起最后的进攻。《真理报》第14、15期上还刊登了列宁从国外寄来的《第一封信,第一次革命的第一阶段》一文,进一步揭露了临时政府的反革命性质,并为无产阶级指明了从革命的第一阶段向第二阶段过渡的前景。

《真理报》还发表大量的论文和文章,谴责孟什维克和社会革命党人的投降主义立场及其与临时政府合作的主张,指出这种主张是非常有害的,因为即使对临时政府实行"监督",也决不会改变临时政府的基本政策,不会给工人带来任何好处。通过宣传,越来越多的人看清了妥协派的面目,表示要同他们决裂。一些工人和士兵在《真理报》上发表声明,宣布退出孟什维克党。

其次,宣传列宁《四月提纲》,以此来统一全党思想。

1917年4月3日(俄历)列宁回到俄国,第二天在布尔什维克领导工作会议上作了《论无产阶级在这次革命中的任务》的报告,后来又在另一次会议上重述了这个报告的大纲,这就是有名的《四月提纲》。这个提纲回答了革命中一系列重要的问题,制定了从资产阶级民主革命过渡到社会主义革命的路线。在临时政府问题上,列宁考虑到当时的客观现实,提出了"不给临时政府以任何支持"的口号。《真理报》于4月7日以显著位置登载了《四月提纲》,其他布尔什维克报纸也都作了转载。资产阶级和妥协派报纸对这一提纲十分恼怒,大肆攻击。布尔什维克党内也有许多党员和领导干部对《四月提纲》是否现实表示怀疑。针对这种情况,《真理报》作了大量的宣传和解释工作。它一面广泛发表各地工人反击和指责资产阶级和妥协派的报道,一面连续刊登列宁进一步阐述《四月提纲》的文章。报纸还大力报道各地学习《四月提纲》的体会和支持《四月提纲》的行动,从而在很大程度上统一了全党的思想,推动了革命运动的发展。

第三,宣传四月代表会议精神,促进苏维埃改组。

1917年4月24日(俄历)布尔什维克党召开了第七次代表会议(四月代表会议)。会议讨论了关于战争与革命的各项基本问题。列宁在会议报告中进一步阐述了《四月提纲》的原则,并且提出"全部政权归苏维埃"的口号作为党的近期任务。《真理报》广泛报道了四月会议的精神,发表详细的工作报告,把列宁提出的"全部政权归苏维埃"的口号作为报纸的宣传中心。

为了把社会革命党人和孟什维克从苏维埃政权中驱逐出去,使苏维埃真正成为布尔什维克党的坚固的阵地,《真理报》于5月倡导并发起"改选苏维埃代表"的群众活动。报纸刊登了党中央关于《改选苏维埃代表的章程》,彼得格勒等地按照这个章程改选了苏维埃代表以后,报纸立即作了报道,从而加速了苏维埃改组的进程。为了加强工人阶级的组织性和纪律性,《真理报》还反复宣传工会的重要性,促进了全俄各地工会的建立和工人群众的布尔什维克化。为了争取农民,《真理报》连续发表文章号召农民用革命手段夺取土地,说明只有布尔什维克才是帮助农民推翻地主阶级的革命政党,从而使党在农村中的影响进一步扩大。《真理报》还加强了对军队的政治工作,号召士兵成立士兵委员会,把军队的领导权掌握在自己手中。布尔什维克发动各级党组织向前线寄送《真理报》,使成千上万的士兵在报纸的影响下站到布尔什维克一边。

第四,直接宣传和推动十月武装起义。

1917年7月,顽固推行帝国主义战争政策的资产阶级临时政府在前线战败,引起民众极大愤慨。彼得格勒50万工人和士兵举行示威游行,被反动军队打死打伤400余人。"七月事变"后,俄国政治形势发生了根本性的变化,资产阶级临时政府和工兵代表苏维埃两个政权并存的局面已无法继续。值此之际,布尔什维克秘密召开了第六次党代表大会,全力准备发动武装起义。

当时,《真理报》已改名为《工人之路报》。因为它是公开发行的报纸,必须接受临时政府的检查,所以不能公开号召武装起义。在这种情况下,它首先从理论上宣传马克思主义关于武装起义的思想,论述武装起义是阶级斗争尖锐化的必然结果;继而着重宣传"全部政权归苏维埃"的口号,讲清必须把地主、资本家代表逐出苏维埃,由苏维埃执掌政权的道理;同时大量报道各地革命委员会和赤卫队的活动,以防御外敌为名,推动武装起义的准备工作。就这样,报纸巧妙地完成了宣传党关于武装起义的战略方针的任务。

10月10日(俄历),布尔什维克党中央通过了关于武装起义的决定。但是,党内反对派却在孟什维克的报纸上发表反对武装起义的声明,从而泄露了党的机密,于是党中央决定提前行动。10月24日(俄历)清晨,临时政府下令查封《工人之路报》,并把装甲车开到报社门前,企图捣毁它。上午10时,布尔什维克派赤卫队和革命士兵驱走装甲车,加强了守卫。11时,《工人之路报》在革命武装保护下出版,发表社论公开号召推翻临时政府。10月25日(公历11月7日),《工人之路报》在第一版用大字通栏标题写道:"全部政权归苏维埃!""和平!面包!土地!"就在这一天,随着"阿芙乐尔"号巡洋舰的一声炮响,随着临时政府最后一个堡垒冬宫的被攻克,十月革命取得了决定性的胜利。《工人之路报》迅速报道了攻克冬宫的消息,刊登了列宁写的《告工人、士兵、农民书》,宣告了人类历史新纪元的到来。

10月27日,《工人之路报》恢复原名(《真理报》)继续出版,《真理报》从此成为世界上第一个执政的无产阶级政党的第一份中央机关报。

第四节 十月革命胜利后的苏维埃报刊

当两大帝国主义军事集团正在拼命厮杀之时,十月社会主义革命犹如一声春雷,冲破了帝国主义战线,掀开了世界历史新的一页。

十月革命推翻了俄国资产阶级临时政府的统治,建立了世界上第一个社会主义国家。与此同时,俄国新闻业的发展也进入了一个崭新的历史时期。在这一历史时期内,资产阶级报刊被取缔,社会主义的新闻体系建立起来。

一、取缔资产阶级报刊

十月革命胜利后,孟什维克和社会革命党人仍在出版自己的报纸,由大的垄断资本家提供资金的报纸协会也在继续他们的出版活动。据记载,当时孟什维克有52种报刊,社会革命党有31种,无政府主义者有6种。这些资产阶级、小资产阶级的出版物对革命胜利心怀仇恨,一些报纸甚至恶意攻击布尔什维克党的革命路线,发表大量反对苏维埃政权的言论。有鉴于此,苏维埃政权成立不久,列宁就签署、发布了一系列关于新闻出版的法令和命令,用革命手段剥夺资产阶级的出版自由。

1.《关于出版问题的法令》

1917年11月10日,即十月革命胜利后的第三天,《真理报》发布了列宁签署的《关于出版问题的法令》。《法令》指出:"在大变革的关键性时刻及随后的日子里,临时革命委员会不得不采取一系列措施,以反对形形色色的反革命报刊",因为"资产阶级报刊是资产阶级最强大的武器之一,特别是在新的工农政权刚刚确立的关键时刻,不能让这种武器完全留在敌人的手中,因为正是在这种时刻,这种武器的危险性并不亚于炸弹与机枪"。《法令》宣布查封下列报刊:1)煽动公开对抗和不服从工农政府者;2)通过恶意中伤、歪曲事实来制造混乱者;3)挑动从事犯罪活动者。在《法令》颁布后的一个月中,革命军事委员会查封了《新时代报》、《言论》、《俄罗斯意志》、《交易所新闻》、《新俄罗斯》、《白昼》等几份对革命事业危害最大的报刊。

2. 关于查封拥护临时政府报刊的决定

《关于出版问题的法令》宣布查封的只是少数为害甚烈的报刊,资产阶级仍然可以利用其他报纸进行活动。《法令》颁布后,他们在报纸上提出抗议,指责苏维埃政府破坏了出版自由。1917年11月30日,立宪民主党中央机关报《我们的心声》刊登了被推翻的临时政府的《告全体俄国公民书》。这份宣言书认为,推翻临时政府是错误的,临时政府虽然已经不完整了,但它仍然可以同苏维埃政府一起发挥作用。并提出立即召开立宪会议。前临时政府的部长们在宣言书上签了字。同一天,革命军事委员会作出"关于逮捕所有宣称自己是临时政府成员、并在《告全体俄国公民书》上署名的前部长们的决定"。同时命令所有刊登《告全体俄国公民书》的报刊暂停发行。革命军事委员会还查封了一批资产阶级报刊,如《我们的心声》、《晨报》等,被查封的还有孟什维克的《我们的统一报》、《工人报》,社会革命党人的《人民意志报》等共10种。

3.《关于成立报刊革命法庭的法令》

为了加强对资产阶级报刊的监督管理,1918年2月22日,人民委员会发布了由列宁签署的《关于成立报刊革命法庭的法令》。《法令》指出:"报刊革命法庭审理利用报刊反人民的各种犯罪活动"。"利用报刊进行犯罪活动是指虚假地和歪曲性地反映社会生活现象的各种报道,因为这种报道是对革命人民的权利和利益的侵犯,是对苏维埃政权所颁布的出版法的破坏。"人民委员会对报刊革命法庭的组成、审理的法律程序等都做了明确的规定,并授权该法庭执行罚款、封闭和没收资产阶级报纸等八项职责。

4.《关于查封破坏国防的孟什维克报纸的决定案》

一些资产阶级报刊虽然因违反出版法令而被封闭,但是它们被封闭后却不断改换名称继续出版。例如孟什维克的《前进报》被报刊革命法庭判决封闭后,改名《永远前进报》,继续从事反革命宣传活动。有鉴于此,1919 年 2 月 22 日,全俄中央执行委员会作出《关于查封破坏国防的孟什维克报纸的决定案》,决定查封《永远前进报》。然而孟什维克的报刊仍继续坚持反革命的立场。在外国帝国主义武装干涉已经开始、国内战争已经爆发的危急情况下,苏维埃政权不得不采取更为强硬的措施,勒令孟什维克报刊全部停办。到 1919 年底,除布尔什维克的报刊外,其他政治派别的报刊已全部停刊或被查封。

至此,对不利于巩固革命政权的报刊的监督管理以至查封取缔工作基本完成。

二、建立社会主义的报业体系

在取缔反动报刊的同时,党和苏维埃政权积极为革命报刊的兴办创造条件。早期采取的措施有——

(1)征用资产阶级报刊的物资设备来出版无产阶级的革命报刊。根据列宁的指示,1917 年 12 月 26 日,革命军事委员会颁布了关于征用资产阶级的印刷厂和纸库的命令:用被查封的《新时代报》的印刷厂出版《真理报》,用《言论》和《白昼》的印刷厂出版《士兵真理报》和《贫农报》,《俄罗斯意志报》的印刷厂及储存的全部纸张交给彼得格勒革命军事委员会。

(2)统一管理广告业务。1917 年 12 月,列宁签署了《关于国家统一管理广告业务的法令》,规定"在定期报刊、书籍和戏单上刊登有价广告的业务,向书亭、邮局以及向其他单位散发广告的业务,均由国家统一管理"。这项措施不但有效地剥夺了资产阶级报刊的经济基础,同时也大大加强了苏维埃报刊的经济实力。

(3)给国家印刷厂拨款。为了支持无产阶级报刊的出版,在新生政权建立之初十分困难的情况下,列宁仍于 1917 年 12 月签署法令,拨出 44.8 万卢布,作为超预算特殊拨款,发给国家印刷厂。

以后随着革命政权的逐渐巩固,党和政府又在法律上和组织上不断完善,以保证社会主义报业的健康发展。

1918 年 7 月 10 日举行的第五次全俄苏维埃代表大会通过了十月革命后的第一部宪法。宪法第 14 条明确规定:"为保障劳动者享有真正表达自己意见的自由,俄罗斯社会主义联邦苏维埃共和国消灭出版事业对资本的从属关系,将一切有关出版报章书籍及其他任何印刷品的技术与物质手段一律交归工人阶级与农民掌握,并保证此等印刷品在全国自由传播。"这是人类历史上第一个明确保障劳动人民出版自由的法律规定。

从 1919 年到 1924 年,俄共(布)在第八、九、十一、十二和十三次党的代表大会上,都对报刊工作进行了专门讨论并作出了相应的决议。根据这些决议,党采取了一系列组织措施,克服重重困难,在国内战争和经济恢复时期初步建立了一个以中央报刊为主、以地方报刊为辅,以党的机关报为主、以服务于不同读者的专门报刊为辅的新型报业网络。

到 1925 年,苏联共出版报纸 589 种,其中农民报纸 141 种,少数民族报纸 153 种。这些报纸在动员人民抗击反革命势力、保卫苏维埃政权、积极恢复被长期战乱破坏的社会经济方面,发挥了重大的作用。

十月革命后恢复出版和新创办的主要报纸有——

1.《真理报》

1917 年 11 月 9 日,党中央机关报《真理报》在彼得格勒以原名复刊(复刊之前改名《工人之路报》)。当年 12 月俄共中央决定由布哈林任主编。不久,布哈林因为同列宁在签订与德国的布列斯特和约问题上发生意见分歧而离开报社,后来他同意了列宁的主张,列宁又将他召回。他在《真理报》一直工作到 1929 年担任共产国际执委会委员为止。1918 年 3 月,《真理报》编辑部随苏维埃政府迁往莫斯科。

2.《消息报》

《消息报》的前身是 1917 年 3 月在彼得格勒创办的《彼得格勒工兵代表苏维埃消息报》,当时为孟什维克和社会革命党人所控制。同年 8 月,转到布尔什维克手中,10 月改名为《工兵代表苏维埃中央执行委员会消息报》。1917 年 11 月 9 日全俄苏维埃第二次代表大会召开以后,《消息报》成为苏维埃政权的正式机关报。1918 年 3 月,编辑部迁往莫斯科。苏维埃社会主义共和国联盟成立(1922年)后,从1923年7月14日起,《消息报》成为苏联执行委员会和全俄执行委员会的机关报。

3.《贫农报》

《贫农报》是1918年3月在《士兵真理报》、《农村贫农报》和《农村真理报》的基础上创办起来的。1931年2月并入《社会主义农业报》。在将近13年的宣传活动中,它始终贯彻党和列宁关于农民问题的方针政策,把广大农民团结在党的周围,为巩固工农联盟和苏维埃政权,为实现农业合作化做了大量的工作。

4.《经济生活报》

《经济生活报》是苏维埃政权创办的第一份经济报纸,1918年11月6日创刊,最初为最高国民经济委员会的机关报。1921年6月改为劳动国防委员会的机关报。劳动国防委员会是管理全俄经济和国防事务的最高领导机构,列宁担任主席。《经济生活报》在列宁的亲自领导下工作,出色地完成了经济宣传任务。

5.《民族生活报》

《民族生活报》是斯大林领导的民族事务人民委员会的机关报,1918年11月9日创刊,主要任务是宣传党的民族政策,促进各民族的团结与合作。发刊后在各族劳动人民中的影响不断扩大。后来由于各地方政府纷纷创办民族报纸,该报的职能逐渐为地方民族报纸所取代,于1924年1月停刊。

6.《劳动报》

《劳动报》是全国工会中央理事会的机关报,1921年创办于莫斯科。它以工人为读者对象,是一份影响广泛的中央级报纸。

7.《红星报》

《红星报》初为红军总部机关报,1923年在莫斯科创办,后改为苏联国防部机关报。

8.《共青团真理报》

《共青团真理报》是共青团中央机关报,1925年创办,面向广大青年群众。

除了上述报纸外,十月革命后在莫斯科还创办了一批杂志,如《鳄鱼》(1921年)、《农妇》(1922年)、《星火》(1923年)、《女工》(1923年)、《布尔什维克》(1924年)等。

三、"一战"后苏联报刊的宣传内容

十月革命胜利后,苏维埃政权面临着严峻的局势。此时,第一次世界大战仍在进行,俄国同德、奥还在交战中。占优势的威廉二世的军队在俄国境内咄咄逼人,形成了对苏维埃政权的严重威胁。与此同时,前临时政府总理克伦斯基又集合了旧部,向当时的首都彼得格勒发起了进攻。这时的俄国,经过连年的战争,经济濒于崩溃,社会动荡不安,全国一片混乱。

复刊后的《真理报》、改组后的《消息报》以及新创办的其他报纸面临的就是这样的时局。为此,列宁写了《苏维埃政权的当前任务》、《论我们报纸的性质》、《怎样组织竞赛?》、《伟大的创举》、《生产宣传提纲》等文章,对报纸宣传工作寄予厚望。在列宁的深重期许和亲自领导下,苏维埃报刊圆满完成了过渡时期的任务。

(一)拨乱反正,统一全党思想

十月革命胜利后,围绕如何巩固苏维埃政权等问题,俄共(布)中央发生了严重的意见分歧。分歧表现在对外对内政策上。在对外政策方面,集中表现在要不要同德国签订停战和约;在对内政策方面,则是苏维埃政权当前的主要任务是不是恢复和发展国民经济。以布哈林为首的一些中央委员于1917年3—7月结成"左派共产主义者"派别集团,反对中央就这些重大问题作出的决策。他们以代表革命利益的"左派"自命,指责列宁为首的党中央是"右倾"。

针对布哈林和"左派共产主义者"的言行,列宁发表了《奇谈与怪论》、《严重的教训和严重的责任》等文章,批评他们的"左倾"言论是脱离了俄国的实际情况,是在"放空炮"和"挥舞纸剑"。

在关于签约问题的党内论争中,列宁多次处于少数地位,但他坚持原则,耐心说服,并通过党报阐明自己的主张,终于取得了良好的效果。在列宁的严肃批评和热情帮助下,布哈林认识到自己的错误,重新回到中央和《真理报》编辑部工作,并在《真理报》上公开做了检查,宣布解散"左派共产主义者"组织,停止派别活动。

在对内政策方面,列宁同布哈林之间也曾出现过重大的意见分歧。针对布哈林脱离革命斗争的实际空谈政治的"左"的倾向,1918年9月20日,列宁在《真理报》上发表了《论我们报纸的性质》的著名的文章。

他在文章中指出,老一套的政治鼓动,即政治空谈,占的篇幅太多了,而新生活的建设,建设中的种种事实,占的篇幅太少了。应该"少来一些政治空谈,少发一些书生的议论,多深入生活,多注意工农群众怎样在日常工作中实际地创造新事物"。

在列宁的批评帮助和实践的教育下,布哈林认识到自己的错误,并作了深刻检讨。布哈林虽然在理论问题上与列宁发生了重大分歧,但他仍然是布尔什维克党最可贵和最伟大的理论家之一。

总之,列宁领导布尔什维克党(嗣后是苏联共产党)通过报刊宣传、思想交锋和必要的组织手段,最终消除了党内存在的严重的意见分歧,使全党在社会主义建设的根本问题上达成了一致。

(二)进行社会主义的经济宣传

布列斯特和约签订以后,苏维埃国家争得了恢复、发展遭到严重破坏的国民经济的宝贵时机。列宁不失时机地草拟了《苏维埃政权的当前任务》一文(发表于1918年4月28日《消息报》),具体地提出了经济上"管理俄国"的方针政策。这篇文章的发表,标志着党和国家的工作重心开始转移到经济建设的轨道上来。

根据列宁的指示和要求,主要从事经济宣传的中央级报纸《消息报》、《经济生活报》等,一俟条件允许,就迅速将报道重心转移到生产建设方面来,为领导部门提供了许多有价值的信息和决策的依据。

苏维埃政权建立初期,燃料问题十分严重。针对这种情形,《消息报》于1920年1月24日刊登一则消息,报道了一个油田贮油的新情况。列宁得知这个消息非常高兴,第二天就写信给最高国民经济委员会石油总委员会,并寄去了《消息报》的剪报,要求它说明"是否了解简讯中所谈的事实",其中列举的数字"可靠程度如何","就此事采取了哪些具体措施"[1]。

1920年12月20日,《消息报》刊登了《发展铁路运输的新方法》一文。文中说,用稍加改装的一般载重汽车代替铁路机车的做法在国外已普遍试验过,效果良好。这件事又引起列宁的兴趣。他立即给交通人民委员会、全苏国民经济委员会、劳动国防委员会和国家计划委员会发出询问书,问他们事情的原委;并给人民委员会和劳动国防委员会办公厅副主任瓦·斯莫尔亚尼诺夫写便条,希望他马上检查,不要拖延,

---

[1]　赵水福、傅显明:《列宁与新闻事业》,北京广播学院出版社,1986年版,第164页。

并要求用电话告知事情的进展情况。

当时,《消息报》每天都发表不少关于经济问题的消息、通讯、报告、访问记和文章,而列宁每天都阅读《消息报》,从中援引资料,作为他决策的依据。

《经济生活报》是劳动国防委员会的机关报,它是在列宁的亲自领导下工作的。该报创办之初曾经发表一些专家的"一点也不触及实际工作"的文章,列宁发现后,要求经济学家、著作家和统计学家不要空谈一般的计划,而应当"多研究些我们在中央和地方的实际经验所提供的东西以及科学已经向我们提供的东西";不仅要经常提供有关苏联经济的真实情况的资料,而且"还要分析这些资料,科学地整理这些资料,为工业管理等提供正确的结论"。根据列宁的要求,《经济生活报》全面、真实地反映国家经济建设的情况,注意搜集实际工作中具体的数据、资料,并对它们进行分析、论证,从而更好地指导实践。《经济生活报》还开辟了许多有特色的栏目,如《在地方上》、《在企业里》、《托拉斯调查》、《工业组织问题》、《合作社》等,文章注重时效性,力求短而精,取得了很好的宣传效果。

1924 年列宁逝世后,作为联共(布)总书记的斯大林继续领导苏联的社会主义建设。随着社会主义工业化(1926—1929 年)和农业集体化(1930—1934 年)运动的开展,随着 3 个五年计划(1928—1941 年)的实行,苏联报刊展开了更大规模的经济宣传活动。例如,在第一个五年计划期间,党中央机关报《真理报》围绕与基本建设有关的一些重要问题——重工业的分布、国内资源的利用、综合材料的供应以及工程设计等展开讨论与宣传,并吸收有关专家参与报纸工作,以便更加深入地阐述这些重大经济问题。第二个五年计划期间,社会主义劳动竞赛出现了新的形式,这就是 1935 年 8 月掀起的斯达汉诺夫运动。斯达汉诺夫运动是一场以突破旧定额,创造新纪录,大幅度提高劳动生产率为主要内容的社会主义竞赛运动。在报纸的宣传和推动下,这一运动很快由矿井扩展到全国。在很短的时间内,从工矿企业到商业部门,从国营农场到集体农庄,全国涌现出一大批斯达汉诺夫工作者,他们几倍、十几倍、几十倍地提高了劳动生产率,对五年计划的提前完成起到了重要的促进作用。为了提高全民参加社会主义建设的热情和积极性,苏联报纸各显其能,推出一系列新的宣传报道的形式,如组织劳动竞赛的评奖活动,公布评比结果,推广先进经验;组织流动编辑组和外出编辑部,办增刊,出号外等等,从而使旨在提高劳动生产率的行业性的竞赛活动转而变为全民性的群众运动,有力地促进了社会主义建设事业的发展。

（三）抨击官僚主义和不正之风。

1920年发动叛乱的白匪军被消灭后,国内恢复平静。由于经济遭到严重破坏,国弱民穷,加之小生产的分散性和自由主义习气的影响,官僚主义作风在苏维埃和政府机关内慢慢滋长起来。表现为人浮于事、办事拖拉、玩忽职守、滥用职权等等。列宁要求报刊密切注视这些问题,经常亲自过问问题的解决情况。在列宁的大力支持下,《消息报》公开批判拖沓作风,全力同浪费国家财产的行为进行斗争,并取得了实效。例如,1921年5月,《消息报》刊登了一篇题为《停滞不前!》的通讯。通讯提到一家纺织厂因缺乏燃料停工了三星期,而燃料就在距工厂500米的河边上。知道此事后,列宁气愤地说:"这些官僚,这些拖拉作风! 应该把他们送到法院去!"①由于《消息报》的披露和列宁的亲自干预,第二天问题就解决了,工厂开工了。

报纸还全力同浪费国家财产的行为作斗争。1921年9月13日,《消息报》刊登该报记者的短评《贫困的亿万富翁》,揭露莫斯科喀山铁路线利季诺站仓库的严重的浪费现象。作者写道:从1918年起,这里就放着250万普特的贵重金属,包括贵重的机器、装备和器具。它们被弃置在沼泽中,没有人过问,没有人保管,听任盗窃和毁坏。列宁看到这条消息后,立即给有关负责人写信,指示:"火速检查一下这篇评论所说的是否符合事实。如果符合事实,请立即采取一切必要措施来清点、保管……这些财产,并极严厉地查办失职人员。"②

在反贪污、反浪费、反对官僚主义的斗争中,《经济生活报》同样发挥了重要的作用。列宁曾指示《经济生活报》要"揭露企业、机关或经济部门等等单位中疏忽大意、落后无能的工作人员","更严格地监督不及时或不充分向有关机关作报告的行为,把玩忽的人登在黑榜上"③。列宁还授予该报编委会对工业管理部门活动的经济效果进行自由批评的权力。遵照列宁的指示,《经济生活报》同官僚主义和不正之风展开了坚决的斗争,而列宁总是全力支持这一斗争。例如,该报记

---

① 赵水福、傅显明:《列宁与新闻事业》,北京广播学院出版社,1986年版,第166页。
② 同上书,第167页。
③ 同上书,第191页。

者曾在一个矿区发现骇人听闻的盗窃事件和令人愤慨的浪费现象,并在报纸上公开进行揭露与批评。列宁对此十分重视,当即打电话给最高国民经济委员会主席,要他"注意此事,准确查明应负个人责任的人员"①。《经济生活报》对国家领导机构存在的问题与错误,也不留情面。一次,该报对最高国民经济委员会的本位主义等错误提出了批评意见,结果引起该委员会主席的不满。他试图取消中央授予《经济生活报》批评的权力,甚至提出撤换该报主编。主编向俄共(布)中央组织局报告此事,并要求中央检查《经济生活报》的做法是否符合中央精神。以列宁为首的党中央肯定了《经济生活报》的工作,不同意最高国民经济委员会主席团关于撤销主编职务的意见,支持该报继续同错误现象作斗争。在以后的工作中,《经济生活报》更加积极地运用批评的武器,有力地促进了党风的改变和社会主义建设事业的发展。

总之,在十月革命胜利后的社会主义建设年代,苏联报刊作为党的舆论工具,发挥了巨大的作用。这一时期,苏联报业继续发展,社会主义报业体系全面形成。中央级的报纸有所调整和增加。《消息报》1938年改为苏联最高苏维埃主席团的机关报,报名为《苏联劳动者代表苏维埃消息报》。经过改组后,《消息报》的地位和影响仅次于《真理报》,是一份指导性的报纸。《经济生活报》1937年改名《财政报》,1941年因法西斯德国入侵、苏联报刊结构调整而停刊。《贫农报》于1931年与《社会主义农业报》合并。新创办的中央级报纸有《文学报》(1929年创办的苏联作家协会机关报)、《莫斯科新闻》(1930年创办的从事对外宣传的周报)等,新创办的地方报纸更多。据统计,1928年全国有报纸1 197种,发行量为940万份;1940年增加到8 806种,发行量为3 840万份。

第五节　广播电视的发端

随着现代电子科学的兴起,继电话、电报发明之后,20世纪初到20世纪30年代,利用无线电波传送声音和图像的试验先后在一些国家获得成功,广播和电视也相继问世。作为现代电子技术的产物,广播和电

---

① 赵水福、傅显明:《列宁与新闻事业》,北京广播学院出版社,1986年版,第191页。

视一经出现,便以其视听结合、无远弗届的优势,迅速成为传播手段的后起之秀,成为世界上最普及、最受欢迎的大众传媒。相对印刷媒体而言,广播电视不仅是"看"和"听"这些简单的传播形式的延伸,更是一个质的飞跃。它使原有的信息传播方式发生了巨大的变化,并对人类的生活方式和信息接收方式产生了深远的影响。

一、广播的发明和运用

广播是在现代电子技术特别是有线电声技术和无线电通讯技术发明的基础上产生和发展起来的。先有有线广播,后有无线广播(或叫无线电广播)。

有线广播在技术上源于1876年诞生的有线电话。这一年美国人亚历山大·格雷厄姆·贝尔发明了有线电话机。1880年,俄国人奥霍罗维奇研制成功用导线把剧院里的音乐节目传输出去的播音设备。1890年夏天,在美国萨拉托加的大联盟旅馆,有800人通过电话欣赏了在梅蒂逊广场花园举行的音乐会,还有其他地方传送的舞曲和朗诵等。1893年,匈牙利人西奥多·普斯卡把布达佩斯市700多条电话线连接起来,定时报告新闻,被称为"电话报纸"。有线广播从此诞生,距今已有100多年。

有线广播的发明与诞生虽然比较早,但当时人们的兴趣和注意力似乎更集中在无线电广播的发明上。

无线电广播在技术上源于现代无线电子学和无线电通讯的发明。它是好几个国家的许多科学家和工程技术人员,经过长期的探索、研究、实验而创造出来的。在它的发明过程中,无线电波的发现、无线电通讯的实现和无线电波负载声波的成功这3件事都具有划时代的意义。

无线电波的发现。早在1864年,英国科学家詹姆斯·克拉克·麦克斯韦在电磁波理论的研究中,提出了无线电波存在的猜想。1873年他在《电磁论》一书中预言,由于电磁波的存在,人们可以在相距遥远的两地之间建立起瞬时可达的通讯联络。1884年,德国物理学家海因里奇·鲁道夫·赫兹用实验证实了麦克斯韦的预言,并发明了测量电磁波波长的科学方法。

无线电通讯的实现。为无线电通讯进入实用阶段作出重要贡献的是俄国物理学家亚历山大·斯捷潘诺维奇·波波夫和意大利发明家卡格列谟·马可尼。1895 年,波波夫和马可尼在不同的地方分别进行无线电传送信号的实验,获得了同样的成功。1896 年马可尼在英国取得了专利,并且组建公司从事无线电报器材的生产。1899 年他成功地拍发了英国至法国的无线电报,1901 年完成了越洋电报的收发,从此无线电通信进入实用阶段。

无线电波负载声波的成功。在无线电通信的基础上,人们研究并逐步解决了运用电波负载声波的种种技术问题。1906 年,美国科学家李·德福雷斯特制成了电子三极管,在传送声音方面取得进展。同年圣诞节前夕,匹兹堡大学教授雷金纳德·费森登在马萨诸塞州的实验室里作了简短的节目广播,效果良好。这次实验性广播,一般被认为是第一次成果的广播,无线电声音广播从此诞生。

尽管无线广播的实验在 1906 年就取得了成功,但广播的实际运用和广播事业的产生、发展都是在 20 世纪 20 年代初才开始的,在相隔十几年的时间里进展缓慢。客观上的原因是第一次世界大战使一些研究工作陷于停顿,技术设备不过关,特别是接收工具简陋、笨重,无法更广泛地付诸实用。更主要的原因是,人们当时对广播的作用以及它和自己生活的关系还缺乏认识,只有少数无线电爱好者对它感兴趣,但也仅仅认为是可供娱乐的玩意儿。

1916 年,美国马可尼公司 25 岁的无线电报服务员戴维·萨诺夫向公司领导人提出一个建议,要使无线电广播进入人们的家庭生活。在改进无线电接收装置的建议中,他提出把现有的笨重的收音设备改制成一种有几个波长可供选择的无线电收音盒。这个建议不久便在美国无线电公司实现了。一种当时叫"音乐盒"的收音机诞生了,从此便推动了广播的普及,密切了广播与人民群众实际生活的联系,也促进了广播事业的产生与发展。

二、广播事业的产生

随着广播发送与接收技术的发展与改进,从 1909 年开始,美国就相继出现了各类不同性质的实验性广播电台,分别不定期地播放音乐、市场行情、气象报告等内容。

1920 年 9 月,西屋电气公司当权者戴维斯受一则推销收音机的广告启发,产生了建立一座播出定期节目的广播电台的愿望,以便于大量销售收音机。他坚信人们的生活需要这种新的东西。戴维斯根据美国联邦政府 1912 年无线电法令的要求,提出开办商业广播电台的申请。10 月 27 日联邦商业部向戴维斯颁发了商业电台营业执照,并批准了 KDKA 这一呼号。戴维斯同时征得匹兹堡《邮报》的同意,将该报的新闻用电话向 KDKA 广播室传送,以供播出。1920 年 11 月 2 日,匹兹堡 KDKA 广播电台开始播音。这次广播的第一个节目,是报告哈定和柯克斯两人竞选总统的选举结果。广大选民聚在公共扩音器前收听最新的消息,由于开票统计数字及时被播送出来,引起了一场轰动。在 KDKA 广播电台诞生之前,至少有 10 座电台进行了实验播音或定期播音。广播内容大致有宗教宣传、选举情况、市场行情、气象预报、体育新闻、音乐、歌剧实况转播等。KDKA 广播电台虽然不是美国最早开始播音的电台,但由于它是第一个取得营业执照的商业广播电台,所以它就成为美国历史上第一座正式的广播电台,也被公认为世界上第一家正式的广播电台。

此后,美国大批广播电台开办起来,掀起了一股办广播的热潮。最积极的是无线电广播器材生产企业的老板们。他们把建立广播电台作为推销自己生产的收音机和其他广播器材、经营"收费广播"和广告业务以牟取利润的商业工具和手段。自 KDKA 电台建立到 1922 年仅一年多的时间里,从美国商业部取得营业执照的商业广播电台就达 500多座。1926 年 6 月,美国成立了"全国广播公司"(NBC),并为联播节目分别组建了"蓝色"(WJZ,包括 14 座电台)和"红色"(WEAF,包括 26 座电台)两个广播网。1927 年,由一些独立小组组成的"哥伦比亚广播公司"(CBS)成立,建立了自己的广播网并向 NBC 挑战。1943年,根据《广播联营条例》中关于一个广播组织在同一地区、同一时间内只能经营一个广播网的规定,全国广播公司被迫出售所拥有的"蓝色"广播网,保留"红色"广播网。被出售的"蓝色"广播网新组建为美国广播公司(ABC)。这三大广播公司形成美国广播业的"三强"。

苏联不但是世界上第一个成功地进行了无产阶级革命并建立了社会主义制度的国家,同时也是较早实现无线电广播的国家之一。苏维埃政权建立后,以无产阶级革命导师列宁为首的布尔什维克党非常重视无线电广播的研究和广播事业的创建工作。在早期苏联无线电广播的整个创建过程中,列宁先后通过书信和电报对广播实验、广播宣传工作以及广播事业的建立作出许多重要指示。布尔什维克党和新生的人民政权的正确领导及支持,为人民广播的建立和发展奠定了基础,铺平了道路。

1918 年春天,在列宁的建议下,划定一批无线电讯台用来播发政治新闻。同年 8 月,在下新城(后改为高尔基城)建立了一个无线电实验所。它是苏维埃政权创建的第一批科学研究机构之一。在列宁的大力支持下,该所在帝国主义国家对新生政权实行经济、政治和技术封锁的情况下,独立自主地进行无线电广播的研究实验工作。主持该所研究工作的邦契·布鲁耶维奇教授曾写道:"列宁的名字和无线电实验研究有着历史的联系。他非常懂得无线电在未来的意义。"1918 年 12 月,下新城无线电实验所制成了一台功率 20 瓦的无线电广播发射机,用它组织了试验性广播,许多城市收到了它的节目。1919 年 12 月,实验所从下新城向莫斯科发送了第一次无线电语言广播。1920 年 2 月 5 日,列宁在给邦契·布鲁耶维奇教授的信中说:"您所创造的不用纸张,'没有距离'的报纸,将是一个伟大的事业。"列宁还认为用广播"进行宣传和鼓动",将给革命事业"带来巨大好处"。在列宁的提议下,苏维埃政权作出决定,尽快在莫斯科建立一座中央无线电话台。1920 年秋季,莫斯科"火登卡"电台建成,后改名为十月电台,被称作"俄国革命的喉舌"。1922 年 9 月,莫斯科中央无线电话台开始播音,功率为 12 千瓦,是当时世界上功率最强的广播电台。9 月 17 日,该台第一次成功地播出了大型音乐会。11 月 7 日,中央无线电话台被命名为"共产国际广播电台",并正式开始播音。一般认为,9 月 17 日是苏联广播事业的诞生日。在这以后,苏维埃政权又在全国陆续兴建了一批广播电台,收音网和有线广播网逐渐遍布各地。到 1940 年底,苏联的广播电台已有 100 多座,收音机 100 多万架;有线广播站 11 000 多座,广播喇叭 600 多万个。人民广播事业迅速发展起来。

在法国,1922 年 2 月由邮电部正式成立巴黎广播电台。1923 年 6 月制定了《广播法》,宣布广播业为国家专有,私人无权设立电台。但在建立国营广播网的同时,邮电部门以法律特许的形式允许某些私营台存在,到 1936 年还有 12 个私营广播公司。1939 年 7 月通过广播和邮电分开的法令,成立广播委员会,由国民议会议长主持。"二战"使法国的广播事业遭到极大的破坏。

英国于 1922 年 12 月成立英国广播公司,当时是由马可尼公司等

6 家公司合资经营商业广播电台,1923 年 1 月由政府颁发正式的营业执照。1926 年 7 月,政府"收听委员会"建议由政府收买该公司,建立"公营"广播电台。根据英王颁发的《皇家约章》,原英国广播公司解散,于 1927 年 1 月 1 日成立新的英国广播公司(BBC)。该公司是政府发给特许证的"公营独占事业",其经营政策和节目内容由邮政大臣负责监督,其最高管理机构管理委员会由国王任命。1927 年,全英已有 21 座广播电台,收音机达 270 万架,听众约为全国人口的 80%。

意大利的广播事业始于 1924 年 10 月,当时有两个广播电台。同年 12 月意大利广播公司(URA)成立。1926 年全国有收音机 2.7 万架。1927 年 URA 改名为意大利广播收听局(EIAR),之后新台逐年建立。1937 年已有 3 个国内广播网。1939 年收音机总数达 117 万架。

在日本,1924 年 11 月在邮政省的监督下成立了中央放送局,并在东京等地设立了广播电台,1925 年 3 月 22 日正式开播后改为日本广播协会(NHK)。NHK 为国家经营的非盈利组织,经费来源于收音机的执照费。1928 年 11 月建成全国广播网。1935 年 4 月全国性学校节目开播,6 月开始国际广播。1940 年 5 月收音机达 500 万架。

德国帝国广播公司于 1925 年成立。从 1933 年至 1945 年,德国的广播事业被希特勒控制,成为纳粹政府的御用工具。

从此,广播成为一种新兴行业,并以其先进的信息传输方式加入了世界新闻媒介的行列。

三、电视的发明和运用

电视是现代电子技术高度发展的产物。美国著名传播学者威尔伯·施拉姆曾说:电视是 20 世纪最伟大的发明。电视的诞生稍晚于广播,它同样是许多国家科技人员长期研究实验的结果。

瑞典科学家布尔兹列斯于 1817 年发现了化学元素硒;英国科学家约瑟夫·梅于 1865 年发现了硒的光电效应,并在 1873 年正式发表了关于硒的光电效应的报告,从理论上证明了任何物体的形象都可以用电子信号来传播。电视传播的原理就是以他们的发现为科学基础而建立起来的。

德国科学家保罗·尼普科于 1884 年发明了机械扫描圆盘,解决了图像传送的难题,打开了机械电视研制的大门。他的发明被称为解决扫描问题的经典方法,在电视发展史上具有重要地位。

俄国教授鲍里斯·罗津在 1907 年获得了设计世界上第一台电子显像的电视接收机的特许权,4 年后又研制成功了利用电子射束管的实用电视模型,显示出了简单的电视图像。

俄裔美国物理学家弗拉基米尔·兹沃雷金于 1923 年发明了光电摄像管,用电子束的自动扫描组合画面取代了机械圆盘扫描方式,为电子电视的研制做出了卓越贡献。

英国发明家约翰·罗吉·贝尔德 1925 年利用尼普科发明的机械扫描圆盘原理,第一个制成了电视发射和接收设备的雏形,成功地进行了传送和接收电视画面的实验。1926 年他在伦敦进行了公开表演。1928 年他又成功地在伦敦和纽约之间传送了电视图像,证明了电视图像可以由无线电波作长途传递。贝尔德是机械电视的开山大师,被人们称为“电视之父”。

此外,发明了电子电视摄像管、将电视扫描行数由 240 行提高到 405 行的英国科学家休恩伯格,发明了电子图像分解摄像机的美国工程师菲洛·法恩斯沃思和发明了阴极显像管的美国科学家艾伦·杜蒙,都为电视的诞生和完善做出了非凡的努力。

四、电视事业的产生

20 世纪 20 年代到 30 年代,随着电视传播技术的日臻完善,电视广播开始进入社会生活。

英国是世界上最早开办电视的国家。1929 年秋季,英国广播公司(BBC)利用贝尔德发明的机械电视装置,开始进行实验性的电视广播。1930 年,英国广播公司和贝尔德合作进行使广播声音和电视图像同时播出的实验。实验获得成功并播出了第一个声图并茂的电视节目——转播舞台剧《口含一朵鲜花的勇士》。1936 年,英国广播公司在伦敦以北的亚历山大宫建成了英国第一座公共电视台,11 月 2 日正式播放电视节目,每周播放 13 个小时。一般认为,1936 年 11 月 2 日英国广播公司电视节目的开播是世界上第一座电视台的广播。1937 年 5 月 12 日,英国广播公司有了第一辆电视转播车。它用一条同轴电缆把亚历山大宫和海德公园连接起来,播送了英王乔治六世加冕的实况。这也是英国的第一次户外电视实况转播。到 1939 年 9 月,英国广播公司电视台的广播时间增加到每周 24 小时。当时英国的电视接收机有 2 万架,大部分用户在伦敦。

美国也是研究和应用电视以及出现电视广播较早的国家,于 20 世纪 20 年代末期就开始了实验性的电视广播,并首先出现有线电视。美国贝尔电话实验室在纽约和华盛顿之间传送了有线电视节目。1928年 4 月,美国全国广播公司(NBC)的实验电视台第一个领到了实验电视广播的执照,1930 年开始试验广播。到 1937 年,美国的非商业性实验电视台已有 17 座。1939 年 4 月 30 日,电视在纽约世界博览会上出现,全国广播公司的实验电视台首次用电视报道了罗斯福总统主持博览会开幕典礼的实况,约有几百架接收机接收了这次电视实况广播。这些接收机大多数是个人组装的。电视实验广播的成功推动了美国电视工业的发展,这一年杜蒙公司制造的电视接收机首次进入市场。从1941 年起,美国联邦通讯委员会开始颁发商业电视广播执照。6 月 17日,第一家商业电视台——全国广播公司的 WNBT 成立,7 月 1 日开播。当时成立的商业电视台大都是每天播出 2~3 个小时的黑白节目。整个纽约地区约有 4 700 架电视接收机。

在英、美两国进行电视研究和电视实验广播的同时,其他一些国家也先后进行了实验性的电视广播。

苏联于 1931 年开始电视静止图像的广播。1932 年 4 月 29 日第一个活动图像节目在莫斯科播出。1938 年莫斯科电视中心和列宁格勒电视中心开始实验性广播,1939 年开始定期播出。莫斯科电视中心还建立了一个 300 平方米的电视演播室,并于 1941 年 5 月着手改进设备。随后实验性广播由于战争爆发而中断。

法国政府于 1932 年在巴黎建立了第一座实验电视台进行不定期播出。1938 年开始每天定期播出,发射台设在巴黎的埃菲尔铁塔上。第二次世界大战之前,除巴黎外,里昂等城市也相继开办了电视广播。

德国 1935 年开始电视试播。1936 年柏林举行奥运会期间进行过电视播出,原计划 1939 年底正式开办电视广播,由于希特勒发动战争而未能实现。

日本的电视研究始于 1928 年。日本广播协会(1925 年开办广播)于 1939 年 5 月在东京郊外的研究所和市内的播音馆之间,进行电视发射与接收的试验并取得成功。"二战"期间实验中断。

综上所述,20 世纪 20 年代是电视事业的萌芽时期,30 年代是电视事业的成型时期。英、美、苏、法等国先后建立电视台并播出节目。但"二战"前各国进行电视实验广播的时间和正式进行电视播出的时间顺序有所不同。开始进行电视实验广播的先后顺序是:美国(1928年)、英国(1929年)、苏联(1931年)、法国(1932年)、德国(1935年)、日本(1939年)。而正式开始电视广播的先后顺序是:英国(1936年)、法国(1938年)、苏联(1939年)、美国(1941年)。第二次世界大战的爆发,使德国、日本对电视广播的改进和其他一些国家电视事业的创建中断了。美国政府在参战前6个月批准了全部的电视广播,但战时维持广播的只有6家商业电视台。英国电视广播在战时全部中断,电视台的设备和人员被战时的雷达网所征用。法国电视事业遭到战争的破坏。苏联的电视广播与研究也陷于停顿。其他开始踏上电视研究和实验之路的国家均是如此。

第四章

"二战"期间的新闻传播事业

第二次世界大战是德、意、日法西斯国家发动的人类历史上规模空前的世界性战争,先后有 60 多个国家和地区的 20 亿以上的人口卷入其中。

"一战"以后,按照英、法、美等主要战胜国的意志,建立了以凡尔赛-华盛顿体系为中心的国际战略格局。这一格局不但没有缓和战胜国与战败国、战胜国与战胜国之间的矛盾,反而加深了这一矛盾。战败的德国不甘心凡尔赛和约对它的严惩和限制;战胜国意大利因未能得到英、法所许诺的领土而耿耿于怀;另一个战胜国日本,对华盛顿条约对它的限制表示不满,在亚太地区与英美展开了新的角逐。随着德、意、日实力的恢复或加强,它们要求重新瓜分世界,成为英、法、美等国的主要对手。1929—1933 年的世界经济危机,激化了德、意、日国内外的矛盾。为了摆脱经济、政治和社会危机,法西斯国家在积极扩军备战的同时,开始向外扩张和发动局部战争,争夺英、法、美等殖民国家的势力范围和地区霸权。英、法、美等国为了保住既得利益,对法西斯国家的侵略扩张实行绥靖政策,结果更加助长了法西斯国家的气焰,加剧了帝国主义之间的矛盾和全面危机。德、意、日法西斯在军事实力取得相对优势、且和平分割无望的情况下,便走上了以武力重新瓜分世界的道路。

"二战"期间,法西斯轴心国与同盟国在使用火炮、坦克、飞机等军事装备进行阵地战之外,还利用新闻媒体展开了一场大规模的舆论战。报刊和通讯社在此过程中发挥了必不可少的作用,而不久前诞生的电子传媒——广播更是进入了它的"黄金时期"。法西斯国家利用广播发动了"空中电波战",反法西斯阵营则面对法西斯的电波攻势展开反击。由于广播传播新闻、宣传鼓动的功能在"二战"中得以凸现,各国朝野对它倍加重视,公众也将它作为获得国内外信息的重要途径。

第一节　法西斯轴心国的新闻管制

法西斯主义是第一次世界大战后特定历史条件下的产物。作为一种国际现象,它首先在德、意、日等封建主义和军国主义比较浓重的帝国主义国家兴起,并先后在这些国家由法西斯分子掌握了政权,建立了法西斯极权制。这些法西斯政权的共同特征是:对内以极权制取代民主制,实行反共、反社会主义、反民主主义的恐怖统治;对外以极端民族主义为核心,以侵略扩张、发动战争、争霸世界为一切重大政策的出发点。为了服务于法西斯政权内外政策的需要,德国、日本、意大利均于战前建立起了法西斯的新闻管理体制。

一、德国

1933 年,希特勒在垄断资产阶级的支持下上台,担任政府总理。希特勒一贯重视舆论宣传,他在《我的奋斗》中就曾写道:"报纸的重要性在于能以一致而坚定的重复方法施教。报纸上的言论应该趋于一致的目的,不要被出版自由的谬误所惑。"根据这一理论,希特勒一上台就对报业实行了全面控制。他采取的具体措施是——

1. 建立法西斯垄断报业

1933 年 2 月 27 日,纳粹党徒制造了"国会纵火案",并嫁祸于共产党人。第二天,希特勒颁布了"保护人民和国家法令",宣布停止执行魏玛宪法规定的出版自由条款。纳粹政府开始在全国范围内逮捕共产党员,封闭了 50 多家共产党报纸和 130 种社会民主党人的报纸。与此同时,纳粹政府还在反犹太人运动中,强行低价收购由犹太人控制的两大报团——莫斯报团和乌尔斯泰因报团,交纳粹党的埃耶出版公司经营,从而使埃耶出版公司成为当时德国首屈一指的报业垄断公司(原三大报团之一的胡根贝格报团因属雅利安人所有并支持希特勒政府而被保留下来,经过改造后,成为纳粹党的御用工具)。在纳粹政府的庇护下,埃耶出版公司的规模急剧扩大。1923 年,公司控制报纸 59 家,拥有 78 万份的发行量,占同年全国报纸总发行量的 3.1%。1936 年,公司拥有的报纸达到 100 家,发行量达到 432 万份,占同年全国报纸发行量的 29.1%。1944 年,公司拥有的报纸达 350 家,占同年全国报纸发行量的 82.5%①。这样,纳粹党就从所有权上控制了全国的新闻出版业。

2. 建立法西斯新闻统制机构

1933 年 3 月,希特勒设立了国家宣传部,由戈培尔任部长。同年 9 月,又成立了帝国文化局,由戈培尔任主席,下设 7 个管理处,分管文学、广播、戏剧、音乐、电影、美术及报业。其中报业管理处由"全德报纸发行人协会"、"全德记者公会"以及另外 12 个报业团体组织而成。该处对记者有处分权,也有权开除记者。在宣传部、帝国文化局以及帝国报业管理处的控制下,新闻媒介已无自由可言。每天早晨,柏林各大报的编辑、记者都要聚集在宣传部大楼里,由部长及其助手告诉他们:什么新闻该发布,什么新闻要扣下,新闻如何写,标题如何做,当天需要什么样的社论等等。为了防止误解,除口头训示外,每天还有一篇书面指示。对于地方上的报纸,则通过电报或信件发布指示。这样一来,一切新闻宣传活动便都掌握在纳粹政府的手中了。

3. 制定《编辑人法》,限制从业人员行为

1933 年 10 月,纳粹政府颁布了《编辑人法》。该法规定:各报总编辑必须将编辑人员详列清册,由宣传部长接见后始可任用。总编辑须对报纸内容全面负责,保证不得出现危害德国国防、经济、教育及国家荣誉的报道。该法还规定记者必须具备如下条件:须为德国公民;具有公民及官吏资格;曾受专业教育;祖籍为雅利安人而未与其他种族通婚者。记者资格审查权属地方新闻协会会长,决定权属国家宣传部。在《编辑人法》细则中还规定,凡从事马克思主义新闻工作,或其他政治上有"有害"行为而有证据者,一律不得从事新闻事业。此外,根据《编辑人法》,报纸发行人只能负责报业管理及印刷技术方面的事务,不得干涉新闻言论。这样,过去发行人所拥有的权力,完全被宣传部取代了。

---

① 张昆:《简明世界新闻通史》,武汉大学出版社,1994 年版,第 220 页。

战争爆发后,纳粹政府进一步加紧了对报业的控制,并规定 10 万人口以下的城市实行一城一报制,其他大城市的报纸相互合并。通过这一措施,民营及地方报纸势力进一步削弱,纳粹垄断报业的规模却迅速膨胀起来。

二、日本

1926 年裕仁天皇即位,年号为昭和。3 年后,世界性经济危机袭击日本。在这一背景下,军国主义势力急剧扩张。1931 年"九一八"事变爆发,日本占领我国东北三省,1932 年又挑起淞沪战争。1932 年 5 月,右翼军人刺杀首相犬养毅后,日本军阀正式建立了军人政权。1937 年全面发动侵华战争,并和德、意结成法西斯轴心。1938 年 3 月颁布"国家总动员法",全面实行战时体制。解散一切政党,把全国的政治和经济完全推上战争轨道。在此过程中,日本报业越来越被置于军国主义的控制之下,成为其驯服的宣传工具。

军国主义当局控制报业的措施主要有——

1. 成立内阁情报局

为了加强对新闻言论的统一管制,日本军国主义政府于 1936 年成立了"内阁情报委员会",1937 年"七七事变"后,改名为"内阁情报部",1940 年改名为"内阁情报局"。该机构由政府各部门有关官员组成,直属内阁首相,是负责统制宣传的中枢权力机关。其职责是: 1)处理有关推行国策方面的事项,统一收集情报、监督报道及组织宣传; 2)根据"国家总动员法",对报纸及其他出版物进行管制; 3)指导或取缔广播事项。太平洋战争爆发后,情报局成为政府军部独裁的言论工具。

2. 制定新闻统制法规

战争期间,在以往新闻法规的基础上,军国主义政府又制订了一系列旨在限制新闻出版活动的法规。其中包括《不稳文书临时管理法》(1936)、《军用资源秘密保护法》(1939)、《国防保安法》(1941)、《言论、出版、结社等临时管理法》(1941)、《战时刑事特别法》(1942)、《新闻纸等刊载限制令》(1941)、《新闻事业令》(1941)等。

由政府一手操控的御用新闻团体"新闻联盟"(1942 年改名为"日本新闻会")还仿照纳粹德国的《新闻记者法》,制定了日本的《记者规章》,要求记者须"明确国家使命",方有登记资格。

3. 实行"一县一报"的合并措施

"国家总动员法"规定:战时政府为实现国家总动员,在必要时可以根据敕令,决定有关企业的开设、托办、共同经营、让渡、废止、停办以及法人的合并、解散、初衷改变。据此,从 1938 年到 1940 年,政府开始对报刊进行全面整顿——合并现有的报刊,不允许创办新的报刊。1940 年 5 月,政府在内阁情报局下设立了新闻出版用纸统制委员会,对新闻用纸以及其他资材的使用进行严密的控制;对不愿接受合并的报纸,削减或断绝其纸张来源。在政府的威逼下,很快实现了"一县一报"。1939 年,日本有大小报纸 848 家,到 1942 年,只剩下 54 家。

通过以上措施,日本政府将新闻业的用纸、资材、编辑、出版等全面统制起来,实现了所谓"国论统一指导"的体制。为了争取言论自由和生存、发展的权力,日本的报纸也曾表示过一定程度的反抗,但是在军国主义的淫威之下,很快就被镇压了下去。按照政府的要求,日本的报纸步调一致地服务于法西斯的内外政策,竭力吹嘘日本"皇军"的"节节胜利",叫嚣建立"大东亚共荣圈",欺骗日本人民。

三、意大利

作为一个地理概念,意大利具有悠久的历史,它孕育了古罗马文明,也孕育出了世界上最早的新闻传播样式——手抄新闻。但是,作为一个统一的国家,意大利的历史并不久远。西罗马帝国灭亡后,意大利一直处于君主立宪和封建割据的状态,并先后遭受过西班牙、法国和奥地利的长期统治。直到 1870 年才获得统一,建立了意大利王国。进入 20 世纪后,在两次世界大战期间,意大利在墨索里尼的统治下成为独裁专政的法西斯国家,并与希特勒德国结盟,成为法西斯轴心国的成员。

1921 年 11 月 7 日,意大利国家法西斯党正式成立,墨索里尼任首领。1922 年 10 月 28 日,法西斯党"进军罗马",国王不得已而于次日授命墨索里尼组织新内阁。

墨索里尼出任首相后,对新闻界采取了以下几方面的措施。

1. 实行一区一报制

20 世纪初期墨索里尼认为,全国报纸太多,不便实行统一管制。于是颁布《新闻法》,规定各地报纸合并,一个地区只准许一家报纸发行。这个办法不仅可以使言论趋于一致,而且是消灭反对派报纸的最好的办法。"二战"期间,德国、日本等国均仿效过这种做法。

2. 制定《新闻记者登记法》

《新闻记者登记法》颁布于 1925 年,是世界上最早的记者法。该法规定:凡有违反国家利益之行为者,即撤销记者之资格。同时规定:凡不对法西斯效忠者,均不得从事新闻事业。根据这一法令,100 多名记者被拒绝登记,《晚邮报》主编阿尔伯蒂尼也被迫辞职。

3. 向新闻界直接发布宣传指示

墨索里尼认为,报纸是政府事务的一部分,不能由私人自由经营。他要求新闻媒介"凡对政府有益的事就积极报道,反之就拒绝报道"。在他执政期间,各报总编辑或代表要经常到新闻宣传部(墨索里尼的女婿西阿诺为部长)接受口头或书面指示,这些指示包括每天的版面安排、标题字号和言论基调。1932 年海军演习时,新闻宣传部指示各报夸大事实,说明参加演习的舰艇有 100 艘,潜艇 30 艘。并强调,在这次演习中海军部分是最重要的,罗马的任何报纸只能将最大的标题给予海军部分(尽管空军部分也很重要)。

4. 实行新闻检查

1924 年,社会党议员马蒂奥特因发表反法西斯演说而遭暗杀,全国大小报纸群起攻击法西斯党。墨索里尼感到这样下去对法西斯政权威胁甚大,于是决定实行新闻检查。政府规定,国内新闻由地方长官负责,外籍记者由邮政总局负责。新闻检查人员可随意延长检查时间,使新闻失去效力;亦可删改或扣压新闻。外籍记者如不服从,可判处 5 年至 10 年的徒刑。

墨索里尼统治时期,意大利的主要报纸有:米兰的《晚邮报》,日销 70 万份左右,为第一大报;米兰的《意大利人民报》,墨索里尼的弟弟安那尔杜任主编,被认为是代表政府的报纸;罗马的《消息报》,法西斯党的机关报;《罗马观察报》,教廷的机关报;罗马的《意大利日报》;罗马的《论坛报》;都灵的《邮报》晚刊;都灵的《人民公报》(墨索里尼被推翻后,上述各报除《晚邮报》和《罗马观察报》继续出版外,其余不是被封闭,就是因亏损而停刊)。

战争期间,除梵蒂冈教廷所属的报纸外,意大利的报刊几乎全部为墨索里尼的法西斯党所控制。法西斯控制新闻媒介的机构是新闻宣传部,部长为墨索里尼的女婿西阿诺。在西阿诺的指挥下,所属报刊以政府的需要为最高目标,组织宣传材料,鼓吹对外扩张,大力推行法西斯主义。但是总的来说,在战时宣传方面,意大利政府远不如德国、日本那样娴熟、老练,也没有它们那样成功。

对于法西斯的侵略扩张政策,意大利国内一直存在着反对、批评的声音。这方面最有影响的,是教会系统的报纸,如《教廷公报》、《罗马观察家报》等。它们大胆公布带有反法西斯意味的教皇训喻,刊登抨击法西斯主义的文章。由于教会的特殊地位,政府对它们也奈何不得。其他反战、反法西斯的社会党团报刊,就没有这样的有利条件。1941年,被打入地下的共产党、社会党和其他党派共同组成了"意大利人民统一行动委员会",共产党的几家秘密报刊成为组织各种抵抗活动的中坚力量。其中最有影响的是秘密出版长达 18 年之久的《团结报》。该报原在国内秘密印刷,后转到国外印刷,通过秘密交通线在群众中广为散发。1943 年和 1944 年,米兰、都灵等大城市发生大规模的罢工运动,给统治者以沉重的打击。工人普遍认为,是《团结报》策划并领导了这几次罢工。共产党办的另一家报纸《斯巴达克斯的呼声》也是当时影响较大的地下报纸。

第二节 同盟国的战时新闻政策

以英国为中心的西方国家是当时法西斯国家争夺的主要对象,也是能够防止和推迟大战爆发的主要力量。但是,这些国家从 20 世纪30 年代起,就开始采取绥靖主义政策,它们宁愿对凡尔赛-华盛顿体系进行某些调整,放弃部分既得利益,以求同法西斯国家妥协,而将战争祸水引向东方。具体到新闻传播上,英国大报《泰晤士报》的主编道森就一度主张对德妥协,并且还为希特勒的侵略进行辩护。1938 年 9 月肢解捷克斯洛伐克的《慕尼黑协定》签署后,该报竟于 9 月 7 日发表社论说:捷克割让这一个日耳曼居民区对捷克有利,因为可以"使捷克成为种族更为纯粹的国家"。这一言论明显是为纳粹张目,因而遭到有识之士的严厉指责。该报出版 200 年特刊时,特别承认 1938 年 9 月 7日的社论是它历史上的重大污点。

直到 1939 年 9 月德国大举进攻波兰,英、法才对德宣战,同时宣告了绥靖主义政策的破产。战时英、法等反法西斯同盟国家普遍进行了新闻政策上的调整,加强了新闻控制与检查。

一、英国

第二次世界大战爆发后,为了统一管理战时新闻宣传,英国设立了宣传部,发表官方新闻,并对邮电和新闻实行检查。这种检查,开始阶段颇为严厉,因而受到议会的强烈批评。在9个月的时间内,政府3次更换宣传大臣。后来宣布各报社、通讯社记者可以直接向政府及海、陆、空军事当局采访消息,但仍须接受检查。在当时的同盟诸国,英国的新闻检查被认为是"粗暴而严厉的"①。英国共产党著名的政治活动家威廉·鲁斯特创办的《工人日报》(1930年),因为抨击帝国主义的殖民政策,揭露法西斯侵略和英国政府的绥靖政策,政府对它十分不满,多次被罚款,工作人员被判刑。1941年1月到1942年5月被勒令停止出版。北岩于世纪初创办的《每日镜报》也因抨击丘吉尔首相而几度险遭停刊。

英国政府控制新闻传播的措施,一方面源于第一次世界大战时期的历史传统,同时也与首相丘吉尔对新闻传播的认识有关。丘吉尔认为,战时的新闻传播,实际是敌我双方都想施展权谋、获得胜利的一个重要战场。所以决不能任凭新闻界随心所欲地行事。在国家安全利益与新闻自由之间,无疑是国家利益优先。新闻报道自由应当服从战时的政治经济需要,新闻传播必须置于政府与军事当局的控制之下。他曾指示当时的新闻大臣伦丹·布雷肯:"我们的确能够向报馆的社长或总编辑指出,报纸在刊登主张采取特殊行动或警告人们注意特定地区的危险的文章以前,应向新闻部的军事顾问征求意见。"他还说,"当军事行动正在筹划进行或正在进行中的时候,臆测跟泄密一样有害。敌人不知道这不是泄密。前途很有希望的军事行动,由于报纸开展讨论,实际上不得不放弃。如果我们即将开始一个进攻性的作战行动,我认为这一切是很严重的问题"②。在这种思想的指导下,英国政府对信

① 〔美〕迈克尔·埃默里、埃德温·埃默里:《美国新闻史》,新华出版社,2001年版,第400页。

② 张昆:《简明世界新闻通史》,武汉大学出版社,1994年版,第226页。

息渠道的控制十分严格。军方不但常常向记者封锁关于战事的消息，一些消息即便为记者们所获得，也必须经过严格的新闻检查，将一些敏感的内容删除，以免出现泄密情况。

二、法国

早在德国进攻法国之前，希特勒就开始了对法国的宣传攻势，主要手段是收买报纸。1933 年至 1938 年德国用于法国的宣传费为 600 万马克，1938 年以后，每年增至 2 400 万马克。仅仅是出卖捷克斯洛伐克的《慕尼黑协定》的报道，就贿赂了 1 000 万法郎。鉴于这种情况，法国政府曾颁布一系列法令，采取了大量的针对性措施，对新闻界实行严格管理。1939 年 9 月 3 日法国正式对德宣战。1940 年 5 月以后，法国政府加强了对新闻界的控制。5 月 24 日，政府建立了出版许可证制，并对各个报社的物资实行统一管理。新闻界转入战时轨道。

1940 年 6 月，法国政府向德军求和。7 月，贝当元帅偏安南方小城维希，宣告"法兰西国家"成立，自任元首。维希政府设立了新闻处，对所有新闻报道进行检查，对报刊实行严格的控制。新闻处向各个报刊发号施令，并提出所谓的指导性意见，经常强迫报纸刊登某些指定稿件，甚至连第一版的版样都要加以具体规定，每天还要对一些综述性稿件提出自己的"建议"。1941 年初，维希政府新闻处就贝当元帅到外地出巡一事发布宣传指令，对有关此事新闻报道进行了详细的规定。具体如下：

……在元帅的言谈中，应该毫无顾忌地把那些能够激发起法国民众爱国热情的词句强调出来。如"对未来满怀着信心"、"物质精神方面的复苏"、"法兰西的复兴"，等等。必要之时，应对政府自 1940 年 7 月（维希政府成立之时——笔者注）以来的所作所为加以足够的说明。

要在行文中表现出——不应该过分强调——德国占领当局对法国国家元首的尊敬，反映出贝当元帅在言谈中的性格特点、法德双方会谈的"气氛"，特别是要指出元帅在奉行法德合作政策方面的可贵之处①。

新闻处甚至要求在称呼国家元首时，切忌使用"老"字，即使在名

---

① 转引自〔法〕彼·阿尔贝、弗·泰鲁：《世界新闻简史》，中国新闻出版社，1985 年版，第 125 页。

字前面加上"卓越的"或"勇敢的"之类赞誉之辞,也不能犯这个忌讳。要突出表现元帅所具有的那种健壮的体魄,生就的仁慈之心,清醒的头脑,以及对于各方面问题的浓厚兴趣。但是,对于元帅具有的这些优秀品质,无需执意描绘,大肆渲染,而是应该在叙述事实的过程中,将其自然而然地流露出来。维希政府对报刊管理的严格程度由此可见一斑。

德国占领巴黎后,原在巴黎出版的许多报纸迁到了南部。由于德国人在巴黎建立了"法兰西新闻社",哈瓦斯通讯社撤到了南方城市维希。1940 年 11 月,哈瓦斯社被肢解拆散,各分社均被维希政府控制,隶属于"法兰西新闻局"。1942 年底,德军入侵法国南部,维希政府对新闻界的控制更加严格。许多报纸停刊,保存下来的也失去了最后的自由,成为傀儡政府掩盖投降真相的工具。

三、美国

太平洋战争爆发后,美国的新闻管理立即进入战时状态。政府成立了新闻检查局,美联社执行主编拜伦·普赖斯被任命为局长。该局有 14 462 名工作人员,他们专事对美国与其他国家之间往来邮件、电报和无线电通信的强制性检查工作。为了严格战时新闻管理,政府于1942 年 1 月 15 日颁布了《美国报刊战时行为准则》。该准则规定,所有印刷品不得刊登有关军队、飞机、舰船、战时生产、武器、军事设施和天气的不适当的消息。类似的规定也下达到广播电台。

新闻发布以及政府宣传活动方面的事宜则由总统亲自下令组建的战时新闻局负责。该局是针对当时一些报纸的"泄密"行为设立的。珍珠港事件爆发前几天,《芝加哥论坛报》报道了罗斯福政府的应急"战争计划",并透露了美国官员关于未来局势的战略考虑。该报道使罗斯福非常生气。1942 年 6 月中途岛战役胜利时,该报又刊登一篇报道,暗示美军情报机构破译了日本人的密码,因而美军指挥官准确知道日本航空母舰即将到达的位置。政府极为愤怒,以致要考虑起诉这份报纸,但此事最终不了了之。为了使信息发布方面的工作集中有序地进行,同美国政府的总体战目标相一致,1942 年 6 月,总统下令设立了战时新闻局,局长埃尔默·戴维斯由罗斯福亲自选定。战时新闻局下设新闻处,其主要职能是代表国家发布战争新闻。凡与战争密切相关的消息,或者涉及不止一个政府部门的活动的消息,必须经由该处发布。新闻处的年度预算为 100 万美元,有 250 名固定的雇员。有关战争的新闻稿件(包括消息、特写、图片、漫画、文摘等)和背景材料,由此发送到国内各地的新闻媒体和海外新闻处,然后再通过海外新闻处向世界各地发送新闻。新闻检查局与战时新闻局的成立,一方面保证了有害信息的及时剔除,同时也使美国的战时言论与政府保持了高度的一致性。

第三节 "二战"期间的舆论战

无论就规模、范围还是影响力而言,"二战"期间交战各国对新闻媒体的利用均达到有史以来的最高水平。报刊、通讯社的作用自不待言,战前发展起来的新媒体——无线电广播因其可以逾越大部分战役战术障碍、内容灵活自如、覆盖面广、影响力强、接受简便的特点,在战争中更是大显身手,成为"二战"期间的强势媒体。交战双方利用媒体强化战争意志,鼓舞民心士气,同时利用它来攻破敌军的心理防线,动摇敌军的战斗意志,展开了一场激烈的舆论攻击与反击战。

一、法西斯轴心国的新闻宣传

1939 年 9 月 1 日,德国发动了对波兰的进攻,由此开始了第二次世界大战的欧洲战争。德国采用闪电战术,很快就占领了大半个欧洲。

"二战"期间,德国新闻媒介全部转入战时轨道,成为希特勒得心应手的宣传工具。战争之初宣传部长戈培尔即告诫纳粹宣传人员,应当把大战的责任完全加到敌人的身上去,即使与事实不符合,也要把它当作真实的情形看待。为了达到这个目的,纳粹的宣传工具置客观性、真实性原则于不顾,竭力掩盖战争的侵略性质,大搞欺骗宣传,愚弄德国人民。

德国侵占捷克领土(1938)之前,纳粹分子曾煽动捷克境内的日耳曼人在布拉格、布鲁恩和伊格劳等城市寻衅滋事。捷克警察奉命不得采取行动,以防事态扩大。德国报刊却不顾事实真相,造谣说捷克人迫害"可怜的日耳曼人",并大张旗鼓地宣传。许多消息连同标题,如《捷克野兽击倒怀孕的日耳曼女人》、《捷克蛮人使赤手空拳的日耳曼人普遍受到血浴》等,都是由戈培尔亲自确定的。这样做的目的,是为德国吞并捷克制造借口。

德国侵略波兰之前,纳粹宣传机构又一次如法炮制。1939 年 8 月 10 日,《柏林日报》以大字标题发出警告:《当心波兰!》;《领袖》日报的标题是:《华沙扬言将轰炸但泽——极端疯狂的波兰人发动了令人难以置信的挑衅!》。8 月 26 日,《柏林日报》出现耸人听闻的标题:《波兰完全陷入骚乱之中——日耳曼人家庭在逃亡——波兰军队推进到德国国境边缘》;《十二点钟报》的标题是:《这样的玩火行为太过分了——三架德国客机受到波兰人的射击——走廊地带许多日耳曼人农舍成了一片火海!》。8 月 27 日,官方喉舌《人民观察家报》头版登出了一个高达一寸的通栏标题:《波兰全境均处于战争狂热之中! 150 万人已经动员! 军队源源送往边境! 上西里西亚陷入混乱》。8 月 31 日,纳粹党卫队表演了伪装波兰入侵的一幕。9 月 1 日,德国百万大军越过了德波边境。

在进行国内宣传、煽动战争狂热的同时,纳粹政府还利用无线电广播进行针对同盟国的宣传。1940 年 5 月,德国进攻法国之前,首先对法国展开了强大的谣言攻势。他们利用 3 个功率强大的电台,播放捏造出的法语新闻,使听众误以为是法国官方提供的消息,从而在法国国内引起极大的恐慌与混乱。德军入侵法国的第二天,巴黎报界宣称,有人发现德国伞兵化装成邮差、警察、牧师或修女。此后,这类谣言越来越多,如"法国甘林总司令已经自杀"、"德国伞兵已在巴黎公园降落"、"孩子们不少已经吃了有毒的巧克力死亡"、"法国使节将与德国签订停战协定"等等。这些虚假新闻对法国军民产生了极为恶劣的影响,大规模而毫无结果的搜捕、盘查又加剧了混乱局面。川流不息的难民拥塞在所有的公路上,军队简直无法调动①。这种混乱最终导致了法军的失败。

对英国的宣传也是如此。战时德国创办了用英语播送的对英中波广播和对全世界的短波广播。其中最有名的节目是由"赫赫勋爵"主持的。"赫赫勋爵"原是英国人,能用纯正的牛津口音与英国听众谈天说地、打趣逗乐。早在德国进攻波兰之前,"赫赫勋爵"就开始出现,据

---

① 展江、杨鲁江:《新闻与战争》,上海人民出版社,1991 年版,第 5 页。

称 1939 年 4 月以后,英国有 1 800 万架收音机收听他的广播,除少数之外,几乎所有的人都成为了他的忠实听众。德国进攻波兰后,"赫赫勋爵"不再谈论风土人情,而开始攻击英国政府的政策,罗列统治阶级的种种"罪状",挑拨英国民众与政府的关系。"赫赫勋爵"惯用的手法是,用一种悲天悯人的语调向英国听众现身说法,如提到英格兰时,先着意描绘它美丽的风光,敦厚的人情,然后话锋一转说,"这里的男人们在欧洲大陆打仗,女人们却在家中哭泣!"他还旁征博引报章言论、政府报告,似乎言之凿凿,使英国政府颇为苦恼。《舆论》季刊说:"赫赫勋爵的宣传,已经被人们迅速接受,都说他讲得有道理。"《纽约时报》的伦敦通讯员也说:"显然有许多不加深思的英国人,在以失败主义的口气复述着'赫赫勋爵'的话,并引为格言。"[①]"赫赫勋爵"每天播音 15 分钟,时间不固定,其使用的频率与 BBC 短波频率很接近,目的是让英国听众弄错频率。

纳粹新闻媒介这种狂热的鼓噪和欺骗性的宣传,具有极大的蛊惑力和影响力。在国内,它使德国民众"义无反顾"地集合在法西斯的战旗之下,成为希特勒庞大的战争机器的推动力。在国外,它制造矛盾、引起社会心理恐慌以削弱反法西斯队伍的力量。这种蛊惑人心的、煽动性的、欺骗性的宣传被后人视为一种典型的宣传模式,即"纳粹式宣传"。

日本的新闻媒体在欺骗国内民众、宣传军国主义思想、煽动战争情绪、掩盖事实真相、炫耀和夸大战果方面,也发挥了重要的作用。特别是在战况报道方面,日本媒体完全按照军方提供的消息报道,这些报道极力夸大日军的战绩而缩小损失,给日本民众造成了"皇军胜利"的假象,从而在一定程度上维持了法西斯军国主义的狂热。

在对内进行欺骗性宣传的同时,日本军部也展开了对外宣传战。这种宣传战主要是通过无线电广播来进行的。早在 1935 年 6 月,NHK就开始用英语和日语对北美西部、加拿大西部、夏威夷等日侨比较集中的地区进行广播,并且先后于中国北平、上海、南京等地设立电台,宣传大东亚共荣圈。1942 年,日本又在马来亚、缅甸、菲律宾、印度尼西亚等占领地建立广播电台。至 1944 年,日本的对外广播共使用 24 种语言,每周播音 340 小时。

---

① 展江、杨鲁江:《新闻与战争》,人海人民出版社,1991 年版,第 97 页。

意大利在战争期间也急剧扩大了对外广播的对象区域,配合军事行动进行法西斯的军国主义宣传,蛊惑人心。

法西斯国家这种狂热的战争鼓噪和欺骗性的宣传,具有极大的煽动性。战争期间这些国家的媒体已经成为法西斯战车上一个不可缺少的"零部件"。

二、反法西斯同盟国的新闻宣传

针对法西斯国家的舆论攻势,反法西斯同盟国展开了大规模的舆论反击战。

"二战"爆发后,在德军的狂轰滥炸之下,英国伦敦各大报纸没有停止出版,而是转入地下,以高昂的热情号召全国人民团结起来,抵抗德军的进攻。虽然由于纸张的限制各报减少了篇幅,但报纸的战斗性却没有因此而受影响。战争期间,广播更是发挥了重要的作用。战时政府紧缩对国内的广播,加强了对国外尤其是对欧洲的广播。为了配合英国政府的心理战,BBC 改归政府宣传部管理,人员迅速扩充,战争头 3 年就翻了一番。1942 年中期,超过 1 万人。这些人员被分编在大约 250 个部处中,遍布世界各地。

从 1941 年起,英国就通过广播在欧洲开展了"争取胜利"运动。它的广播以事实为依据,比较客观地报道了战场形势,在反法西斯斗争中起了重要的作用。除了战时的新闻广播外,BBC 还经常邀请著名政治家、领导人发表讲话,激励民心士气。英国首相丘吉尔就是 BBC 的常客。他最有名的广播演说发表于 1940 年 6 月 4 日。这一天,英法联军被德军驱赶至敦刻尔克海边,狼狈地撤回英伦三岛。在"黑云压城城欲摧"的形势下,茫茫太空中响起了丘吉尔铿锵有力的声音:"我们要战斗到底。我们要在法国战斗;我们要在海洋上战斗;我们要日益相信自己的力量,在空中战斗;我们要在海滩上战斗;我们要在登陆区战斗;我们要在田野、街道、山冈战斗。我们决不投降!"他的演说极大地鼓舞了军队的士气,增强了欧洲人民与法西斯战斗到底的决心。

1941 年 6 月 22 日,丘吉尔又一次发表了令人难忘的广播演讲。那一天,正是德军进攻苏联的日子。他说:"敌人的敌人就是我们的朋友。"他绝不会因为自己长期坚持反对布尔什维克的立场而影响对认可与希特勒作战的人的帮助。他在演讲中公开放弃反苏观点,欢迎斯大林成为反希特勒的盟友。这篇演讲成为不久后形成的世界反法西斯统一战线的先声,显示了丘吉尔作为政治家的韬略。

美国著名记者威廉·曼彻斯特曾经风趣地评论丘吉尔出色的演说。他说,在德国空军对英国狂轰滥炸之际,英国人只剩下了3样东西:一是皇家空军的勇气;一是莎士比亚的名言——"我们英国人从来不曾跪倒在征服者脚下,将来也不会";还有一样就是丘吉尔的声音。

BBC同时还为反法西斯阵营中其他国家的领导人提供讲坛。当时流亡在伦敦的荷兰女王威廉·敏那和挪威国王哈康七世经常通过BBC广播向国民发表讲话,号召他们反抗纳粹德国。他们的声音成为这两个国家反法西斯斗争的最高动员令。

法国人民同样是通过BBC广播熟悉自己的领袖戴高乐将军的。在法国沦陷、流亡英国期间,戴高乐通过广播多次发表演讲,号召法国人民奋起抗战。他甚至通过广播指挥作战行动,以致得到"麦克风将军"的戏称。在盟军登陆诺曼底的前几天,戴高乐通过广播向分散在法国各地的抵抗组织发布动员令,要求他们同意组成"法国内地军",之后命令"法国内地军"在指定的时间里与盟军里应外合,顺利登陆。军事行动结束后,盟军最高统帅艾森豪威尔感慨地说:戴高乐通过广播指挥军事行动,"等于给盟军增加了15个师"。

"二战"中,美国的新闻媒体也发挥了重要的作用。"大多数观察家认为,美国报纸和电台对第二次世界大战的报道达到了有史以来最出色最充分的程度"[①]。这一成就主要归功于各新闻媒介的驻外记者和战地记者,其人数最多时一度达到500名。另外,美国武装部队也委派了1 646名新闻报道员。这些记者及新闻报道员出没于炮火硝烟之中,每天采集并发回大量的战地报道及评论。《纽约时报》的军事评论、战略分析文章在当时享有很高的声誉。该报科学记者威廉·劳伦斯成为战争期间目睹原子弹爆炸的唯一见证人和记录者。《芝加哥论坛报》则第一个全面报道了苏芬战争、德国入侵挪威及苏德战争的生动场面。在战争期间的报纸中,涌现出一大批普利策奖获得者,他们的

---

① 〔美〕迈克尔·埃默里、埃德温·埃默里:《美国新闻史》,新华出版社,2001年版,第402页。

新闻报道获得国内外的高度评价。

与报纸相比,广播电台的战争报道,尤其是现场报道似乎更为出色。战时最著名的现场报道之一,是美国哥伦比亚广播公司记者爱德华·默罗所作的《这里是伦敦》节目。默罗从1940年8月18日开始在伦敦向美国听众现场报道英国战场的情况。他每次都以"这里是伦敦"为开场白,以伦敦当时的习惯语"晚安,祝你幸运"为结束语。他不顾敌机轰炸,不顾弹片横飞,驾车在伦敦城中四处奔波,报告他在现场的所见所闻。"每当他那镇定但十分富于感染力的声音从收音机里一传出,整个美国都在倾听"①。他生动逼真的现场报道,使当时保持中立的美国领悟到这场战争的性质,并感受到英国人民的坚强意志和乐观精神。默罗出色的报道使《这里是伦敦》节目在美国家喻户晓,成为现场报道的典范。

另一次著名的现场报道,是1944年6月6日关于诺曼底登陆的报道。那一天,美国广播公司记者乔治·希克斯站在美军"安康"号战舰上,随着战事的推进,及时、生动地报道盟军的这次重大行动。在他的描述下,人们仿佛看到了诺曼底登陆的壮阔场面——敌机的疯狂扫射,盟军舰队的英勇进攻,敌机坠毁时的滚滚浓烟……希克斯的这一现场报道长达一个多小时,后来荣获"登陆日奖章"。

战时的美国总统罗斯福也是一位善于利用广播的行家里手。第二次世界大战打响后,他适时抓住每一个机会,一次次发表广播演说,巧妙地将美国舆论和民心由反对参战逐步引向支持参战。特别是日本偷袭珍珠港的第二天——1941年12月8日,罗斯福在国会发表了著名的"国耻日"演说,从广播中聆听这次演说的美国听众创下了收听人数的最高纪录。在演讲中,罗斯福言之凿凿地列举了日军到处侵略的事实:"昨天,1941年12月7日——这是一个永志不忘的奇耻大辱的日子——美利坚合众国遭到了日本帝国海空部队的有预谋的袭击。昨天,日本政府还发动了对马来亚的进攻。昨夜,日军进攻了香港。昨夜,日军进攻了关岛。昨夜,日军进攻了菲律宾群岛。昨夜,日军进攻了威克岛。今晨,日本人进攻了中途岛。"在激起听众的愤慨之后,他义正辞严地要求国会通过美国对日本宣战的决定。美国的参战加强了世界反法西斯阵营的力量。

----

① 胡耀亭主编:《世界广播电视》,重庆出版社,1999年版,第12页。

三、苏联卫国战争中的新闻宣传

1941 年 6 月 22 日,纳粹德国在横扫欧洲之后回师东方,发动了对苏联的战略突袭,苏德战争成为欧洲反法西斯的主战场。在斯大林的领导下,苏联人民进行了 4 年艰苦卓绝的卫国战争。在这场神圣的战争中,苏联报业全面转入战时轨道,集中进行保卫祖国、反击侵略者的宣传鼓动,为夺取战争胜利作出了不可磨灭的贡献。

(一)调整报刊结构,全部活动转入战时状态

战争一开始,为了集中人力物力搞好军事宣传,根据联共(布)中央的决定,原有报业结构作了重大调整。首先,停办、合并了一批专业报纸和政治、社科、文艺类刊物。其次,减少原有报刊的篇幅、期数和发行量,如《真理报》和《消息报》等中央报纸由战前每天 6 版减少为 4 版,地方报纸由 4 版减少为两版;各共和国、州一级的报纸由每周出 6 次减少为 5 次,区报由每周出 3~5 次减少为 1~3 次;许多报纸的发行份数也减少了。再次,大力发展军事报刊。战前,苏联只有《红星报》、《红海军》两种军报和几种理论杂志。战争爆发后,又创办了两份新的中央军报——《斯大林之鹰》和《红色的鹰》,曾办了一批新的中央级军事杂志。在卫国战争的前线,出版了一批前线报,包括兵团报、军团报、师报和旅报,读者对象是各级指挥员和广大士兵。在敌后方还有游击队报和敌占区报。总之,哪里有战场哪里就有军事报刊。到卫国战争结束时全国共有 821 种军事报刊,发行量超过 300 万份。

(二)充实军事记者队伍,加强军事报道

战争开始后,联共(布)专门研究了军事记者工作,许多党报记者争相转到军报工作或走上前线从事军事报道。苏联作家协会有三分之一的会员(1 000 多名)以军事记者身份奔赴前线,其中最为著名的有:米·肖洛霍夫、亚·法捷耶夫、康·西蒙诺夫、阿·托尔斯泰、亚·特瓦尔多夫斯基、鲍·波列伏依等人,连 80 高龄的老作家亚·绥拉菲莫维奇也到过战区。

这些走上前线的军事记者出生入死,不畏艰险,常常冒着枪林弹雨同战士们一起冲锋、侦察和挖战壕,及时采写了大批优秀的通讯、报告、特写,给全国和全世界人民以极大的鼓舞。当时的报社编辑部也在极其危险的条件下工作。《真理报》编辑部附近经常遭到空袭,有时炸弹

就在编辑部对面的街道上爆炸,燃烧弹落在印刷厂的屋顶上,编辑部人员和印刷工人仍坚守岗位,按时出报。从 1941 年到 1945 年,世界上有 35 个国家出版了苏联记者有关卫国战争的作品,苏联报刊的影响遍及全世界。

这场战争锻炼和考验了苏联新闻工作者,几百名军事记者在火线采访中献出了生命,仅《消息报》社就有 44 名记者牺牲,占该报记者人数的五分之一。苏联政府先后向 300 多名新闻工作者颁发了勋章或奖章。

(三) 全力进行抗击侵略、保卫祖国的宣传鼓动

在这方面许多报纸都做得十分出色,而《真理报》更是一面旗帜,被最高苏维埃主席团主席加里宁称为"最先进的前线报刊"。它与人民群众发出同一个声音,每日不断地号召人民投入战斗,打击敌人,介绍和推广人民斗争的各种形式,把这片广阔大地上的苏联人民都吸引到反法西斯侵略者的斗争中来,吸引到支援前线的事业中来。

《真理报》和其他各报的宣传内容主要集中在以下方面。

1. 及时报道战争进程

从敌人入侵,到列宁格勒保卫战、莫斯科保卫战,从斯大林格勒大决战到战略大反攻、向柏林进军,报纸不仅迅速详实地报道了战况,而且饱含激情地展示了苏联红军从莫斯科走向柏林的光辉历程。在报道战争进程时,为了鼓舞士气,报纸经常使用通栏大标题,并在报眼处刊登口号,大量使用新闻图片。同时配合军事报道大量刊发诗歌、评论、战地特写和前线来信等,为苏军取得的每一个重大胜利鼓与呼。

2. 揭露法西斯的侵略本性和罪行

《真理报》在许多文章中批判了法西斯的种族主义理论,这种理论认为只有日耳曼民族才是"高贵的种族",叫嚣"应当采取各种手段,使德国成为世界的征服者"。报纸又通过大量事实指出法西斯德国入侵苏联是蓄谋已久的,它们早就把苏联看作征服世界的最大障碍,希特勒早就说过,消灭布尔什维克是他一生的目标,是纳粹的基本思想。这就使苏联人民加深了对敌人反动本质的认识。随着战争的扩展,各家报纸不断报道法西斯强盗在苏联土地上犯下的滔天罪行,刊登他们大批杀害平民、毁灭村庄和城镇的照片,及时揭露法西斯宣传中夸大战果、蛊惑人心的谎言,从而使苏联人民同仇敌忾、信心百倍地迎战来犯之敌。

3. 大力宣传英雄业绩，为苏联人民树立楷模

在报道卫国战争主要战事的同时，报纸还以大量笔墨介绍为国捐躯的苏联英雄的事迹，进行爱国主义和革命英雄主义的教育。例如，报纸曾报道尼古拉·加斯捷洛大尉驾驶起火的飞机与敌机相撞的事迹；报道莫斯科保卫战中巴甫留琴科团的红军战士英勇抗敌的事迹；报道900天围困中列宁格勒守军和市民在严寒和饥饿中坚守阵地的事迹；报道被法西斯残酷杀害的女游击队员卓娅的感人事迹。1943年9月，《真理报》刊登了作家法捷耶夫的特写《永生》。作者以感人至深的笔触描述了克拉斯诺顿城的共青团员奥列格、邬丽娅、伊凡、谢尔盖、柳波芙在地下党组织的领导下与德国占领军英勇斗争，最后全都壮烈牺牲的事迹。战争结束后，法捷耶夫根据六青年的事迹写出了长篇小说《青年近卫军》。

4. 动员后方人民加紧生产，支援前线

报纸大力宣传"一切为了前线，一切为了胜利"的口号。当莫斯科工人倡议每月义务劳动一天，将所得报酬购买武器支援红军时，当集体农庄的农民自发捐款购买坦克飞机支援前线时，当工人农民开展劳动竞赛为前线生产更多物资给养时，报纸都大力报道，并倡导学会珍惜时间，提高工效两至三倍，在每一分、每一秒里生产出更多的煤和金属、更多的大炮和炮弹、更多的粮食和衣物。从而在全国掀起一浪又一浪的支前高潮。到1943年，苏联的工业、农业、运输业都有了迅速的发展，军事生产规模急剧扩大，为战争形势的根本转变提供了强大的物质保证。

在卫国战争中，无线电广播的作用也是不可低估的。就在德军入侵的当天，外交部长莫洛托夫便代表苏联政府发表了谴责敌人进犯的广播演说。7月3日斯大林通过广播发表告苏联人民书，号召全民动员，迎头痛击法西斯侵略者。整个战争期间，许多党政领导的讲话和号令、塔斯社的新闻、军方的战报、来自前线的通讯、沟通前方和后方的大量群众来信，都是通过广播迅速及时地传向广大军民的。据统计，战争期间全苏电台（苏联的中央广播电台）共播出2 000多份战报、2 300多条最新消息、8 000多封信件以及7 000多篇战地通讯，有力地鼓舞了全国军民抗击法西斯的斗志。尤里·列维坦是卫国战争时期最有名的播音员之一。他的声音亮如洪钟，具有强烈的震撼力，以致人民听了欢欣鼓舞，敌人听了心惊胆寒。希特勒曾扬言，占领莫斯科以后要绞死几

个人,其中之一就是列维坦。由此可见苏联战时广播宣传的巨大威力。

　　总之,在卫国战争期间,苏联媒体在团结人民、教育人民、打击敌人方面发挥了巨大的宣传鼓动作用,在苏联新闻史上写下了光辉的篇章,也在世界新闻史上留下了重要的一页。

　　有关战争宣传的研究始于第一次世界大战,哈罗德·D·拉斯韦尔的《世界大战中的宣传技巧》即为开山之作。在这本书中,拉斯韦尔建立了宣传研究的理论框架,从而使他成为传播学"四大奠基人"之一。第二次世界大战是人类历史上规模最大的一场现代化战争,也是媒体的技术手段、专业化程度不断进步条件下的战争。因此,"二战"期间的新闻宣传无疑为研究者提供了更多鲜活、生动的案例。其中的一些手段和技巧直到今天还在沿用。

第五章

"冷战"时期的新闻传播事业

第二次世界大战重创了欧洲,德意被打败,英法被严重削弱,19 世纪以来欧洲的世界霸主地位一去不复返。基于欧洲均势的世界旧格局被打破后,在雅尔塔体系基石上形成的以美苏对峙为特征的新的国际格局开始出现。20 世纪 40 年代末期,美国联合以欧洲为主的西方十余国成立了北大西洋公约组织,这一军事政治联盟的出现,标志着以美国为首的帝国主义阵营的形成。与此相对应,50 年代中期,苏联联合东欧社会主义国家成立华沙条约组织,从而使东西方最终形成了两大对抗的军事集团。两大军事阵营形成的同时,苏联联合东欧国家(外加蒙古、古巴、越南)成立了经济一体化组织——"经互会";在美国的直接推动下,西欧国家先后成立了两个经济一体化组织——欧洲经济共同体和欧洲自由贸易联盟。以美苏为代表的两大阵营在政治、经济、军事和意识形态等方面展开了旷日持久对抗与较量,世界由此进入"冷战"时代。

伴随世界政治、经济、军事格局的变化,新闻传播业也发生了重大的变化,出现了以苏联为首的社会主义国家和以美国为首的资本主义国家两大阵营的媒体,两者相互对峙,彼此隔绝,构建了一道坚固的意识形态藩篱。因德国、朝鲜分裂而出现的两国媒体分而治之的局面,就是这种对峙状态的集中表现。

"二战"以后,在殖民地国家民族主义浪潮的冲击下,延续数百年之久的殖民主义体系土崩瓦解,许多国家摆脱殖民枷锁,获得独立(战后民族独立的国家有 120 个)。独立后,各国采取一系列措施创办民族报刊,建立国家通讯社,开办广播电视,建立了不受殖民当局控制的、独立自主的新闻体系。

"二战"结束后,世界各国的电视事业得以恢复和兴盛。自 20 世纪 50 年代起,电视业获得了突飞猛进的发展。电视台增多,电视技术日臻完善,新的传播形式不断出现(彩色电视、有线电视、公共电视、卫星电视),日趋现代化的电视传播体系形成。电视开始拥有越来越多的受众,逐渐成为大众传播中的强势媒体。电子传媒(包括广播)的快速发展,极大地改变了人类获取信息的方式。1964 年,加拿大学者马歇尔·麦克卢汉在他的《理解媒介——论人的延伸》一书中提出了"地球村"(Global Village)的概念,认为借助电子传媒,人们对地球上的重大事件的了解已经实现了同步化,空间距离和事件差异不复存在,整个地球在时空范围内已经大大缩小。

第一节　苏联、东欧国家新闻业的发展

一、苏联新闻业的发展

反法西斯战争的胜利奠定了苏联世界一流军事强国的地位,但是苏联为此也付出了高昂的代价。因此,迅速医治战争创伤、恢复国民经济也就成为战后苏联的当务之急。配合党和苏维埃的中心任务,苏联媒体迅速转入战后社会主义建设宣传的轨道。与此同时,在社会主义制度所提供的各项保障的基础上,苏联新闻业也进入了一个快速发展时期。

(一)报业

"二战"后,因战时需要而大为缩减的苏联报业得以恢复、发展,并在战后初期社会主义建设年代发挥了主力军的作用。1946 年 3 月,苏联最高苏维埃通过了《苏联 1946—1950 年恢复和发展国民经济五年计划令》,这也就成为报刊宣传的重要内容。在《真理报》、《消息报》等中央一级报纸的带动下,各报调动一切手段大力宣传战后五年计划,倡导并组织全国性的社会主义劳动竞赛,表彰劳动竞赛中涌现出的先进人物和伟大创举,及时总结经验、予以推广。在报纸的推动和引导下,社会主义劳动竞赛的热潮一浪高过一浪。到斯大林逝世时,苏联经济得到恢复发展,国力有所上升,人民的物质文化生活也得到一定的改善。与此相应,苏联报业也修复了战争创伤,获得了较大的发展。1956 年,苏联用 52 种民族语言和 5 种外语出版报纸 7 537 种,发行量为 5 350 多万份;用 40 多种民族语言和 10 种外语出版杂志 643 种,发行量为 3.2 亿多份。无论就种类还是发行量而言,报刊发展远远超过战前水平。

这一时期,苏联共产党中央高度重视报刊宣传工作,并以决议形式责成党的各级报纸编辑部成立编辑委员会。按照规定,"以总编辑为首的编辑委员会根据加盟共和国共产党中央、边疆区委员会和州委会的指示,对报纸进行经常的思想政治领导和组织领导,指导编辑机关、出版处和印刷所的活动"①。这就形成了一直延续到 20 世纪 80 年代末期的中央机关报编委会制度。

斯大林执政时期,随着他的威望的提高,对他的个人崇拜也日趋盛行。在此氛围下,斯大林越来越多地实行个人专断,社会主义的民主和法制遭到破坏。在斯大林的授意和领导下,意识形态领域的批判运动一个接一个地展开。在这场运动中,一些作家、诗人被点名批判,颇负盛名的文艺杂志《列宁格勒》和《星》因刊登异己作品先是被点名批判,后《列宁格勒》杂志被勒令停刊,《星》杂志编辑部被改组。《旗帜》杂志和《哲学问题》杂志也因犯了"自由化错误"而被改组。在一系列批判运动之后,苏联思想战线归于沉寂,不同声音也哑然消失了。

斯大林逝世后至戈尔巴乔夫上台前,苏联经历了赫鲁晓夫、勃列日涅夫、安德罗波夫和契尔年科四任领导人执政时期。期间虽有一些体制上的变革和政策上的调整,如赫鲁晓夫继任后着手新经济体制试验,并有限度地开放言禁,打破了意识形态领域的僵局,但从总体上看,包括新闻体制在内的国家政治体制、制度没有发生根本性的变化。

1985 年是苏联发生历史性转变的一年。这一年,戈尔巴乔夫担任了苏共中央总书记。戈氏上台前,苏联处在一个长期的停滞时期。特别是 70 年代以后(勃列日涅夫执政时期),苏联经济开始滑坡,国内长期潜伏着的一些问题也逐渐暴露出来,比如机构臃肿、腐败滋生、因循守旧、纪律松弛等。受这一时期大环境的影响,苏联报刊也逐渐失去了

---

① 张隆栋、傅显明:《外国新闻事业史简编》,中国人民大学出版社,1988 年版,第495 页。

活力,内容雷同,千篇一律。当时中央级报纸如《真理报》(苏共中央机关报)、《消息报》(苏联最高苏维埃机关报)等大量刊登会议文件、领导人讲话以及各种说教性的内容。人们对这两大报纸很不满意,戏称"《真理报》上没真理,《消息报》上没消息"。

　　戈尔巴乔夫上台不久,苏共即提出加速经济发展的战略,同时提出"进一步民主化"、"扩大公开性"的主张,并且对媒体寄予厚望。按照戈尔巴乔夫的要求,从1985年底到1986年初,苏联媒体在宣传方针和报道内容上进行了调整。调整后的一个重要变化,就是开始大张旗鼓地披露和抨击社会中的阴暗面。这在以前是不可想象的。因为此前苏联人从官方、从媒体上了解到的是:他们已经进入社会主义的高级阶段了,马上就要向共产主义迈进了,这样的社会是不会有阴暗面的。如今媒体来了个180度的大转弯。报纸、杂志、广播电台、电视台竞相揭露阴暗面,抨击社会弊端,包括食品供应短缺、国营企业破产、民族冲突、恶性事故、吸毒、卖淫、走私等。各媒体在报道这类事件时,似乎在比谁揭露得最多,谁披露的消息最惊人,谁的用词最尖刻,谁的鞭笞最猛烈。有的报纸就是因为这方面表现突出而闻名的。如《论据与事实》原是一家小报,发行量几十万份,影响不太大,就是因为它经常刊登一些内幕新闻,发行量陡增至300万份。一些媒体从批评党在各个时期的路线纲领发展到全面否定社会主义制度,从批评个别领导人发展到直接攻击列宁、斯大林。面对媒体披露的大量问题,人们一下子变得无所适从了——旧有的东西被打碎,新的东西又没有建立起来,于是出现了信仰真空,失去了精神支柱。加上这一时期苏联在经济上实行"休克疗法",由于最初的调整不力使得经济迅速下滑,造成商品短缺、物资匮乏。苏联人民由此陷入精神、物质的双重困境中。

　　在戈尔巴乔夫的引导和媒体舆论的推动下,1990年2月,苏联开始实行多党制,不同党派纷纷出现。1990年8月,苏联第一部新闻法《全苏新闻法》开始实施。新闻法规定取消新闻检查,规定各类社会组织和年满18岁的公民个人都有权办报。这是对苏联原有新闻体制、制度的根本性的改变。新闻法实施后,许多党派(尤其是反对党)都出版了自己的报刊,有的公开反对社会主义,有的主张复辟君主立宪制,有的希望建立无政府社会,有的鼓吹民族分裂,而苏联共产党的声音却微乎其微。在重新登记的过程中,许多出版物脱离原来的创办者,自立门户。例如《论据与事实》与全苏知识协会脱钩;《莫斯科新闻》与苏联新闻社脱钩。一些报纸还删去了报头"机关报"的字样,表明自己是独立的报纸。

1991 年 8 月 19 日,苏联副总统亚纳耶夫等"为使国家摆脱危机",组成"国家紧急状态委员会",宣布接管总统权力。该委员会行事仅三天,便告失败。"8·19"事件后,当时已为俄罗斯总统的叶利钦(1991年 6 月由俄罗斯全民投票选出)下令停止俄罗斯共产党的活动,停办共产党的报刊,并宣布将俄罗斯领土上几百家共产党的印刷厂、出版社收归国有。紧接着,戈尔巴乔夫宣布辞去苏共中央总书记职务,并要求苏共中央自行解散。

"8·19"事件后不久,《真理报》恢复出版(8 月 31 日),但复刊后的《真理报》已经不是原来的样子。它在"致读者"中宣称要"成为公民和睦的报纸,要坚持中派立场,支持社会的民主改革"。印在报纸右上角的"全世界无产者联合起来"的口号被撤销,总编辑被替换,版面由过去的 6—8 版改为 4—6 版,发行量由 1 000 万份下降到300 万份,亏空 1.77 亿卢布(相当于 200 万美元)。"8·19"事件后,《消息报》由最高苏维埃机关报变为独立的报纸,报头上"全世界无产者联合起来"的口号被撤销,主编被撤职,发行量由 1 000 多万份下降到 470 万份。为了摆脱经济上的困境,《消息报》开始刊登广告,主要客户是外国公司。其他一些原先属于苏共党报系统的报纸,如《苏维埃俄罗斯报》、《莫斯科真理报》等也先后发生了类似的变化。

(二)广播电视

1. 广播

"二战"结束后,苏联人民迅速恢复遭到严重破坏的广播设施。战后两个五年计划对此都有具体的规定和要求。在党和政府的支持下和广播工作者的共同努力下,苏联广播事业在很短的时间内就完成了恢复和重建工作,1946 年,广播设施和居民收音机数量已超过战前水平。1947 年,列宁格勒、基辅、明斯克、里加、基什涅夫、利沃夫等城市相继建立新的广播电台,并开始播音。到 20 世纪 50 年代中期,苏联广播电台已达 130 座,收音机 740 万架。60 年代中期,广播电台 407 座(已有调频台),收音机 1 350 万架,广播喇叭 3 050 万个。70 年代收音机和广播喇叭数分别上升至 5 000 万个和 7 000 万个。到 80 年代末期,全苏有地方电台 176 座,转播台 6 270 座,同全苏广播电台一起组成庞大的、用 71 种民族语言播音的国内广播网。

居民拥有接收工具 18 740 万架,平均每千人 653 架,其中 10 480 万架是有线广播喇叭(一般可选择收听电台播出的 3 套节目)。

全苏(中央)广播电台是专门从事对内广播的国家电台,每天播出 13 套节目(实际制作的只有 5 套,其余是为适应不同时区作息情况而复制的),播音时间累计 214.2 小时。

第一套是综合性节目,覆盖全国,昼夜播放 20 小时,内容包括新闻时事、政治经济、科教、戏剧、音乐、体育等。该节目复制 4 套,通过卫星分别对远东地区、东西伯利亚、西西伯利亚、中亚地区播送。第二套又称灯塔广播电台,专门播出新闻和音乐节目,24 小时连续播放,覆盖 85% 的地区。以上两套节目各地方台都要转播。第三套是文艺、音乐节目,每天播出 17 小时,覆盖 45% 的地区,并复制 3 套对西伯利亚和中亚播放。第四套是面向莫斯科地区的音乐调频节目,每天播音 10 小时。第五套也是综合性节目,主要为海员、渔民、南北极勘查站工作人员以及其他境外苏联人服务,昼夜 24 小时播音。在苏联广播节目总体安排中,新闻和音乐节目占有相当的比重。

苏联专事对外广播的电台是莫斯科电台和"和平与进步电台"。

莫斯科电台是世界上历史最悠久的国际电台之一。1929 年 10 月 29 日,开始用德语广播,最初每周只播放 2 小时的新闻和斯大林言论摘录,后来逐渐增加播音语种和时间,20 世纪 80 年代末,用 77 种语言,每天播出 300 多小时。

莫斯科电台是官方电台,经费全部来自政府。不仅对世界各个方向广播,还办环球广播。内容以新闻为主,社会政治性节目是其重点。

"和平与进步电台"1964 年开始播音,自称属于公共团体的"苏联公众舆论之声"。实际上和莫斯科电台同属苏联广播电视委员会领导,只是播出侧重点不同。播出对象由最初的拉丁美洲地区扩大到北美和大洋洲以外的所有地区。从播出时间和播出语种来看,规模都比莫斯科电台小得多。"和平与进步电台"以民间面孔出现,向国外听众介绍苏联社会、经济、文化生活,还根据拉美各国电台的要求,为它们准备广播和电视节目。

苏联实行改革后,和报纸一样,广播作为官方喉舌的性质也发生了变化。

首先,从中央到地方不再遵循"舆论一律"的宣传方针,人们可以听到各种与官方不一致,甚至是相反观点的意见。

其次,1990年8月1日新闻法的出台使私人办电台成为可能,并为私营电台的开办提供了法律依据。

第三,1990年7月14日,戈尔巴乔夫发布"关于电视和广播民主化的命令"。此命令使广播不再由中央政府垄断控制,各个政党、各个政治团体和组织都有权利使用广播。

第四,新闻的公开性原则扩大了广播的批评报道面,宣传禁区逐步缩小,从生产、生活中的缺点、社会阴暗面、党内腐败现象到现行制度的弊端都在批评之列。

第五,停止干扰西方广播,采取与西方合作的态度。1991年"8·19"事件后,"美国之音"、"自由电台"加紧渗透,苏联当局对此置之不理。1991年8月28日,美国"自由电台"和"自由欧洲电台"在莫斯科设立常驻办事处。同年10月10日,英国广播公司成为西方第一家在莫斯科直接播音的电台。

第六,在广播风格和形式方面趋向亲切、自然、活泼、多样。

第七,改变了以往联邦一级电台不播广告的传统,"全苏广告公司"负责分配广播中的全部广告节目。

2. 电视

从20世纪50年代起,苏联电视业进入快速发展时期。1951年莫斯科电视中心改建为中央电视台,向全国播放节目。3年后,中央电视台开始播放(试播)彩色节目。与此同时,各地也大力兴建电视台,发展电视机生产。50年代上半期,苏联电视台的数量还不多,1954年只有10座;50年代后半期,在苏联政府关于大力兴建电视台和电视转播台决议的推动下,地方电视台和电视转播台纷纷建成。1958年,苏联有电视台67座,1965年达到400多座(含转播台)。居民拥有电视机1954年为70万架,1958年300万架,1965年1300万架,1970年达到3000万架。

60年代至70年代,苏联实现了电视卫星转播和节目彩色化。1965年,苏联成功发射了"闪电一号"通信卫星,不久,与之配套的地面站"轨道"站研制成功。1967年,苏联第一个卫星转播系统"闪电-轨道"投入使用。这套系统开发使用后,中央电视台节目的可靠接收范围进一步扩大,全国20多个城市的地面接收站都能接收到清晰度和莫斯科一样好的图像。1975年,苏联又相继建立了"荧光屏"、"莫斯科"、"地平线"3个卫星系统,使电视基本上覆盖辽阔的全苏国土。

苏联的彩色电视是 1967 年正式开播的。这一年的 10 月 1 日,莫斯科大街商店的橱窗里出现了播放着彩色图像的电视机。当以蓝天为背景的克里姆林宫红星出现在屏幕上时,人们发出了欣喜的赞叹。为了庆祝彩色电视的开播,苏共中央机关报《真理报》发表了题为《五光十色的世界》的社论。至 1982 年,苏联中央电视节目全部实现彩色化,121 家地方电视台中,也有 80 多家播映了彩色节目。

20 世纪 80 年代中期苏联正式开办卫星直播电视,用于解决边远地区观看电视的问题。与此同时,电缆电视也积极兴办,1990 年有 200多个城市 150 万用户入网。

苏联中央电视台是国家电视台,在苏联电视系统中占有重要的地位。中央电视台有基本节目 4 套,复制节目 8 套,共 12 套,每天播映159 小时,约占全国电视台总播出时间的 50%。

第一套节目是综合性节目,包括全苏新闻、社会政治、经济、文化教育等内容,人口覆盖面为 95%。第二套节目是为文化水准较高的观众编排的新闻时事、文艺、体育节目,覆盖面为 63%。以上两套节目各复制 4 套,通过卫星向不同广播区播送。第三套节目面向莫斯科地区播放,以报道首都和莫斯科州的政治、经济、社会新闻为主,并有广告。第四套节目是教学和科普节目,内容包括学校教授的课程和各种科技信息。1982 年,苏联中央电视台将此套节目改为第二套全国性电视节目。

在苏联的电视节目中,新闻占有相当的比重。中央电视台的新闻节目主要有《时代》、《今日世界》和《国际纵览》。第一套节目的晚间新闻《时代》是全国电视台都要按时转播的,除时政新闻外,它还大量采用地方电视台的新闻,收视率很高。《今日世界》也是广受欢迎的一个新闻节目。《国际纵览》每周播放一次,是苏联观众了解外部世界的一个重要的窗口。苏联电视台的文化教育节目注重思想性、知识性、趣味性的结合,很有特色。娱乐节目比较健康,绝大部分为本国摄制的,由中央台的"银幕制作中心"、国内各电影厂以及地方台共同提供。电视台还经常转播各种文艺演出和体育比赛,以丰富节目内容。中央电视台的技术中心是世界上最大的广播电视中心之一,建立于 1980年,发射塔高 536 米,仅次于加拿大蒙特利尔电视塔,功能齐全,设备先进。

截至 20 世纪 80 年代末,全苏中央和地方有电视台 120 座,转播台

5 500座,形成统一的微波、电缆、卫星传送交织的网络,覆盖全国人口95%左右,其中大部分可看到两套节目。居民拥有电视机3 500万台。

苏联广播、电视方面的领导机构是国家电视和广播委员会(相当于政府的部),它直属苏联部长会议,负责管理全苏广播电台、莫斯科广播电台、中央电视台和全国的广播电视事业。该委员会出版《电视与广播》、《莫斯科广播电视节目报》、《视野》等刊物,并与120多个国家的广播、电视组织有业务往来。

80年代中期以后,苏联电视从节目内容、播映形式到行业管理体制,都发生了令人瞩目的变化,具体表现在批评性、揭露性报道大量增加;新闻覆盖面扩大;官方新闻减少;西方报道增加;非政府电视台出现。

（三）通讯社

苏联的官方通讯社是塔斯社和新闻社。

1. 塔斯社

十月革命前,俄国通讯社是彼得格勒通讯社。1917年12月1日,列宁签署法令,宣布彼得格勒通讯社为俄罗斯苏维埃联邦社会主义共和国人民委员会的中央通讯机构。1918年4月17日,全俄苏维埃中央执行委员会和俄罗斯苏维埃联邦社会主义共和国人民委员会作出决议,将彼得格勒通讯社与全俄苏维埃中央执行委员会所属的新闻局合并成俄罗斯电讯社,简称罗斯塔。苏联成立后,经苏联中央执行委员会主席团和苏联人民委员会的批准,苏维埃社会主义共和国联盟电讯社于1925年7月10日正式成立,简称塔斯社(塔斯社成立后,以前俄罗斯电讯社所担负的任务,就由它来承担了)。

塔斯社是苏联的中央新闻机构。苏联政府颁布的《关于苏维埃社会主义共和国联盟电讯社(塔斯社)的条例》对它的职责做了明确的规定:向全苏联和国外发布有关苏联和外国的政治、经济、贸易以及其他一切能够引起共同注意的消息。《条例》同时规定,塔斯社受苏联人民委员会的领导,其社务委员会成员由苏联人民委员会任命,社长领导电讯社的一切活动和行政工作。

20世纪30年代至40年代,塔斯社已经发展成为世界性的通讯社。它不断扩大新闻报道范围,改进技术条件,提高工作效率。战前和平建设年代,塔斯社积极报道国家的建设成就,表彰人民群众的劳动业绩,对国际形势也进行了广泛深入的介绍与分析,为苏联人民提供了大量的信息。

卫国战争期间,塔斯社为国内所有的报纸提供新闻。那时,塔斯社每天发出 200 条国内消息,发出 2 000—3 000 行(报纸行)的国外消息。塔斯社还创办了政治宣传画"塔斯之窗",在战争中起到了很好的宣传鼓动作用。

战后,塔斯社发稿所用的文种逐渐增加,技术设备不断完善,服务范围进一步扩大,驻外记者的人数也大大增加了。它发布的新闻在占世界人口总数39%的国家传播,对国际社会的影响越来越大。到20世纪 50 年代,塔斯社已在 36 个国家的 40 个大城市,如北京、华沙、柏林、华盛顿等设立了分社或派驻了记者。

1971 年 12 月,根据苏联部长会议的决定,塔斯社提升为政府部一级机构。苏联解体前,塔斯社有 14 个加盟共和国的通讯社、俄罗斯联邦的 3 个分社、72 个记者站和驻 126 个国家和地区的记者站和分社。它对内向大约 4 000 家报纸、广播电台和电视台供稿,对外用俄文、英文、法文、德文、西班牙文等向世界上 120 多个国家发布消息。苏联解体前,塔斯社是世界上最重要的通讯社之一。

2. 新闻社

60 年代以前,塔斯社是苏联唯一的通讯社。1961 年 2 月 21 日,苏联的 4 个团体——新闻工作者协会、作家协会、对外友好和文化联系协会、全苏政治科学知识普及协会联合创办了"新闻通讯社"(简称新闻社)。新闻社同时向国内、国外提供消息:向国内报刊、广播电台和电视台提供国外政治、经济、社会、文化等方面的消息;向国外通讯社、报刊、广播电台等提供有关苏联各方面的信息。新闻社既提供文字材料,也提供图片,有时还根据国外用户的不同要求提供不同种类的服务。

新闻社用 50 多种语言向 100 多个国家发稿,在国外发行 50 种画刊、7 种报纸和 100 多种新闻稿。每年出版书籍、地图册、导游手册和各种小册子 3 500 万册。1991 年以后,新闻社划归俄罗斯联邦管辖,改称俄罗斯新闻社。

苏联解体前,国内出现了一批独立的通讯社。其中较有影响的有:1)国际文传电讯社,1989 年 9 月由国家广播电视公司的一些记者发起成立,主要向外国使馆、公司、银行、企业家和记者播发独立采写的新闻,苏联解体后一直是外国媒体在俄罗斯的重要新闻来源,在国内外有相当影响。2)追溯通讯社,1989 年 5 月由一些年轻记者创办,以后发展到 400 多人,设有 30 多个分支机构,每天通过电子网络、文传、电传、邮寄等方式向各地新闻媒介和商业用户发稿。3)莫斯科新闻社,有职工 200 多人,主要为地方新闻媒介发稿。4)全景新闻社,1991 年成立,有职工 200 来人,主要发经济新闻。这几家社址都在莫斯科。

二、东欧国家的新闻业

"二战"后期,东欧一些国家在苏军直接或间接帮助下先后建立了人民政权。根据雅尔塔会议和一系列协议,这些国家在战后属于苏联的势力范围。冷战爆发后,苏联加强了对东欧国家的控制。它通过经互会与东欧国家签订了内容广泛的双边和多边条约,抵制西方对东方的渗透和扩张。在苏联的帮助和控制下,这些国家处处向苏联学习,它们以苏联共产党的章程为依据,建立了本国共产党,以苏联的新闻模式为范本,建立起了以中央机关报为核心的党报体制。

(一)波兰

1944 年 7 月,波兰从德国侵略者手中解放出来,成立了人民共和国。当时,波兰工人运动的两大政党——波兰工人党和波兰社会党都出版了自己的报纸,波兰工人党的报纸是《人民之声报》,波兰社会党的报纸是《工人报》。1948 年 12 月,波兰工人运动结束了分裂状态,成立了波兰统一工人党(由工人党和社会党合并而成),《人民之声报》和《工人报》停刊,改出《人民论坛报》,作为波兰统一工人党的机关报。40 多年间,《人民论坛报》在波兰国家政治生活中发挥着重要作用。该报一般每天出 10 版,1990 年统一工人党被宣布停止活动之前,发行 90 万份。除波兰统一工人党中央出版报纸(《人民论坛报》)之外,各省还出版波兰统一工人党省委会的机关报,各县出版统一工人党县委会的机关报,一些大城市还出版市委机关报。

在波兰的报业体系中,统一工人党的报纸占 42%,各民主党派报刊占 8%,此外还有政府报刊和宗教报刊(宗教报刊占全国报刊 3%)。

波兰的广播事业创办于 1926 年,战后获得迅速发展。1952 年,首都华沙建起了中央广播电台,外省建立了 8 个省级电台和 6 个转播台。80 年代,无线电广播电台发展到 40 个,一年播音共计 63 000 小时。

波兰电视业自 50 年代初期起步后,逐年发展。1974 年建立华沙中央电视台,同时在格但斯克、卡托维兹、克拉科夫、罗兹、波兹南、什切青和弗罗茨瓦夫等地建有 7 个地方台。20 世纪 80 年代,地方电视台已遍布各大城市。波兰电视台从 1971 年开始播放彩色节目。

波兰通讯社成立于 1944 年,由波兰部长会议和波兰统一工人党中央直接领导。波通社出版 30 多种新闻刊物,包括分类编排的《参考资料》、用俄文和英文出版的《每日新闻》以及销路颇广的《笑话与漫画》。除波通社之外,波兰还有另外两个通讯社——波兰国际新闻社和工人通讯社。前者主要提供有关波兰各方面情况的文字、图片资料;后者面向波兰统一工人党中央和地方的报刊,提供统一的国际评论。

（二）罗马尼亚

1944 年 8 月,罗马尼亚解放。同年 12 月 30 日,罗马尼亚人民共和国诞生。与此同时,罗马尼亚共产党的报刊和民主报刊开始出版。

在此之前,有几份报纸是秘密出版的,其中包括罗共中央机关报《火花报》(1931 年创刊),后来改为罗马尼亚人民议会机关报的《自由罗马尼亚报》(1943 年创刊),罗共中央理论和社会政治月刊《阶级斗争》。解放以后,这些刊物都公开出版了。

1989 年底《火花报》改名之前,它一直是罗马尼亚共产党中央委员会的机关报,也是全国发行量最大的报纸,80 年代中期达到 170 万份,大约占全国日报发行量的一半。除了罗共中央机关报《火花报》之外,罗马尼亚发行量比较大的报纸还有《青年火花报》(劳动青年联盟机关报)、《劳动报》(工会中央理事会机关报)和《自由罗马尼亚报》(国民议会机关报)等。

罗马尼亚广播电台建于 1928 年,战后发展较快。该电台对内播出 3 套节目,每天播音 56 小时;同时每天用 13 种语言对 100 多个国家和地区播音。除中央台外,在雅西、克鲁日、克拉约瓦、蒂米什瓦拉、特尔古穆列什等地还有 5 个地方电台。地方台用罗马尼亚、匈牙利、日耳曼和塞尔维亚语向当地居民广播。

罗马尼亚电视开办于 1958 年。60 年代中期至 70 年代初建成电视中心。中央电视台每天播出两套节目,基本覆盖全国人口。罗马尼亚于 80 年代初期开始投资兴建彩色电视中心,1983 年 8 月 23 日开始播放彩色电视节目。罗马尼亚对广播电视工作者在政治上有较高的要求,规定在广播、电视台编辑部门工作的必须是罗共党员。

罗马尼亚通讯社始建于 1949 年(前身是 1919 年创办的拉多尔通讯社),直属部长会议。总部设在首都布加勒斯特,全国各主要城市均有分社。罗通社在国外不设分社,只是在莫斯科有一名常驻记者。该社对内向中央和地方报纸发布国内、国际新闻,对外用英、法、西班牙和俄文发送电讯稿。罗通社同国外一些通讯社签有协约,定期交换新闻。

(三)匈牙利

1945 年匈牙利获得解放。1948 年 6 月组成的匈牙利劳动人民党,成为共和国的领导力量。

匈牙利共产党的机关报最初叫《自由人民报》,这份报纸是在解放前的 1942 年秘密创办的。从 1948 年起,《自由人民报》成为匈牙利劳动人民党的机关报,1956 年改名为《人民自由报》。该报后来成为匈牙利社会主义工人党的机关报,1989 年匈牙利共产党更名之前,发行量为 71.4 万份。除了《人民自由报》之外,匈中央日报还有《匈牙利新闻报》、《匈牙利民族报》、《人民之声报》、《新闻晚报》、《人民体育报》和《每日新闻》。

匈牙利的各个社会、文化教育团体也创办了自己的报刊:劳动青年联盟机关报《自由青年报》、民主妇女联盟机关报《妇女新闻》、自由战士联盟的机关报《自由战士报》、体育协会机关报《人民体育报》、人民军总政治部机关报《人民军报》、匈苏协会机关报《新世界报》、保卫和平运动机关刊物《和平与自由》、工会全国委员会机关报《人民之声报》等。东欧剧变前的 80 年代末期,全国共有日报 29 种,其中 7 种中央日报,1 种市报,21 种州报。

匈牙利广播电台于 1925 年 12 月开始播音。战后在恢复被破坏的电台设施的基础上迅速发展。1949 年 3 月建成柯苏特和裴多菲两个电台,1950 年开始使用新的短波广播机,听众达到 60 万人。20 世纪 80 年代,匈牙利广播电台用 7 种语言对外广播,每周播音时间约 270 小时。广播电台还用匈语向散居世界各地的侨民和匈裔广播。

匈牙利电视台于 1953 年 12 月 19 日开始试播,1957 年 5 月 1 日正式播放。1969 年 3 月试播彩色节目,70 年代中期开始生产彩色电视机,到 80 年代,电视台 70% 以上的节目是彩色节目。匈牙利办得最好的是音乐和戏剧节目,观众最多的是时事节目,青少年节目在节目整体中占很大比重,教育节目受到重视。

匈牙利通讯社始建于 1880 年,1945 年匈解放后,逐步将通讯社收归国有。匈牙利通讯社抄收世界上 20 多个通讯社的新闻广播,同 15

家通讯社交换新闻,每天用法文、英文、德文和俄文对外广播,每月收发照片 2 500 张,出版 21 种匈牙利文和外文刊物。

（四）南斯拉夫

1945 年 5 月,南斯拉夫获得解放,建立了南斯拉夫社会主义联邦共和国。南斯拉夫联邦共和国由 6 个共和国和 2 个自治单位组成,政党只有一个——南斯拉夫共产主义联盟。

《战斗报》是南斯拉夫最有影响、发行量最大的报纸,1922 年创刊,解放后在贝尔格莱德市正式出版。从 1944 年 11 月起,《战斗报》成为南共中央机关报,1954 年以后改为南斯拉夫劳动人民社会主义联盟的机关报。该报 1949 年发行 66 万份,占南斯拉夫报纸总发行量的一半以上。虽然自 20 世纪 50 年代起,南斯拉夫实行权力下放和工人自治,各共和国、自治省的新闻事业迅速发展,使得该报销数锐减,但它的影响还是很大的。

《政治报》是南斯拉夫另一份主要报纸,和《战斗报》一起,并称南斯拉夫"两大报"。《政治报》于 1904 年 1 月在贝尔格莱德创刊,二次世界大战期间曾停刊,1944 年复刊,作为南斯拉夫人民阵线的机关报。《政治报》是用塞尔维亚-克罗地亚语出版的,但是它的读者不限于塞尔维亚共和国,其发行量的 25% 销往全国其他地区。

南斯拉夫各社会主义联盟都有自己的机关报:克罗地亚劳动人民社会主义联盟的机关报是《信使报》、波斯尼亚-黑塞哥维那劳动人民社会主义联盟的机关报是《解放报》、斯洛文尼亚劳动人民社会主义联盟的机关报是《劳动报》、马其顿劳动人民社会主义联盟的机关报是《新马其顿报》,此外还有黑山的《胜利报》、伏依伏丁的《自由伏伊伏丁那报》、科索沃的《再生报》。进入 80 年代以后,南斯拉夫全国共出版日报 26 种,周报 161 种,总发行量为 700 多万份,差不多每 3 人就有 1 份报纸。

贝尔格莱德广播电台于 1929 年 8 月 24 日开始播音。1939 年南斯拉夫有 4 个电台,1947 年发展到 13 个,70 年代末则增至 195 个。广播电台播音时数和居民拥有收音机的数目也几倍、几十倍地增长。南斯拉夫没有面向全国的中央广播电台,只有向国外广播的国家电台。对外广播是"二战"期间开办的,50 年代中期到 70 年代前半期进展不大;70 年代中期以后,政府决定建立专门负责对外广播的电台,贝尔格莱德电台的对外部遂提升为对外广播电台,称"南斯拉夫电台",对外广播获得进一步发展。"南斯拉夫电台"于1978年1月31日开始工作，20世纪80年代，用11种语言对外广播，每天播音11小时。

1956年，南斯拉夫在萨格勒布市创办了全国第一个电视台。1958年8月23日，贝尔格莱德电视台开始播放节目。1961年，南斯拉夫有3家电视台，80年代，6个共和国和2个自治省的首府都有电视台，并播出两套节目。南斯拉夫没有面向全国的中央电视台，6个共和国电视台和2个自治省中心电视台之间自由传送节目。这些电视台和设在全国各地的570多个传播站共同组成电视广播网。

新南斯拉夫通讯社建于1943年，解放后发展成为国家通讯社。南斯拉夫实行自治后，南通社由国家通讯社改为自负盈亏的企业单位，但仍起着官方舆论机关的作用。南通社总部设在贝尔格莱德，在6个共和国和两个自治省的首府设立总分社。国内分社有85名记者，另有47名记者被派往44个国家。南通社每天抄收40多个国家的通讯社发送的50多万字的新闻，用英、法、俄、德、西班牙5种文字向世界各地发出大约170条新闻。

南通社还是不结盟国家通讯社联合组织的发起者和组织者，该社成立于1975年，它为转播不结盟国家通讯社的新闻提供翻译和设备，协助不结盟国家培训记者和技术人员。1985年3月，南通社还发起成立了不结盟国家经济联社，50多个国家的通讯社参加了联社。这为获取世界各地的经济新闻，扩大南通社和其他国家通讯社的信息联系创造了条件。

（五）阿尔巴尼亚

1944年11月29日，阿尔巴尼亚全境获得解放。早在德、意占领时期，阿尔巴尼亚的报刊就有了一定的发展。1941年阿尔巴尼亚共产党成立后，于第二年8月25日秘密出版了《人民之声报》；1942年年底出版了反法西斯的人民青年机关报《团结报》和《自由警钟》杂志；游击队、部队也秘密出版了报纸。人民民主政权建立以后，阿共报刊脱离地下状态，获得了空前的发展。到50年代下半期，全国共出版10种报纸，23种期刊，发行量为74 000份。

《人民之声报》是阿尔巴尼亚共产党的机关报，也是全国发行份数最多、影响最大的一份报纸，发行10万份左右。它的创刊日被规定为阿尔巴尼亚的出版节。

阿尔巴尼亚民主阵线的机关报是《团结报》；阿尔巴尼亚劳动党

中央委员会的政治和理论刊物是《党的道路》。阿各社会、文化教育团体都有自己的机关报刊：劳动青年联盟中央机关报《青年之声报》、国防部机关报《战士报》、体育联合会总会机关报《人民体育报》、工会中央理事会机关报《劳动报》、妇女联合会机关刊《新阿尔巴尼亚妇女》、农业部机关刊《劳动农民》、作家协会机关刊《我们的文学》等。

地拉那广播电台建于 1949 年。在斯库台区、吉诺卡斯特区、科尔察区和库克斯区等地，有区一级的地方广播电台。电台除了对内广播外，还用阿尔巴尼亚、法、俄、英、意大利、希腊、土耳其、保加利亚、罗马尼亚、塞尔维亚等语种对外广播。1978 年，阿尔巴尼亚开设了华语广播。

阿尔巴尼亚电视台建于 1971 年 10 月，在国内一些地区设有转播站。电视台每晚播出大约 4 个小时节目。

阿尔巴尼亚通讯社于 1944 年 12 月 24 日建立，是全国唯一的通讯社。在国内各区派有记者，在国外无分社。每天用英文和法文对外广播，抄收世界上 20 多个国家通讯社的消息。

（六）捷克斯洛伐克

1945 年解放后，捷克斯洛伐克共产党立即着手恢复和重新出版报纸。1945 年 5 月 6 日，捷共中央机关报《红色权利报》在布拉格恢复出版。到 1989 年捷克斯洛伐克政局发生变化之前，该报一直是全国发行量最大的报纸之一，发行 88 万份。

在捷克斯洛伐克，民主党派办有自己的报纸和杂志。《人民民主报》是人民党的机关报，《自由言论报》是社会党的机关报。捷克斯洛伐克的一些社会、文化组织也出版了自己的机关报：作家协会的机关报《文学报》、青年联盟的中央机关报《青年阵线报》、国防部的机关报《人民防线报》、工会中央理事会的机关报《劳动报》、农业粮食部的机关报《农业报》等。这些报纸都是 1945 年解放后创刊的。它们均以捷共制定的目标为己任，并以相当的篇幅报道苏联和各人民民主国家社会主义建设的经验。

政局变化之前，捷克斯洛伐克共有 30 家日报，发行 400 万份；出版 1 000 多种期刊，发行 1 500 万份。

捷克斯洛伐克广播电台于 1923 年 5 月 18 日正式开播，战后广播业进一步发展。1956 年全国有 18 个广播站对内广播中央和地方节目,1957 年全国有收音机 290 多万台。20 世纪 80 年代,捷克斯洛伐克广播电台对内办有两套捷克语节目、两套斯洛伐克语节目和 1 套音乐节目。1963 年起开始对外广播,当时使用 11 种语言,80 年代末期增至 20 种,派驻国外的记者有十几名。设在布拉格的捷克广播电台和设在布拉迪斯拉发的斯洛伐克广播电台是共和国的两个地方电台,此外还有赫维耶兹达电台、伏尔塔瓦电台和德温电台。

捷克斯洛伐克中央电视台于 1953 年 6 月 1 日开始试播,1954 年 2 月正式播出。1970 年 5 月 9 日又开办了第二套节目。1975 年,开始在两套节目中播出一部分彩色节目,进入 80 年代以后,彩色电视节目已占一半左右。除中央电视台外,捷克斯洛伐克还有 4 个地方电视台、6 个电视转播站。中央电视台交替用捷克语和斯洛伐克语播送新闻和其他节目,派驻国外记者 10 余人。

捷克斯洛伐克通讯社始建于 1918 年,战前作为捷克斯洛伐克国家通讯社向国内报刊、电台提供国内新闻和抄收外国通讯社的国际新闻。德国占领期间,捷通讯社被并入纳粹新闻通讯系统,战后重新改组为国家通讯社。捷克斯洛伐克通讯社总部设在布拉格,在布拉迪斯拉发设总分社,在国内 10 个州设分社。总部每天用英、俄、法、西班牙 4 种文字向国外发送综合新闻,抄收国外 20 多家通讯社的新闻。除捷克斯洛伐克通讯社外,1977 年 7 月 1 日,捷又在布拉格成立了奥尔比斯新闻社。该通讯社的主要任务是出版有关捷克斯洛伐克的宣传品,向国外宣传。

（七）保加利亚

1946 年 9 月,保加利亚废除帝制,建立了共和国。1948 年 12 月,原保加利亚共产党和社会民主党合并,组成统一的保加利亚共产党。

保共中央机关报《工人事业报》在共和国建立后公开出版（该报于 1927 年保加利亚工人党成立时创办）,40 多年间一直是国内影响最大、发行量最大的报纸,1944 年发行 6 万份,20 世纪 50 年代下半期增加到 45 万份,80 年代末期则达到 80 万份。

1946 年,保加利亚又陆续出版了《劳动报》、《人民青年报》、《祖国阵线报》。保加利亚的社会、文化组织也出版了机关刊物:农民联盟中央机关报《农民旗帜报》、人民妇女联盟机关刊《人民妇女之声》、作家协会机关刊《文学阵线》、新闻记者联盟机关刊《新闻》以及国防部机关报《人民军报》等。

进入 80 年代以后,保加利亚出版 965 种定期刊物,总发行量为 1 090 多万份。东欧剧变前,保全国有 8 种中央日报,5 种地方日报。

1935 年以前,保加利亚广播电台(成立于 1929 年)为资本家所掌握,用于纯商业目的。人民民主政权建立后,广播事业收归国有。索非亚广播电台对内用保加利亚语广播,用土耳其语对国内少数民族广播,用 12 种外国语对外广播。1948 年,全国有 200 多万台收音机,通过广播中心和广播站形成了全国广播网。20 世纪 70 年代,索非亚广播电台对内广播 4 套节目,对外广播的语种增加到 14 种。

保加利亚电视台于 1959 年正式开播。1972 年开始播放彩色节目,到 70 年代末,播出的基本上都已是彩色节目。除设在索非亚的中央电视台外,在普罗夫迪夫、鲁塞、瓦尔纳和布拉戈耶夫格勒等地还有州电视台。进入 80 年代后,又在首都郊区的维托沙山上修建了"广播电视中心",电视节目由 2 套增至 3 套。

保加利亚通讯社建于 1898 年,"二战"后(解放后)改组为国家通讯社,由部长会议领导。保通社每天向国内报纸、电台和电视台提供数万字的国内外新闻,对外用俄、英、法、德 4 种语言文字发送新闻稿。保通社总部设在索非亚,在全国各州和世界许多国家的首都派有常驻记者。除保通社外,保加利亚记者协会等组织还于 1967 年创办了一个综合性民间通讯社——索非亚通讯社。该通讯社的主要任务是通过出版物和影片向世界各国宣传保加利亚社会主义建设的成就。

第二节　西方主要资本主义国家新闻业的发展

"二战"以后,在反苏反共这一点上,西方主要资本主义国家是志同道合的。美国是西方世界的主宰者,它与英国、法国、加拿大等同为北大西洋公约组织最早的成员;澳大利亚是南半球最发达的国家,它和加拿大都是英联邦成员国;日本战后被美国占领,成为美国远东政策的重点。由于体制、制度方面的相同、相似性以及根本利益的一致性,这些国家新闻业的发展也呈现出一些共同的特征。

一、美国

第二次世界大战使美国从一个美洲国家一跃而成为世界头号超级大国,经济进入高速发展期。在经济持续增长的背景下,美国新闻业的发展也进入了一个新的阶段。

（一）报刊

在《今日美国》(1982 年)创办之前,美国只有地方性日报而没有全国性日报。这是因为美国实行联邦制,各州有比较大的独立性,加之美国幅员辽阔、东西部时差大,对出版全国性日报形成了一定的限制。

战后若干年,美国报刊界逐渐形成"三大报"、"三大刊"的格局。

"三大报"是指《纽约时报》、《华盛顿邮报》、《洛杉矶时报》(后来随着《华尔街日报》销量的上升、影响的扩大,也有学者将这份报纸列入其中,并称"四大报")。"三大报"或"四大报",不一定是发行量最大的报纸,却是有着重要影响的报纸。除此之外的重要报纸还有《今日美国》、《基督教科学箴言报》等。

1.《纽约时报》(New York Times)

《纽约时报》1851 年创办于纽约,1896 年由阿道夫·奥克斯接办,进入 20 世纪逐步取得美国报界权威地位。奥克斯 1935 年去世,女婿阿瑟·海斯·苏兹贝格继任为发行人。1961 年苏兹贝格退休后,该报在家族内几易其主。1969 年后由家族企业变为股份公司。

自第一次世界大战以来,《纽约时报》开始刊登官方重要文件和演说全文,如 1919 年的凡尔赛和约、1925 年洛迦诺会议文件、1945 年雅尔塔会议文件、1956 年苏共二十大赫鲁晓夫的秘密报告、1971 年的五角大楼文件等,因而有"文献记录报"之称。该报也因此而树立起"新闻全面、社论稳健的严肃报纸"的形象①。

《纽约时报》篇幅浩大,版面严整。平日约为 80～100 版,星期日版在 400 版以上。平日一般有 A、B、C、D、E、F 6 个部分,A 组为国内外要闻和评论;B 组为本地新闻;C 组为经济新闻(含股市、汇市、期货等行情);D 组为体育新闻;E 组为艺术、娱乐、广播电视;F 组按日轮流出食

---

① 徐耀魁主编:《世界传媒概览》,重庆出版社,2000 年版,第 713 页。

品、家居、房产、科学、旅游等方面的专刊。1980年夏季起发行全国版,由总部经卫星传送到新泽西、芝加哥、佛罗里达、加利福尼亚等处印刷发行。1994年起星期日版开始彩印,1997年起平日版也加套色,但主要用于图片,标题、文字多为黑白,庄重雅致的风格未变。

该报读者对象多为政界、企业界和知识界人士,它是国会议员、高级官员、工商巨头和许多国家首脑必读的报纸。

2.《华盛顿邮报》(Washington Post)

《华盛顿邮报》1877年创办于首都华盛顿,1933年转入金融家尤金·迈耶手中后渐有起色。1948年迈耶的女婿菲利浦·格雷厄姆和女儿凯瑟琳·格雷厄姆继承该报后,陆续兼并了《时代先驱报》和《新闻周刊》,买下了几家电视台,成为一家新兴的传播集团。1963年菲利浦去世,其妻凯瑟琳担起办报重任,她以重金网罗新闻界精英,使该报声誉日隆。1971年,继《纽约时报》之后,该报大胆刊登五角大楼关于侵越战争的秘密文件,为舆论界瞩目。1972年,报纸不顾当时尼克松政府的压力,支持本报的两位年轻记者卡尔·伯恩斯坦和鲍勃·伍德沃德对"水门事件"进行调查报道,最终导致尼克松总统下台。该报因此而获得美国新闻界的最高荣誉奖——普利策奖,凯瑟琳也被誉为"报业女杰",在美国报界乃至公众中享有很高的威望。

1979年凯瑟琳退出一线,由其子唐纳德·格雷厄姆继任报纸发行人(从2000年9月起,发行人一职由博伊斯-弗耶·琼斯接任,唐纳德·格雷厄姆任公司董事长)。

《华盛顿邮报》注重报道国会消息和政府活动,国际新闻也很多,平日约70~80版,分6~7组。A组为国内外要闻和评论,B组为本市新闻,C组为影视、艺术、娱乐,D组为体育,E组为商业,F组为健康、饮食、家居、房地产等专版。周五、周六有增刊,四开30~50版,连正刊共100多版;星期日有200多版。

该报的读者对象与《纽约时报》大致相同。

3.《洛杉矶时报》(Los Angeles Times)

《洛杉矶时报》1881年创办于洛杉矶,第二年为哈里森·格雷·奥蒂斯控制,1917年其女婿哈里·钱德勒继任发行人,1944年哈里之子诺尔曼·钱德勒接班。该报在很长一段时间里影响局限于西部一带,而且由于一贯为西部财团说话,反对工会活动和政治改革,成了出名的保守报纸。1960年诺尔曼·钱德勒退休,其子奥蒂斯·钱德勒继任为发行人。之后该报进行了一系列改革,重点是:扩大新闻版,增强国内新闻和国际新闻的分量,努力树立全国大报的形象;扩大星期天刊,增办两份星期天杂志;让大量新人担纲采访工作,鼓励记者多写有深度的和调查性的报道;改变社论写作作风,使评论大胆而公正。随着这些改革举措的实施,该报逐步改变了保守主义和地方报纸的形象,影响迅速上升,至20世纪70年代终于跻身三大报行列。1980年奥蒂斯·钱德勒卸任,家族影响逐渐减弱,发行人多次更换。1998年推出全国版。2000年它所在的时报镜报公司被并入论坛报公司。

该报代表西部财团(主要是洛克菲勒财团)的利益,资金雄厚,广告充足,收入丰厚,平时出报100版左右,星期日在400版以上。平日版分6个部分:国内外及当地要闻;地区新闻、社论和社论版对页;体育;商业;娱乐材料和分类广告。另外还轮流出专版。除了全国版外,还有4个地方版。读者对象主要是西部上层社会。

4.《华尔街日报》(Wall Street Jurnal)

《华尔街日报》创办于1889年,由美国商业金融系统的记者查尔斯·道和爱德华·琼斯创办的道·琼斯公司在纽约出版。该报原是一份金融类报纸,发行量有限。直到20世纪40年代巴尼·基尔格执掌帅印并将内容大大拓宽,使之照顾到广大非专业人士的兴趣后,报纸发行量才大幅度增长。该报在政治上代表大资产阶级,特别是金融资本家的利益,社论版常就国内外重大问题发表有影响的言论。刊登的经济分析以及道·琼斯公司汇编的股票指数,历来为国内外经济界关注。报纸的读者对象除了金融界、企业界外,已扩展到政界和上中层知识分子。

《华尔街日报》平时每天40~50版,分四大部分,第一部分为国内外一般新闻;其他3个部分为市场、金融和各类新闻。星期五增加周末版,星期六、日无报。该报是美国第一家利用卫星传送版面的报纸,1976年开始启用国内通讯卫星传送报纸传真版(在纽约排好的版面),在美国各地10多个印刷厂同时印刷出版。该报同时在全国范围内发行东部、中西部、西南部、西部4个版,各版内容基本相同,只是地方新闻和广告有所不同。1980年,该报成为全国发行量最大的报纸,1983年首次突破200万份的发行量,此后在10多年的时间里一直居全国第一。该报自1976年起在中国香港出亚洲版,1988年起在布鲁塞尔出欧洲版。

5. 《基督教科学箴言报》(The Christian Science Monitor)

《基督教科学箴言报》1908 年创办于波士顿,是基督教科学协会面向全国出版的报纸,创刊号上即宣称"造福全人类",因此创办时就抵制黄色新闻,一贯保持严肃正统的办报风格。该报注重报道国内外重大新闻,以分析和评述国际、国内重大问题见长,较早提倡并采用"解释性报道"。该报的国际报道尤负盛名,有关国际新闻的编辑和记者不少是这方面的学者专家。20 世纪 70 年代以后,报纸增辟文化、艺术、生活等特稿专栏,扩大了报道面。该报的主要读者是美国中上层知识分子和国际问题研究人员,在国会和政府部门中也广受重视。

1975 年,该报由原来的对开版改为 4 开版的小型报纸。通常为 20多版,在波士顿编排版面,在洛杉矶、芝加哥、新泽西和贝弗利 4 地印刷发行。国内有太平洋版、中西部版和大西洋版。1975 年,该报在伦敦出版国际周刊,以刊载国际新闻和评论为主。该报较少刊登广告,即使刊登,对内容也有限制,如拒绝刊登烟草、烈性酒、色情影片的广告。该报发行量不大,约 20 万份。

6. 《今日美国》(U. S. Today)

《今日美国》是美国第一家全国性彩色英文日报。1982 年 9 月 15日由艾伦·H·纽哈斯创办,属美国最大的甘尼特报业集团所有,总部设在华盛顿特区附近的阿灵顿,广告经营部设在纽约。该报信息量大,重点突出,新闻短而精,重视体育和气象报道,善用图表,印刷和发行速度快捷。分国内版和国际版。最初,国内版每星期一至星期五出版,每期对开 48 版,其中有 16 个彩色新闻版、11 个彩色广告版。从 1985 年起,国内版增加到 56 个。该报在国内有 33 个印刷点,通过卫星传递版面。国际版每天出 16 个版,向 51 个国家发行,在纽约印刷,空运至欧洲。该报分别于 1985 年 10 月、1986 年 5 月和 1988 年 4 月开始通过卫星在新加坡、瑞士和中国香港印刷。《今日美国》的成功被认为是世界传媒史上的一个现代神话。该报创办第二年发行量为 36 万份,第三年就突破百万份大关。其日平均发行量为 140 万份,仅次于《华尔街日报》。在它的影响下,美国报纸从 20 世纪 90 年代初起刮起一股彩色旋风,就连坚守"灰色基调"的《纽约时报》也于 1994 年开始在星期日版使用彩色。

所谓三大刊是指美国的三大新闻周刊:《时代》、《新闻周刊》、《美国新闻与世界报道》。此外,美国影响较大的杂志还有《读者文摘》等。

1.《时代》(Time)

《时代》周刊1923年3月由亨利·卢斯和布里顿·哈登联合创办。刊名最初叫《事实》,后改现名,由时代出版公司在纽约出版。1929年哈登去世后由卢斯单独经营,逐步成为美国最有影响的新闻杂志。卢斯又以此为基石,陆续办了《财富》、《生活》等多种著名刊物,建立了庞大的杂志王国时代公司。

《时代》的宗旨是使"忙人"能够充分了解天下大事。它以报道国际、国内新闻为主,并辟有经济、教育、法律、宗教、医药、艺术、人物、书评和读者来信等栏目。该刊大量使用图片,是美国第一份用叙述体报道时事的期刊,其编排方法为国内外新闻杂志所仿效。除国内版外,它还有大西洋、亚洲、拉美、南太平洋等国外版。读者主要是中产阶级和知识阶层。每期发行约600万份。

2.《新闻周刊》(News Week)

《新闻周刊》1933年2月由《时代》周刊前国际部主任托马斯·马丁在纽约创办,原属麦克劳-希尔公司,1961年被《华盛顿邮报》公司以1 500万美元买下。该刊编排和栏目与《时代》相似,经常刊登有关美国国内政治动态及新闻分析,刊登国际新闻、体育、教育、经济、医药、音乐、电影等专栏作品,还经常刊登专栏作家文章以及各国政治、外交人物的访问记。除国内版外,该刊还出大西洋版、太平洋版和拉丁美洲版,期发约为320万份。

3.《美国新闻与世界报道》(U.S. News and World Report)

该刊由美国新闻与世界报道公司在华盛顿出版。它的前身是1935年创办的《美国新闻》和1946年创办的《世界报道》,1948年两刊合并,用现名。它在版面编排上同《时代》和《新闻周刊》有所不同,栏目较少,形式滞重,内容更为严肃。除了国内外政治、经济、军事述评外,还辟有"华盛顿流言"、"明天展望"等栏目。它在军事方面文章较多,也常刊登政府头面人物谈话。期发230万份左右。

4.《读者文摘》(Reader's Digest)

《读者文摘》1922年由德威特·华莱士及夫人创办,为32开本书本式月刊,由设在纽约州的读者文摘杂志社出版。该刊是综合性文摘杂志,所刊内容从约2 000种畅销书和可读性强的文章中精心选择摘录而成,因此颇受读者青睐。每期可载约30篇文章,内容包括政治、国际时事、生活知识、通俗科学、哲学、历史、文学、教育学等。1935年时,发行量即达 100 万册,1946 年达 900 万册,1977 年其国内版销量达 1 850 万册,另外在世界各国发行各种语言版 1 000 多万册。至 20 世纪 80 年代末已用 17 种文字出了 42 种版本,在 167 个国家发行。

19 世纪末 20 世纪初,美国的早期报团就已形成,一战前后又出现了一批新的报团。"二战"以后,美国的报业垄断进一步加剧,至 80 年代中期已有 10 个比较大的报团。其排序是:1)甘尼特报团,拥有 88 家日报、21 家周报;2)奈特-里德报团,拥有 28 家日报、12 家非日报;3)纽豪斯报团,拥有 26 家日报、7 家杂志;4)论坛报报团;5)时报、镜报报团;6)道·琼斯集团;7)美国新闻出版公司;8)纽约时报公司;9)汤姆森报团;10)斯克里普斯-霍华德报团。

随着工业发展和社会化生产程度的提高,战后美国工业企业出现了新一轮的合并浪潮。与以往不同的是,这一次不是同行业间"大鱼吃小鱼"式的合并,而是混合合并,即生产和销售原本互不联系的企业进行合并或吞并,从而出现了一批混合企业。在混合合并浪潮的推动下,美国新闻业也开始从单一的报业经营向综合性的新闻业经营转变,由新闻业经营向多种产业经营转变。一些非媒体企业看好新闻产业的发展前景,不惜斥巨资收购报纸、广播电视甚至整个媒介集团。1985 年 3 月,首府传播公司以 35 亿美元收购美国广播公司,将其改名为首府-美国广播公司,使整个传媒界震惊。这可以看做是 90 年代以后企业与媒体之间大收购、大兼并的先奏。

(二) 广播电视

1. 广播

"二战"后的 1946 年至 1952 年,被大众传播学者称作美国广播业的"过渡"时期,这一时期的主要特征是调频电台迅猛发展。到 1952 年,美国的调频电台已达 2 400 座。从 1953 年起,电视成为美国主要的娱乐媒介,给广播业带来了巨大的挑战。于是,广播电台开始开发适合自己的节目形式,发挥所谓的"伴侣功能",出现了许多音乐电台,主要有唱片音乐台、流行金曲台和流行音乐台。20 世纪 70 年代以后,美国的广播电台继续朝着专业化的方向发展。到 90 年代末期,广播电台达 9 800 余家,广播信号的覆盖率达 100%。听众数量居其他任何种类的传播媒介之首。

美国广播电台有三大特点,即地方化、专业化和多样化。地方化是指美国的广播电台绝大多数是地方性的商业电台,归私人所有,为当地听众及工商、政界、文化娱乐界服务。专业化是就内容而言,指绝大多数电台的节目都集中在某几个方面,如新闻、音乐、体育节目和天气预报。多样化是指电台播放的形式各不相同:既有全天播送一般新闻、体育新闻或经济新闻的电台,也有全天播放古典音乐或现代音乐的电台,还有专门播讲福音书的宗教电台。

美国的广播电台网可分为全国网、地区网和自然网。全国网是由规模较大的广播公司开办的,如美国广播公司开办了 7 个电台网;哥伦比亚广播公司开办了 5 个电台网;美国城市广播公司开办了 4 个电台网。地区电台网通过卫星或电话线路为本地区(一般以州为单位)内和广播电台提供各种节目服务。美国有地区电台网 100 多个,其中最大的是得克萨斯州的广播电台网,它在全州拥有 100 多家广播电台。自然网是指一些独立广播电台或网台为了特定目的(如转播某地区的体育比赛或政治演说等)而临时组织成的广播网,以共同分享节目内容。

美国最主要的国际广播电台是"美国之音"。该电台 1942 年 2 月 24 日开始广播,首先播出的是德语节目,其后陆续开办法语、意大利语、英语节目。第二次世界大战中,以敌国及其占领区听众为主要播音对象。1947 年开办对苏联的俄语广播。冷战期间,"美国之音"始终把以苏联为首的社会主义国家作为"心理战"的主要进攻对象。它通过大量播送蕴含西方观点的新闻、音乐、文化、科技、生活等各方面的节目,宣传西方的意识形态、价值观念和生活方式,对社会主义阵营国家的人民进行思想上的渗透,同时挑动当地民众对本国政府的不满,以便"对付日益扩大的共产主义威胁"(前美国总统杜鲁门语)。"美国之音"初创时隶属美国战时情报局,1953 年起归美国新闻署领导,经费来自政府拨款。除了"美国之音"外,美国官方对外广播电台还有自由欧洲广播电台——1949 年 12 月由美国"自由欧洲委员会"建立,使用 6 种语言对东欧社会主义国家广播;自由广播电台(原名"解放广播电台")——1953 年 3 月开始播音,使用 15 种语言对苏联广播;自由亚洲电台——1996 年开播,以亚太地区为对象(特别是针对中国)等。

2. 电视

"二战"结束后,因战争而停顿下来的美国电视业进入了快速发展时期。战后联邦通讯委员会陆续批准了一批电视台营业,电视机销售量也直线上升。20 世纪 50 年代初,全国共有电视台 108 个,1960 年增加到 617 个,1970 年为 872 个,1980 年为 1 013 个。到 20 世纪 80 年代初,美国已拥有电视机 1.5 亿台。

美国在 40 年代就开始研究彩色电视,1953 年 12 月,美国无线电公司的彩色系统(NTSC 制式)经联邦通讯委员会批准作为全国统一标准投产。第二年起全国广播公司率先播放彩色节目,其他广播公司相继跟上,使全国较快实现了彩电化。70 年代末多数家庭有了彩色电视机,至 80 年代彩电已在全国普及。

60 年代以后随着空间技术的发展,美国的电视广播就同卫星通信结合起来。70 年代起,卫星转播又同地面电缆传送相结合,促进了有线电视的迅速发展。80 年代起,美国卫星直播电视(即直接入户电视)进入实用阶段。目前美国电视业同许多发达国家一样,由地面微波传送的无线电视、地面电缆传送的有线电视和卫星直播电视 3 个体系组成。

美国广播电视长期以私有私营体制为主,60 年代后期公共广播电视有所发展,但不占主导地位。

美国最大的全国性商业广播电视网,分别由全国广播公司、哥伦比亚广播公司、美国广播公司、福克斯广播公司(只经营电视)为核心组成,它们是广播电视领域最大的垄断组织。这些大的广播电视公司都有直接经营的广播电视台,称直属台;另外还有相当数量的广播电视台与这些大公司签订合同,转播它们的节目,并从这些大公司取得补偿费用,称附属台。目前同这四大公司联网的附属台约占全国商业台的80% 左右。

全国广播公司(National Broadcasting Company,NBC),1926 年建于纽约,是美国无线电公司的子公司。该公司利用其母公司在广播技术方面的早期成果和现成设备,在美国广播电视领域一路领先。它最早开办电视广播,最早播出彩色电视节目,从 50 年代到 70 年代,该公司的电视新闻一直处于领先地位。经过多年发展,该公司及其母公司已经成为多元化的电子和信息传播大企业。除了广播电视外,还经营唱片、磁带、图书出版、电视机、收音机、录像机制造、卫星通信及出租汽车、房地产等业务。

哥伦比亚广播公司(Columbia Broadcasting System,CBS),1927 年 2月建立,几十年来实力不断增长。70 年代该公司电视新闻节目的收视率压倒全国广播公司居于首位。这在很大程度上得益于它所拥有的一批出色的电视记者和节目主持人,如爱德华·莫罗、沃尔特·克朗凯特等,以及一些很有特色的固定节目,如《现在请看》《晚间新闻》《CBS报道》《60分钟》等。除电视广播外,该公司还兼营唱片和出版业务。

美国广播公司(American Broadcasting Company, ABC),1943年建于纽约,前身是全国广播公司的"蓝色"广播网。经过一段时间的发展,该公司终于可以与上述两家公司一争高下了,形成三足鼎立的局面。1953年同派拉蒙公司合并,增强了电视节目的制作能力;1985年为大都市通信公司收购,组成大都市美国广播公司,实力大增。同年3月首府传播公司以35亿美元买下美国广播公司2 900万股,改名为首府-美国广播公司。该公司拥有225座电视台,电视网深入到99.9%的美国家庭。除了经营广播电视外,该公司还经营唱片、书刊出版、电影、有线电视、游乐场等业务。

福克斯广播公司(Fox Broadcasting Corporation, FBC),1986年10月由国际传播巨头鲁珀特·默多克创办。当时默多克在美国购买了6家电视台,他将6家电视台联合起来,并且联合105家独立电视台,形成了全国性的广播网。自1987年起,该公司开始播出广播网的联播节目。至1990年,它的联网电视台已经发展到156家,覆盖美国92%的地区。

20世纪30年代,美国有线电视开始迅速发展,80年代以后,有线电视达到空前普及的程度。

美国开办最早也是美国最大的收费电缆电视公司,是家庭影院电缆电视公司。该公司建于1972年11月,主要通过地面微波网络向用户传送以成人为对象的电影和自制的娱乐、体育节目。该公司用户最初只有365户。1973年9月成为时代公司的子公司。1975年9月,用户增加到10万。同年9月,它改用美国国内卫星传送节目。90年代初期,其用户达到1 760万。

在新闻传播方面影响最大的有限电视节目公司是有线新闻电视网(Cable News Network, CNN)。它的母公司特纳广播公司(TBS)早在1976年就向有线电视系统播送电影和体育节目。1980年6月创办CNN,每天24小时向国内和拉美地区有线电视网播送新闻。1982年CNN又增办第二套节目"标题新闻",专门播送简明新闻,半小时更新一次。以后业务逐渐向欧洲、亚洲和世界各地发展,频道也不断增多。对举世瞩目的热点问题和突发事件抢发独家新闻,进行及时、详尽的现场报道,是 CNN 的一大特点。它曾对埃及前总统萨达特遇刺、"挑战者"号航天飞机升空爆炸、里根遇刺、美军入侵巴拿马、拆除柏林墙、"莫斯科十月事件"等重大事件都率先做出现场报道。海湾战争时,伊拉克命令巴格达所有外国记者离境,唯有 CNN 记者可以留下来报道海湾战争。它所播放的多国部队轰炸巴格达等大量现场报道,成为家喻户晓的独家新闻。至 20 世纪 90 年代中期,CNN 已经成为经营多项业务的集团公司。它的触角伸向了全世界,有 100 多个国家与之签订了购买电视新闻的合同。

美国有 200 多家有线电视节目公司。除了家庭影院电缆电视公司和 CNN 之外,美国影响较大的电缆电视台还有:娱乐和体育电视网(ESPN,1979 年创办于纽约)、表演时代公司(1980 年创办于纽约)、音乐电视网(MTV,1981 年创办于纽约)、气象频道公司(1982 年建于亚特兰大)、家庭购物网(HSN,1985 年建于克利尔沃特)等。

有线电视的发展是对无线电视网的重大挑战。为了应对挑战,80 年代以来各大商业广播电视网纷纷进入有线电视领域。如 ABC 已经控制了 ESPN 80%的股份,FOX 同美国电信公司合办有线电视新闻节目,NBC 同微软公司联手创办有线新闻频道等。

(三)通讯社

经过数十年的发展,美国约有 400 家通讯社和特稿社向全国各地乃至国外的新闻媒体发稿。其中规模最大、最著名的是美联社和合众国际社。两者都是国际性的通讯社。

1. 美联社

美联社全称美国联合通讯社,其前身是由纽约 6 家报纸联合组成的"港口新闻联合社"(1848 年)。1851 年,创刊不久的《纽约时报》加入其中,成为它的第七个成员。1856 年,"港口新闻联合社"改组为"纽约新闻联合社"。

纽约新闻联合社建立后,发展相当迅速,业务很快就扩展到国内其他地方报社,参加成员不断增多。该社对外则同哈瓦斯社、路透社和沃尔夫社三大通讯社建立联系,交换新闻。新闻联合社在向内地成员报社供应新闻时,往往采取集体签约的方式以减少电报费用,这就促使成员报社联合起来,陆续组成了西部、南部、新英格兰等地区性的联合新闻社,作为纽约新闻联合社附属机构。这些地区性的新闻社和纽约总部在新闻供应以及收费问题上常有摩擦,至 1882 年一些成员退出该社。1892 年,位于芝加哥的西部联合新闻社宣布成立独立的公司,取名为美国联合通讯社,推举梅尔维尔·斯通为总经理。到 1895 年,美联社的成员和订户已达 700 家,东部地区和纽约的报纸也大多陆续加入其中。1900 年,美联社再行改组,将总部迁到纽约,并与欧洲各大通讯社订立合同,交换电讯。自那以后,美联社的业务范围一直在扩展。

1902 年,美联社在欧洲设立若干分社,但在海外发稿工作进展缓慢。1920 年,若干中南美报纸获准加入美联社。由于与路透社、哈瓦斯社、沃尔夫社签订的合同("连环同盟")规定,各社必须相互尊重彼此的势力范围,美联社的发展受到限制。1934 年"连环同盟"取消后,美联社开始向其他国家的报纸提供服务。

还是在前一年(1933 年),美联社就开始给报纸社员所属的电台提供文字新闻,1941 年起和一些电台签约提供适合于口播的新闻,1947 年开始吸收电台社员,之后这方面的业务进一步发展。1974 年建立 AP 广播网,专门为电台社员提供包括文字和音响材料的新闻,以及体育、商业节目,到 80 年代发展成为世界上最长的广播网络。1979 年开始向电视台提供声像新闻。目前该社社员有本国报社 1 700 家,电台、电视台 5 000 多家。

2. 合众国际社

1907 年,合众社成立,创办人是斯克里普斯报团的业主爱德华·斯克里普斯。两年后,美国另一个报团的业主赫斯特创办了国际新闻社。1958 年,两社合并为合众国际社。

合众国际社是一家私营股份公司,总部设在华盛顿。战后经营状况不佳,多次易主,一再裁员,20 世纪 90 年代约有职工 1 000 多人。在美国国内有 53 家分社,国外 48 个分社,在 90 多个国家派有记者。国内外新闻媒介订户 6 000 多家,还有一些非媒介订户。

除了美联社和合众国际社之外,美国主要的通讯社还有纽约时报新闻社和联系新闻图片社等。纽约时报新闻社是《纽约时报》经营的通讯社,创建于第一次世界大战期间。1958 年成为仅次于美联社和合众国际社的美国第三大通讯社。其订户都是报社,共有 300 余家,其中国外报社 100 余家。从 1972 年起,该社开始发行图片。联系新闻图片社由原法国伽玛图片社纽约分社社长罗伯特·伯纳特和艾迪·普雷斯及著名摄影记者大卫·亚当斯共同筹划成立于纽约,是世界六大图片通讯社之一,被称为"微型跨国集团"。该社的 8 名专职记者有大约 10

个国家和民族的血缘关系,而且进社时均为已有成就人士。

二、英国

从 20 世纪 40 年代后半期开始,英国经济逐步从战争的严重破坏中恢复过来,重新焕发了生机。与此相应,英国新闻业也全面复兴。

（一）报刊

战后初期,英国报业呈现出蓬勃的发展势头。1954 年日报销量达到 2 900 万份,是有史以来日报销量最高的年份。1962 年全国有日报 130 种,发行量达 3 050 万份,千人拥有日报 575 份,居世界前列。从 60 年代中期开始,英国先后被联邦德国、法国、日本超过,退居资本主义世界第五位,与此相应,报业也开始出现停滞和衰退的态势,报纸销量下降,种类减少。至 80 年代初,日报种数徘徊在 110 种上下,销量减少到 2 300 万份。

"二战"之前英国即已出现高级报纸和大众报纸之分,"二战"以后这种分野愈发明显。所谓高级报纸和大众报纸的区别主要在报纸的开张、风格和内容等方面。前者全部是对开大报,以国内外新闻报道和评论为主,版面严谨,文风庄重。后者一律为四开小报,内容不求全面正统,力争易读有趣,注重人情味和轰动效应,行文常以俚语土话穿插,并大量使用图片、漫画以及标新立异的版面编排。

高级报纸以《泰晤士报》、《每日电讯报》、《卫报》、《金融时报》等为代表,大众报纸最典型的代表是《太阳报》,此外还有《每日镜报》、《每日快报》、《每日星报》、《星期日镜报》等。

1.《泰晤士报》(The Times)

1922 年北岩去世后,《泰晤士报》转入英裔美国人阿斯特少校(Maj. John Jacab Astoy)之手。20 世纪 60 年代,该报亏损严重,1966 年被英籍加拿大人罗伊·汤姆森购得。汤姆森去世(1976 年),其子接办后,该报再次面临绝境。1981 年,美籍澳大利亚人鲁珀特·默多克(Keith Rupert Murdock)出资购得。据称默多克购得这份报纸后曾说,得到《泰晤士报》是他"一生最兴奋的大事"。鉴于默多克在英、美等国办"黄色报纸"的经历,英国议会人士曾担心《泰晤士报》会失去往日庄重的风格。对此默多克曾以书面形式保证不干预《泰晤士报》的编辑方针,将保持它传统的高质量报纸的风格。但默多克控制该报后,该报在内容、形式上都还是有一定的变化:图片增多、增大,软性新闻、煽情性新闻部分地取代了严肃的新闻报道。尽管如此,《泰晤士报》仍不失为英国最重要的报纸,在国际上也依然享有很高的声望。该报每天40版左右,有国内外新闻、评论、文化、艺术、书评,以及商业、金融、体育、广播、电视和娱乐等内容。广告约占三分之一。主要读者对象是政界、工商金融界和知识界人士。

2.《每日电讯报》(The Daily Telegraph)

《每日电讯报》是英国第一份成功的廉价报纸(创办于1855年),在爱德华·莱维·劳森经营时期,它发展成为英国举足轻重的报纸。1928年,威廉·贝里成为它的新主人。1937年,该报与《晨邮报》合并,公开声称保持"独立、保守"的政治观,以"提供充分、明了和易于理解的新闻"为宗旨。当时欧洲进入了新的动荡年代,纳粹德国暗地里加强备战活动,英国报界大都受希特勒虚伪保证的蒙蔽,认为他不会袭击法国和英国。绥靖之风甚嚣尘上。而该报坚决反对绥靖政策,使它声誉日隆。在国际报道上,《每日电讯报》讲求实效,时常刊发一些独家新闻。例如,1940年6月,时任法国总理的贝当向德国屈膝,巴黎陷落,《每日电讯报》驻外记者首先向本报发来了独家新闻。1976年10月,该报驻北京记者沃德是各国驻华记者中第一个向全世界报道中国人民粉碎"四人帮"消息的。该报每天30多版,严肃性和人情味新闻兼顾,内容广泛,文字简洁,国际新闻比重较大。1993年日均发行量为101万份。

3.《卫报》(The Guardian)

该报原名《曼彻斯特卫报》,1821年创办于曼彻斯特,创办人为约翰·爱德华·泰勒。1855年英国"知识税"取消后,改为日报。1861年泰勒之子任主编时,该报销量大增,声誉也日渐提高。1870年,该报在伦敦设立办事处,派记者到议会和政府各部采访。同年,该报派记者赴普法战争前线采访,其军事报道速度之快之翔实,不比伦敦各大报纸逊色。1872年起著名报人理查士·斯科特担任主编。他改进报道内容,加强评论,使报纸逐渐具有全国影响。他主编该报57年,强调对读者和社会负责,并且非常重视社论。1907年斯科特买下这份报纸。1959年起改用现名。该报发展成为全国性大报后,于1964年将总部迁往伦敦,分别在伦敦和曼彻斯特同时出版,彩色印刷。《卫报》既有重视言论的传统,也相当重视国际新闻。其总体内容、风格相对"激进"。读者群体以政界、知识界和中产阶级为主。近年发行量稳定在41万份上下。

4.《金融时报》(The Financial Times)

该报1888年在伦敦创刊,创办人是国会议员、金融家H·博顿。这是一份全国性的经济金融报纸,主要报道金融、财政、工商业消息,也十分重视与经济有关的国内外政治新闻。该报政治倾向保守,是伦敦金融界的喉舌。在报道国内外重大事件时,其立场观点基本上与政府相同。该报的特点是信息快,信息量大,图表多。它的信息来源主要靠专电,速度快;每天提供的经济信息数量之大,在同类报纸中是少见的;除刊登文字新闻、照片、漫画外,该报每天还有几十个图表。该报不仅为英国金融界服务,也服务于整个西方金融界,除在伦敦出版外,还在世界其他地方有多个卫星传真版,发行量约29万份,订户遍布120多个国家和地区。该报还有一个子公司,即金融时报商业情报公司,专门收集和报道世界各地经济信息,并出版一套期刊,分门别类报道各种产业信息,颇具影响。

5.《太阳报》(The Sun)

1969年由默多克买下《每日先驱报》后改造而成。它面向下层社会读者,以刺激性、揭丑性的独家新闻为卖点,利用特大图片、特大标题制造视觉冲击效果,并最先开始在第三版上推出整版的单幅裸体女模特彩色照片,使销量直线上升。目前发行量400万份上下,是英国销量最大的日报。

全英杂志约有7 000种至8 000种,其中最重要、最有影响的新闻周刊是《经济学家》、《新政治家》等。

1.《经济学家》(The Economist)

该刊1843年创办于伦敦。最初为经济杂志,20世纪50—60年代以后根据读者需要的变化,在内容上作了相应的调整,除刊登经济新闻、文章之外,还兼有国内外政治时事的报道和评论,从而成为一份内容广泛的综合性刊物。读者对象主要是各国经济界、政界人士。90年代初期发行50多万份,其中在美国的销量约占一半。

《经济学家》附设经济学家情报公司。这是世界上最大的专门收集、分析并提供经济信息的国际经济情报机构。它每年出版4册《经济季评》,内容包括各国政治、人口、工农业生产、外贸、预算、就业等方面的资料。《经济学家》还出版新闻稿《外事报道》,常有独家报道,颇受各国政界重视。

2.《新政治家》(New Stateman)

这是在工党左翼影响下的政治性周刊,1934年创办,在伦敦出版,经常刊登评论国内外事件的文章,读者多为知识界人士,发行量约为三四万份。

第二次世界大战以后,英国报业垄断继续发展。在一战前后北岩报团、罗瑟米尔报团、比维布鲁克报团等的基础上,又出现了一些新兴的报团,如镜报集团(从罗瑟米尔报团分离出来)、汤姆森集团、默多克集团、马克斯韦尔集团等。由于"二战"前报业市场就被诸多报团分割,战后的竞争和兼并多在报团之间进行,这使英国报业集团格局多次重组。重组后的主要报业集团有:1)新闻国际公司,为默多克的公司,拥有4份全国性日报(星期日报)和30多家地方报纸。此外还有路透社10%的股权,兴办了几家重要的广播电台。在英、美、澳等国共控有80多家报刊、电台、电视台、制片公司、特稿社以及其他企业。2)镜报报业公司,战后多次易主。拥有3份畅销的全国性报纸和一些重要的地方报纸。3)快报报业公司,拥有3家全国性报纸,还有几家广播电视台的股权。它的前身为比维布鲁克报团,1977年出售给特拉法加投资公司。4)联合报业公司,前身是罗瑟米尔报团,现为"每日邮报和通用信托公司"的一个子公司。拥有2家全国性日报、10多家地方报纸和几十家周刊。5)汤姆森集团公司,拥有50多家地方性报纸、50多家杂志。在美国、加拿大、南非、澳大利亚等国拥有大量报刊和广播电台,同时还经营石油、旅游、航空、地产等多种产业。6)皮尔逊-朗曼公司,包括金融时报报团、西敏斯特报团、朗曼图书印刷公司3个主要分支,着重控制《金融时报》等金融报刊和40余家地方报纸,还握有《经济学家》杂志办股权。7)合众报业公司,拥有9种地方报纸、30多家周报和其他刊物,以及多家印刷公司、电视公司的股份。8)电讯报业公司,长期为贝里家族所有,1985年被布莱克的电讯公司控股。拥有《每日电讯报》、《星期日电讯报》。9)卫报和曼彻斯特新闻晚报公司,属斯科特家族,拥有《卫报》、《曼彻斯特新闻晚报》等。10)报业出版公司,拥有全国性报纸《独立报》和《星期日独立报》。

(二)广播电视

自从1927年获得政府特许证的、公营的英国广播公司(BBC)成立以后,英国广播电视一直是BBC的天下。"二战"期间英国实行战时体制,BBC 改由政府宣传部管理,战时广播没有中断,电视播映停止。战后 BBC 恢复了原有机制,广播事业进一步发展。1955 年开设调频电台,开始调频广播,1967 年起陆续兴建地方电台。居民拥有收音机1947 年为 1 088 万台,1956 年为 1 426 万台,基本普及到每个家庭。战后 1946 年 6 月恢复电视播映,政府积极推进电视发展,在各主要城市建立电视发射台,初步形成了全国电视网,覆盖人口 90% 以上。居民拥有电视机数量,1950 年为 34.4 万台,1956 年为 574 万台。

从 20 世纪 50 年代开始,英国广播电视的独家垄断现象就引起了人们的争议。一些人认为处于垄断地位的 BBC 限制了言论的多样性,减缓了广播事业的发展速度,因此强烈呼吁打破垄断,建立商业广播电视机构。也有一些报纸担心商业性的广播电视台出现后,会夺走他们原有的广告收入,因而持反对意见。经过数年论争,赞成开放广播电视意见者逐渐占据上风。1954 年 6 月,议会决定允许开办商业电视,并组建独立电视局(Independent Television Authority,ITA)负责管理。1955 年 9 月,第一家商业电视台(伦敦电视台)开播。1972 年,议会又决定开放商业广播,并将独立电视局改名为独立广播局(Independent Broadcasting Authority,IBA),同时管理商业电视和广播。1973 年,两家私营电台伦敦广播公司(LBC)和首都电台(Capital Radio)开播。至此,BBC 独家垄断广播电视的局面被打破。

独立广播局(IBA)下辖 42 个地方电台、14 个区域电视台和第四频道电视台,此外还有两个新闻社——独立广播新闻社和独立电视新闻社(分别向 IBA 所属的广播网和电视网提供新闻),它们在行政上、设备上、业务上受 IBA 的多方制约,从而形成了一个 BBC 之外的规模庞大的广播电视系统。人们因此将这种格局称为 BBC 和 IBA 的"双头垄断"。

面对 IBA 的竞争,BBC 对节目内容进行了调整。广播方面,1967年建立了面向青年听众的"广播一台",专门播放为青年喜爱的唱片和流行音乐,颇受欢迎。随后又对现有的电台节目进行了改进。"广播二台"以娱乐性节目为主,主要播放轻音乐、爵士乐和体育节目;"广播三台"以古典音乐为主,辅之以诗歌和戏剧节目;"广播四台"以谈话和新闻节目为主,也有时事综述和严肃戏剧。

电视方面,1955 年采用美国制式(NTSC)开始彩色电视试验性广播。1962 年通过"国际通信卫星"转播黑白和彩色节目。1963 年英国电视机增至1 250万台。BBC在各地设有44个电视台,8个转播台,每周播出60小时。1964年,BBC增设电视二台,两套节目互为补充。一套是新闻、评论、文艺、体育和儿童节目;二套除新闻外,侧重戏剧、音乐、电影和电视教育、旅游节目。1967年,第二套节目正式播出彩色电视节目,1969年,第一套节目也开始播出彩色节目。

为了适应公众需要和技术发展的变化,英国政府于1990年实行了新的广播法案。新广播法旨在调整广播电视事业的整体结构,它力求开放广播电视市场,建立更为自由的竞争环境,以促进广播电视业的繁荣,从而保证节目的高质量高水平,为受众提供更为广泛的选择。根据这一法案,原有的独立广播局被撤销,代之以独立电视委员会(Independent Television Commission, ITC)和无线广播局(Radio Authority, RA)。独立电视委员会负责管理商业电视(包括电缆电视和卫星电视),有权颁发电视台许可证,颁布某些行政法规,对违反法规或节目标准的给以制裁。无线广播局负责管理商业广播,有权颁发电台许可证,制定有关广播的行政法规并监督其执行。根据这一法案,原有的全国性商业电视(第三频道、第四频道)都改为独立经营的公司,并且开始开办新的全国性商业电视(第五频道)、商业电台,发展地方商业电台。这些商业台都将以招标方式,通过平等竞争选定经营者,经营期满后再次通过招标竞争产生新一轮的经营者。

新广播法没有涉及BBC,但是由于对IBA系统的私营广播电视体制作了重大变更,原有的"双头垄断"的格局已被打破,实际上已为公共和商业广播电视并存发展的局面所代替。此后,英国广播电视分属3个系统:1)英国广播公司:有全国性电视频道8个,全国性电台6个,地方电台39个。2)独立电视委员会:管辖商业电视,包括全国性地面电视频道3个(第三、四、五频道)、地区性地面电视频道14个,以及卫星电视、有线电视。3)无线广播局:管辖商业性的全国电台3个、地方电台150个。

英国的有线电视业20世纪80年代才有发展,但是截至90年代,有线电视用户仅占电视观众的22%左右。比较而言,卫星电视发展较快。80年代初,英国政府曾分配给BBC和IBA各两个卫星频道,BBC未予利用,IBA则招标设立了英国卫星广播公司,并于1990年4月开播。1983年默多克集团收购了一家私营的卫星电视公司,改名为空中电视频道,向西欧各国有线电视网和地面电视台播发节目,1989年改称空中电视台(Sky TV)。1990 年 11 月,该公司兼并了 IBA 设立的英国卫星广播公司,组成英国空中广播公司(BskyB),扩大了规模,增加了频道。公司办有新闻、电影、娱乐、体育等 10 多个基本频道和收费频道,采用卫星直播和有线电视网转播两种方式,在英国和其他欧洲国家拥有大量观众。

(三) 通讯社

路透社是英国历史最悠久的新闻通讯社。除此之外,英国影响比较大的通讯社还有报联社和交换电讯社。

1. 路透社

路透社创办于 1851 年。1899 年路透去世,其子赫伯特(Herberde Reuter)继任社长。1915 年赫伯特去世,路透社于第二年由独资公司改为股份有限公司,由原开普顿分社社长罗德里克·琼斯(Roderick Jones)主持。1925 年,英国报联社成为路透社的主要股东。1941 年 10 月路透社改组,报联社宣布,与伦敦报纸发行人协会联合共有路透社,从此,路透社成为英国报业自己的合作通讯机构。报业联合体还订立了相关合同,确定了路透社的性质和目标。关于路透社的性质,合同规定:路透社不是一个盈利机构。关于路透社的目标,合同规定: 1)路透社永远不得为任何个人、集团或党派所有; 2)路透社永远保持其公正、自由与独立的精神; 3)路透社依照契约,供给英国、英联邦、殖民地及世界其他国家的报纸、通讯社确实可靠、不偏不倚的消息; 4)除维护新闻界的利益外,其他各界的利益也应注意; 5)应努力发展业务,以保持该社在任何情形下居世界通讯社的领先地位。路透社改组后,成立信托公司管理委员会,委员会由伦敦及地方报纸的代表组成。1946 年 12 月,澳大利亚报联社、新西兰报联社加入路透社,1949 年印度报业也加入,1953 年退出。

路透社的业务主要分为两大类: 1)向媒体提供时事新闻。该社提供的新闻涉及面广、时效性强。1984 年该社报道苏联领导人安德罗波夫去世的消息时,几乎同时被世界上 15 000 多家报纸、158 个国家和地区的电台、电视台收到并使用,使这一新闻迅速传遍全世界。2)向世界各地的银行、工商企业等提供经济新闻。经济新闻主要包括:市场交易的价格及波动情况;外汇市场信息、各交易所的一般情况;生产和股票的统计调查;摘自世界著名刊物的重要评论等。此外,用户可以通过它的电脑系统进行货币、股票、证券、黄金等的交易。路透社的经济新闻在世界上享有一定的声誉,并日渐成为其主要的收入来源(其总收入中的90%来源于此)。

路透社的国内外订户总数达4.2万户,包括新闻媒体、公司、银行、研究机构、代理人等。

2. 报联社

报联社全称报纸联合社(The Press Association Ltd.),创办于1868年,由伦敦以外的英国主要报纸以及爱尔兰报纸联合而成。总部设在伦敦,在伯明翰、格拉斯格、曼彻斯特、纽开斯尔等地设有分社。从1925年起,该社即成为路透社的主要股东,并与路透社有着密切的业务往来。报联社同样是非盈利性的合作组织,业务中的盈余均用于扩充设备、加强实力。该社专门采集英国本土新闻,向国内各新闻单位及国际通讯社供稿,新闻包括综合消息、议会新闻、立法司法、财政经济、商业、体育新闻等。该社还将国外新闻提供给路透社,以换取国际新闻。

3. 交换电讯社

交换电讯社(Exchange Telegraph Co. Ltd.)成立于1872年,是一家私人通讯社。总部设在伦敦,在全国各地设有50多个分社。该社提供一般国内外新闻、国会消息、股票行情、商业信息、体育新闻等。1956年以后专门提供金融、商业和体育新闻。该社是唯一有权从伦敦证券交易所直接向外发报的通讯社,所提供的经济新闻和统计资料在英国实业界颇受重视。

除以上"三社"之外,英国还有专业通讯社,如伦敦报纸新闻社、中央报刊图片社、金融通讯社等。

三、法国

1944年8月24日,巴黎解放。翌日,戴高乐率领法军进入巴黎,接着全国光复。战后初期法国经济恢复很快,20世纪60年代经济增长率达到5.8%,大大超过英国,成为欧洲的经济大国。法国新闻业也乘此东风,进入了一个新的发展阶段。

(一) 报刊

戴高乐率法军进入巴黎一个月后,临时政府即发布命令,对报业进行全面整顿。命令要求:1)凡在敌军占领区创刊的报纸,或在敌军占

领后发行 15 天以上者,一律永久停刊,战时爱国报刊可公开发行;
2)经营报纸或从事出版业者,必须接受身份调查,凡不忠实者,将被取
消资格;3)没收投敌报纸的财产,用来协助战后报业的复兴。根据这
一命令,大量旧有报纸停刊,出现了一大批新创办的报纸,其中多数为
原"抵抗运动"刊物以及由各左翼政党扶植的机关报。这使法国报业
呈现出短暂的繁荣局面。1946 年,全国报纸共有 203 家,销量高达
1 510 万份,是战后报业发展的黄金时期。但是从 20 世纪 50 年代开
始,报业发展逐渐迟缓,报纸不但种数减少,销量也开始萎缩。

　　战后法国的报业结构发生了明显的变化。一是首都巴黎报纸的比
重下降,外省报纸比重上升。就日报发行而言,战前巴黎日报占三分之
二,外省日报占三分之一,战后正好相反。这是因为战时及战后初期各
地区相互隔绝,情况各异,而新创办的面向全国的巴黎报刊,无论内容
和手法都难以为外省读者所接受。这种情形一直延续至今。二是报纸
的商业化程度提高。法国报纸的政治色彩一向比较浓,战后初期依旧
如此,特别是左派报纸影响较大。但是随着时间的推移,内容丰富的商
业报纸越来越受到读者的喜爱,这使得报纸的党派倾向逐渐淡化。到
80 年代,只有法国共产党仍然保持自己的党报体系,其他政党的报纸
纷纷停办,商业报纸在种数和销量上都占据了优势。

　　法国重要的报纸有以下几种。

　　1.《世界报》(Le Monde)

　　《世界报》创办于 1944 年 10 月,前身《时报》(Le Temp),曾是"二
战"前最著名的上层报纸。由于它的绥靖政策,尤其是在慕尼黑会议
期间扮演了不光彩的角色,法国光复后无法原封不动地继续出版。而
在当时法国新政府又迫切希望有一份在国内外备受尊敬、有助于迅速
重建法国作为欧洲重要国家形象的报纸。在这样的背景下,法国著名
记者于贝尔·伯夫-梅里受政府委托,联合 30 名青年记者,接收《时报》
设备,办起了这份报纸。于贝尔·伯夫-梅里战前曾长期担任《时报》
驻布拉格记者,因不满《时报》亲纳粹的立场愤而辞职。"二战"期间,
他积极参加法国抵抗运动,并为法国地下报刊写了大量文章,在新闻界
颇有声望。50 年代起,《世界报》逐步摆脱政府控制,改组为非营利性
的合作机构——世界报有限公司,股权归本社员工所有,经营和编辑保
持独立性。80 年代进一步改革体制,规定报社股份 49% 归本社职工,
11% 归社长,其余 40% 由社外人士认购,社长由持股人选举产生。

《世界报》是法国最有名的"质报",重视对国内外政治、经济、社会问题等进行严肃的报道,以文章、资料和评论的高质量赢得读者。该报内容丰富而有分量,版面严肃、规整,文字考究,图片较少。每周出版 6 天,每天 36 版左右,另外常有经济、图书等增刊。读者主要是中上层知识分子、政界和工商界人士。发行量自 70 年代后止步不前,1980 年为 42 万份。

2.《法兰西晚报》(France-Soir)

该报 1944 年 8 月 22 日由菲利普·维阿纳创办,前身是 1941 年创办的地下刊物《保卫法兰西》。巴黎解放后,维阿纳及其同伴们模仿战前著名的大众化报纸《巴黎晚报》,故改报名为《法兰西晚报》。创办之初大量刊登照片、图片和娱乐性材料,力图以趣味性吸引读者,还专门聘请了《巴黎晚报》主编拉扎雷夫担任主笔。20 世纪 40 年代末,《法兰西晚报》因资金短缺而被并入阿歇特报团,维阿纳退出,拉扎雷夫任总编。阿歇特报团控制该报后,一跃而成为法国最大的报团,《法兰西晚报》的发行量也于 50 年代突破百万大关,成为法国销量最大的报纸,报头旁曾写有"法国发行量到达 100 万份的独家报纸"的字样。60 年代,该报单凭娱乐、趣味性节目已难以和新兴的电视抗衡,销售再度陷入困境。1979 年,阿歇特报团将该报转让给了埃尔桑报团。该报易主后,逐步改变编辑方针,增加政治、经济等严肃性新闻的报道和评论,以求增强竞争力。该报面向社会中产阶层,代表市民的观点和利益,政治上偏右。

3.《费加罗报》(Le Figaro)

这是法国历史最悠久的报纸,创办于 1853 年,1866 年改为日报。报名源自法国著名剧作家博马舍剧作《费加罗的婚礼》中聪明、勇敢、泼辣的主人公。进入 20 世纪后,该报多次易主,1925 年归经营化妆品的柯蒂集团所有。"二战"期间该报因拒绝与德国占领军合作,于 1942 年 11 月自行关闭;巴黎光复后,1944 年 8 月在该报原主编皮埃尔·布里松的领导下复刊,并获得空前发展,发行量剧增。布里松去世后,1965 年,持有该报 50% 股份的普罗沃斯特集团接管了全部股份。70 年代后,该报一度经营不善,1975 年转入埃尔桑报团。《费加罗报》内容广泛详尽,评论严肃而有深度,其社会版和体育版尤为出色;版面严整合理,被认为是最能体现法兰西"贵族风格"的报纸。该报政治态度历来保守,主要反映右翼乃至右翼保守派的观点,读者以文化水平较高的商界人士和高级职员为主。发行量最高的 1969 年曾达到 53.8 万份,1986 年跌至 36.6 万份。该报广告很多,四分之三的收入来自广告。

4. 《国际先驱论坛报》(International Herald Tribune)

《国际先驱论坛报》是美国企业在巴黎出版的国际性英文日报。其前身是小詹姆士·戈登·贝内特于 1887 年 10 月出版的《纽约先驱报》(1935 年改为《纽约先驱论坛报》)的欧洲版。"二战"期间曾经停刊,1944 年复刊,1967 年 5 月 22 日启用现名。其股份为"惠特尼电台和电视台"公司(约为 37%)、《纽约时报》(约为 33%)和《华盛顿邮报》(约为 30%)3 家所有。该报着重报道国际新闻和文化动态,并以迅速报道纽约股票行情而受到国际金融界的重视。它的稿源丰富,除本报记者外,《纽约时报》、《华盛顿邮报》分布在世界各地的记者均可应约为其供稿。该报通常刊登《纽约时报》、《华盛顿时报》当天的社论、评论,即使是一些不署名的评论,也是从美国发来的,所以其言论代表的是美国人的观点。该报在巴黎编辑,通过卫星传送版面在伦敦、马赛、苏黎世、海牙、罗马、迈阿密、中国香港、新加坡等地印刷发行,行销 160 多个国家和地区,发行量 15 万份左右。

"二战"以后,法国杂志发展顺利。到 80 年代末,法国公开出版的杂志约有 3 000~4 000 种,发行份数几乎与报纸持平。其中重要的杂志有以下几种。

1. 《快报》(L'Express)

《快报》是法国最早的新闻周刊,创办于 1953 年 5 月,初为《回声报》(法国权威性的经济日报)的政治性附刊,1964 年仿效美国《时代》周刊进行改革,逐步发展成为法国最有影响的新闻周刊。该刊注重调查性报道和新闻分析,广泛涉及经济、科技、文艺、影视、旅游等内容。期发 50 多万份,读者多为上层职员和知识阶层。

2. 《鸭鸣报》(Le Canard Enchaine)

《鸭鸣报》是法国重要的政治性期刊之一。1916 年由莫里斯·马雷夏尔创办。马雷夏尔信奉无政府主义,他为此刊起的名字,意味着它是一份敢讲大实话的刊物。《鸭鸣报》擅长辛辣的讽刺,经常发表评论时弊的文章和揭丑类的报道,很受读者的欢迎。1972 年曾揭露总理沙邦·戴尔马偷税漏税的行为,导致其下台。1979 年又揭露总统德斯坦接受中非皇帝的贿赂,影响了他的连任。该刊发行量一度超过百万份(后下降到几十万份)。

3.《巴黎竞赛画报》(Paris-Match)

该杂志的前身是普鲁沃斯特 1938 年创办的《竞赛画报》(法国第一家画报)。"二战"结束后,根据新法律,《竞赛画报》属不得复刊之列。普鲁沃斯特将其改头换面,于 1949 年创办了《巴黎竞赛画报》。它竭力模仿美国《生活》画报,风格新颖独特,内容丰富,图文并茂,获得了空前的成功。20 世纪 50—60 年代发行量曾达百万份以上,甚至一度突破 200 万份,位居同类杂志之首。1976 年转入阿歇特报团之手,后来菲力巴奇报团又参与其中,形成多家控制的局面。20 世纪 60 年代,因电视的影响,该刊受到沉重打击,销量下降。

19 世纪末 20 世纪初法国报业就已出现垄断的态势,"二战"以后,法国报业在新的起点上出现了新一轮的竞争,竞争导致新的兼并、集中,从而形成新的垄断格局。20 世纪 60 年代末期,20 家报团控制了全国报业的 73%。70 年代以后,报业垄断进一步升级,由报纸间联营兼并发展成为报团间的联营兼并。法国主要的报团有:1)埃尔桑报团,"二战"后发展起来的新兴报业集团。创始人罗贝尔·埃尔桑(1920—1996 年)曾任国民议会议员,1950 年从办地方报纸起家。60 年代拥有 20 多家地方报纸,70 年代开始收购全国大报,购得《费加罗报》(1975 年)、《法兰西晚报》(1976 年)等,成为法国最大的报团。至 80 年代后期已有 40 余家报纸,占地方日报发行量的 26.4%,巴黎日报发行量的 38%。除拥有报纸外,该报团还拥有新闻通讯社、广告公司、印刷厂等企业,并向电视业进军。2)阿歇特报团,前身为创建于 1826 年的阿歇特书店,现为法国最大的图书出版和报刊发行集团。该报团直接或间接控制的报纸有 20 多种,此外还经营出版、广播、电视、电影公司,拥有两座印刷厂。3)阿莫里报团,又称"解放了的巴黎人"报团,创始人艾米利安·阿莫里是法国广告业巨头。该报团以 1944 年 8 月创办的《解放了的巴黎人报》为核心建立,同时拥有一些巴黎和外省日报。4)世界出版集团,原为杜卡集团,创办人德尔·杜卡 1977 年去世后几度易主。该报团拥有一批销量可观的大众化杂志。5)巴亚德报团,历史悠久的天主教报团,拥有 20 多种报刊,多为宗教性的。6)菲力巴奇媒介集团,建于 1955 年,创始人菲力巴奇拥有 60%的股权。主要经营娱乐杂志和画刊。

(二) 广播电视

第二次世界大战以后,法国的广播电视业得到了迅速的恢复和发展。进入 20 世纪 50 年代,法国的对内、对外广播及电视业已具相当规模。50 年代末,收音机基本普及,电视事业的发展也相当可观。1950 年法国只有电视机 3 000 余台,电视业还处在初创阶段;至 60 年代初,全国电视机已突破百万大关,并有了 2 个电视节目频道。60 年代中期至 70 年代是法国广播电视业高速发展阶段。到 1972 年年底,全国电视机数增至 1 240 万台,广播网覆盖全国,电视网也覆盖了全国人口的 98%。

法国新闻法规定,广播电视业是公共服务部门,其垄断权和经营权属于国家,"国家拥有设立和特许无线电传播手段的权力,同时,对借用、占用和穿越的任何公共或私人财产、视听传播基础设施和设备拥有所有权和支配权"。可见,国家的垄断仅限于无线电传播技术,而这种技术的使用则由国家授权给各类广播电视编播公司,即电台、电视台来行使。直至 1982 年以前法国广播电视业始终是国营电台和电视台的一统天下。1982 年 7 月,议会通过新的广播法《视听传播法》,允许民办广播存在;1985 年 1 月,政府又宣布开放商业电视,使得私营广播电台和电视台在 80 年代中期以后逐步出现并发展起来。私营台与国营台一样,其行使的广播技术的经营使用权仍属国家,只是政府将此权限以特许的形式下放给不同性质的经济实体而已。

1. 公共广播电视

法国公共广播电视经过几十年的演变,形成了几个相对独立的公司。这些公司采取国有公营的体制,依法产生领导机构并自主开展业务。各公司领导机构均为管理委员会,该委员会由内阁任命,它决定本公司的业务方针并负责聘任高级管理人员。公司的经费主要来自收视费、广告收入和少量国家拨款。广播法对广告的内容、形式和时间都有严格的规定和限制。

公共广播主要由法国广播电台(Radio France, RF)经营。下设 4 个台:1)国内台。这是 24 小时播音的综合台,每个小时都有整点新闻。2)文化台。以文化教育节目为主,也有新闻和时事专题。3)音乐台。这是 24 小时播音的立体声调频广播,主要内容为古典和现代音乐。4)巴黎台。以巴黎及郊区听众为对象,内容有新闻、音乐、气象服务、交通信息等。

法国全境分为若干广播区,每个区都有公营的中心台,它们与法国广播电台联结成网,定时转播其节目,同时也自行编播地方节目。

另外值得一提的是,"法国国际广播电台"(Radio France International)。该台 1983 年开办法语环球广播。1994 年开始播出汉语普通话节目,每天两小时,总发射功率 8 000 千瓦。与中国、日本、匈牙利有互转广播节目或租用发射机关系。

公共电视主要有 4 个公司经营: 1)电视二台(France 2,F 2)。原名为第二天线电视台(Antenne 2),1992 年 9 月改名。该台是法国公营电视台中历史最悠久的,1964 年开播,1967 年首先播出彩色电视节目。1974 年改为独立企业。播放全国性节目,可覆盖全国 90% 以上的人口。2)电视三台(France 3,F 3)。1972 年开办,1974 年改为独立机构。该台一方面播出全国性的节目,供地方台转播,同时负责管理和发展各地区的电视台。3)电视七台(France 7,F 7)。1986 年 2 月创办的文化台。内容有新闻、文化、音乐、舞蹈、戏剧、体育等,重点满足较高层次的受众的需要。4)"第五电视网",又称"知识、培训和就业电视网"。创办于 1994 年,与欧洲文化电视台共用频道,从午夜 1 点到次日下午 5 点播出,上午播出各类专业节目,下午播出音乐、体育和青少年节目。

2. 商业广播电视

法国的商业广播是 1982 年开放的。在此之前,许多法国人不愿意收听国营广播电台单调乏味的节目,便转而收听"外围电台"或"边缘电台"的节目。这些电台均设在邻国,大多受控于法国资本,均用法语向法国广播。其中较为有名的有设在联邦德国境内的欧洲一号电台、设在卢森堡境内的卢森堡广播电台和设在摩纳哥公国的蒙的卡罗电台。1982 年商业广播开放后,国内私营台大量涌现,形成了一些全国性的广播网,还有不少独立的电台,总的市场占有率超过公共电台。原先在境外广播的"外围电台"也获准在法国设台,而且成为法国最主要的商业电台。

商业电视萌生于 1984 年。这一年的 11 月,民营的"新频道电视台"(Canal Plus)获准开办,它是由公私合营的哈瓦斯广告集团和另外一些私人股东合资建立的。该台是收费电视台,也称第四频道,通过地面和通讯卫星同时传送信号,用户须每月缴纳一定的费用并在电视机上安装解码器才能收看节目。播送内容主要是电影和体育节目,每年播放约 400 部新影片,颇受观众欢迎。从 80 年代末期开始,新频道电视公司不断在国内外扩充业务,先后在比利时、西班牙、德国、非洲、波兰、拉美、荷兰等国家和地区合资或独资设立电视台,积极发展国外订户,至 20 世纪末已拥有国内外订户近千万户,成为欧洲最大的收费电视台。

其他商业电视台有:1)法国电视一台(Television Francais 1,TF 1)。法国最大的全国性电视台。创办于 1945 年,1974 年成为独立的国营企业,1987 年 4 月将股权出售给房地产商马丁·布伊格及其合伙人,成为私营电视台。该台覆盖全国人口 90% 以上,市场占有率为 40% 左右。2)电视五台(TV 5)。1986 年创办,由法国埃尔桑集团和意大利贝鲁斯科尼集团联合掌控,主要播放电影和电视连续剧。1992 年 4 月因经营不善宣告破产。3)电视六台(TV 6)。建于 1985 年,是法语国际性电视台。1986 年转售私人,1987年改由城市电视公司主办。又名音乐台,音乐节目占 40% 以上,广告收入占经费来源的 85% 以上。

自从开放商业广播电视以后,法国广播电视业就出现了公营、民营两大体系之间的竞争。公营体制下的广播电视一般不受广告商的影响,节目通常是比较健康的,但是体制运转缺乏活力;而民营广播电视的经费主要来自广告,为了追求商业利润,其节目媚俗倾向十分明显。这似乎是一个矛盾。但是从另一个方面看,由于引入了竞争机制,公营广播电视开始改进业务和管理(也有一部分出现了商业化的倾向),一些实力较强的民营广播电视台也具备了提供健康、高雅的节目的能力,形成了经济效益和社会效益的统一。

法国的有线电视发展缓慢,20 世纪 80 年代末,全国仅有 14 万用户。而同时期美国有 4 863.6 万户,联邦德国 480 万户,比利时 310 万户。原因有二:一是政策多变,使有线电视的电缆铺设计划屡屡受挫。二是国内广播电视布局不合理,全国性无线电视网有 7 个之多,使有线电视一诞生就面临着严酷的生存竞争。目前法国约有 15 个有线电视网,但经营状况不甚理想。1988—1990 年,法国发射了两颗几乎覆盖西欧的广播电视卫星,但有关技术适应性、业务范围、使用方针等问题长期未得到解决。好在"欧洲文化电视台"等已经使用了这两颗卫星,向 4 亿观众播放节目。

(三)通讯社

法国最著名的通讯社是法国新闻社(Agence France-Press),简称法新社,它是在哈瓦斯社原有社址、设备和人员的基础上于 1944 年 9月建立的。

"二战"期间,哈瓦斯社被德军接管,成为纳粹的宣传工具。哈瓦斯社的一部分爱国员工从中脱离出来,在国内外建立了 4 个反法西斯通讯机构,即 1940 年伦敦的法国独立新闻社、1942 年阿尔及利亚的法非新闻社、国内的新闻资料通讯社和自由法国通讯社。1944 年 8 月巴黎解放后,这 4 家新闻通讯机构接管了哈瓦斯通讯社,9 月 30 日在临时政府的指导下组成了法新社。当时它是法国官方通讯社,社长由政府任命,经费由政府拨款支持。

1957 年,法国国民议会通过法新社的改组章程。规定该社为"独立的公共企业",它的社长不再由政府任命,经费也不再由政府拨款,从而在形式上取得了独立地位。但实际上该社仍是法国官方的喉舌。按照章程规定,法新社的领导机构包括 3 个部分:管理委员会,为最高领导机构;高级委员会,负责监督法新社章程的实施情况;财政委员会,负责监督预算的执行情况和进行财务管理。其中管理委员会的组成包括三方面代表:日报、广播电台、电视台;本社职工;政府部门。

法新社业务机构分为 3 个部分:新闻部、总务部和技术部。该社在国内 26 个地区设有分社,并在 165 个国家派有常驻记者。该社经费主要有 3 个来源: 1) 政府补贴性订费,即由政府机构、国营大公司订阅该社产品,照章付费。这部分收入约占总收入的 48%; 2) 报刊、广播电台、电视台订费,占 27%; 3) 私营机构、企业订费,占 20%。

法新社在 20 世纪 70 年代中后期进行信息技术革命。1974 年,它开始用信息技术处理部分稿件,到 1976 年 6 月建成了计算机系统,全部稿件用计算机处理。80 年代以后,该社进一步拓展服务领域:1984 年 10 月成立视听部,提供广播新闻;1985 年加强图片新闻供应,继而又开发图表新闻;1991 年同英国金融时报集团联合推出英语经济信息专线,打破了路透社独占伦敦市场的局面。目前,法新社租用 5 颗定位卫星收发稿,拥有 1 600 个卫星地面接收站和 2 000 台微机和终端,使用线路长达 20 万公里。

四、日本

1945 年 8 月 15 日,日本无条件投降。8 月底,美军以盟军的名义对日本实行军事占领,美国太平洋陆军总司令麦克阿瑟被任命为盟军最高司令官。美国占领当局宣布废除日本军国主义政府战时颁布的各项法令,同时在日本推行旨在扶助资本主义发展的"民主改革"。以此为起点,日本新闻业的发展进入了一个新的时期。

（一）报刊

日本投降以后,美国占领当局对日本报业采取了一系列改革措施。具体表现在:

首先,解除报业的羁绊,使之自由发展。从"明治维新"开始,日本的报纸就被纳入专制主义言论统制的体系中,并在第二次世界大战期间达到顶峰。1945 年 9 月底,占领军总部民间情报教育局发出了《关于新闻及言论自由的追加措施的备忘录》,要求日本政府立即废止平时及战时有关限制新闻自由及通讯自由的法令;日本政府的任何机关今后均不得发布有关新闻报道的禁止令;废除现行的各项法令中与占领军总部新闻自由原则相矛盾的部分。同年 10 月 4 日,占领军又发布了著名的"人权法案";同年年底,内阁情报局被撤销。随着统制法令、统制机构的消亡,日本报业获得了自由发展的空间。首先,战时"一县一报"的限制被打破,从 1946 年起,不断有报纸创刊或复刊,当年 9 月,已有报纸 180 家,同时,战争时期政府实行的"国论统一指导"的体制也自动解体,各报在经营方面又展开了竞争。

其次,对日本报纸进行管理和审查。占领军通过废除战时新闻统制法令、机构,把报纸与政府分离开来,使报纸获得了前所未有的新闻自由。但是,这种自由并不是绝对的,它必须"服从维护占领军安全的需要"。这样一来,战时日本政府对报纸的统制地位便被占领军所取代。占领军对日本报纸的管理和审查,主要是通过新闻检查以及控制纸张的分配等手段进行的。其中尤以新闻检查为甚。最初一段时间,占领军只是对个别报纸进行事前检查,而对大部分报纸进行事后(即出版后)检查。之后事前检查的范围逐步扩大到东京 40 家、大阪 10 家、地方 60 家报纸。被删除和不准见报的内容包括对美军暴行的揭露、有关美军私生活的报道、指责联合国军政策的言论等等。在占领军的多重控制之下,日本报纸所能享受到的自由是十分有限的。尽管如此,日本报纸仍能利用管理上的漏洞,巧妙地报道一些禁止报道的事件。

总之,在 1945 年 8 月到 1952 年美国军队代表盟国进驻日本期间,占领军试图按照美国模式,对日本的新闻媒介进行"民主化"和"非军事化"的改造,日本新闻业则在这一改造中,逐渐具有了资产阶级民主色彩,进而开始走上西方"新闻自由"的发展道路。

日本新闻改革之后,随着报业自由竞争帷幕的重新开启,报纸的发行量出现了快速增长的势头,40 年代末期即达到 1 418 万份,而到 1952年年底,则达 2 273 万份,创历史最高纪录。

20 世纪 50 年代中期,《朝日新闻》、《每日新闻》、《读卖新闻》三大报的发行量在竞争中交替上升。"朝日"、"每日"除坚守东京、大阪、西部(北九州小仓)阵地外,不久又打入名古屋,设立了中部分社;"读卖"随即打入大阪。与此同时,东京的《日本经济新闻》(前身为《日本产业经济》)进入大阪,大阪的《产经新闻》也跨入东京,从而形成 5 家全国性大报并驾齐驱的局面。

1.《朝日新闻》

《朝日新闻》1879 年 1 月 25 日创办于大阪。1888 年 7 月 10 日成立东京总社。这之后发展迅速,成为日本最有影响的报纸。1976 年以前的 50 年间,发行量一直居日本各大报的首位。1976 年 12 月起被《读卖新闻》超过,退居第二位。该报广泛刊登国际国内新闻,既注重速报,又致力于详报和解说。读者对象以企业管理人员、专业技术人员、公司职员为多,在知识界影响较大。该报一贯重视采用先进传播技术。19 世纪末首先引进法国的轮转印刷机。1959 年首先使用整版传真技术传送报纸版面。1980 年实现了编排出版全面自动化。1986 年起在伦敦和纽约出国际版,1990 年 10 月起在新加坡出亚洲版。除了出版日报外,该报还出版各种期刊、年鉴、图书,此外还拥有全国朝日广播公司,经营广告代理、旅游、房地产等多种行业。

2.《读卖新闻》

《读卖新闻》1874 年 11 月 2 日创办于东京,是日本发行量最大的报纸(20 世纪末早刊发行 1 031 万份,晚刊 430 万份)。该报的特点是突出群众性、庶民性和通俗性,版面活泼,文字通俗,读者对象主要是一般市民、中小业主。该报还出版多种期刊和图书,经营日本电视广播公司,拥有日本最有影响的棒球队、足球俱乐部,此外还有交响乐团、旅游公司、房地产公司等。

3.《每日新闻》

《每日新闻》的前身是 1876 年创办的《大阪日报》。该报在"二战"前和"二战"中曾经是日本第一大报,在农村和中小城镇拥有大量读者。50 年代中期销量开始下降,60 年代降为第二位,70 年代又降为第三位。该报还出版多种期刊和图书,拥有东京广播公司,还经营印刷、广告、服务业和电影社等。

4.《日本经济新闻》

《日本经济新闻》的前身是 1876 年 12 月 2 日创办于东京的《中外物价新报》,之后几易其名,1946 年定为现名。该报是日本最有影响的全国性经济日报,读者对象以企业管理层、公司职员为主。该报注重准确、快速的经济新闻报道和经济动向分析,它设有一系列的调查研究机构,包括日本经济研究中心、日本经济数据开发中心、日经产业研究所等,从事有关研究,并向国内外提供各种经济信息服务。1978 年,该报在日本率先实现了电脑控制的编排印刷全自动化。该报还出版经济类的期刊、图书。此外还经营广告、建筑、电影、电视摄制等行业,拥有东京电视公司。

5.《产经新闻》

《产经新闻》的前身是《日本工业新闻》,1933 年 6 月 20 日创办于大阪。以后陆续合并了《大阪每夕新闻社》和爱知县以西 33 个产业经济方面的新闻社,于 1942 年 11 月 1 日改为《产经新闻》,成为全国性报纸。1969 年 2 月,该报在日本新闻界率先把报纸、广播、电视三者统一起来,成立了大众传播界的第一个新闻中心。《产经新闻》与日本财界、政界、企业界、文化界右翼势力关系密切,政治态度偏右。该报同时出版其他报刊,并经营其他文化事业。

以上是 5 家全国性的大报。日本的地方性报纸也有一定的市场。地方性报纸可以分为地区报纸、县报和城镇小报。地区报纸是在某地区数县范围内发行的报纸,目前有 3 家:《西日本新闻》,总社在福冈市,主要在九州和本州岛西南端发行;《中日新闻》,设有名古屋、东京、北陆 3 个本社,分别出报,在中部各县发行;《北海道新闻》,总社设在札幌,主要在北海道发行。县报基本上在县内发行。城镇小报多为非日报,只在某一城镇发行。

除了众多的商业报纸外,日本各大政党以及社会团体也都拥有自己的机关报。与综合性报纸不同,这些报纸侧重于报道党派活动,宣传各自的政治主张。这类报纸主要有共产党的《赤旗报》(1928 年创办)、工会总评议会的《总评新闻》、创价学会的《圣教新闻》等,其中以《赤旗报》影响较大。

日本的新闻杂志一般为报社所办。几家全国性大报办有《朝日周刊》、《读卖周刊》、《每日周刊》、《产经周刊》等,侧重刊载时事和分析、评论性的文章,文字生动,图片吸引人。

综合性杂志在舆论界也有一定的影响。其中最负盛名的是《文艺春秋》月刊。该刊创办于 1923 年,初期是文艺刊物,以后逐渐发展为涉及社会生活各个领域的综合性刊物,经常刊登专家评论和调查性报道。该刊 1974 年 11 月号发表了有关钱权政治的长达 61 页的报道,揭露首相田中角荣以权谋私、聚敛财富的内幕。这一报道成为不久以后田中被迫辞职的导火索。《文艺春秋》每期一般 480 页,发行量 100 万份左右。除此之外,日本较有影响的杂志还有《中央公论》(月刊)、《世界》(月刊)等。

"二战"以后,日本报业发展的一大特点,就是新的报业垄断格局的形成。在前述 5 家全国性大报的基础上,已经形成五个全国性的垄断集团。其垄断性具体表现在:首先,这些报纸都在东京、大阪以及其他主要城市设立总分社,分别出报;每个总分社又出版各种地方版,例如《朝日新闻》就有 100 多个地方版;此外它们还各自出版多种期刊、图书。所以,它们实际上是拥有众多子报的报业集团。其次,它们除了出版报刊外,还经营广告和其他文化产业,因而它们又是庞大的传播媒介集团。第三,除媒介产业外,它们还兼营其他业务,分别拥有几十家旅游、交通、娱乐、房地产、保险业等方面的子公司,因此它们同时又是跨行业的联合企业。总之,由 5 家全国性报纸组成的五大报系,如今已居于日本报业的垄断地位,其日报发行量已占到全国日报发行量的 60%左右。

(二)广播电视

第二次世界大战结束后,进驻日本的美国占领军立即对广播进行了监督管理。1945 年 12 月占领军当局命令日本广播协会改组,更换领导机构,改革节目内容,重建广播记者队伍,从此广播协会的面貌发生了重要变化。

1950 年 4 月,日本国会根据盟军总部的意见通过了有关无线电管理的"电波三法",即《广播法》、《电波法》和《电波管理委员会设置法》。其中《电波管理委员会设置法》规定设置一个相对独立的委员会,全面指导和管理广播活动(1952 年该委员会撤销,广播活动改由政府直接管理);《广播法》对日本广播协会和民间私营广播的性质、地位、业务范围以及经营管理等做出了规定;《电波法》则对电波和广播的技术问题做出了相应的规定。"电波三法"确立了日本广播电视业公营和私营并存的双轨体制。

1. 公共广播电视

日本广播协会(NHK)是日本唯一的公营广播电视机构,建于1925年3月,1953年开播电视以前,一直经营广播业。

按照《广播法》的规定,NHK是实行自主经营的"特殊法人",它在承担法律规定的职责和义务的同时,享有充分的新闻自由,任何人不得对广播内容进行非法限制和干涉。它不以盈利为目的,不播放广告,旨在通过制作新闻、娱乐节目,提高国民的文化水准,其全部经费来自电视机执照费,经济基本自立。

NHK的最高权力机构是经营委员会,其成员由首相提名,经参众两院同意后任命,任期3年。经营委员会的12名成员中,有8名为地区代表,另外4名来自教育、文化、科学和工商界。执行机构为理事会,主要行政负责人是会长,由经营委员会任命。NHK的预算、决算和事业计划要经国会审议批准。

NHK是日本最大的广播电视系统,其广播有3个台,播送3套节目。广播一台以新闻时事为主(占40%以上),其次是文化和娱乐节目;广播二台以知识教育为主(占70%),其次是文化和新闻时事;调频广播电台以音乐和文化娱乐节目为主,也有时事新闻。NHK的地面电视有两个台:一个是综合电视台,以时事新闻为主,兼有文化及娱乐、体育节目;一个是教育电视台,这是进行终身教育的频道,内容以文化知识类节目为主,也有少量新闻。从总体上看,NHK的节目内容比较严肃、正统,新闻报道方面力求准确、公正,注重时效性,娱乐题材尽力避免庸俗化,在世界电视领域享有较高的声誉。目前,NHK广播电视的人口覆盖率分别为100%和99%。

2. 民营广播电视

经过40多年的发展,日本的民营广播电视已相当发达。就全国范围而言,影响较大的广播电视公司有以下5家。

东京广播公司,简称TBS,是属于《每日新闻》系统的广播电视网。该公司的电视台成立于1953年,在全国设有25个联播台,每天播放20小时。

日本电视广播公司,简称NTV,是《读卖新闻》系统的商业电视台,成立于1953年,总部设在东京,在全国有25个联播台,每天播放18小时。

全国朝日广播公司,简称 ANB,是《朝日新闻》系统的广播电视公司,成立于 1959 年,在全国有 18 个联播台,总部设在东京。

富士电视公司,简称 FTV,是《产经新闻》系统的商业电视台,成立于 1959 年,在国内有 25 个联播台,每天播放节目 20 小时以上。

东京电视公司,简称 IZ,是《日本经济新闻》系统的商业电视台,成立于 1964 年,在五大民营电视台中,它的实力最弱。

民营电视台与 NHK 大不相同。首先,民营电视台播出广告,广告收入是其基本的收入来源;其次,在民营电视台的节目内容中,娱乐性题材占有相当大的比重,新闻节目所占比重比较小;第三,民营电视台多为私人企业,经营的目的是为了获取利润。

近些年来,日本私营广播电视系统呈现联营趋势。五大商业广播电视网——东京广播公司、日本电视广播公司、全国朝日广播公司、富士电视公司、东京电视公司与 103 家公司联营,其中 36 家兼办广播电视,67 家只办电视。此外还有 25 座不与广播电视网联营的商业广播电台和 10 座以播放电视文字广播为主的商业电视台。商业电台、电视台除了主要播放娱乐性节目外,其新闻节目、纪录片、教育、科技及其他信息性节目制作的比重也逐渐增大,收视率不断提高。

日本是当今世界上信息技术最为发达的国家之一。20 世纪 80 年代中期经邮电省批准,第一批电缆电视台开始营业,几年后大小电缆电视台增至 4 万多家,其中有的以转播电视公司节目为主,有的以自办节目为主。1989 年共有用户 600 万。

1984 年和 1986 年,日本先后将两颗实用广播卫星 BS-2a、BS-2b 送入轨道。从 1986 年起,NHK 利用它们进行电视卫星直播。1987 年 7 月,NHK 开办了世界上第一个 24 小时卫星直播频道。1990 年,另一颗广播卫星 BS-3 升空,其转发器分别为 NHK、日本卫星广播公司(JSB)、日本高清晰度电视推广促进会所使用。NHK 目前办有两套卫星直播节目:第一套全天 24 小时播送,以国际新闻(包括金融和商业行情)和体育新闻为主,另有部分音乐和特别节目;第二套选自地面常规电视节目,每天播出 22.5 小时,主要供边远地区收看。两套节目的观众约 650 万户。JSB 是以经济团体联合会为核心组成的民间卫星广播公司,各私营电视台都是它的股东,1990 年 11 月开办卫星直播电视,每天播出 24 小时,内容以电影、音乐、戏剧、体育和电视购物为主,用户约为 150 万。

早在 1973 年,日本就开始研制高清晰度电视。这种电视将现有的图像扫描行数增加一倍,并且采用高保真立体声音频信号和宽屏幕画面,极大地提高了画面的清晰度。1981 年,日本先于美国和西欧推出高清晰度电视,并形成 MUSE 制式。1988 年汉城奥运会时进行试播,全国 10 万观众通过 2 200 台高清晰度电视机收看了卫星直播节目。1991 年,NHK、各民营电视台和电器厂家组成了高清晰度电视推广促进会,同年 11 月通过 BS-3 卫星每天播送 8 小时高清晰度电视。

（三）通讯社

日本最早的通讯社——东京急报社成立于 1887 年,之后出现了时事通讯社(1888 年)、东京通讯社(1890 年)、帝国通讯社(1892 年)、日本电报通讯社(1901 年)等。随着社会的发展,通讯社几经变迁。

"二战"以后,占领军进驻日本,日本军国主义政府控制下的国家通讯社——同盟通讯社解体,重新成立了两家通讯社:共同通讯社(简称共同社)和时事通讯社(简称时事社)。

共同社成立于 1945 年 11 月 1 日,是日本最大的新闻通讯社。它自称是"代表日本国民的国际性通讯社",是"日本全国的报社、广播电台合作建立起来的,以收发消息为宗旨的共同组织"。它的加盟单位有 78 家,包括全国性报纸、主要地区性报纸和日本广播协会。它的主要任务是向加盟的报纸、广播电台、电视台等提供国内、国际的文字、声音及图片新闻,同时还向在海上航行的日本船只播发日文和英文新闻,全天发稿量为 60 万字左右。此外,它还办有英文国际传真业务,播发《共同传真快讯》,内容为当天的日报、日刊来不及刊登的新闻,以及《综合世界经济通信》,并出版各种年鉴。

共同社在世界上 31 个国家和地区设有支局,同世界上 58 家通讯社建立了合作关系。

时事社成立于 1945 年 11 月 1 日。它自称是"向日本报道世界的动向,向世界传播日本的声音的国际性通讯社"。它在海外设有 25 个支局,同 19 家外国通讯社建立了合作关系。它每天的发稿量为 12 万字左右,还办有《经营信息新闻》(关于经济、金融、证券、经营、资源、环境等方面的信息)、《金融传真新闻》(关于外汇、黄金、债券、股票动向、贸易情报、景气指标等的消息)等传真业务,颇有影响。它出版《世界周报》等刊物及《时事年鉴》,还设立了社团法人内外形势调查会、社团法人中央调查社等组织,活动范围相当广泛。

除了共同社、时事社之外,日本还有一家1945年成立的财团法人无线电通讯社。它专门抄收世界各国的短波广播,编写成新闻提供给日本的内外新闻机构、政府机关以及各国的驻日外交机构。

五、加拿大

加拿大是北大西洋公约组织最早的成员国,也是英联邦国家之一。从17世纪初开始,它就成为英法两国殖民者争夺的对象,经过数次大规模的战争,至18世纪中叶,它最终成为英国的殖民地。18世纪末至19世纪初,加拿大爆发了争取独立的运动,英国被迫于1867年7月1日通过了《不列颠北美法案》,允许建立加拿大自治领,但自治权并不完整。直到1931年,根据《威斯敏斯特法案》,加拿大才从英国取得了几乎所有的宪法自治权。1982年,《加拿大宪法》的正式签署,标志着加拿大在法律上的完全独立。至此,加拿大成为独立的英联邦国家。

加拿大的早期报纸是商业印刷所的一种副产品。在英国统治区,它必须获得殖民当局的准许才能出版;而在法国统治区,殖民当局不允许任何一份报纸出版。因此,殖民地时期加拿大的报纸数量少、发行量小。19世纪随着争取独立运动的蓬勃开展,加拿大报业也进入了一个大发展时期,不同观点、政见的报刊纷纷涌现。19世纪后半期,随着经济的发展、商业的繁荣,加拿大报刊的商业化进程开始。商业性报纸主要集中于多伦多、蒙特利尔等少数几个大城市,它们的生存与发展在很大程度上依赖于销量和广告,因此报业竞争日趋激烈。"二战"以后,受欧洲重建等因素的刺激,加拿大国民经济进入了一个飞速发展时期。与此相应,新闻业的发展也获得了一个大好时机。

(一)报刊

由于曾为英法殖民统治的缘故,加拿大报纸分英文日报和法文日报两部分。主要的英文日报有多伦多的《环球邮报》、《多伦多星报》、温哥华的《温哥华太阳报》等;主要的法文日报有蒙特利尔的《新闻报》、魁北克的《太阳报》等。

1.《环球邮报》(The Globe and Mail)

《环球邮报》是一份具有全国影响的报纸,在国际上也享有一定的声望。该报前身是创办于1844年的《环球报》,创办人是乔治·布朗。1936年,《环球报》陷入困境十数年之后,由乔治·麦卡拉买下。他将该报与《帝国邮报》合并,改名为《环球邮报》。这之后,该报几度易手:1955年转入工业家 R·霍华德·韦伯斯特手中;1965年被自由新闻公司收买;1980年并入汤姆森报团。该报虽名为全国性日报,报头上印有"Canada's National Newspaper"的字样,但其发行量的60%以上集中于多伦多市以及周边地区,报道内容也以大多伦多地区为主。不过该报的国内新闻仍被认为是"加拿大报纸中最充分的",其国外新闻主要来源于《纽约时报》、伦敦《经济学家》、《泰晤士报》等,其国际报道往往反映政府的立场。该报平时有几十版,周末版常在100版以上。

2.《多伦多星报》(The Toronto Star)

该报创办于1892年,初为工会组织的报纸,后被资本家收购。1899年约瑟夫·阿特金森爵士经办该报,1911年哈里·C·欣德马什加入(欣德马什后来成为阿特金森的女婿)。两人采取了独具特色的办报方法,即不惜花费金钱,派大量记者采访、报道独家新闻,甚至为他们租用火车、飞机;刊登美女照片以吸引读者;常用醒目的大字标题,经常刊登骇人听闻的消息等。从20世纪50年代末期起,该报加强了深度报道和背景资料的提供,版面也有了很大的改进。该报目前是加拿大发行量最大的报纸。

3.《温哥华太阳报》(The Vancouver Sun)

该报最初名为《新闻—广告报》,后来改名《太阳晨报》。1944年出版商唐纳德·克罗米将其改为现名。该报经营者主张进行有分量的报道,坚持地方新闻报道的实效性和可读性,该报还雇请了一批专栏作家为其写作专栏文章,并向世界各地派驻记者,大量报道热点新闻,遂使该报影响日增。

4.《新闻报》(The Gazette)

《新闻报》是加拿大最大的法文日报,在蒙特利尔出版。就特性而言,该报是地区性的综合报纸,它立足于大都市,面向全省,办报作风比较严谨,消息的可信度比较强。

加拿大有近千家期刊。麦克莱恩-亨特有限公司和索瑟商业出版公司是加拿大两家最大的期刊出版公司。麦克莱恩-亨特有限公司出版的《麦克莱恩》(Maclean)是加拿大发行量最大的杂志之一。该刊原为综合性双周刊,1975年改为新闻杂志。该公司还办有《主妇》(Chatelaine)月刊,用英、法两种文字出版。

加拿大期刊市场的一个显著特点是美国期刊随处可见。其中美国

《读者文摘》和《新闻周刊》的销量最大。《读者文摘》还出版加拿大版,有英文、法文两种版本。有人就此提出,美国期刊对加拿大文化的完整性构成了威胁。

与其他资本主义国家相同,加拿大报业的兼并与集中始于 19 世纪末 20 世纪初。"二战"以后,报业的兼并与重组进一步加剧。经过 20 世纪 80 年代的一系列重组,到 90 年代初期,加拿大报业基本上形成了索瑟姆报业集团、汤姆森报业集团和霍林格国际公司三足鼎立的局面。

1. 索瑟姆报业集团(Southam Inc.)

该报团是加拿大历史最悠久的报团,创建于 1877 年。这一年,威廉·索瑟姆买下濒于破产的《观察者报》,开始了自己的办报生涯。接着他又买下渥太华的《渥太华公民报》以及多伦多的两家印刷厂,成立了以自己名字命名的索瑟姆报业公司。到 1923 年,他的报团已拥有 6 家日报和 10 多家周报。"二战"以后,索瑟姆报业公司又先后收购了卡尔加里的《先驱报》、埃德蒙顿的《日报》、温泽的《星报》、蒙特利尔的《新闻报》等一系列地方报纸。70 年代末,它拥有 16 家日报,90 年代初,拥有 28 家日报。以报纸的发行量计,索瑟姆报团是加拿大最大的报业集团。

2. 汤姆森报业集团(The Tomson Corporation)

该报团的创始人罗伊·汤姆森抓住"二战"后报业发展的天赐良机,从多伦多一家小镇的广播站和一家小报开始,不断扩展业务领域。70 年代末期,该报团拥有 40 家日报和 12 家周报,90 年代初期,它已拥有包括著名的《环球邮报》在内的 9 家日报以及大量周报和商业性杂志。以报纸的发行量计,该报团位居第二,仅次于索瑟姆报团。

3. 霍林格国际公司

该公司是一个新兴的国际媒介集团,最初与报业无关。70 年代康拉德·布莱克接管该公司后,迅速将其主攻方向转向报业。在合伙创办《舍布鲁克记录报》并获成功后,他开始在中小城市大量收购报纸,到 1980 年,该公司已经拥有 11 家日报和 30 多家周报,一跃而成为加拿大第三大报业集团。

上述三大报团控制了加拿大日报总数的一半,发行量超过全国日报发行量的 60%。

(二)广播电视

从第一座广播电台的创建(1919 年)到 90 年代末期,经过 80 多年的发展,加拿大已经形成了"或许是世界上最庞大、最复杂的广播电视体制"①。这一体制既不同于英国式的由政府严格控制的公共广播电视体制,也不同于美国式的几乎没有任何政府控制的完全商业化的私营广播电视体制,但同时又兼有这两种体制的某些特点。

加拿大的广播电视系统主要由公共广播电视网和私营广播电视网构成,同时也包括通过卫星和有线传输的专门频道和收费电视等。在加拿大的广播电视机构中,35%为公共广播电视机构,65%为私营广播电视机构。

1. 公共广播电视

所谓公共广播电视机构,是指由联邦政府或地方政府提供资助的,以为公众服务为主要目的的广播电视机构,其主体是加拿大广播公司,也包括一些省的教育台。加拿大广播公司面向全国服务,各省教育台则主要为本省服务。

加拿大广播公司(Canadian Broadcasting Corporation,CBC)成立于1936年11月,它是取代原有的无线电广播委员会(CRBC)而成立的。CBC继承了CRBC管理全国广播事业的特权,还获得了较多的资金支持。1938年该公司订立了正式引进美国娱乐节目的合同,此举遭到私营电台的攻击,被认为是不公平竞争。此后CBC就卷入了与私营台长时期的矛盾与论争中。在与私营广播电视的斗争中,CBC的势力几度消长,但无论如何,它在加拿大的广播电视领域中始终占有重要地位。如今的CBC管理着一个用多种语言对世界广播的加拿大国际广播电台和采用两种官方语言及当地语言广播的广播电台系统和电视台系统。

CBC有4个全国性的广播节目网,英语、法语各有一个调频和调幅广播网。"CBC广播"是全国性的新闻信息节目频道;"CBC立体声"是全国性的音乐和艺术节目频道。英语广播有10个大的地区制作中心和23个较小的中心,法语广播有16个节目制作和播出中心。

CBC电视网也分为英语和法语两个部分。CBC总部设在渥太华,它的英语节目总部设在多伦多,90年代中期有11个自己的电视台,22个私营附属台,438个转播台和172个私营或社区转播台;法语节目总部设在蒙特利尔,有8个地区制作和广播中心,5个私营附属台,174个

---

① 徐耀奎主编:《世界传媒概览》,重庆出版社,2000年版,第118页。

转播台和28个私营和社区转播台。

2. 私营广播电视

私营广播电视机构为私人资本拥有,没有政府资助,必须通过商业化经营,依靠广告收入来维持运作。它可具体分为全国性广播电视网、地区性广播电视网、社区广播电视网以及单个广播电视台。

在公共广播电视系统"扩军"、"增容"的同时,私营广播电视网也在商业利润的刺激下迅猛发展。加拿大电视有限公司(Canadian Tele-vision Network Ltd. ,CTV)是加拿大的一家,也是最大的私营电视公司。该公司创建于1961年,用英语播出,由15家较大的商业电视台联合组成,总部设在多伦多,节目覆盖英语人口的96%。继该公司之后,又成立了环球电视网和大西洋电视网,以及一大批地方性的广播电视网,如楚姆有限公司、克雷杰广播系统、四季电视网、大都会电视公司等,私营广播电视台的总数超过了800家。

根据1968年《广播法》的规定,电视台"应该提供高质量的、以加拿大原创为重点的电视节目"。为此加拿大广播电视委员会(CRTC)对电视节目的播出内容作出了具体的要求:每天播出的节目中加拿大内容不得少于60%,黄金时段不得少于50%。作为肩负着传播加拿大文化、展示加拿大风采重任的加拿大广播公司,对此要求恪守不渝,投入了大量人力、物力和财力,制作或购买加拿大内容的节目。但是私营电视台则不同。它们无需承担崇高的道义责任,能够赚钱是其首要原则。因此,它们总是寻找各种对策减少播出加拿大内容的节目,代之以大量的美国节目,黄金时段尤其如此。由于美、加两国在语言和文化上不存在明显的差异,而购进美国的电视节目又比自己制作或购买本土节目便宜得多,因此私营电视台的运作成本远比公共电视台低。加上活泼有趣的美国节目比加拿大节目更能吸引观众,这就使得私营电视台能够赢得更多的收视率,进而赢得更多的广告。这必然使公营的加拿大广播公司处于不利的地位。更可悲的是,由于联邦政府不断削减公共经费的比率,加拿大广播公司获得的政府拨款越来越少,常常面临财政困难。1990年,加拿大广播公司不得不关闭其下属的11个地区性电视节目制作中心以及若干地方电视台。

加拿大的电缆电视是靠美国的电视节目发展起来的。1968年的《广播法》将电缆电视作为"广播接收事业"列入广播事业范围内。到1982年8月,加拿大已有近700万户家庭入网电缆电视,即总户数中的75％已成为电缆电视的用户,比例超过美国。加拿大逐步成为世界上电缆电视普及程度最高的国家。加拿大电缆电视公司是最大的电缆电视企业,不仅在加拿大各地经营电缆电视,而且进入了美国和爱尔兰。

"二战"后世界很快进入了卫星通信时代,加拿大不久即拥有了先进的卫星电视系统。1962年,加拿大发射了第一颗科学卫星Alouette Ⅰ,并于1965年发射了AlouetteⅡ卫星。1964年加拿大加入了国际电信卫星组织(Intelsat),参与了"晨鸟"1号的发射工作,并与美国多次合作。到80年代,加拿大已拥有4颗卫星,用于传送电话、电视和广播信号,使偏远地区的观众也能收看到CBC的节目。

1978年加拿大通信部研制开发了视频传真技术,可以用电话线路传送,也可以用同轴电缆、光纤、卫星线路、广播电波传送,被称为"特里顿"系统。这是继英、法之后世界第三种图文电视广播方式。1979年,安大略电视台利用"特里顿"系统,在北美各广播机构中第一个开始进行图文电视广播实验。1983年,在多伦多、蒙特利尔、卡尔加里三市,进行"立即传出信息"(Information Relayed Instantly from the Source)的实验广播,通过CBC的英语和法语电视网,提供新闻、体育、天气预报、商品信息、交通情况、金融消息、餐饮向导、地区活动通报等。

(三) 通讯社

加拿大最大最有影响的通讯社是加拿大通讯社(Canadian Press, CP)。该社成立于1917年,是由110家报纸联合建立的非营利性新闻采集合作社。总部设在多伦多,在国内设有18个分社,并在伦敦、纽约、华盛顿、巴黎设有国外分社。该社与美联社、路透社、法新社订有交换新闻的协议。它为100多家会员报纸收集和提供新闻,其经费也由这些报纸提供。该社还设有广播新闻公司,专门向各广播电台和电视台提供文字稿件。另有一个新闻图片社,负责提供图片新闻。

加拿大最大的私营通讯社是索瑟姆通讯社(Southam News)。该社成立于1923年,归索瑟姆公司所有。其主要职责是为索瑟姆报业集团所属的报纸提供国内新闻以及综述性通稿,同时也向一些独立的报纸提供稿件。该社以提供见解独到的分析性文章见长。它虽然在国外不设分社,但国际述评却相当出色,常常胜过加拿大通讯社。该社总部设在渥太华,在国内有6个分社。1996年索瑟姆集团被霍林格国际公司收购后,该社也就成为霍林格国际公司的通讯社。

六、澳大利亚

澳大利亚是南半球最大的国家,同时也是英联邦国家之一。自1788 年起,澳大利亚就成为英国的殖民地(罪犯流放地),并被分为大小不等的许多区域。1901 年,英国将原来分散的 6 个殖民区改称为州,组成澳大利亚联邦,成为英国的自治领(1931 年英联邦内的独立国家)。这之后,澳大利亚走上资本主义道路,其新闻业发展才获得了有利的时机。19 世纪至 20 世纪,澳大利亚报纸主要为个人所办,20 世纪20 年代,报业公司与报团兴起。"二战"以后,报业以至整个新闻业集中、垄断的倾向进一步加剧。

(一)报刊

澳大利亚报业始于英国殖民统治时期。它的第一份报纸是 1803年创办的《悉尼新闻与新南威尔士广告报》(The Sydney Gazette and New South Wales Advertiser),由英殖民当局提议创办,主编乔治·豪原是英国《泰晤士报》的排字工人,后因犯罪被判流放澳大利亚。由于当地无人懂得印刷技术,他的一技之长使他当上了印刷工,为殖民政府印刷命令和通告,继而又被启用创办了报纸。该报除了刊载官方公告外,还报道当地新闻和欧洲消息。

这之后,澳大利亚又出现了《澳大利亚人报》(1824 年)、《监视者报》(1826 年)、《悉尼先驱晨报》(1831 年),这些报纸均在悉尼出版。19 世纪 30 年代到 20 世纪初,是澳大利亚报业发展的黄金时期。这一时期澳大利亚的报业市场逐渐繁荣起来,各殖民点纷纷创办新的报刊。如《西澳大利亚人报》(1833 年,佩思)、《先驱报》(1840 年,墨尔本)、《每日镜报》(1841 年,悉尼)、《考察者报》(1842 年,塔斯马尼亚岛)、《守卫报》(1846 年,墨尔本)、《时代报》(1854 年,墨尔本)、《世纪报》(1854 年,墨尔本)、《信使报》(1854 年,塔斯马尼亚岛)、《广告者报》(1858 年,阿得雷德)、《电讯报》(1872 年,布里斯班)、《每日电讯报》(1879 年,悉尼)、《真理》周刊(1889 年,悉尼)、《悉尼太阳报》(1910年,悉尼)、《太阳新闻画报》(1922 年,墨尔本)。

澳大利亚早期报纸为小型纸张,页数不多,以周报为主。后来渐渐有所变化,小型纸张被大型纸张代替,页数由几页变为十几页、几十页,并由周刊逐渐变为每周出两次或 3 次,直至成为日报。与此同时,下午报、晚报和星期日报纷纷出现,新闻被置于重要的位置并增加了分量(《悉尼太阳报》是国内第一份在头版刊登新闻的日报),版面设计、新闻编排也有了改进,专业化程度不断提高。

澳大利亚幅员辽阔,人口稀少,因此没有一份报纸的发行量超过100万份。其报纸销量最大的排名10位以内的是《太阳新闻画报》、《先驱报》、《悉尼太阳报》、《每日电讯报》、《信使报》、《悉尼先驱晨报》、《西澳大利亚人报》、《时代报》、《广告者报》。在这些报纸中,《时代报》和《悉尼先驱晨报》虽然不是发行量最大的,却是最有影响的。

《时代报》(The Age)由约翰·库克和亨利·库克兄弟于1854年在墨尔本创办。1856年,埃比尼泽·赛姆及其兄弟戴维买下该报。此后,《时代报》在赛姆家族成员的经营下不断发展。1860年,该报销量仅2 000份,1880年前后达到10万份,1908年戴维去世时达到13万份。之后,《时代报》由戴维的5个儿子共同继承。1948年戴维·赛姆公司组成,由戴维最小的儿子奥斯瓦德·朱利安·赛姆任董事长。1966年,戴维·赛姆公司又与约翰·费尔法克斯公司结成伙伴关系,赛姆家族对该报仍有相当大的影响。

《时代报》的销量在20世纪60年代后继续增长,从1968年至1976年的8年中,销售额增加了24%,而同一时期澳大利亚报纸的平均增长率仅为4.5%。至90年代,该报销量已达30万份。

在维多利亚州的报纸中,《时代报》最为政界、工商界人士所重视。它的读者文化层次较高,很多人在各自的生活圈子中有较大的影响。由于该报常常全文刊登政府首脑及其他政要的讲话,政府官员大多注意仔细阅读。

《悉尼先驱晨报》(The Sydney Morning Herald)由约翰·费尔法克斯和查尔斯·肯普创办于1831年,是澳大利亚历史最悠久的报纸之一。长期以来,该报在形式和内容方面受英国报纸影响比较大,直到1944年,它才改变仿效英国报纸(早期报纸)头版只登分类广告的做法。该报的金融、商业版较有分量,为中产阶级商界人士所瞩目。它也颇为重视对联邦政府内外政策的报道和评论。20世纪50年代苏伊士运河危机时期,澳大利亚许多报纸纷纷表示支持英、法立场,该报却谴责了英、法的侵略行径。历史证明了它的正确性,该报至今仍引以为自豪。

该报注重资料的收集和保存工作,报纸的缩微胶片内容齐全,从中甚至能够找到该报 1831 年的创刊号报纸。

澳大利亚专业杂志种类繁多,从文学到电子学,从游泳运动到摩托车,一应俱全,总数达 1 000 多种。但是,由于发行费昂贵,读者市场又相对狭窄,有些专业期刊常常维持不了几期。就连在杂志市场上一向被认为是"天之骄子"的妇女杂志(1972 年总销量曾达 200 万份),到了20 世纪 70 年代后期,也开始走下坡路。在澳大利亚的刊物中,《太阳新闻画报》和《时代周刊》较有影响。

"二战"后,大批移民来到澳大利亚定居,为外文报纸的发展提供了广阔的市场。发行量最大的外文期刊是意大利的《火焰》双周刊,《环球》、《希腊火炬》也是销量很大的期刊。

澳大利亚新闻媒介所有权集中的状况,在西方国家也是比较突出的。经过战前以及"二战"后的加速兼并、集中,到 20 世纪 80 年代,澳大利亚的新闻媒介逐渐控制在 4 个主要的新闻集团手中。它们是以墨尔本为基地的"先驱报与时代周刊"集团、设在悉尼的"默多克新闻公司"、"费尔法克斯公司"以及"帕克斯新闻联合控股公司"。其中最大的是"先驱报与时代周刊"集团。

1. "先驱报与时代周刊"集团

主要有 1922 年在墨尔本创办的《太阳新闻画报》,1933 年在布里斯班创办的《邮递晨报》。该集团麾下的主要报纸还有墨尔本的《先驱报》、《太阳报》,布里斯班的《电讯报》、阿得雷德的《广告者报》、霍巴特的《信使报》、佩思的《西澳大利亚人报》等。它还控制了墨尔本、布里斯班、霍巴特、阿得雷德和佩思等城市的一些电台和电视台。

2. 默多克新闻公司

默多克是国际报业大王,他是从澳大利亚办报起家的。早年在阿得雷德创办《阿得雷德新闻报》,后来又陆续控有《澳大利亚人报》、《每日镜报》、《每日电讯报》等报纸以及多家郊区报刊和电视台。默多克新闻公司在美国、英国、新西兰等国家都拥有自己的新闻媒介。

3. 费尔法克斯公司

1951 年在悉尼创办《金融评论》,该刊虽然发行量不大,但在政界和经济界享有一定的权威性。该公司还拥有《堪培拉时报》(1926 年)和《堪培拉新闻报》(1969 年),同时经营广播电台和电视台。

4. 帕克斯新闻联合控股公司

这是一家较小的垄断集团,成立于 1933 年,创办人为弗兰克·帕克斯等。该公司拥有两家日报,1972年将《每日电讯报》等卖给默多克新闻公司后,便集中力量经营电视业与杂志业。

除帕克斯新闻联合控股公司外,上述3个新闻集团在全国各大城市的每家日报中几乎都占有股权,它们之间在电视、广播、杂志以及城郊和乡村报纸等许多方面,又有相互连锁的股权。

（二）广播电视

有记载的澳大利亚第一次无线电发射试验始于1897年,1900年制定的联邦宪法赋予联邦议会制定邮政、电信、电话等法律的权利。1923年11月23日,第一座广播电台2SB(现称2BL)在悉尼开播,接着,2FC、3AR、6WF三台相继开播。当时电台实行一种合同制:听众在缴纳收听费的同时,还要向上述各台中的任意一个缴纳合同费。1924年废除合同制,听众可以任意收听任何台的节目。

第二次世界大战以后,澳大利亚的广播电视业发展迅速,其规模在亚太地区仅次于日本。

澳大利亚的广播电视体制是公共广播电视与私营的商业广播电视并行发展。

1. 公共广播电视

澳大利亚的公共广播机构是澳大利亚广播委员会。该委员会成立于1932年,这一年的5月17日,澳大利亚广播委员会法生效,据此,同年由政府建立的澳大利亚广播委员会(Australian Broadcasting Commission, ABC),开始发挥职能,它除了负责公营广播电台的广播外,也负责管理后来的公营电视台。1956年11月5日,澳大利亚广播委员会悉尼电视台(ABN)开播。该台为官方电视台,不播送广告,经费由国会拨给,每年收缴的电视机收看费和收音机收听费全部投入政府的通用基金中,不专门用于广播电视业。1975年,澳大利亚广播委员会在悉尼创办了面向青年的无线广播实验台,在墨尔本设立了地区性的公共交流广播实验台(不久撤销),开始对少数民族广播。澳大利亚广播委员会的电台和电视台重视新闻节目、公共事务节目和文化节目,并向各类学校提供大量的教学节目(澳大利亚的学校教室里,均有收音机和电视机)。

1939年,澳大利亚广播委员会开办国际广播,名为"澳大利亚在呼叫"(Australia Calling),1945年改为"澳大利亚广播电台",总部设在墨尔本郊外,使用英、印尼、法、越、日、泰语等对外广播,英语节目占了

50%以上,重点播出地区是亚洲和太平洋地区。

1983 年,澳大利亚广播公司成立,取代了澳大利亚广播委员会。广播公司总部设在悉尼,在全国进行无线电广播与电视广播。其最高机构为经营委员会,经营委员由总督任命,任期不超过 5 年,可以连任。广播公司属下的电台、电视台的经费主要是议会决议拨付的国库资金。不播广告。

澳大利亚的公共广播机构中还有澳大利亚公共广播电台,它是以特定的少数民族听众为对象的小规模、非盈利性的广播电台,以赠金、国家发放补贴为经济来源,它是独立的,既不属于澳大利亚广播公司,也不属于商业台,1978 年领取了正式执照。

澳大利亚的移民较多,移民后代占国家人口的 30%以上,他们分别使用数十种语言。为了适应这一部分人的需要,澳大利亚建立了"多种文化电视台",内容包括新闻、综合艺术、教学、体育等节目。

2. 私营广播电视

20 世纪 50 年代中期,与官方广播电视台建立的同时,私人经营的广播电视台纷纷建立,并呈现出垄断扩张的趋势。为了限制其发展,澳大利亚有关法律规定,任何一家公司所拥有的电视台不得超过两个,电台不得超过 8 个。尽管有这个规定,大的新闻媒介集团仍有许多办法控制超过这个限制数字的电台和电视台。

商业广播电台的全国性组织是澳大利亚无线广播业联盟,主要城市的地方电视台组成了"第七频道电视网"、"第九频道电视网"、"第十频道电视网"3 个电视网。与公共电台电视台不同,商业台大多积极从英国、美国引进节目,以大众化、娱乐化的内容吸引观众。为了鼓励国产节目的制作和播出,澳大利亚政府对进口节目进行了一定的限制。从 1973 年 8 月 19 日起,开始实行以质量检查为重点的"分数制"(Points System),即对各商业电视台制作的节目内容、播出时间、首播或重播等项目进行打分,得分总数必须超过规定的"目标分数"。

(三) 通讯社

20 世纪 30 年代以前,悉尼有过一些小型通讯社。1932 年,这些小型通讯社合并为澳大利亚统一通讯社。1935 年,澳大利亚 16 家大城市报纸中的 15 家(《悉尼先驱晨报》除外)在墨尔本联合创办了澳大利亚联合新闻社。

澳大利亚联合新闻社(Australian Associated Press,AAP),简称澳联

社,为澳大利亚最大的通讯社,也是国家通讯社。该社总部设在悉尼,在国内大部分州府设有分社,并在伦敦、新西兰的奥克兰和巴布亚新几内亚的莫尔兹比派驻了记者。澳联社向国内报纸、电台、电视台提供国内外新闻。它的国际新闻除了由其自己的记者发回外,还通过路透社、合众国际社、美联社、法新社、新西兰报联社以及《泰晤士报》《纽约时报》等获取新闻。该社一直为斐济和巴布亚新几内亚提供新闻,并通过卫星向纽埃这样的偏远地区提供新闻。此外,它也向路透社提供澳大利亚新闻。

第三节　德国、朝鲜的分裂及其新闻业发展

战后的德国成为美、苏在欧洲进行对抗和冷战的阵地,正是在这两个国家出于自身利益而进行的较量中,德国分裂。之后,朝鲜成为美国为首的西方阵营和苏联为首的东方阵营在远东进行较量的阵地,在两种制度、两种意识形态的武力较量中,朝鲜分裂。德国、朝鲜的分裂,使两国媒体的发展呈现出完全不同的走势。

一、两德新闻业的发展

1945 年 5 月,德国法西斯在同盟国军队的沉重打击下彻底失败,随后苏、美、英、法对德国进行了 4 年的军事管制(美、英、法管制西部地区,苏联管制东部地区)。1949 年 9 月 20 日,德境西占区正式建立德意志联邦共和国,简称联邦德国或西德;同年 10 月 7 日,德境东占区建立了德意志民主共和国,简称民主德国或东德。在此后的 40 年里,德国分裂为两个国家。

(一) 联邦德国的新闻业

1. 报刊

1945 年 5 月 8 日,即停战后的第 4 天,盟军就颁发了新闻管理条例。条例规定:在纳粹统治时期出版的报刊一律停办;禁止任何与纳粹有关的人从事新闻出版活动;创办报刊必须事先向盟军当局登记、申请许可证。

为了弥补报业真空状态,盟军总部发行了一种《德意志简报》,免费分发给德国人阅读。此外,1945 年 10 月,美国占领当局在法兰克福创办了《新闻报》(该报设备全部来自美国,每天发行 15 万份至 18 万份,并设有柏林分版,1955 年 1 月停刊),英国占领当局也于 1946 年 6 月在汉堡创办了《世界报》。

1945 年 7 月,盟军当局开始准许非纳粹德国人申请办报,并陆续发给执照。1949 年 9 月 21 日,盟军总部统一宣布,在联邦德国生活的德国人(被军事法庭判为高级战犯或罪人的前纳粹分子除外)都无须事先获得批准就有权出版报刊。此后半年内,报刊的数量由 400 家左右上升至 568 家。联邦德国报业由此进入了一个新的发展时期。

联邦德国成立之初的十几年间,报业发展迅速,报纸数目增至 1 500 余种。其中政党报纸约占 20%,远远少于战前。在此之后,报业发展势头减缓,20 世纪六七十年代几乎处于停滞状态。"二战"后联邦德国创办的主要报纸有:

(1)《世界报》(Die Wele)

该报 1946 年 6 月由英军占领当局在汉堡创办,1976 年迁到波恩,1993 年迁到柏林。初为周二刊,1949 年改为日报。1952 年招标出售,施普林格买下 75% 的股权。90 年代初发行量为 20 多万份。读者多为国家机关和经济界的上层人士。

《世界报》平日 30 版左右,分 4 个部分:重要新闻和评论、综合新闻、文体新闻和特稿,此外还有一系列专版,广告约占一半篇幅。该报信息广泛,文字精炼,版面活泼。它拥有较大范围的记者网,其对首都新闻的报道具有一定的权威性,对国际新闻也相当重视。

(2)《法兰克福汇报》(Frankfurter Allgemeine Zeitung)

该报 1949 年 11 月 1 日创办于法兰克福市。该报重视经济新闻和国际新闻,读者对象主要是政府部门和企业界上层人士以及独立职业者。90 年代初发行近 40 万份。

该报平日出 30 版至 40 版,内容分政治、经济、文艺三大部分,此外每天分别有科技、书籍、旅游等专版。

该报最大的优势,是拥有一个遍布世界的记者网,这使它能够在很大程度上不依赖通讯社而发布来自世界各地的消息,并使它在经济报道方面独领风骚。该报每日还出版一张供订阅的附加版"经济一瞥"。

（3）《南德意志报》（Sueddeutsche Zeitung）

该报 1945 年 10 月创办于慕尼黑。初为周二刊,1949 年改为日报。该报创办时持社会民主党执照,以后变为私人报纸,但仍倾向于社会民主党。读者对象主要是自由派知识分子,20 世纪 90 年代初发行40 多万份。

该报篇幅比较大,平日 40 版至 50 版,周末更多。平日版分三部分,政治新闻与评论、地区新闻和文艺影剧消息、经济新闻。此外还有一些定期和不定期的副刊和专页。

该报新闻版的特点是报道面广,而它对所在的巴伐利亚州的报道同样内容广泛。许多人对该报新闻文体的特色(其头版有杂文栏"曝光台",通讯报道也富有特色)以及它对所有危害社会的现象予以抨击的做法颇为赞赏。

以上 3 份报纸并称为联邦德国的"三大报"。

（4）《图片报》（Bild-Zeitung）

该报 1952 年由施普林格在汉堡创办,它是联邦德国最早的一份通俗报纸,4 开小张,几乎全靠街头零售。90 年代初日发行量高达 500 多万份,占联邦德国日报发行量的四分之一,居西欧各报之首。

在《图片报》上占主要篇幅的不是文字报道,而是图片、大字标题、彩色线条和花边。读者可以通过这份报纸了解身边发生的一切新闻。该报每天通过卫星传真在各大城市同时出版。

"二战"以后德国出版了许多期刊,其中最有影响的是《明镜》周刊和《明星》周刊。

《明镜》（Der Spiegel）周刊 1947 年创办,社址汉堡,是德国最有影响的新闻周刊,用德文和英文出版,90 年代初发行量超过 100 万份。该刊以"展示社会的阴暗面"为己任,注重调查性报道,敢于揭露政界内幕和社会弊端。70 年代该报对国防部长施特劳斯受贿渎职的揭露、1983 年对钢铁大王弗利克公司贿赂政界要人的揭露、1987 年对石荷州州长巴舍尔在竞选中采用不正当手段的揭露,都曾引起强烈的社会反响。该刊这种秉笔直书、不畏强权的风格,被同行们称为"明镜风格"。

《明星》（Der Stern）周刊 1948 年创办于汉堡,是联邦德国最畅销的大众化时事周刊,也是新闻类画报。它的报道广泛,从政治内幕到凡人琐事都有涉及,尤其以揭丑和猎奇著称。该刊形式上讲究标题的设计和图片的运用,具有较强的视觉冲击力。发行量在 100 万份以上。

50 年代以后,随着商业性报纸的大量出现,联邦德国报业出现了集中、垄断化的趋势。其标志是,报纸的总发行量持续增长,种数和出版单位却在不断减少。1954 年,联邦德国拥有独立编辑部的报纸 225 家;1976 年,这个数字减少至 121 家。

经过多年的竞争与兼并,至 20 世纪 80 年代,联邦德国形成 10 个大的报业集团。它们是:施普林格报团、布洛斯特-芬格报团、斯图加特报团、杜蒙报团、南德意志报团、慕尼黑报团、莱茵报团、麦得扎克报团、法兰克福报团、鲁尔报团。其中,施普林格报团是最大的报团,它所拥有的报纸发行数占全国总发行数的 30.21%。

施普林格报团是"二战"以后发展起来的。施普林格战前曾在沃尔夫通讯社和其他小报当过记者和编辑,战后继承了父亲的印刷厂,创办了一系列报刊。1946 年创办广播周刊《听》获得成功。1948 年创办《汉堡晚报》,两年间就成为联邦德国销量最大的报纸之一。1952 年创办大众化报纸《图片报》,发行量很快跃居全国报纸之首;紧接着又买下英军创办的《世界报》,把它办成了一份"高级报纸"。到 20 世纪 80 年代,施普林格报团已经成为欧洲屈指可数的大报团,拥有全国性日报《世界报》和《图片报》,最大的晚报《汉堡晚报》,最大的星期日报《星期日图片报》和《星期日世界报》,两家柏林报纸《柏林日报》和《柏林晨邮报》,最大的广播电视刊物《听》以及其他一些报刊。除此之外,施普林格报团还拥有两家通讯社,主要为本系统报刊提供新闻。80 年代末期,它购买了东柏林《晨报》50%的股份,并向东欧国家渗透。

联邦德国的杂志业也出现了垄断化的趋势——4 家大的出版公司控制了全部发行量的 64.2%。它们是:鲍尔出版公司、施普林格出版公司(1842 年创办的科技出版社)、布尔达出版公司和格鲁纳-雅尔出版公司(现在是世界性的贝特斯曼出版集团的一个子公司)。

2. 广播电视

盟军占领德国期间,各广播电台均被没收。1949 年以后陆续移交联邦德国政府。为了避免纳粹统治时期言论控制的一幕重演,美、英、法占领军提出了重建广播事业的两大原则:广播应为独立的事业,不受政府控制;广播应为公益事业,不能依赖广告生存或受其危害。据此,广播被视为公共财产,任何宗教团体或私有利益集团不得染指。这就奠定了联邦德国社会公营的广播电视体制的基础。

（1）公共广播电视

占领结束后,联邦德国各州陆续建立了社会公营性质的广播电台。这些电台既不属于政府,也不属于个人,而是由社会各界共同管理。为了加强彼此间的合作,1950 年 10 月,各州广播电台联合起来,成立了德国广播联合会(ARD)。这些地区电台还联合建立了两个全国性的广播电台——德国之声广播电台(DW,1953)和德意志广播电台(DLF,1960)。前者是德官方对外广播电台,成立的目的是宣传德国,缓和战后德国与其他国家的关系;后者对全德国广播。根据 1960 年通过的联邦广播法,这两个电台的经费从联邦财政预算中拨给。

联邦德国的电视台是在广播电台的基础上建立起来的。1952 年 11 月,由地方广播电视台、德意志广播电台和德国之声联合组成德国公共广播电视联盟(ARD),德国一台即是该联盟所有成员共同承办的公立电视台。各成员按照分工分别提供电视播出,其经费主要来自国家征收的广播电视费和广告费。为了打破德国公共广播电视联盟对电视市场的垄断,联邦各州又于 1961 年联合开办了第二家电视台——电视二台,总部设在美因兹。1967 年,联邦德国开始播出彩色电视节目。联邦德国政府对电视台的干预很少,节目内容和技术问题均由专家负责。

社会公营广播电视系统在联邦德国长期占据主导地位。它的管理机构由三部分组成:其一,广播委员会。这是公营广播电视系统的最高权力机构,由各社会团体代表、州政府代表、州议会各党派代表组成。其职责是制订章程,选举管理委员会,决定总经理的任免,批准财政预算等。其二,管理委员会。这是业务监督机构,职责是同总经理签订合同并监督其执行,检查预算实施情况。其三,总经理(台长)负责领导全台业务工作,任免部门负责人,确定节目计划,负责财务实施。

公共广播电视系统的经济收入一般来自两个方面:听众和观众每月交纳的收听费、收视费。这项费用由德国广播联合会和电视二台共同建立的收费中心统一征收,然后按一定比例在各台间分配。另一收入是广告费。各台均有广告,但播出广告必须遵守有关规定,如电视广告每天不得超过 20 分钟,不得在晚上 8 点以后及公共节假日播放,不得在节目中间插入等。

（2）私营广播电视

从 20 世纪 80 年代起,联邦德国逐步开放私营广播电视。1981 年,联邦宪法法院作出私人可以经营广播电视的裁决,私营电台随即出现。1984年又出现了私营电缆电视台。当时对这个问题各州政府意见不一,争议很大,直到1987年4月才达成共识,签订了新的州际广播协议,确认经州政府许可,可以建立私营广播电视机构。协议还规定,经州政府批准,可以在电缆系统中转播所有能够收到的公营或私营电视节目。自此,联邦德国正式走上了公私并存的广播电视双轨制的道路。

从实际情况看,虽然公共台在联邦德国具有相当的优势,但私营电台电视台的数目也在不断增长。联邦德国拥有私营广播电台几百座,都是地方性的。其中的一些,如萨克森的FFN广播台、巴伐利亚天线台、汉堡广播台等已经拥有相当广泛的听众,有的甚至在竞争中超过了公共广播电台。从总体上看,私营广播台的节目内容比较丰富,有的以播放音乐为主,有的则播送地区新闻,而公共广播电台通常是不向公众提供这类节目的。

联邦德国有两家主要的私营电视公司,一家是卫星电视一台(SAT 1),另一家是卢森堡广播电视台(RTL)。前者1985年创建,设在美因兹。施普林格报团、时代出版-电视公司等掌握了它的大部分股权和节目份额。该台以娱乐性节目为主,较多播出美国影片和电视剧。后者1984年创建,从科隆播出。比利时和法国金融集团的下属公司CLT公司是它的最大股东。该台最初只转播重大的体育比赛并播出一些性爱节目,后来也制作了许多自己的节目。该台节目比较适合大众口味,平均每天的收视率为20%,超过了卫星电视一台(占14%)。卢森堡广播电视台在广告市场上也是最为成功的,它播出的广告约占全部电视广告的40%。为了扩大播出范围,这两家公司不仅相互之间,而且同德广联和德意志电视二台展开了激烈的竞争。

除了上述两家主要的私营电视公司之外,联邦德国的私营电视台还有电视五台(TELE 5)和第七套节目(PRO 7)。最初这两个台只能通过电缆播送节目,尔后可以通过电缆、卫星和天线为70%的西欧家庭接收。1992年,电视五台改名为德国体育电视台,施普林格报团和基希集团在该台拥有股份。

3. 通讯社

盟军占领期间,美、英、法占领区分别出现了各自的新闻社。1949年9月1日,在这3个新闻社的基础上成立了德意志新闻社(DPA,简称德新社)。它是股份公司(由100多家报社、电台、电视台组成)性质的企业,不过联邦政府每年都给予财政支持。

德新社是联邦德国最大的通讯社,1980 年有报社成员 188 个,广播电台成员 3 个。为了避免财力雄厚的成员控制通讯社,该社特别规定,任何一个出版商或出版集团所占股份不得超过 1%,所有电台股份总和不得超过 10%。

德新社领导机构为股东大会选举产生的董事会。董事会任命正副社长和总编辑,主持全社工作。其业务部门有国内新闻部、国际新闻部和新闻图片部。在国内,首都波恩设有联邦分社,其他各州均设分社;在国外,同 60 多家通讯社建立了合作关系,在 80 多个国家和地区派驻记者。

德新社每天发布德文对内新闻 10 万字,德、英、法、西班牙、阿拉伯等文字的对外新闻 7 万多字。它的新闻、特稿和图片订户有国内的广播电台、电视台和 1 000 多家报纸,国外的订户有 100 多家通讯社、广播组织和报社。

德新社建立后,联邦德国很快出现了一批地方性和专业性的通讯社。其中 1948 年成立的体育通讯社,是世界上唯一的体育专业通讯社。1971 年,合众社在联邦德国的新闻社停办,在此基础上成立了一家新的全国性通讯社——德意志电讯社(DDP)。德意志电讯社也是一家股份公司性质的企业,为联邦德国的第二大通讯社。该社总部和国内部设在波恩,国际部设在伦敦。它每天发稿 34 000 多字,66% 为国内新闻,其余为国际新闻。该社同样接受联邦政府的资助。

除德新社外,联邦德国还有其他较大的通讯社:联合经济通讯社(VWD)(专门提供国内外经贸信息)、基督教新闻社(EPD)、天主教通讯社(KNA)等。

(二)民主德国的新闻业

1. 报刊

民主德国的新闻业是在苏联的影响和扶持下发展起来的,因此它完全因袭了苏联以中央机关报为核心的报业模式。早在 1945 年苏军占领期间,民主德国在苏军协助下就创办了《柏林日报》。同年创办的还有自由民主党的机关报《晨报》、基督教民主联盟的机关报《新时代报》和工会联合会的机关报《论坛报》。

1946 年德国统一社会党成立,随即创办了党的中央机关报《新德意志报》(1946 年 4 月 23 日创办于柏林),并指定《柏林日报》作为党的柏林市委机关报(该报后又宣布为非党报纸)。此外,德国统一社会党还创办了中央委员会机关刊物《统一》和有关党的生活的刊物《新路》。各州县党组织以及党所领导的群众团体也都有着自己的机关刊物,如《莱比锡人民报》、《萨克森新闻报》,自由德国青年联盟的《青年世界报》、农民互助协会的《自由农民报》、民主妇女联合会的《今日妇女画报》等。

德意志民主共和国成立后,苏军将新闻媒介的管理权移交民主德国政府。由于民主德国有报业发展的良好基础,报纸数量不断增加。20世纪50年代中期,全国已发行40种日报、32种周报(刊)。到80年代,日报总发行量达到800多万份,周报总发行量达到870万份。其中发行量最大、影响最大的报纸是德国统一社会党的机关报《德意志新报》(每期发行量约为110万份)。

50年代中期,民主德国的杂志种类多达250种。其中,专业性的刊物占很大的比重,如文学艺术界的《新德意志文学》、《世界舞台》,体育界的《国际体育活动》、《体育画报》,农业方面的《德国农业》,新闻界的《新德意志新闻》等等。至80年代,民主德国出版杂志517家,期发行1 800万份。

2. 广播电视

民主德国的电子传播媒介是作为国家事业运营的,由部长会议下辖的国家广播、电视委员会来实施。

1945年5月13日,东柏林的柏林广播电台最早在德国恢复了广播。之后柏林又建立了3座广播电台:德意志民主共和国电台、德意志民主共和国之声电台、柏林国际广播电台。德意志民主共和国电台是最重要的对内广播电台,每天播出两套节目,24小时昼夜播放;柏林国际广播电台主要提供首都政治、经济和文化等方面的信息;德意志民主共和国之声电台主要对民主德国之外的德语地区的居民广播,向他们介绍本国、苏联以及其他社会主义国家的情况;柏林国际广播电台是专门对外广播的电台,用11种语言对东南亚、中近东、非洲、美洲和欧洲国家广播。除此之外,民主德国还拥有11个地方广播电台。

1950年6月13日,民主德国最早的电视台——柏林电视台首次试播,1952年12月正式播放节目(柏林电视台有两套节目,第一套节目包括政治、经济、文化、体育等内容;第二套节目以知识性内容为主,并播映纪录片和故事片)。50年代以后,各地方城市也陆续建立了电视台。从1969年10月起,电视台开始播放彩色节目。随着经济和传播技术的发展,民主德国电视机的拥有量迅速增加,成为东欧电视业最发达的国家之一。

3. 通讯社

德意志通讯社(AND,简称德通社)是民主德国唯一的国家通讯社,1946 年 10 月 10 日根据各报刊和广播电台的倡议建立。成立之初,德通社是股份有限公司性质的企业,1952 年,政府将它收归国有,成为国家通讯社。

德通社是民主德国境内唯一有新闻播发权的通讯社。总部设在柏林,在国内 14 个专区设有分社,在 40 多个国家派有常驻记者,与 70 多个国家的通讯社签有新闻合作协定。德通社每天以德、英、法、俄等 6 种文字,向国内外发布约 12 万字的消息,是社会主义阵营中比较权威的新闻发布机关。

二、朝韩新闻业的发展

"二战"后期,美苏之间达成协议,决定日本投降后,双方在朝鲜以北纬三十八度作为临时受降和军管界线。据此,苏美军队先后占领了朝鲜的北部和南部。1948 年 8 月 15 日南部朝鲜成立大韩民国,以汉城为首都,李承晚任总统;同年 9 月 9 日,北部朝鲜成立朝鲜民主主义人民共和国,以平壤为首都,金日成为首相。朝鲜从此分裂为社会制度完全不同的两个国家。

（一）朝鲜民主主义人民共和国新闻业

1. 报刊

朝韩两国报业"本是同根生"。早在 19 世纪末期,朝鲜半岛就出现了现代意义上的报纸,如《独立新闻》(1896 年)、《每日新闻》(1898 年)。1910 年日本正式并吞朝鲜,建立了长达 35 年的殖民统治。日本在此实行严酷的文化灭绝政策,将朝鲜的语言、文字和报刊打入冷宫。当时除了日本驻朝总督机关报之外,其他朝鲜文字的报刊一律不允许出版。朝鲜境内大大小小 24 种报刊,全是日文报刊。1919 年"三一独立运动"后,日本当局被迫采取了怀柔政策,稍微放宽了新闻管制。朝鲜文的报纸随之出现,如《朝鲜日报》(1920 年)、《东亚日报》(1920 年)等。这些报纸通过各种方式宣传抗日救国思想,因而时常遭到日本统治者的迫害。

1945 年 8 月朝鲜摆脱日本统治、获得解放,进而被一分为二之后,朝鲜民主主义人民共和国建立了社会主义的政治经济制度,并且逐步形成了以朝鲜劳动党的报刊为核心的社会主义报业体系。与其他社会主义国家相同,这里的报刊以及各种新闻媒介,都由党政机关和党领导的社会团体经办,公民个人不得创办和经营报刊等新闻媒介。报刊以宣传党和政府的路线、方针、政策为己任,在朝鲜劳动党中央宣传鼓动部的领导下开展业务活动。

1950 年朝鲜有报纸 34 种,杂志 50 种。1950 年 6 月美国发动对朝战争,战争期间报刊仍坚持出版。和平到来后,报刊继续发展。其中主要的报刊有:

(1)《劳动新闻》。朝鲜劳动党中央委员会机关报,1945 年 11 月 1 日在平壤创刊,当时名为《正路》,1946 年改为现名。该报为日报,每天出 6 版,一版为要闻版,主要报道党政领导人的重要活动以及国内重大新闻。二版为理论版,主要刊登与国家政策以及现实问题密切相关的各种理论文章。三版为经济版,主要刊登各种经济新闻及文章。四版为共产主义教育、党的生活版。五版为南朝鲜版,主要反映南部朝鲜的各种社会问题。六版为国际版,主要刊登一些国际消息以及揭露美、日的文章。20 世纪 90 年代初期发行量为 100 万份。

(2)《民主朝鲜》。朝鲜政府机关报,1946 年 6 月 4 日在平壤创办。该报为日报,每天出 4 至 6 版,主要刊登有关政府活动的消息、行政法规,大量采用朝鲜中央通讯社的信息,也经常转载《劳动新闻》的文章。

(3)《平壤新闻》。朝鲜中央级报纸,1957 年 6 月创办,在平壤出版。自 80 年代起发行全国。消息以平壤地区为主,兼顾全国。由于朝鲜没有晚报,该报第四版版式、内容颇似晚报,很受读者欢迎。

(4)《劳动青年》。朝鲜社会主义劳动青年同盟中央委员会机关报,1946 年 4 月 20 日在平壤创办,当时名为《青年报》,同年 11 月 1 日改为《民主青年》,1964 年 5 月 17 日改现名。该报每周出版 6 期,每期 4 版,以反映青年生活为主。

(5)《今日朝鲜》。朝鲜对外宣传的综合性刊物,月刊,在平壤出版。主要反映朝鲜政治、经济、文化、历史、地理、风光、名胜、民俗等方面的内容。每期都有多幅彩色图片,出版中、俄、英、法、西、阿拉伯 6 种文字的版本。

（6）《劳动者》。朝鲜劳动党中央委员会政治理论刊物,1946 年10 月 25 日创刊,月刊。该刊的主要内容是宣传朝鲜劳动党的方针政策,刊登党的文件及领导人的讲话或文章。

2. 广播电视

朝鲜半岛的广播事业诞生于 20 世纪 20 年代。1927 年 2 月,日本殖民当局在汉城设立了"京城广播局",这是朝鲜的第一家广播电台。直至 1945 年 8 月为止,它一直是日本军国主义统治的工具。

1948 年 9 月 9 日朝鲜民主主义人民共和国成立后,其广播事业逐渐发展起来,从中央到地方陆续建立了无线广播电台,有线广播也得以普及。1963 年开始播放电视节目,1970 年开播彩色电视。

朝鲜的广播电视全部归国家所有,由中央广播电视委员会领导和管理。它为广播电视宣传制定的基本方针是:第一,向人民灌输金日成和金正日同志的思想,大力宣传党和政府的方针政策;第二,动员人民积极参加经济建设事业;第三,揭露和谴责西方及南部朝鲜的各种罪行和阴暗面;第四,在一定程度上进行文化艺术宣传。广播电视委员会下设 6 个台,广播、电视各 3 个。

（1）朝鲜中央广播电台

该台成立于 1945 年 10 月 14 日,这一天被定为朝鲜的"广播节"。使用中波、短波和调频广播,每天平均播出 22 小时。在全国各地区设有转播台。

（2）平壤（国际）广播电台（Radio Pyongyang）

该台是朝鲜的对外广播电台,成立于 1947 年 3 月 16 日。使用朝鲜语、英语、汉语、日语、德语、西班牙语、俄语、阿拉伯语等语言对外广播。

（3）平壤广播电台（Pyongyang Broadcasting Station）

专门对韩国广播的电台,成立于 1955 年 10 月 14 日。使用中波、短波和调频广播,每天播出 22.5 小时。

（4）朝鲜中央电视台

朝鲜国家电视台,成立于 1963 年 3 月 3 日。向全国播出一套节目,各地电视台都转播它的节目。重要内容为新闻、专题和文艺节目。从 1974 年起开始播出彩色节目。

（5）万寿台电视台

以平壤地区的观众为收视对象的电视台,1983 年底开始播放节目,只在星期六和星期日晚上播出。主要内容是文艺节目,包括歌舞、电影、电视连续剧等,也转播中央电视台的部分节目。

(6)开城电视台

专门对南朝鲜(韩国)播放节目的电视台,成立于 1971 年 4 月 15 日,主要任务是向韩国宣传朝鲜社会主义制度的优越性以及社会主义建设中取得的成就等。

3. 通讯社

朝鲜中央通讯社(Korean Central News Agency,KCNA)简称朝中社,成立于 1946 年 12 月 5 日,最初称北朝鲜通讯社,1948 年 10 月 12 日改为现名。该社是朝鲜民主主义人民共和国唯一的国家通讯社,由政府直接领导。总部在平壤,分社设在各道和特别市,在中国、埃及、阿尔及利亚等国驻有记者。主要机构有:国内新闻处、国际新闻处、南朝鲜报道处、摄影报道处、参考消息处、综合报道处等。除向国内各新闻机构提供国内外新闻外,该社还向亚、非、拉等地进行英、法语广播,与新华社有直通线路。

朝中社还办有各种刊物,如《朝鲜中央通讯》、《参考通讯》、《英文通讯》、《法文通讯》、《俄文通讯》、《西文通讯》、《参考新闻》等。

(二)韩国新闻业

1. 报刊

位于南部的大韩民国战后实行的是资本主义制度。几十年间,这里的新闻事业经历了曲折发展的历程。1945 年光复之初,各种报纸曾雨后春笋般出现,据统计多达 68 家。但是美军占领当局不久就颁布法令,规定所有出版物必须注册和领取许可证,这就使许多报刊(尤其是左翼报刊)因无法取得许可证而停刊。朝鲜战争期间,报刊的报道和出版活动一直受到美军当局和政府的严格监管。朝鲜停战后,情况有所松动,至 1960 年为止,各种报纸增加到 85 家。1961 年韩国发生军事政变,陆军将领朴正熙上台并推行军事独裁统治。军人政府不仅制定了强硬的新闻管制条例,而且颁布了报纸和通讯社注册法。在严格的新闻管制下,众多报纸和通讯社被关闭,报纸只剩下 34 家。1979 年朴正熙遇刺身亡。同年 12 月全斗焕通过政变上台,继续推行军事独裁统治。全斗焕执政期间,对反抗压迫的"光州起义"进行了武装镇压,并实行"言论整肃",宣布汉城只能存在 6 家综合性报纸,地方上一道一报。1980 年 12 月颁布《基本新闻法》,规定各新闻媒介"自发"改组合并。政府文化公关部政策局每天发出具体报道要求,即哪些内容可以刊登,哪些不可以刊登。直至 1987 年,在人民民主斗争不断高涨的压力下,全斗焕被迫辞职。在随后的全国大选中,卢泰愚获胜并任韩国总统(1989 年)。

卢泰愚执政后,开始实行民主改革,同时取消了新闻检查,对新闻业采取较为宽松的政策。此后韩国新闻业才有了较大的发展。《朝鲜日报》、《东亚日报》、《中央日报》、《韩国日报》、《汉城新闻》、《京乡新闻》迅速发展成为全国性的六大报纸,并各自开办了地方版。

(1)《朝鲜日报》。私营股份制的全国性综合日报,与《东亚日报》同为朝鲜半岛上最古老的两家朝文日报之一。1920 年 3 月 5 日创刊,1940 年 8 月被停办,朝鲜光复后复刊,社址汉城。每周出 180 个版,除了主报外,还出版发行《少年朝鲜日报》、《中学生朝鲜日报》、《体育朝鲜》报以及《朝鲜周刊》、《朝鲜月刊》、《朝鲜家庭》等期刊。该报在国内设有 11 个支社、86 个支局、1 124 个发行点,在纽约、香港、马尼拉、雅加达、华盛顿、东京等 12 个地方设有支社、分局。发行量约 200 万份。

(2)《东亚日报》。私营股份制的全国性综合日报,与《朝鲜日报》同为朝鲜半岛上最古老的两家朝文日报之一。1920 年 4 月 1 日创刊,1940 年 8 月被停办,朝鲜光复后复刊,社址汉城。每周出 120 个版,除了主报外,还出版发行《少年东亚日报》以及《新东亚》、《女性东亚》、《科学东亚》等杂志。该报在国内设有 11 个支社、49 个支局、927 个发行点,在东京、洛杉矶、多伦多、香港、雅加达等地设有分社,同美国《纽约时报》、英国《泰晤士报》、日本《朝日新闻》等有互换新闻关系。发行量约 200 万份。

(3)《韩国日报》。私营股份制的全国性综合日报,1954 年 6 月 9 日创办,社址汉城。1986 年 6 月利用卫星传版在汉城和美国同时印刷发行,1990 年 7 月在全国率先扩充为 24 版,每周发行早刊 168 个版,晚刊 72 个版。除了主报外,还出版发行日刊《体育报》、《韩国日报》、《汉城经济新闻》、《少年韩国日报》以及杂志《女性周刊》、《韩国周刊》、《学生科学》等。在全国设有 11 家分社和 1 262 个销售点。在中国、美国、日本、法国、英国、德国、新加坡等地设有海外分社或记者站。

(4)《中央日报》。具有企业集团背景的股份制全国性综合日报,韩国最大的企业集团之一"三星企业集团"是该报最重要的股东。

1965年9月22日创办,社址汉城。每周发行168个版,除了主报外,还出版发行《中央经济新闻》,以及《少年中央》、《女性中央》、《文艺中央》、《中央月刊》等杂志。在全国设有6家分社和849个记者站。在美洲设有20个分社,在中国及东南亚设有6个分社或记者站,在澳洲、加拿大等地也设有记者站。

(5)《汉城新闻》。具有官方色彩的股份制报纸,政府是报社的股东之一,故该报政治倾向比较明显,反映和体现政府的方针政策。该报创办于1945年11月22日,1997年改名为《大韩每日》,社址汉城。每周发行136个版,除主报外还出版发行《体育汉城》报以及4种杂志。在全国设有15个分社和473个记者站。海外机构主要有日本分社、中国(北京)记者站,巴黎、香港等销售点。

(6)《京乡新闻》。私营股份制的全国性综合日报,1946年4月6日创刊,社址汉城。20世纪60年代因反对朴正熙军事统治多次被军事当局处分,社长等因违反《反共法》被捕。1965年至1969年先后被起亚产业和新进汽车公司收购。1980年4月1日独立成为私营法人。每周发行176个版,在全国有677个销售点,在东京和香港设有记者站。

2. 广播电视

1945年9月,美国驻韩国当局接管了日本殖民统治当局创办的唯一一家广播电台"京城广播局",并改名为"韩国广播电台",1948年转交给韩国政府。

1952年各国营广播电台统称"韩国广播电台系统"。1973年更名为"韩国广播公司"(KBS),性质由国营企业改为公共企业。但政府仍旧对它实施控制。

50年代起民营和宗教的广播电视开播,官方广播机构也在发展。1954年创办了最早的民间广播电台——基督教广播电台(CBS),1956年由美国经营的商业电视台开播,1961年韩国第一家官方中央级电视台"韩国广播公司电视台"开播。

1980年,韩国无线电广播事业发生了重大变革。韩国广播公司(KBS)接管了一些私营广播公司以及道级(即省级)广播电台,发展成为拥有25家地方广播电台的最大的广播公司。1980年12月1日,实现电视节目彩色化。1990年,韩国对广播事业又进行了结构调整。7月14日,议会通过了新的广播电视法、广播电视广告公司法、广播电视体制法,重新允许开办民营广播电视台,作为对国营广播电视业的补充。韩国由此形成了公营、半公营、民营、宗教等几个不同的广播电视系统。

目前韩国有广播电台97家,电视台39家。1995年开通了有线电视,共28个频道,每天播出180多个小时,政府对从外国购进的节目在编排上有所限制:体育节目限制在50%以下,其他节目为20%～30%,一周至少要提供700小时的国产节目。1995年下半年,开通9个卫星电视频道。1995年8月5日,韩国在美国佛罗里达州宇航基地发射了第一颗人造地球卫星——"无穷花1号",成为世界上第22个拥有商业卫星的国家。目前在韩国有KBS、MBC等电视广播公司进行数字电视节目试播,但价格不菲的数字电视还难以让普通家庭接受。

韩国的"三大广播电视台"是:

(1)韩国广播公司(简称KBS)。韩国最大的广播电视台,成立于1973年3月3日,是根据韩国新广播法改组而成的国营广播机构。经理由总统根据文化公报部部长提名任命,经济来源是电视收看费和广告。办有3套电视节目,第一套节目中新闻和教育节目占80%左右,第二套节目中有50%的教育节目,第三套则全部是教育节目。广播和电视覆盖全国,并用12种语言向世界各地进行广播。

(2)文化广播公司(简称MBC)。韩国三大广播电视台之一,也是一家股份有限广播电视公司。经营广播和电视,在主要城市拥有广播网,在汉城和釜山办有调频音乐电台。电视中娱乐节目比重较大。该公司在全国设有20多个分支机构,并拥有19家地方电视台。在中国、日本、美国等设有驻外记者站。

(3)汉城广播公司(简称SBS)。韩国三大广播电视台之一。1990年3月20日开始正式播音,1991年12月正式播出电视节目。这是韩国最大的私营电视台。

3. 通讯社

1945年韩国首家通讯社"解放通讯社"诞生,随后"合同通讯社"、"经济通讯社"、"时事通讯社"、"东洋通讯社"、"产业通讯社"等相继成立。1979年总统朴正熙被暗杀后,政府加紧了对新闻媒介的控制,1981年1月下令将所有的通讯社(以及报纸、广播电台)合并,以合同通讯社、东洋通讯社为基础,吸收、合并3家专业通讯社——时事通讯社、经济通讯社、产业通讯社,组成了新的大型通讯社——联合新闻社。

1981年初联合新闻社正式发稿,1986年2月通过电脑向海外发送英文新闻稿,1987 年 6 月 18 日开通汉城至东京的话路专用线。该社在韩国各地派驻记者的网点有 53 处,在国外有东京、香港、曼谷、华盛顿、纽约、巴黎、洛杉矶、巴黎、墨西哥城、开罗 10 个支社、支局,同 31 个国家和地区的 42 家通讯社建立了新闻交换关系。

（文中提及的以"汉城"冠名的媒体,随着"汉城"更名为"首尔",其国内均会作相应改变。——编者）

第四节　亚、非、拉民族独立国家新闻业的发展

第二次世界大战以前,除了 36 个独立国家外,亚、非、拉地区的绝大多数国家都是帝国主义国家的殖民地。战后伴随着世界范围内民族解放运动的兴起和殖民体系的崩溃,有 90 多个国家挣脱了新老殖民主义的枷锁,成为独立的国家。这些新独立的民族国家作为一支不容忽视的政治力量登上了国际舞台,构成国际关系体系中的重要组成部分。它们被称为"第三世界"（从经济发展的角度讲,它们也被称为"发展中国家"）。

这些国家社会制度不同,新闻业发展也有很大的差异。其中的多数国家是进入 20 世纪以后才出现报刊的,也有一些国家报业发端比较早,例如亚洲的印度、印度尼西亚、新加坡、马来西亚等;非洲的埃及、南非等;拉丁美洲的墨西哥、巴西等,早在 17、18 世纪,殖民主义者就在那里创办了报刊,至今已有二三百年的历史。获得独立后,各国开始着力发展本民族的新闻业,创办自己的报刊,建立国家通讯社,开办广播和电视。

一、亚洲国家的新闻业

"二战"前,亚洲是殖民列强争夺最激烈的地区,除日本和土耳其外,各国都相继沦为殖民地、半殖民地或被直接占领。由于历史上长期遭受殖民主义的统治,各国经济一般比较落后,新闻业的发展也受到影响。战后亚洲首先燃起民族解放运动的烽火。自 1945 年 8 月至 1948 年 2 月,印度尼西亚、叙利亚、约旦、巴基斯坦、印度、缅甸、斯里兰卡相

继摆脱英、法统治,获得独立。50 年代至 70 年代又有许多国家获得独立。政治上的独立为创办民族新闻事业创造了重要的条件。亚洲许多民族独立国家的新闻业都是在独立后创办和发展起来的。

以下介绍亚洲主要国家新闻业的发展情况。

（一）印度

1. 报刊

印度报业有着悠久的历史。早在 18 世纪 80 年代,印度就出现了第一批英文报纸,19 世纪则出现了本地文字的报纸。但是,印度的民族报刊一直受到英国殖民当局的限制和迫害。1947 年印度独立后,新政府采取措施取消殖民地时期对报业的限制,1949 年通过的宪法规定了公民言论出版自由的条款(宪法同时规定在紧急状态下政府可以停止执行包括新闻自由在内的各项人权条款)。此后报业发展比较快,从 1952 年到 1981 年的 30 年间,报刊总数增长了近 4 倍,由 4 769 份增至 19 144 份;日报总数也增长了近 4 倍,由 330 份增加到 1 362 份,期发行量增长了 5 倍多,由 252.5 万份增至 1 539.7 万份。20 世纪八九十年代,报刊数字继续增长。据印度新闻和广播部的统计,1989 年年底全国共有报刊 27 054 种,其中日报 2 538 种。

印度报业的特点是：

第一,种数多,销量不大。印度的日报种数超过美国,居世界第一,但每期发行量不到美国的二分之一。日报中没有一家销量达到百万份的,一般 7.5 万份以上就算大报,2.5 万份以下的小报占绝大多数。主要原因在于居民收入不高、文盲较多、读者群分散等。

第二,语种繁多。印度有 10 个大民族,几十个小民族,报刊使用的文字共有 90 多种,主要文字有 16 种,如印地、英、阿萨姆、孟加拉、古吉拉特等。历史上英文报纸一直占优势,1979 年印地语日报发行量首次超过英文日报。但真正能在全国通行的还是英文。

第三,出版地集中。尽管印度各邦都有报刊,但主要还是集中在 15 个重要城市,其他地方很少。新德里、孟买、马德拉斯、加尔各答四大城市出版了全国近三分之一的报刊、半数以上的日报。

第四,报业(新闻业)受西方影响比较大,报刊大多数是私营的,政府、政党、社会团体、教育机构也办有若干报刊,但比重不大。

印度有影响的全国性日报有下列 4 种。

（1）《印度快报》（Indian Express）。英文日报,也是印度规模最大和最有名望的报纸,由两个戈恩卡家族共同投资经营。1940 年在孟买创办,1953 年转到新德里,在全国 13 个城市同时出版,此外在英国伦敦设有办事处,在美国华盛顿等地派有常驻记者。1990 年日发行量为 51 万份。该报代表垄断资本家利益,曾对先后执政的英·甘地和拉·甘地政府的内外政策持批评态度,以揭露政府内幕消息闻名。

(2)《印度时报》(The Times of India)。印度最早的英文日报,1838 年创办于孟买,原名《孟买时报》,周二刊,1859 年改为日报,1861 年改为现名。该报长期属于英国贝内特·科莱曼公司所有,后来为达尔米亚-贾殷股财团收买,在孟买、新德里、艾哈迈达巴德等 6 个城市同时出版,发行量近 60 万份。该报新闻详尽、文字严谨,政治上一般反映政府的观点,在社会中层、知识分子及海外印侨中有较多读者。

(3)《印度斯坦时报》(Hindustan Times)。英文日报,1918 年创办于比哈尔邦的巴特那,1923 年创办德里版。该报与以甘地、尼赫鲁为首的国大党关系密切,历史上曾经支持国大党争取民族独立的运动,经常反映该党的内外政策。该报每天出正刊 20 版,另有附刊 10 版左右,发行量 35 万份。在华盛顿、伦敦和加德满都派有常驻记者。

(4)印度教徒报(The Hindu)。英文日报,1878 年 9 月在马德拉斯创刊,初为周刊,1833 年改为周三刊。大致从 1885 年起成为全国著名报纸,1889 年起成为每日出版的晚报,1904 年改为日报。该报是无党派报纸,独立前持民族主义立场,支持独立运动;独立后支持国大党。该报现属卡斯图里父子有限公司,在南部印度较有影响,读者对象多为文化水平较高的年轻人。发行量 42 万份。

印度第一份杂志是 1785 年创办的《东方杂志》。印度杂志的一大特色是周报、周刊多,1981 年有 5 624 家。和报纸一样,周报周刊的种类多,但销量小,至今还没有超过百万份的。较为有名的月刊有英文《印度国情》、《东方经济学家》,印地文《新文学》等;周刊有泰米尔文《库木达姆》、英文《星期日标准》等。《今日印度》创办于 1974 年,是一份政治性的双周刊,在上层和中上层英语读者中十分流行。

早在印度独立前,其商业报刊就已经出现垄断的趋势,独立后进一步发展,形成了许多报团。据 1977 年统计,印度有 85 家报团,拥有日报发行量的 73.5%,报刊发行量的 33.4%。印度的大报团有 8 个:1)印度时报系,拥有 41 种报刊,总发行量 280 万份;2)印度快报系,印度最大的报团,拥有 36 种报刊,总发行量 160 万份;3)印度斯坦报系,拥有 13 种报刊,总发行量 100 多万份;4)印度教徒报系,有 4 种报刊,其中《印度教徒周刊》(英文)发行 40 多万份,在国外行销很广;5)欢喜市场报系,拥有 10 多种报刊,总发行量 100 多万份;6)甘露市场报系,拥有 5 种报纸杂志,总发行量 70 万份;7)政治家报系,拥有 5 种出版物,总发行量 32 万份;8)自由新闻报系。

2. 广播电视

1927 年 6 月,印度第一座私营广播电台开始播音,1930 年因经济状况不佳倒闭,由殖民政府接管。1936 年,英国殖民当局按照英国广播公司的模式,建立了全印广播电台,利用它来为自己做宣传。1947 年独立后,全印广播电台收归国有,改为国营,由政府新闻广播部领导。

全印广播电台(All India Radio, AIR)包括 4 类电台:一是区域性广播电台,指位于新德里、加尔各答、马德拉斯和孟买的 4 座大型广播电台。二是(各)首府广播电台,大部分只用中波播送一套节目。三是地区性广播电台,指在各邦内以语言和文化为区别而开办的广播电台,是首府广播电台的补充。四是地方性广播电台,指专门为特殊方言地区的听众开办的广播电台。经过多年发展,到 20 世纪 90 年代初,全印广播电台已有 205 座广播电台,147 个中波发射台,54 个短波发射台和 104 个调频发射台,使用 23 种语言和 146 种方言对国内广播,可覆盖 97.5% 的人口。全印广播电台在全国各地拥有专业记者 232 名,并在达卡、加德满都、开罗、德黑兰、贝鲁特和迪拜等地派有常驻记者。

除了全印广播电台之外,印度还有全印娱乐广播电台和对外广播。全印娱乐广播电台 1957 年在孟买开办,用印地语播出,85% 的节目内容为音乐,包括电影音乐、轻音乐、民间音乐以及宗教音乐,其余为新闻、幽默小品和专题节目。对外广播是由全印广播电台于 1939 年 10 月开办的,用印地语、英语、法语、俄语、斯瓦希里语、尼泊尔语、缅甸语、藏语等 26 种语言播音,还向非洲、大洋洲、东南亚等地的印度人播出印地语、泰米尔语、旁遮普语节目,覆盖 84 个国家和地区。

与广播业相比,印度电视业规模较小,发展也较为缓慢,只是 20 世纪 80 年代中期以后才有了较快的发展。印度第一家电视台——印度电视台于 1959 年 9 月开始试播(总部设在新德里),13 年后,第二家电视台在孟买建成。接着,1973 年斯利那加、阿姆利则电视台开播,1975 年马德拉斯、加尔各答等电视台也相继开播。

印度电视台(Doordarshan India, DDI)原为全印广播电台的一部分,1976 年 4 月 1 日起成为独立机构,隶属政府新闻广播部。1982 年 8 月 15 日开始播放彩色电视节目。印度电视台约有 523 个发射台,使用 16 种语言和 45 种方言对全国播出,并在 6 个城市开通了卫星电视,使电视的覆盖率达到 86%以上的人口。近年来,增开了娱乐、时事、影视等频道,以吸引观众。和广播一样,印度电视业由国家经办。国营广播电视的经费主要来自国家拨款、收听收看费和广告收入。

20 世纪 80 年代后期以来,随着家用卫星接收装置的逐渐普及,外来电视的影响越来越大。一些外国电视台的节目,如美国有线电视新闻网(CNN)、中国香港卫视台、英国广播公司世界电视台、亚洲广播网、亚洲电视网等利用卫星直播手段进入印度,受众数量逐年增加。对此印度政府制定了相关法律加以控制,1995 年的有线电视法案规定,任何加密频道的节目都必须经过印度有关部门审查,这使国外电视公司的播出受到限制。

3. 通讯社

印度的主要通讯社有 4 家,即印度报业托拉斯、印度联合新闻社、印度斯坦新闻通讯社和印度新闻社。这 4 家通讯社曾因国大党政府命令,于 1976 年 2 月一度合并为萨马查尔通讯社(Samachar)。1977 年人民党新政府组成后,根据新闻界的要求,解散了萨马查尔通讯社,并于 1978 年 4 月恢复了 4 家通讯社的独立性。

(1) 印度报业托拉斯,简称印报托。印度最大的通讯社。前身是 1910 年建立的印度联合通讯社,1919 年被路透社收买,成为其附属机构。印度独立后,印报托接替了印度联合通讯社和路透社在印度的业务,于 1949 年 2 月正式发稿。该社是印度报业老板合股企业,凡采用它的消息的印度报刊、广播电台、电视台,均可购买它的股票,但股东不分红。印报托总部在孟买,在国内有 50 多个分社,在巴林、北京、科伦坡、达卡、伊斯兰堡、加德满都等地派有记者,订有路透社、法新社的新闻,与共同社、南通社、波通社、德新社交换新闻。

(2) 印度联合新闻社。印度独立后,一些报人不满印报托的垄断和它亲国大党的立场,准备建立另一通讯社与之竞争。于是《印度时报》、《印度斯坦时报》、《政治家报》、《印度教徒报》等大报发起,1961 年成立印度联合新闻社,并开始发稿。1976 年印度联合新闻社被政府强行并入印报托,1978 年又决定将其从中分离出来。该社是印度第二大通讯社,国内新闻采用率高,但在国际新闻方面,该社还不能与印报托抗衡。

（3）印度斯坦新闻通讯社。印度第三大通讯社,1948年2月成立,私人经营,总部设在新德里。该社在全国20多个邦首府设有分社,在加德满都、廷布等地派有常驻记者。主要用印地文、马拉地文、古吉拉特文和尼泊尔文发稿。现有订户80多家,其中50家为报刊(多数为印地文报刊),其余的为政府机关和电台等。

（4）印度新闻社。印度私人通讯社,1957年2月成立,总部设在新德里。在国内3个城市设有办事处。主要向报刊提供印地文背景材料和新闻分析。除编发这些内容外,每周还发一篇有关工业问题的文章,每两周出一期有关农业问题的报道。

（二）印度尼西亚

1. 报刊

印度尼西亚最早的报纸是由荷兰殖民统治者创办的(1615年)。直到19世纪,才出现印尼语报纸,如1855年在梭罗出版的《布罗马梯尼》和1856年在苏腊巴亚出版的《马来新闻》。1823年英国传教士麦都思在巴达维亚(今雅加达)创办的《特选撮要每月统记传》,是这里最早的华文报刊。

进入20世纪,印尼民族独立运动逐步兴起,在这方面华人及其报刊起了重要的作用。侨居印尼的华人是东南亚国家中数量最多的,受辛亥革命时期中国民主思潮的影响,印尼华人办起了多家报纸,其中用马来文出版的有《泗水新闻》、《商报》、《新报》;用华文出版的有《泗滨日报》、《华铎报》、《苏门答腊民报》等。20年代以后,这类报纸又有新的发展,著名华文报纸有1921年的《新报》和《天声日报》。它们在推进华人事业、支持当地人民的民族独立斗争方面,都发挥了重要的作用。

太平洋战争爆发后,日本法西斯大举进攻东南亚,荷兰在印度尼西亚的殖民据点不堪一击,日本轻易占领了这个"千岛之国"。日本占领后,印尼大部分报纸被查封,日军另行创办了宣传"大东亚共荣圈"的报刊。

"二战"结束后,印尼宣告独立。当时党派林立,大致上有民族主义、伊斯兰教派和共产主义三大势力。各政党、各种政治力量纷纷办报,宣传自己的主张。其中最有影响的是共产党的机关报《人民日报》,20世纪50年代发行量达6万份,为各报之首。华文报纸《新报》、《生活报》(1945年)等也颇有影响。除了《天声日报》等少数报纸外,多数华人报刊倾向新中国,并且支持印尼政府对外反帝反殖、对内团结进步的政策。

1965 年"9·30"政变后,军人集团控制了政权,所有共产党报刊和进步报刊均被查封。在排华浪潮中,华人报刊也被停止出版。1966 年国会制定了相当严厉的新闻法,规定创办报刊必须获得经营许可证,政府的新闻主管部门有权颁发并可随时吊销许可证。由此确立了在政府严格管理和指导下的报业秩序。政府还要求所有获准出版的报刊加强自律,服从管理,承担对社会的所谓责任。1984 年还成立了全国性的新闻委员会,专门就媒介在这方面的执行情况进行检查监督。

印度尼西亚主要的印尼文报纸有:

(1)《罗盘报》(Kompas)。1965 年由天主教团体创办,后来逐渐摆脱了宗教倾向,成为印尼最受欢迎的报纸。每天出 16 版,发行约 50 万份,居各报之首。该报与政府保持一定的距离,对政府活动及其文件新闻低调处理,但有时也反映政府观点。在文化界颇有影响。

(2)《专业之声》(Suara Karya)。1971 年创办,是原执政党"专业集团"(苏哈托是该党指导委员会主席)的机关报,发行量 12 万份。

(3)《战斗报》(Berita Yudha)。1971 年创办,是一份军队报纸,全国发行,发行量 8 万份左右。

(4)《独立报》(Merdeka)。1945 年 10 月 1 日创办,是原印尼民族党(后改为民主党)的机关报,发行量 10 多万份。

(5)《明灯报》(Pelita)。1969 年创办,是穆斯林建设团结党的机关报,发行 6 万多份。

除印尼文报纸外,印尼首都有两份英文报纸,一份是《雅加达邮报》(Jakarta Post),一份是《印度尼西亚观察家报》(Indonesian Observer),其读者对象主要是在印尼投资做生意的外国人和懂英语的印尼人。随着印尼经济的活跃和蓬勃发展,这两份报纸的重要性在增强。

印度尼西亚有几百万华裔居民,但在长达 30 多年的时间里,华文报刊被禁止出版。瓦希德当选总统后,大幅度调整了华文政策,使久被禁绝的华文报刊迅速复苏。2000 年初,多份华文及印、华双语报刊在雅加达及泗水等大城市问世。如雅加达的《世界日报》、《印度尼西亚商报》、《和平日报》、《新生日报》、《国际日报》,泗水的《千岛日报》、《龙阳日报》、《诚报》等。

2. 广播电视

千岛之国的印尼,由于其特殊的地理条件,使得广播电视在社会生活中的作用更加凸现出来。

印尼的广播事业诞生于 20 世纪 20 年代。第一座广播电台名为巴达维亚电台,是一家私人电台,后来成为东印度公司的电台。印尼开办无线电广播初期,政府对电台的功率和频道都有所限制,后来印尼的电台合并为一家,称 PPPK,总部设在巴达维亚。1942 年日军强行接管了广播电台,直到"二战"结束后电台才重新回到印尼人民手中。1945 年 9 月,印尼共和国广播电台(RRI)宣告成立,1946 年 4 月归国家所有,由政府控制。

RRI 办有三套节目,第一套为全国性节目,第二套对首都地区广播,第三套为调频立体声节目。此外还有一套国际广播,用 10 多种语言,以"印度尼西亚之声"的呼号对国外广播。国家电台在全国设有 5 个地区中心台,下面还有众多的地方台,所以,除首都外,全国各地一般都能收听到 3 套广播:全国性节目、地区性节目以及地方台播出的当地节目。印度尼西亚政府十分重视对农村广播,在农村广泛组织收听组,以扩大广播的影响。

印尼的第一座电视台——印尼共和国电视台(TVRI)建于 1962 年,用来转播(试播)第四届亚运会,1963 年正式开播,当时只有爪哇岛能收看到。1976 年国内通信卫星"帕拉帕一号"启用后接收范围扩大到全国,但偏远地区仍因缺少接收设备收看困难。1977 年 11 月开办彩色节目。该台办有两套节目,一套对全国,一套对首都地区。

根据 1997 年 10 月颁布的《广播法》的规定,国营广播电视不能播广告,其经费来源于视听费,并由国家从商业台收益中提取 15%作为补贴。

《广播法》允许私人经营广播电视,但有一些限制。例如私营台可以自行采编新闻,但同时必须传送国营台的新闻。目前印度尼西亚有商业广播电台约 600 座(调幅台 500 座,调频台 100 座,有的兼办调幅调频),大多集中于主要城市。它们除了播出商业信息和新闻外,主要还是播放音乐。印度尼西亚的电视长期为国营台独家经营,至 1989 年,首家私营电视台获准开办,以后私营台不断增多。目前主要的私营电视台有雄鹰电视台(1989 年)、太阳电视台(1990 年)、城市电视台(2000 年)、贯通电视网(2001 年)等。这些台除面向本地外,还通过帕拉帕卫星向全国播放。

20 世纪末期,印尼政府采取"天空开放"政策,允许外国电视公司使用帕拉帕卫星向其境内播送节目,也允许本国居民使用碟形天线自由接收外来电视节目。所以国外著名的跨国电视公司竞相在这里传送自己的节目,夺取市场份额。

3. 通讯社

印度尼西亚的国家通讯社是安塔拉通讯社(Antara News Agency),成立于 1973 年,由国家情报部管理。该通讯社在国内外派有常驻记者,同世界上 20 多个主要通讯社(美联社除外)签订了新闻交换协定,是亚洲—太平洋通讯社组织、国际伊斯兰通讯社和不结盟国家通讯社联盟的成员国。

（三）新加坡

新加坡的新闻传播业比较发达,在东南亚以至整个亚洲占有举足轻重的地位。

1. 报刊

新加坡于 18 世纪沦为英国的殖民地。其报业诞生于 19 世纪,早期报刊大多由英国人创办(详见第一章第二节)。1881 年 12 月,新加坡出现了第一份由华人创办的华文日报《叻报》。该报由出身华人家庭的薛有礼创办, 每天 8 开 6 张, 内容有社论、电讯、新闻、广告,活字印刷(该报一直出版到 1932 年)。辛亥革命前后,中国国内的政治动荡辐射到海外华人社会,新、马地区华文报刊纷纷兴起,其中有著名的《中兴日报》(1907—1910 年),为中国同盟会新加坡分会所办;《光华日报》(1910 年至今),在槟城出版,也是同盟会的重要舆论工具。20世纪 20 年代,新加坡出现了两份重要的华文日报:《南洋商报》和《星洲日报》。前者由著名的华侨领袖陈嘉庚于 1923 年创办;后者由万金油制造商胡文虎于 1929 年创办。"二战"期间,日军曾于 1942 年至 1945 年占领了马来半岛,这里的报纸都被日方接管。接管期间,日军当局出版了英文《昭南新闻》和华文《昭南日报》,为其侵略扩张政策服务,原有报刊大多停刊。日军投降后,英国恢复了对新加坡的统治,并于 1946 年实行"新马分治"①。此后新加坡报业得以复兴,原有的《海峡日报》(英文)、《南洋商报》、《星洲日报》以及《马来使者报》(马来

① 实行"新马分治"后,英殖民者将新加坡作为直辖殖民地单独管理,而将其余地区组成马来亚联合邦,派总督统治。1957 年马来亚取得独立,1959 年新加坡在英联邦中取得自治地位。1963 年 9 月马来亚同新加坡、沙捞越、沙巴组成马来西亚联邦,1965 年 8 月新加坡退出,单独成立新加坡共和国。

文)相继恢复出版,规模不断扩大,并分别发展成为拥有多种报刊的报业集团。

20世纪70年代,根据新加坡报章法令的规定,《南洋商报》《星洲日报》两家华文日报由家族企业转变为公共公司,并公开发售股票,挂牌交易。从1982年起,新加坡报业结构发生了重大变动。是年5月,《南洋商报》与《星洲日报》合并为一家控股公司——新加坡新闻与出版有限公司。1983年3月,该公司推出两份新的报纸《联合早报》和《联合晚报》。1984年7月,新加坡报业结构又出现新的变动。在政府的推动下,当时并存的3家出版公司——新加坡新闻与出版有限公司、海峡时报有限公司以及时报出版有限公司联合组成报业集团,名为新加坡报业控股有限公司(Singapore Press Holding Ltd. , SPH)。

新加坡报业控股公司是新加坡最大的出版机构,政府拥有全部股份的60%,公司股票进入市场,市民均可购买,但每人持有的股份不得超过3%。90年代初期,报业控股公司进行结构调整,分为4个集团,即英文及马来文报章集团、华文报集团、报章服务集团、广告市场集团,它们在总公司协调下分别展开活动。

英文及马来文报章集团拥有的报纸有:英文的《海峡时报》、《商业时报》、《新报》,马来文的《每日新闻》。

《海峡时报》(The Straits Times)是一份历史悠久的报纸,自1845年创刊以来,除了日军侵占时中断三年半以外,一直发行于新、马地区,在国内和东南亚地区均有重要影响。该报平日出40版左右,较多采用国际大通讯社提供的消息,就国内外大事发表评论,并辟有专栏或专版刊登专题报道。发行量约30多万份。《商业时报》(Business Times)是1976年创办的经济金融类报纸,每天发行1万多份。《新报》(The New Paper)是1992年创办的午间小报,其特点是图片多,彩色印刷,80%为软新闻和娱乐性内容,主要面向教育水平较低的读者。

《每日新闻》(Berita Harian)是新加坡唯一的一份马来文报纸,创办于1957年。星期日版为《星期日新闻》(Berita Minggu),单独发行。90年代初平日发行4.2万份,星期日版为5.4万份。

华文报集团出版《联合早报》、《联合晚报》、《新明日报》、《星期五周报》4种报纸。在新加坡人口中,华人约占77%以上,所以华文报纸的读者颇为广泛。

《联合早报》全称《南洋·星洲联合早报》,创办于1983年3月16

日。初期由莫理光、黎德源分别担任第一和第二总编辑,1986 年莫氏调任培训与评估部顾问后,黎德源升任总编辑。1993 年 12 月黎氏卸任后,由林任君继任总编辑至今。该报日出对开 60 多版,简体字横排,内容包括国际新闻、新加坡新闻、马来西亚新闻、亚细安成员国新闻等,同时设有财经新闻、天下事、亚太经济等多个专版和多种副刊。该报不仅在新加坡华人社会很有影响,在东南亚各地也有不少读者,发行 20 万份左右。

《联合晚报》全称《南洋·星洲联合晚报》,创办于 1983 年 3 月 16 日,总编辑为陈正。该报日出对开 20 多版,简体字横排,除了刊登国际新闻、本地新闻之外,偏重文化娱乐及体育新闻,辟有大特写、龙门阵、工商之家、社团天地等专版,还办有学生副刊《新一代》。该报新闻简洁,信息量大,文字生动活泼,版面设计醒目多变,形成了晚报独特的风格,与早报相辅相成。发行量 11 万份。

《新明日报》创办于 1967 年 3 月 8 日,由香港《明报》前社长查良镛和前新加坡《新生日报》老板梁润之合股创办,创刊后销量猛增,一度超过历史上的两大报《南洋商报》和《星洲日报》。1971 年梁润之逝世,其子梁庆经继任董事会主席。该报改出晚报,自撰评论很少,经常转载香港《明报》、《快报》、《中报》的社论,日销 9 万份至 10 万份,深受下层人士欢迎。

《星期五周报》创办于 1991 年 2 月 22 日,首任主编杜艳嫦,后由林春兰接任。该报是华文学生报,以华族学生为主要对象,也供以华文为第二语文的学生阅读。每期 4 开 24 版,图文并茂,彩色印刷,内容侧重于校园新闻和学生生活。

除了华文、英文、马来文报纸之外,新加坡还有一份泰米尔文的《泰米尔钟声报》(Tamil Murasu)。该报创办于 1934 年,是面向印度族读者的日报,1955 年为新加坡报业控股公司收购。

新加坡没有自己的通讯社,一些国际性的通讯社都在新加坡设立了工作中心。

2. 广播电视

新加坡于 1935 年开办无线电广播,1963 年开办电视,自 1974 年起开始播放彩色电视节目。

新加坡广播电视业长期由国家经营。1965 年成立了国营的新加坡广播电视台,该台于 1980 年改组为新加坡广播公司(SBC),由文化部任命的经营委员会管理,经费来自视听费、广告费和政府拨款。1994
年实施了新的广播法,新加坡广播公司分解为 4 家独立的股份公司。
它们是:新加坡广播公司、新加坡电视公司、新加坡第十二频道电视台、
新加坡国际传媒通信公司。这 4 家都是公共广播电视机构,由新成立
的新加坡广播电视局(SBA)管理,但又各自独立经营。其中新加坡国
际传媒通信公司(SIM)负责地面电视和广播信号的传送业务,由国家
拨款支持。其他 3 家的经费大部分依靠广告收入。它们有义务播送一
定时间的公共服务节目;作为回报,它们从国家征收的视听费中获得一
定的份额。

这 3 家股份公司的情况如下:

(1) 新加坡广播公司(SBC)

该公司办有 10 多套广播节目,其中内 12 套,分别用英、华、马
来、泰米尔语播出;国际 3 套,用英、日、德、法等多种语言播出。

(2) 新加坡电视公司(TCS)

该公司办有 4 套地面电视频道,即:新加坡电视公司第五频道
(TCS 5),为英语综合频道;新加坡电视公司第八频道(TCS 8),为华语
综合频道;亚洲新闻台(CAN),为 1999 年开播的全新闻频道;体育城
(Sports City),统一播送各种体育节目。

(3) 第十二频道电视台(TV 12)

该台办有两套地面电视:Suria 台,用马来语播送新闻、综艺、电视
剧等;中心台,有儿童节目、艺术节目、泰米尔语节目三大类,分别在不
同时段播送。

新加坡的有线电视由新加坡有线电视公司(SCV)经营。该公司从
1992 年起开始向用户提供超过 30 个频道的电缆电视服务。新加坡规
定不许居民用蝶形天线直接接收外国电视信号,有线电视公司则按照
广播法和广播电视局颁布的节目准则对外来电视进行过滤和把关,然
后传送给用户。

新加坡从 1995 年起开办卫星电视,现有两个面向国外的卫星频
道。从 1999 年起,几家电台都开办了数字广播,开始了数字化的进程。
尤其值得注意的是,20 世纪 90 年代以后,陆续有外国著名电视机构在
新加坡设立亚洲总部或分支机构,从新加坡向周边国家发送卫星电视,
其中有 CNN、HBO、ESPN、BBC 以及香港卫视等 10 多家。随着"2000
年信息技术计划"的实现,新加坡正逐步成为亚洲的重要信息中心。

（四）马来西亚

1. 报刊

马来西亚是海外华文报刊的发源地,最早的华文报纸《察世俗每月统记传》就是在此出版的(该报 1815 年创办于马六甲)。

马来文报纸的出现晚于英文和华文报纸。第一份马来文报纸是 1876 年创办的"Jawi Peranakan",1906 年又出版了一份《领袖》,致力于宗教改革,以后又陆续出现过一些马来文报纸。时间最长的是 1939 年创办的《马来使者报》,至今仍在出版。在马来西亚人口中,马来族人占 59%,所以马来文报纸影响广泛。

马来西亚报刊大部分为私人所有,但也有不少有政党背景,直接或间接为一些政治势力所控制。另外,由于东马和西马相距甚远,地域分散,所以地方报纸很多。它们规模不大,分别用马来文、英文、华文、泰米尔文、旁遮普文等出版。

目前马来西亚有两家大的报团:新海峡时报集团和马来使者报集团。

（1）新海峡时报集团

该集团是在马来西亚最有影响的《新海峡时报》(New Straits Times)的基础上建立的。《新海峡时报》为英文报纸,其前身是新加坡《海峡时报》的吉隆坡版。1965 年新、马分家后它单独出版,仍属新加坡的海峡时报集团。后来马政府责令其与新加坡母公司脱离关系,1972 年又迫使其将 8 成股份转让给马来西亚官方的"国营企业公司",并改用现名。目前该集团除了拥有《新海峡时报》外,还拥有《每日新闻》(马来语)、《商业时报》、《马来邮报》和《都市每日新闻》(马来语)以及各自的星期日刊,所属刊物有《她的世界》、《马来西亚文摘》等。该集团实际上由政府或执政党控制。

（2）马来使者报集团

该集团拥有《马来使者报》、《马来西亚使者报》(1967 年)以及各自的星期日刊,出版《基布拉使者》、《宝石》、《妇女》等多家杂志,还出版书籍,行销新、马、文莱等地。所属报刊通常反映执政党的观点。

马来西亚的华文报纸主要是《南洋商报》和《星洲日报》。两家报纸的前身都是新加坡同名报纸的吉隆坡版,新、马分家后单独出版,产权几经转换。现《南洋商报》属于南洋报业控股集团(马)有限公司,社址吉隆坡,在槟城、马六甲等地设有办事处,每天发行约 18 万份。该报

声称保持"不偏不倚的立场",力求"扮演上情下达、下情上达的角色",
"使华裔同胞了解国家和政府的方针,使华族能及时参加国家建设与
发展"。现《星洲日报》属于朝日报业有限公司,社长为沙捞越木材巨
子张晓卿。该报在党派政治中"严守中立",主要内容有要闻、国际新
闻、国内新闻、新加坡新闻、东亚新闻、体育新闻等。除此之外,20 世纪
初期创办的华文老报《光华日报》仍在槟城出版,日发行 10 万份左右。

2. 广播电视

马来西亚广播电视业的历史与新加坡同轨:1935 年开办无线电广
播,1963 年开办电视。"新马分治"后,两国开始独立发展自己的广播
电视业。

马来西亚的广播电视业长期由国家经营,至今国营的马来西亚广
播电视台(RTM)仍占主导地位。RTM 由政府新闻部管辖,经费来源是
广告收入和国家拨款。RTM 办有 6 套广播节目,分别用马来语、英语、
汉语和泰米尔语播出;另有对外广播"马来西亚之声"。RTM 办有两套
电视节目,电视一台主要播送本国节目;电视二台专播外语节目。借助
卫星传送,两台都已覆盖全国。

20 世纪 80 年代起,马来西亚开办了商业台。主要的商业台有 3
家:1)私营的电视三台(TV 3),1984 年开播,面向全国;2)都市电视
台(Metro Vision),1995 年开播,政府与民间合办,面向首都吉隆坡及周
边地区;3)私营的全国电视台(NTV),1997 年开播,总部在沙捞越州
的吉古市,面向全国。

马来西亚的有线电视由公私合营的梅加电视台(Mega TV)主办。
该台 1995 年开播,现有 5 个频道,主要转播外国卫星电视的新闻、体育
和娱乐节目,以便对国外电视进行过滤,使之符合本国的节目标准。同
时自己也播放一些国产和外国的影视节目。

3. 通讯社

马来西亚唯一的通讯社是马来西亚国家通讯社(Malaysia National
News Agency)。该社筹建于 1965 年,1968 年起开展业务。它实行商业
化经营,政治上由政府控制。该社业务分为 3 类:普通新闻、经济新闻
和特稿,有时转发国外分社的消息。在国内设有多处分社,在曼谷、新
加坡、雅加达、马尼拉、伦敦等地设有国外分社。

(五)泰国

1844 年泰国出现了第一份由美国传教士创办的英文报纸(《曼谷

纪事报》)。1858年泰国人创办了第一份泰文期刊《政治公报》。1932年泰国实行君主立宪制后,成立了专门部门对新闻出版进行管理和监控。1941年泰国政府颁布实施《新闻出版条例》,严格管制新闻出版业,严禁报道国际政治、军事新闻。1956年泰国政府取消了有关国际新闻报道的禁令,新闻界一度活跃,但1958年至1973年间泰国由军人执政,查封左派报刊,限制报道内容。1973年10月军人政府被推翻,出现了一些新的中、左派报刊。1976年军事政变后,他宁政府宣布恢复1941年《新闻出版条例》,加强了对新闻媒体的管制。1980年炳·廷素拉暖执政后,泰国民主气氛有所增强,对媒体的限制逐步减少,除仍执行"不得亵渎国王或诬蔑、蔑视和侮辱王室成员"等规定外,不再强调其他规定。迄今泰国政府仍沿用这一政策,媒体报道较为开放和自由。

1. 报刊

泰文报刊是泰国主流报刊,英文、华文报居辅助地位,但影响不小。

泰国主要的泰文报纸有:

《泰叻报》(The Thairath Daily)1950年1月1日创刊,初名《每周画刊》(The Weekly Pictorial),1962年12月25日正式定名《泰叻报》。该报是目前泰国发行量最大的泰文报纸,在全国各地发行,发行量100万份。该报服务于国家,侧重报道社会新闻,对泰国社会具有一定的影响。其创始人暨所有者为Kamphol Vacharanphol(已辞世)。

《每日新闻》(Daily News)1964年创刊,是泰国第二大泰文报纸。该报属综合性报纸,内容包括国内外政治、经济、社会新闻等,侧重报道泰国新闻,在泰国各政府部门均派有记者。该报所有者兼总编辑为Pracha Hetrakul。

《民意报》(Matichon)由民意集团公司于1977年创办,1990年正式上市。该公司共经营出版3份报纸,即《民意报》、《新闻日报》(Kha-osode)和双周报《商业新闻报》(Prachachati)。《民意报》发行量近50万份,是泰国第三大泰文报纸。

泰国主要的英文报纸有:

《民族报》(The Nation)由泰国记者Suthichai Yoon等人于1971年7月1日创办,创刊名为《民族评论报》。《民族报》属民族多媒体集团公司(The Nation Multimedia Group Public CO. LTD)所有,发行量约6万份。

《曼谷邮报》(The Bangkok Post)由邮报出版公共公司(Post Publishing Public Company Limited)于 1947 年创办。该报早期经常发表泰国官方的观点,1971 年它与泰国英文报《曼谷世界报》(Bangkok World)合股,并由英方控股,后根据泰国法律将 50%股份卖给泰国人。现香港南华早报出版有限公司(South China Morning Post Publishers Limited)拥有该报 20.3%的份额。《曼谷邮报》主要面向泰国社会上层和商界、企业界读者,关注国际时事和泰国内政、外交动态,发行量 6 万份左右。

泰国主要的华文报纸有:

《中华日报》,前身为《新报》周刊,创办于 20 世纪 50 年代初期,创办人陈纯,1960 年 3 月 16 日正式改组为《中华日报》。该报以发扬中华文化、促进中泰两国人民和政府相互关系、加强两国经贸与文化交流为宗旨,内容包括国际新闻、泰国政经新闻、中国新闻等。该报发行网遍及全泰各府,也有小部分发行至中国内地、中国香港、中国台湾、新加坡和马来西亚。

《星暹日报》,1950 年 1 月 1 日创刊,创办人胡文虎、胡文豹。该报属"泰国星系报业有限公司"所有。《星暹日报》系综合性报纸,每日出 28 版以上,在泰国全境和邻国大城市发行。

《新中原报》,前身是 1938 年创办的《中原报》,由一批爱国侨领与知识分子为抗日而兴办。1943 年日军登陆泰国时,《中原报》被日军派人接管,日本投降后,该报才由原班人马接办。1957 年《中原报》被认为是左派报纸而被查封,直到 1974 年中泰建交前一年才复刊,改名《新中原报》。1976 年泰军人政变后,该报再度被查封,18 个月后复刊并出版至今。

《京华中原联合日报》,前身为《京华日报》和《中原日报》。其主刊《京华日报》创办于 1957 年,原系泰国民联厅主办的官方华文报纸,曾因"左倾"被查封。《京华中原联合日报》每日出 28 版,属综合性报纸,主要在泰国境内发行。

《世界日报》,1955 年创刊,最初立场中立,1958 年起被台湾当局收买,是台湾当局在泰国的宣传喉舌。中泰建交后,该报虽仍与台湾当局的政策保持一致,但直接攻击大陆的报道减少。1986 年,台湾"联合报系"以委托经营方式全权代表经营管理《世界日报》,其办报宗旨和重要人事安排均由《联合报》总社负责,但财务和具体经营相对独立。

20 世纪 90 年代以后创办的华文报纸主要有《亚洲日报》(1993年)、《曼谷时报》(1996 年)等。

2. 广播电视

泰国的广播电视媒体主要由政府和军队经营。除了政府、军队主办的广播电台和电视台以外，还有民办的广播电台和电视台，一些大学也有自己的广播电台。泰国全国各地基本上都能收听到泰国国家广播电台的广播，收看到各地电视台的电视节目。

目前泰国共有 524 个全国和地方性的广播电台，其中全国(AM)广播电台已达 211 个，其余为长波(FM)地方台。泰国民联厅是最大的电台主办者，拥有 147 个广播电台；泰国皇家军队次之，拥有 127 个电台；泰国大众传播机构位居第三，下辖 62 个电台。中波(AM)广播主要为满足大众需要，尤其是农村地区听众的需要；长波(FM)广播则以音乐节目为主，也有部分交通节目。泰国广播电台除每天 7:00 和 19:00 需播放民联厅下属泰国广播电台(Radio Thailand)的官方新闻节目外，可独立制作、自由播放其他节目。

电视是泰国最有影响的传媒。1955 年，泰国政府成立第一家电视台，泰国由此成为东南亚地区最早开始播放电视节目的国家。目前泰国共有 6 家无线电视台，即电视 3 台、5 台、7 台、9 台、11 台和泰国独立电视(ITV)。电视 3 台、7 台、9 台、11 台均为政府控制，在泰国各地建有分台。5 台的行政管理、新闻编审由武装部队最高司令部新闻办公厅负责。3 台、7 台和 ITV 分别由泰政府授权的私营部门经营。另外，合法经营的地方有线电视公司有 86 家，UBC 集团和泰星(Thaistar)集团是泰国最主要的有线电视经营者。只要安装卫星天线，泰国 99.9% 的地区均能接收卫星电视，曼谷和其他主要城市同时可以收看有线电视。

3. 通讯社

泰国通讯社(Thai News Agency，简称泰通社)是泰国的国家通讯社，1977 年成立，直属泰国大众传播机构。主要负责发布国内新闻，向该机构辖下的电台和电视台供稿，同时接受国际新闻。每天发行泰文和英文新闻稿供国内新闻媒体、外交使团和外国驻曼谷记者订阅。泰通社是亚洲通讯社组织的成员，与包括东盟其他成员国在内的一些国家的新闻机构有相互交换新闻等业务往来。

二、非洲国家的新闻业

"二战"前,非洲只有埃及、埃塞俄比亚和利比亚三个独立国家。战后民族独立运动蓬勃发展,至 20 世纪 90 年代初,非洲大陆基本上脱离了殖民统治,除 3 个地区尚未独立外,独立国家达 54 个。独立后的非洲各国,积极致力于维护国家主权、发展民族经济、进行文化建设的工作,并取得了显著成就。但是由于殖民主义者的长期统治,加之频繁的政变和连续的自然灾害,非洲至今仍是世界上最贫困的地区,非洲国家的经济、文化、教育,包括新闻事业仍然比较落后。

以下介绍非洲主要国家新闻业的发展情况。

(一) 埃及

埃及是非洲也是发展中国家中新闻业历史较为悠久的国家之一。早在 1867 年,埃及就出版了第一份公开发行的报纸《尼罗河谷》(WADIAN-NEEL)。1881 年制定了第一部有关新闻出版的法律。随着埃及国力的提升和新闻业的发展,各大报纸和杂志在阿拉伯世界广泛发行,影响深远,《金字塔报》被誉为阿拉伯世界第一大报。埃及还是第一个发射和拥有通讯广播卫星的非洲和阿拉伯国家,这一地区的大多数国家利用其卫星转播广播电视节目。经过多年发展,埃及已成为当今阿拉伯世界的新闻和文化中心,不仅对周边国家和阿拉伯世界具有很强的辐射作用,而且国际影响日益扩大。

1. 报刊

埃及发行各类报纸、杂志 300 多种(17 种日报、70 多种期刊、40 多种反对党的报纸杂志和近 200 种地区性报刊)。影响最大的报纸有《金字塔报》(1875 年创办,1960 年收归国有,由金字塔出版社出版,社址开罗)、《消息报》和《共和国报》,均为阿文日报。主要反对党报纸和独立报纸有《华夫脱报》(阿文日报)和《星期报》(阿文周报)。外文日报有《埃及公报》(英文)和《埃及前进报》(法文)等。绝大部分报纸杂志的出版和发行由金字塔出版社、解放出版社、今日消息出版社、新月出版社、鲁兹·尤素福出版社、知识出版社和合作出版社等七大出版集团控制(前 3 个为国有出版社,也是最具影响的出版社)。

2. 广播电视

埃及广播电台创办于 1934 年。1981 年开始实行广播台网制度。

现有 251 套电台广播节目,包括 162 个中波台、23 个短波台和 66 个调频台,每天以 38 种语言向全世界广播,日播出时间为 463 小时。埃及广播电台为国家所有,其职工属国家公务员。

埃及电视由国家垄断,国家电视台在埃及电视业中占主导地位。埃及国家电视台建于 1960 年,现已发展成为拥有 21 个频道的综合性电视台,其中以微波方式传输的普通频道 8 个(2 个国家级和 6 个地方级)、有线电视频道 1 个和卫星电视频道 12 个(埃及卫视 2 个、尼罗河国际电视频道 1 个和尼罗河卫视专题频道 9 个)。在全国各地建有 221 个电视转播站,卫星转播的电视节目已达 125 套。

3. 通讯社

中东通讯社(The Middle East News Agency)是埃及唯一的国家通讯社,建于 1956 年 2 月,原为民办,1960 年收归国有。该社负责宣传政府政策,重点报道埃及和阿拉伯国家事务,是阿拉伯和非洲地区最大的通讯社。该社在世界各地设有 36 个记者站,其中阿拉伯国家 16 个,美国和欧洲 11 个,非洲 4 个,亚洲 5 个,与路透社、法新社、合众国际社、美联社等 25 家通讯社签订有新闻和图片互换合同。

随着世界信息产业的发展,埃及政府积极采取措施,致力于提高新闻业的总体实力与水平。具体措施包括开办卫星电视频道,加大力度建设因特网,建设媒体自由区,吸引各国媒体入驻,支持国有出版社改造印刷厂,提高出版物印刷质量等。但由于经济和技术等方面的原因,埃信息产业发展速度仍然较慢,卫星电视和因特网等新兴媒体的总体发展水平不高,应对外来文化渗透的压力日增。

(二) 肯尼亚

肯尼亚在中东部非洲和黑非地区属传媒业较为发达的国家之一。它的第一份报纸是英文《东非旗帜报》,创办于殖民时期(1902 年)。

1. 报刊

肯尼亚现有 4 份英文日报,即《民族日报》、《东非旗帜报》、《肯尼亚时代报》和《人民报》。

《民族日报》属中东部非洲地区最大的报业组织——民族媒体集团(Nation Media Group)所有。该集团以日报起家,现有《东非人报》(周报)、《塔伊法周报》(斯瓦西里语版)、调频广播 Capital FM 和 Nation 电视台,同时拥有乌干达 Monitor 日报的股份,并计划向坦桑尼亚发展。《民族日报》和《星期日民族报》发行量约 20 万份,是国内和中东非地区影响最大的报纸。

《东非旗帜报》是肯尼亚历史最为悠久的报纸,也是肯尼亚第二大英文日报,属"旗帜媒体集团"(Standard Media Group)所有。该报注重报道国内新闻,在政治立场上略倾向反对党,也力图保持公正、客观、不偏不倚。发行量约 7 万份。除《东非旗帜报》外,"旗帜媒体集团"还办有"肯尼亚电视网络公司"(KTN),在内罗毕等大城市很受欢迎。

《肯尼亚时代报》创办于 1983 年,发行量约 4 万份。作为执政党肯盟机关报,该报完全代表和反映肯盟及政府立场,是肯盟和政府的喉舌之一。该报总裁由总统任命。

《人民报》是肯第四大英文日报,由第一大反对党民主党原重要领导人马蒂巴及其女儿创办经营。该报标榜"公正、坦诚、无畏",但在政治观点上明显倾向于反对党,日发行量为 2 万份。

2. 广播电视

肯尼亚规模最大、也是唯一能够覆盖全国的广电公司,是 1987 年成立的国家广播电视公司(Kennya Broadcasting Corporation,KBC)。该公司拥有 KBC 电视台、METRO 商业电视台、KBC 调频及中波广播。该公司不但在国内,在肯尼亚周边地区也有一定的影响。其总裁由总统任命。

肯尼亚电视网络公司(Kennya Television Network,KTN)是肯尼亚及东非地区第一家私营电视公司,成立于 1990 年 4 月,1998 年被《东非旗帜报》收购。KTN 主要致力于制作新闻、社会和文化节目,很受当地观众欢迎,部分节目收视率高于 KBC。除首都内罗毕外,还覆盖蒙巴萨、纳库鲁及尼埃里等几大城镇。

3. 通讯社

肯尼亚国家通讯社是肯尼亚通讯社(Kennya News Agency)。该社曾是肯尼亚主流媒体的主要新闻来源,由政府新闻局管辖。近年来,随着肯传媒业的发展,各主流媒体的记者队伍不断扩大,肯尼亚通讯社的作用和地位不断下降。

值得一提的是,肯尼亚首都内罗毕是中非地区外国媒体最为集中的城市。路透社、法新社、美联社等在非洲的总分社均设在内罗毕。英国广播公司(BBC)、美国之音(VOA)在肯开设了调频广播,用英语和斯瓦西里语播出节目。美国有线新闻网(CNN)、《华盛顿邮报》、《洛杉矶时报》等美国一些媒体在肯设有记者站。在对上述外国媒体和记者的管理方面,肯尼亚几乎还是空白点。外国媒体申请到设站、设点的许可后,即可自由开展业务。

（三）南非

南非是非洲地区报业创办最早的国家之一。早在 1795 年,英国殖民者就在此发行了《开普敦公报和非洲广知报》周刊,用英文和荷兰文刊登新闻,成为南非也是非洲大陆最早的报纸。现南非新闻业在非洲属发达之列,其报刊、广播、电视、因特网等传媒手段均较为成熟,在非洲特别是南部非洲有一定的影响。

1. 报刊

南非定期出版的报刊数量居非洲之首,共有 17 种全国性日报、21种周报、200 多种地方性报纸、800 多种杂志以及各类专业性刊物。它们大多以英语和阿非利卡语(南非荷兰裔所用语言)出版发行,也有以各种当地黑人语言和定居南非其他族裔的语言出版发行的报刊。其中较有影响的报刊 30 多种,几乎全部由独立传媒集团、全国传媒集团和时代传媒集团垄断,白人基本控制了英语、阿非利卡语报纸。黑人控股的南非出版公司和 Caxton 公司虽也分得一杯羹,但影响很小。各报刊主要在本地区(省、市)出版发行,全国范围内发行的报纸只有《星期日时报》(1906 年创办,总部在约翰内斯堡,英文周报)、《报道报》(1970年创办,总部在约翰内斯堡,阿非利卡语周报)和《星期日独立报》(1995 年创办,总部在约翰内斯堡,英文周报),其他报刊的发行量都不大。因财力有限,各报刊无力外派记者,独立和时代两传媒集团在非洲一些国家和美、英等大国雇佣当地自由撰稿人为其供稿。各报报道的重点依次为当地、南非、南部非洲、全非和国际新闻,其国际消息基本来源于西方媒体,对一些国际问题的观点亦与西方相同或相近。

2. 广播电视

南非广播出现得很早。1923 年南非铁路公司创办了约翰内斯堡电台,1924 年又开办了开普敦电台和德班电台,1927 年这几家电台合并为非洲广播电台。1936 年,根据当时制定的广播法,政府将这家电台改组为全国性的南非广播公司,此后它就长期垄断着南非的广播事业。

南非的电视开办较晚,20 世纪 70 年代初期南非广播公司才设立电视台,进行电视试播,70 年代中期才正式播出电视节目。1982 年,公司增办了第二、第三频道,1983 年又设立了有线电视台。但是直到 80

年代末期,南非广播电视一直实行单一的公营体制。20世纪90年代以后,南非开始实行公私并营的广播电视体制。但公营的南非广播公司(SABC)仍然是广播电视业的主体。由于该公司是由英国广播公司(BBC)资助成立的,因而其性质与BBC类似,但是允许播送广告,经费靠收视费和广告维持。广播方面,它使用11种语言,办有3类基本节目:全国性节目、地区性节目和民族语言节目。电视方面,也使用11种语言,办有3套节目。

总的来说,南非的广播电台、电视台数量有限。除了南非广播公司电台、电视台之外,主要的广播电台、电视台还有702电台、E-TV电台和M-Net(这些广播电台、电视台均建于20世纪80年代以后),各台可以多种语言和多套节目向全国及南部非洲国家播出节目。

3. 通讯社

南非全国性的通讯社是南非通讯社(South African Press Association,SAPA)。该社创办于1938年,独立经营,是非政府、非营利性的通讯社,在非洲特别是南部非洲影响较大。南非通讯社总部设在约翰内斯堡,在比勒陀利亚、开普敦、布隆方丹和德班等城市设有分社。近年来因经费有限,该社不再外派常驻记者,只聘用当地记者为其供稿,其国际新闻主要来自西方通讯社。

三、拉丁美洲国家的新闻业

拉丁美洲原是印第安人劳动生息的地方,自15世纪末期西班牙和葡萄牙冒险家踏上这块土地后,拉美国家全都沦为这两个国家的殖民地。19世纪初,拉美地区普遍爆发起义,先后有18个国家获得独立。20世纪以来,又有十几个国家独立。独立后的国家经过持续发展,国力得以提升,教育得到普及,新闻事业也随之发展起来。同亚洲、非洲一样,拉美国家的报刊最初也是由殖民当局创办、为殖民当局服务的。民族独立运动兴起后,民族报刊才随之出现,并在国家建设中发挥着重要的作用。由于经济发展不平衡,拉美各国新闻业发展的程度也有所不同。经济较为发达的国家,如巴西、墨西哥、阿根廷等,其新闻业发展也处于领先地位。

(一)巴西

巴西是拉美第一大国,也是拉美新闻大国,报刊数量之多,种类之广,皆居拉美之首。巴西报业诞生于 19 世纪初。1808 年,因躲避拿破仑入侵而流亡巴西的葡萄牙国王若昂六世,用随船带来的印刷机在巴西创办了《里约热内卢报》。这是一份官方报纸,主要刊登政府公告和战争消息。同年,独立运动领导人何塞·马丁在伦敦创办了《巴西邮报》,秘密运回国内,进行政治宣传。1822 年该报迁入国内,一直出版至今。巴西独立以后,报刊迅速增多。

1. *报刊*

巴西现有日报 500 种、各类期刊 1 485 种(其中新闻周刊 4 种)。全国发行量排名前列和社会影响力较大的报纸主要集中在经济发达地区(圣保罗州 134 种、里约州 39 种、巴拉那州 37 种、南大河州 36 种)。发行量排名前 10 位的报纸依次为《圣保罗之页》(41 万份)、《圣保罗州报》(36 万份)、《里约热内卢号外》(31 万份)、《环球报》(30 万份)、《日报》(25 万份)、《人民邮报》(20 万份)、《零点钟报》(17 万份)、《南大河州人民报》(13 万份)、《人民日报》(13 万份)和《现代圣保罗报》(12 万份)。上述十大报主要集中在圣保罗市(4 份)、里约市(3 份)和南大河州(3 份)。巴西两个最大的周刊是《请看》(115 万份/周)和《现代》(44.5 万份/周)。期刊主要由"四月集团"、"环球集团"、"象征出版社"等 14 家出版社发行,全国期刊总数的 42%由"四月集团"控制。该集团以出版期刊、图书起家,目前已扩展为出版集团、电视音像集团、新兴业务集团(电子传媒)三大支柱产业。"环球集团"的情况大致相同。它由创刊于 1925 年的《环球报》起家,现已发展成为集报刊、图书、音像、电子等于一身的多媒体信息产业。

2. *广播电视*

巴西广播电视业发达,全国有广播电台 2 826 家、电视台 258 家。就地区分布而言,东南部和南部的覆盖率最高(94%),其他地区相对较低(68%)。据统计,巴西广播覆盖率为 89.6%,电视覆盖率为 87.4%。

在众多的电台和电视台中,归政府直接管辖的很少。国家直属的广播电台是国家电台(Radio National),建于 1958 年,属巴西新闻公司(即国家广播电台)所有。该台下辖巴西利亚国家电台、里约热内卢国家电台、亚马孙国家电台和国家电台网的卫星服务等,使用葡萄牙语 24 小时广播,覆盖全境,面向中上层人士,收听率 50%。该台消息来源于巴西通讯社,代表政府立场。国家直属的电视台是国家电视台(TV

National），1960 年创办，亦属巴西新闻公司（国家广播电台）所有。该台是巴西唯一的国家电视台，有两个频道，"国家电视台频道"覆盖巴西利亚地区，"NBR 频道"覆盖巴西全境。该台面向政、经、新闻和文化界人士，"政府新闻"是它的名牌栏目。

私营广播电视主要依靠广告收入，实行商业经营。其中规模最大的是环球广播公司。该公司属于跨媒介经营的"环球集团"，为巴西首富马里尼奥家族所有。环球广播公司的环球广播电台（Radio Globo）建于 1945 年，总部在里约热内卢，每天 24 小时向全国广播。它还拥有当地 5 家电台和其他地方的 30 多家地方台。环球广播公司所属的环球电视网（TV Globo）1965 年开办于里约热内卢。它有 9 个直属台和 68 个附属台，联结成环球电视网，自 1983 年起通过卫星向全国播放，其信号已覆盖全境，拥有 60% 以上的观众。环球广播公司还设有庞大的电视剧制作中心，它生产的节目远销世界上 130 多个国家，有着广泛的国际影响。

3. 通讯社

"二战"期间，巴西成立了南美洲通讯社（1942 年），1951 年停办。1945 年巴西政府成立了官方通讯社——巴西通讯社，现由巴西新闻公司（即国家广播电台）主办。该社在圣保罗和里约热内卢各设一个分部，并在 24 个州府派驻记者，无国外记者。该社多反映政府立场，每天向政府所属广播电台、电视台以及多家私营报纸、电台和电视台提供服务，所发消息受各界重视。

1970 年，巴西建立私营的州报通讯社，现已发展成为巴西第一大通讯社。该社属圣保罗州报集团所有，设有 5 个地区分部并在 22 个州派驻记者。该社消息来源于其驻各地记者以及路透社、法新社、美联社等西方主要通讯社，每天向国内报纸、广播电台、电视台、政府机关、企业等提供国内外新闻及分析。

（二）墨西哥

墨西哥是拉丁美洲新闻事业较为发达的国家之一。其报业历史悠久。早在 1539 年，墨西哥城就有了美洲大陆第一台印刷机（比美国早一个世纪），两年后诞生了美洲第一张新闻纸。1679 年西班牙殖民当局开始使用"墨西哥公报"的名称印刷发行新闻纸。1722 年西班牙神父卡斯多莱纳经总督批准在墨西哥城创办了五天一期的《墨西哥报》（Gaceta de Mexico），它通常被认为是墨西哥最早的报纸。

1. 报刊

墨全国拥有 2 000 多种报纸、1 000 多种专业性及综合性杂志。从经营性质和所有权分类看,这些报刊可以分为 3 类:第一类是私营报纸,占墨西哥报纸的 80% 以上。这类报纸中重要的有《墨西哥先驱报》、《宇宙报》、《墨西哥太阳报》等。第二类为合作报纸,是由合作者集资经营的报纸。这类报纸中较有代表性的有《至上报》、《一加一报》等。第三类是由政府资助的报纸或政党机关报。如执政党"革命制度党"的机关报《国民报》。

由于经济发展不稳定,墨西哥主要报纸(如《至上报》、《每日报》、《墨西哥先驱报》、《墨西哥太阳报》等)的发展近年呈下降趋势,发行量都在六七万份左右,只有《宇宙报》发行量近 15 万份,居各报之首。该报 1916 年创办,私营企业,系"美洲日报集团"成员。该报实力雄厚,经营较好,经常报道独家新闻,见解独立。主要在国内发行。

2. 广播电视

墨西哥早在 1923 年就有商业广播电台开办,1924 年教育部创办了一座国营电台,至 20 世纪 30 年代广播业已粗具规模。墨西哥现有 1 300 多个广播电台和 20 多个电视台。其中收听率居前位的是方程式电台(Radio Formula)和广播电台网(Radio Red)。前者为 1968 年由 5 家电台组成的私营广播电台网,覆盖全国 90% 的城市人口和美国南部各州,收听率居全国之首;后者是"中央广播电台集团"的主要成员,收听率居全国第二。收视率居前位的电视台是特莱维萨电视台(Televisa)和阿兹特克电视台(TV Azteca)。前者是 1950 年创办的私营企业,覆盖全境,收视率为各电视台之首;后者 1993 年由 7 频道(1985 年 5 月 18 日开办)和 13 频道(1968 年 10 月 12 日开办)合并而成,墨 Nafin 银行、美 Globe Ranger.com 公司等多家企业控股。该台覆盖全国 97% 的地区和 83 个国家,为墨第二大电视台。

3. 通讯社

墨西哥国家通讯社是墨西哥通讯社(Agencia Mexicana Noticias)。该社 1968 年建立,隶属内政部。它是拉美地区最大的通讯社,也是世界第二大使用西班牙语的通讯社,用西、英、葡 3 种文字通过卫星和网络向国内外发布新闻、评论、分析、照片、音像等,拥有 800 多家客户。下设 8 个国内分社、4 个国外分社和 27 个国外记者站。

（三）阿根廷

阿根廷新闻业历史悠久。早在 1810 年革命后,著名爱国者马里亚诺·莫雷诺就创办了阿根廷的第一份报纸——《布宜诺斯艾利斯公报》,其诞生日后被定为阿根廷记者节。

1. 报刊

阿根廷拥有 2 062 种报纸和 96 种杂志。报纸平均日发行量超过175 万,其中尤以《号角报》、《民族报》、《12 页报》影响最大。

《号角报》创办于 1945 年,政治倾向中立,消息来源于本报记者和国内外通讯社。主要在国内和西班牙语国家发行,日发行量 60 万份,号称世界上发行量最大的西班牙文报纸。《民族报》创办于 1870 年,是阿第二大报。消息来源于该报记者和国内外通讯社。该报在国内发行,日发行量 30 万份。《12 页报》创办于 1987 年,是阿第三大报,在国内发行,平日发行量 6 万份,周日发行量 8.5 万份。

阿根廷的三大传媒集团是号角集团(Groupo Clarin S. A.)、阿维拉集团(Group Avila)和欧内基安集团(Group Eurnekian)。号角集团是阿第一大传媒集团,成立于 1995 年,国家控股 82%,Gopdman Sachs 公司控股 18%。参股企业有 4 家电视台、2 家有线电视服务公司、2 家电台和多家报刊(包括《号角报》),经营电视台、电台、报刊、互联网等业务。阿维拉集团是阿第二大传媒集团,拥有 2 台和 TYC 体育频道(部分控股)等电视台、Cable Vision 有线电视服务公司、Fibertel 网络服务公司等,经营电视、报刊和网络业务。欧内基安集团是阿第三大传媒集团,拥有 11 台、9 台和 TYC 体育频道(部分控股)等电视台、Cable Vision 有线电视服务公司(部分控股)和一些报纸、杂志。

2. 广播电视

1920 年阿根廷第一家广播电台开播,1951 年电视事业起步。在长期的动荡中,广播电视成为执政党严密控制的对象。1983 年民选政府上台后,解除了对广播电视的干预,恢复了新闻自由。从 20 世纪 80 年代后期开始,阿政府陆续将国有媒体私有化,政府目前掌握的电子媒体仅有国家电台和电视七台,其余均为私营台。主要的私营广播电台集中在首都附近,每天 24 小时播音。阿根廷私营广播联盟(Asociacion Radiodifusoras Privadas de Argentinas,简称 ARPA)是私营广播电台的联合组织。主要的私营电视台有电视二台、电视九台、电视十一台、电视十三台等,它们利用通讯卫星已使其覆盖范围扩大到全国。

目前阿收听率最高的广播电台是米特雷电台(Radio Mitre)。该台成立于 1925 年,属号角集团所有,全天 24 小时播出,覆盖全国。阿收视率最高的电视台是电视十一台和电视十三台。前者成立于 1961 年,属 Admira Argentina 公司所有,拥有 9 个频道,覆盖拉美,收视率第一。后者成立于 1960 年,属号角集团所有,覆盖全国,收视率第二。

3. 通讯社

阿根廷最大的新闻社是报联社(DyN),属号角集团所有。该社通过卫星通讯、VHF 和互联网,向全国大多数报社、电台、电视台、国家机构、政党和企业提供服务,消息来源于本社记者的采写和国际通讯社。

阿根廷官方通讯社是美洲通讯社(Telam),1945 年成立,排名第二。该社属新闻媒体国务秘书处国家公共媒体公司所有,其业务包括新闻报道、国家机构、国有企业的广告设计和发送,为国内各大报刊提供服务等。

第五节　发展中国家要求建立"国际新闻新秩序"的斗争

"二战"结束后,亚、非、拉美被压迫民族纷纷摆脱殖民统治获得独立。然而,这些新兴的国家并未因此而摆脱对西方国家经济上的依赖,在新闻传播方面,也仍然受到西方发达国家的支配和影响,两者之间存在着严重的不均衡、不合理、不公正现象。所以,在 20 世纪 60 年代末至 70 年代初,发展中国家在争取建立国际经济新秩序的同时,也提出了建立世界新闻传播新秩序的要求。

一、世界新闻传播的不平衡状态

世界新闻传播不平衡状态的具体表现是:传播力量的不平衡、信息流向的不平衡和传播内容的不平衡。

(一) 传播力量的不平衡

据联合国教科文组织 20 世纪 80 年代的材料,占世界人口四分之一的发达国家拥有世界报纸发行量的四分之三,而占世界人口四分之三的发展中国家却只有报纸发行量的四分之一。发达国家集中的北美和欧洲,广播发射台的数量占世界总数的 75%,而发展中国家集中的亚洲和非洲只占世界总数的 13%。北美、欧洲占有世界收音机总数的 78%、电视机总数的 82%,而亚洲、非洲仅占 15% 和 11%。发达国家几乎都有新闻通讯社,有的国家甚至有几十个,可是发展中国家还有 30 多个没有自己的通讯社。发达国家占用的全球无线电频谱和卫星运行轨道的份额达 90%,来自那里的电波充斥全球上空,而发展中国家的声音却很难为其他地方收到。传播力量分布的不平衡,必然导致信息传播本身的不平衡。

（二）信息流向的不平衡

发达国家和发展中国家之间的信息流向不合理,基本上都是由前者流向后者,而由后者流向前者的却微乎其微。很长时间以来,西方四大国际通讯社播发的国际新闻占到全世界国际新闻报道的 80%,而其中只有 10%~30% 的内容是关于发展中国家的。西方几家大的国际广播机构(美国之音、英国广播公司、德意志电波电台等)、国际电视机构(美国有线新闻电视网、美国世界电视网、英国世界电视台等)的电波信号覆盖全世界,其电视片充斥国际市场。例如,美国的电视节目已占世界电视节目流量的 75%,至 20 世纪 90 年代,其文化产品(主要是影视产品)已成为仅次于飞机的第二大出口创汇产品。

（三）传播内容的不平衡

国际新闻传播的内容存在着种种不客观、不公正、不健康的现象。西方新闻机构总是按照西方的政治观点、价值观念、文化传统来筛选、采制新闻,于是播发的新闻报道往往带有严重的主观偏见。比如,它们着意渲染发展中国家的阴暗面,以较多笔墨报道那里的危机、暴力、灾荒、动乱,给人以毫无希望的印象。它们播发的新闻评论,往往包含明显的政治倾向,常常对发展中国家的事务说三道四、指手画脚。而新闻传播所带来的文化信息,则含有许多宣扬它们价值观念的因素。这些都会对发展中国家的社会稳定和经济发展带来不利影响,因而必然遭到当地社会的拒斥与反对。

二、争取建立新秩序的论争历程

发展中国家要求建立世界新闻传播新秩序的论争,可以分为两个阶段。

（一）论争的第一阶段

1968 年,在联合国教科文组织（UNESCO）召开的"大众传播媒介和国际了解"讨论会上,首次提出了发达国家和发展中国家新闻和信息传播不均衡、不平等问题,认为必须从根本上改变这种状况。

1970 年,在联合国教科文组织第 16 届大会上,发展中国家的代表第一次明确提出了建立世界新闻传播新秩序的要求。大会授权教科文组织协助各成员国制定大众传播方面的政策,从而正式揭开了建立世界新闻传播新秩序论争的序幕。

1973 年,第 4 届不结盟国家政府首脑会议在讨论经济合作纲领的同时,把新闻传播问题提了出来。会议达成了相互交换新闻的协议,一致同意加强各自的新闻传播,以"消除殖民时代的有害影响"。

1974 年,在联合国教科文组织第 18 届大会上,发展中国家与发达国家的代表进行了交锋,前者认为每个国家应该有权采取措施保护自己不受不负责任的新闻传播工具之害,后者则认为发展中国家不应该有"限制新闻自由的倾向"。

1976 年 3 月,在突尼斯举行的不结盟国家传播问题讨论会上,第一次鲜明地提出了建立"国际新闻新秩序"的口号。同年 7 月,不结盟国家新闻部长会议在印度新德里举行,会议通过的宣言指出"目前全球新闻信息流动的最大特征是严重的不充分和不均衡",并且正式倡议建立世界新闻传播的新秩序。同年 8 月,第 5 届不结盟国家首脑会议在科伦坡举行。会议在《政治宣言》中郑重指出:"在情报和大众传播领域建立国际新秩序同建立国际经济新秩序同等重要",从而明确地把这场论争同争取政治、经济新秩序的斗争联系了起来。

同一年,联合国教科文组织召开了第 19 届大会。大会的重要成果之一,是责成教科文组织总干事根据国际关系发展的新格局,审视当代社会在传播过程中存在的全部问题。为此,总干事组织了一个由发达国家和发展中国家的 16 位学者、新闻工作者和前政府官员组成的"国际交流问题研究委员会",并由诺贝尔奖金和列宁和平奖金获得者、爱尔兰学者肖恩·麦克布赖德担任主席。

由此,建立世界新闻新秩序的斗争进入了一个新的时期。

（二）论争的第二阶段

这一阶段,发展中国家要求建立世界新闻传播新秩序的斗争更多地体现在实际行动中。同时,发达国家的反对、阻挠也日趋激烈。

1980 年,在联合国教科文组织第 21 届大会上,"国际交流问题研究委员会"主席肖恩·麦克布赖德提交了一份详细的调查报告,题为《多种声音,一个世界:交流与社会今天和明天》。这份报告以大量材料论证了世界新闻传播确实存在不均衡、不平等的状况,支持建立新闻传播新秩序,并提出 82 条具体建议。大会据此通过决议,决定制定国际交流发展计划,以促进世界新闻传播新秩序的建立。

1981 年,20 多个发达国家的代表在法国召开会议,通过"塔鲁瓦宣言",重申"新闻自由"的重要性,抨击肖恩·麦克布赖德的调查报告,指出这个报告含有默认,甚至是鼓励政府进行新闻检查的倾向。

1985 年,美国退出了联合国教科文组织,停止交付费用,使该组织的费用减少了四分之一。同年年底,英国也退出了联合国教科文组织。美英两国的退出,使联合国教科文组织面临空前的财政困难,在一定程度上影响了建立世界新闻新秩序的进程。

1987 年 6 月,在津巴布韦首都哈拉雷召开的不结盟国家新闻部长会议上,120 多个发展中国家的新闻部长出席了会议。会议通过了《哈拉雷宣言》,呼吁不结盟国家和其他发展中国家加强在传播领域的合作,推动建立世界新闻传播新秩序的斗争。

总之,从 20 世纪 60 年代到 80 年代初,发达国家和发展中国家关于建立世界新闻传播新秩序的论争不但没有间断过,而且愈演愈烈。其间双方虽互有妥协,但由于这场论争直接关系到两者的政治、经济利益,所以双方很难在原则问题上达成一致。斗争还将继续进行下去。

三、建立新秩序的构想与论争的实质

(一) 发展中国家关于新秩序的构想

依据和平共处五项原则,发展中国家提出了关于世界新闻传播新秩序的基本构想。

(1) 按照国与国之间和平共处、互不干涉内政的原则,从事国际新闻传播活动。反对国际新闻垄断,反对运用新闻传播工具为侵略扩张服务。

(2) 新闻传播媒介在整个世界的分布应力求合理,发达国家固然拥有强大的、现代化的新闻传播体系和手段,大多数发展中国家也要建立和发展自己的新闻传播事业,建立自己的新闻工作者队伍,提高各种接收工具的社会拥有量。

（3）实行平等互利的新闻交换原则，逐步实现新闻信息来源的多样化和信息流动的均衡化。

（4）坚持新闻传播的真实性原则，反对主观偏见，反对歪曲、造谣、诽谤行为。

（5）强调新闻传播的积极作用，即不仅报道各种突发性事件，而且报道发展中国家经济、科技、文化等的发展状况。发展中国家的新闻传播要以维护独立、促进发展、增进团结为己任。

（6）根据上述原则与目标，各国在平等基础上共同参与制定国际新闻传播法规。

（二）发达国家关于新闻传播秩序的观点

发达国家认为，发生在世界各国的新闻是人类共享的资源，不让其他国家参与报道是不公平的，在信息全球流通的今天，这一进程更是无法阻止的。发展中国家法制不健全，政治缺乏民主，新闻媒体没有能力发表最具新闻价值的信息，如果不改变现行体制，它们宁可传送真实的不幸的消息，也不愿传送冗长的讲话和虚假的繁荣报道。

发达国家还认为，新闻媒体并没有承担慈善事业的使命，也不是文化合作机构，而是商业企业，或者至少是按商业性质经营的企业，因此需要满足大多数顾客的要求。因为顾客对发展中国家的消息，除灾祸、政变、风光以外，很少感兴趣，所以大量报道得不偿失。

（三）发达国家与发展中国家的理论分歧

发达国家与发展中国家的理论分歧主要表现在自由与责任、新闻价值等方面。

关于自由与责任：

发展中国家普遍赞同新闻自由的基本原则，但同时主张自由必须伴之以责任，两者不可偏废。它们反对发达国家关于新闻自由毫无限制的观点，反对提倡绝对的新闻自由。在发展中国家看来，所谓绝对的不受限制的自由，只是西方国家试图保护其既得利益的一种道德屏障；坚持绝对的新闻自由，实际上等于容忍发达国家的新闻机构对发展中国家的政治独立、经济发展肆意损害。

发达国家指责发展中国家的措施直接威胁到"新闻自由"的基本原则，是对人权的侵犯，是对新闻信息自由流通的严重危害。

关于新闻价值：

　　发展中国家主张在报道新闻时,应当本着真实性原则,将镜头对准人类社会发展、进步、光明的一面;在报道贫困饥荒事件时,既要反映其本身的过程原委,又要反映人们为战胜贫困饥荒所作的努力,使成功与失败、希望与困苦、顺利与挫折得到同样的体现,保持大致的平衡。

　　西方新闻界则不这么认为。它们选择、报道新闻的价值趋向是重视反常、意外,追求新鲜、刺激。这是由新闻媒介的私有化和盈利动机决定的。既然新闻机构是一种牟利企业,那么在竞争激烈的市场经济条件下,其新闻报道必然迎合读者心理,其新闻产品必然要"商品化"。正是基于这种新闻价值观念,西方媒介热衷于报道发展中国家的阴暗面。

(四) 论争的初步成果及趋势展望

1. 论争的初步成果

　　发展中国家争取建立世界新闻传播新秩序的斗争,20多年来取得了积极的进展和初步的成果。

　　(1) 国际舆论和国际社会包括多数西方国家接受了"建立国际新闻新秩序"的提法。在联合国范围内,赢得了广泛的认同,甚至一些发达国家也赞成发展中国家的提法。联合国教科文组织"国际交流问题研究委员会"编写的报告在结论和建议部分明文写道:"发展中国家需要在交流方面减少其依赖程度,并要求建立比较公正和公平的新秩序。已经在各种不同的场合充分讨论过这个问题,现在已经到了从讨论原则转而进行实质性改革和采取具体行动的时候了。"

　　(2) 为了使新闻传播工具更好地维护本国的政治、经济利益,更好地保护民族文化,发展中国家纷纷建立和加强了国家通讯社,设立和健全了国家新闻管理机构,广播电视业也获得了较大的发展,从而增强了自主权和自力更生的能力。

　　(3) 为了打破西方国家对国际新闻传播的垄断,发展中国家开展了卓有成效的国际合作和地区性合作,建立了一批地区性的通讯机构和广播电视组织。其中包括不结盟国家通讯社、加勒比通讯社、石油输出国组织联合通讯社、亚洲太平洋新闻交换网、泛非通讯社、拉美特稿社(也称拉丁美洲特种新闻社)等。此外,亚非拉各洲及阿拉伯国家还成立了一些区域性的广播联盟,如亚洲太平洋广播联盟、非洲广播电视组织联盟、阿拉伯国家广播联盟、泛美广播人协会等。这些举措对于打破西方发达国家新闻媒介对国际新闻的控制和垄断,促进这些国家新闻事业的发展,无疑具有重要意义。

2. 趋势展望

建立世界新闻传播新秩序的论争,是一场控制与反控制的斗争。它涉及发展中国家和发达国家根本的政治经济利益,因此论争的进程必将是长期的、复杂的、曲折的。要实现论争的目标,发展中国家还面临着许多障碍:

(1)尽管发展中国家关于建立世界新闻传播新秩序的主张在联合国范围内得到广泛的认同,一些发达国家也表示接受,并向发展中国家提供物质和技术上的援助,但大多数发达国家只是在策略上表示认可,论争一旦触及其根本利益,它们就会断然拒绝。美英退出联合国教科文组织便是明证。

(2)西方发达国家的技术优势在短期内不会丧失,其新闻信息的传播已完全现代化。而发展中国家在技术上落后几十年甚至上百年。这个差距不可能在短期内消除,并直接制约着发展中国家新闻事业的进步。

(3)发展中国家在经济发展战略以及意识形态等方面存在许多差异,论争的态度和诉求也不尽相同,这就容易被发达国家利用。

(4)这场论争的结局,最终还要取决于发展中国家的经济实力与发展速度。只有当发展中国家的人均国民生产总值有了大幅度的提高,经济实力获得了全面的提升,建立世界新闻传播新秩序的目标才有可能实现。

总之,建立世界新闻传播新秩序是一个远大的目标。要实现这一目标,发展中国家必须大力发展经济,发展教育,提高国民素质,增强综合国力,逐步建立完善的、与本国利益相适应的新闻传播体系。当然,要实现这一理想,发展中国家还有相当长的路要走。

第六章

新的世界格局中的新闻传播事业

20世纪90年代初期,国际形势发生了重大变化:东欧剧变,两德统一,华约解散,苏联解体。持续了近半个世纪的美苏争霸格局终结,国际力量在动荡和变化中分化组合,世界格局开始整合和重构过程。到90年代末期,"一超多极"的国际格局基本显现。

苏东剧变后,伴随着经济、政治、文化制度的艰难转轨,俄罗斯(包括独联体各国)和东欧新闻业也发生了深刻的变化,形成了所有制多元化、经营商业化的媒介生态。而两德的统一,更使联邦德国全面接收并改造了民主德国的新闻业,原有的社会主义新闻体系化为乌有。

90年代以来,伴随着经济全球化(即生产要素在全球范围内大规模的流动以及资源配置在全球范围内的进行)的浪潮,凭借着强大的经济、科技实力,西方国家尤其是美国传媒集团的规模不断扩大,并且出现全球渗透与扩张的趋势。

在探索建立公平合理的全球政治、经济新秩序的过程中,区域性的经济组织出现,并且成为国际关系中影响世界格局发展方向的重要力量。东南亚国家联盟就是其中之一。通过多个领域的全面合作,东盟国家走向了共同的繁荣。在新闻传播方面,东盟国家也采取积极的战略,应对以美国为代表的西方媒体的渗透与扩张。

20世纪末期,以计算机互联网传播为特征的多媒体传播技术兴起,其囊括所有媒介功能的特质使之成为代表未来发展方向的新媒体。由于它的出现,诞生不过几十年的电子传媒——广播和电视统统成为"传统媒体",和印刷媒体一起开始面临"新媒体"的挑战。

第一节　转型期俄罗斯、东欧新闻业

一、俄罗斯新闻业

1991 年 12 月 21 日,苏联 11 个加盟共和国领导聚首阿拉木图,签署了关于独立国家联合体的议定书,发表了《阿拉木图宣言》,宣告独联体的建立和苏联的终结。苏联解体后,作为苏联领土上最大的加盟共和国,俄罗斯自然成为了它的继承者,前苏联的新闻媒体也被俄罗斯新闻出版部统管起来。

苏联解体后(至今)的十余年,被俄罗斯知识界称为"社会转型期"。这一时期,俄罗斯社会经历了脱胎换骨的改造,发生了巨大的变化。伴随着国内政治、经济体制的根本性的变革,俄新闻媒体也开始由公有制向私有制全面转轨,在矛盾与冲突中寻找出路,寻求发展,最终形成了相对稳定的、独具特色的体系。

20 世纪 90 年代以来俄罗斯媒体的发展大致可以分为以下几个阶段。

(一)1992 年初—1994 年底:私有化与权力斗争

苏联解体后,俄联邦总统叶利钦很快签署了《俄罗斯联邦大众传媒法》。该法承袭了《全苏新闻法》的某些内容,在字面上为言论自由提供了更大的空间。1992 年,叶利钦在全国范围内发布了"私有化"命令。按照他的说法,实行私有化的目的是"形成私有者阶层,建立竞争环境,促进国民经济的非垄断化"。"私有化"被看作是俄罗斯向市场经济过渡的核心内容。俄媒体的私有化进程也由此开始。一方面,国有媒体相继"非国有化",呈现多元资本持股形态;同时由于《俄罗斯联邦大众传媒法》鼓励私人创办媒体,私营媒体大量涌现。和大多数企业一样,俄媒体私有化以后的组织形式称股份公司,由股东大会选举的董事会管理公司的事务。以前由上级组织任命的总编辑(或社长)当家作主的时代一去不复返了。

也是在 1992 年,全俄经济出现滑坡,俄新闻出版业也遭遇了前所未有的冲击。由于国际纸价上涨,国家又取消了对纸张及印刷费的补贴,许多报纸入不敷出,难以为继。一些刚创办的中小型报纸纷纷停刊,一些大报(如《劳动报》、《共青团真理报》等)先后休刊,就连两年来一再扩版的《独立报》也陷入困境,发行量锐减。针对这种情况,叶利钦签署了"关于恢复纸张定价"的命令,并承诺政府负担一部分出版成本,帮助报纸渡过难关。但是,能够获得政府补贴的只是一小部分媒体,更多媒体因失去了经济保障而宣告破产。在政府的扶持下存留下来的媒体已不再是完全意义上的"独立报纸",或者说,它们的独立性正在被对政府的依赖性所取代。

俄罗斯独立兴邦以后,其领导层很快出现分化,形成两个彼此对峙的权力中心:叶利钦政府和最高苏维埃(俄联邦议会上院)。1992年至1993年,叶利钦和议会上院的矛盾不断升级,进入胶着状态。与此相应,俄新闻媒体也分为两派。属于议会的媒体主要有《俄罗斯报》(Российская газета)和"俄罗斯电视台"(PTP),除此之外的大部分媒体则支持叶利钦。在这些媒体中,除了《俄罗斯消息报》(Российское ведомости)等印刷媒体外,"奥斯坦基诺"电视台(Останкипо,苏联时期的中央电视台,苏联解体后成为俄罗斯国家电视台)也发挥了重要的作用。1993年10月,叶利钦下令炮轰白宫(议会上院所在地),以武力结束了俄联邦政权中的对立局面。尽管《俄罗斯联邦大众传媒法》中有关于取消新闻检查制度的规定,但上议院所属的媒体还是被禁止出版、播放了,一些曾经反对叶利钦的报纸,如《真理报》、《苏维埃俄罗斯》等也一度被终止出版。当时的俄罗斯只留下了一种声音——支持叶利钦的媒体的声音。

1993年年底,上议院被解散,由"联邦委员会"和"国家杜马"组成的新议会成立。议会通过了新宪法,总统制在俄联邦得以确立。从1993年底到1994年底,俄罗斯政治局势暂时处于稳定状态,但经济状况更趋恶化。受此影响,媒体市场更加萎缩,大部分报纸的发行量持续下降。为了摆脱困境,寻求发展,媒体"八仙过海、各显其能",如《消息报》增出美国《金融时报》俄文版,《莫斯科新闻》发行俄文版《纽约时报》周刊,《莫斯科共青团员报》则改变原有风格,减少"硬"新闻,以通俗文化、揭丑新闻和各种娱乐性的材料吸引读者,成为大众化的通俗报纸。

这一时期,在国家电视台的基础上,商业电视台迅速发展起来。

1993 年 10 月，俄罗斯第一个商业电视台"独立电视台"（HTB）开始播出，刚一播出就受到观众的认可与好评。美国特纳广播公司投资与俄合办的电视六台（TB－6）也于此时开播。该台较多播放国外电视节目，颇受观众欢迎。在商业电视台的竞争压力下，俄国家电视台也改变了传统的制作、播出方式，有了更多的新意。例如 1993 年俄罗斯议会选举时，"俄罗斯电视台"首次进行了实况转播①，"奥斯坦基诺"电视台和圣彼得堡的"涅瓦电视台"也对当晚的庆祝活动进行了通宵转播。这使俄罗斯的电视节目一改以往单调、呆板的风格，变得丰富多彩起来。

在媒体商业化发展的过程中，集团化趋势初见端倪，出现了第一批媒体寡头。靠经营房地产生意起家的"桥"银行总裁、"桥"集团董事长弗拉基米尔·古辛斯基（Гусинский）于 1992 年起开始向媒体投资，拥有了《今日报》（Сегодня）、"独立电视台"（有控股权），1994 年又收购了"莫斯科回声"（Эхо Москвы）广播电台，"桥-媒介"集团的框架初步形成。

（二）1994 年年底—1996 年中期：第一次车臣战争和总统大选

1994 年年底，叶利钦下令出兵攻打车臣，引起各方面的不满。俄议会内部几乎所有的政治派别都反对出兵车臣，就连一贯紧跟叶利钦的人（如盖达尔等）也站到了反对者的立场上。俄罗斯的新闻媒体几乎异口同声地谴责政府，并以大量篇幅刊登反对者的言论和声明。为了平息舆论，统一宣传口径，叶利钦对媒体实行了严格管制。

叶利钦强化政府的舆论机构，充分发挥俄联邦政府新闻处和俄罗斯国防部新闻局的作用。这两个机构经常以记者招待会的形式表明政府的立场和态度，发布通报及新闻稿，提供各种军事录像，供新闻单位统一宣传之用。为了加强舆论控制，俄政府还设立了临时新闻中心和车臣冲突新闻与分析委员会，并要求各新闻单位及时发布上述机构提供的官方消息。政府实行言论控制的对象，主要是那些接受国家财政支持、具有全国影响的新闻机构，如俄通社-塔斯社、奥斯坦基诺电视台、《俄罗斯报》等，而这些媒体对政府的控制并非心悦诚服。例如奥斯坦基诺电视台新闻部副主任维克多·库兹涅佐夫说："有人企图向我们施加压力，官员们设法对我

① 《俄电视台拟用西方风格转播选举实况》，载《参考消息》1993 年 12 月 12 日。

们指手画脚"①。其他的媒体也同样表示了自己的不满。

从 1994 年年底到 1996 年 4 月,车臣战争持续了近两年的时间,媒体与政府的对立与冲突也持续了近两年的时间。关于叶利钦发动的这场车臣战争,有分析家认为:无论从军事上、政治上还是民意上,"叶利钦都是失败的"②。1996 年俄总统大选前的形势表明,叶利钦很难在大选中获胜。为了扭转不利局面,谋求连任,叶利钦决定借助媒体的力量。

这一时期,俄罗斯媒体集中化的趋势继续扩大。因看到媒体潜在的利润及其巨大的社会影响力,一些原本未曾涉足媒体领域的工业、金融寡头也开始向媒体投资。1994 年年底,鲍里斯·别列佐夫斯基(Березовский)领导的卢卡瓦斯(Логоваз)汽车集团进军传媒业,先后买下奥斯坦基诺电视台、电视六台的股份。1995 年,奥涅克西姆银行(Онэксимбанк)开始资助经济周刊《专家》(Эксперт),并享有该杂志34%的股份。1996 年,卢科伊尔(Лукойл)石油集团开始向《消息报》投资,拥有了它 50%的股份。这使俄罗斯媒体越来越多地集中在少数寡头手里。

叶利钦政府积极推动媒体的集团化进程。1994 年底到 1995 年初,政府对国家所属的"奥斯坦基诺"电视台进行股份制改造,成立"公共电视台(OPT)股份有限公司"。在这个公司中,国家以 51%的股份掌握控股权,其他 49%的股份则分属私人。这实际上等于在"国家控股"的名义下将国家电视台部分私有化。在此规定下,俄罗斯几个大的金融、工业集团在公司中几乎都拥有了股份,得到了实际参与国家电视台决策的权利。

正因为叶利钦曾大幅度地向金融、工业寡头让利,所以,当叶利钦谋求连任却不占优势时,别列佐夫斯基等决定集中财力、物力,特别是手中掌握的媒体支持叶利钦竞选(当然,他们支持叶利钦的目的是为了在他的庇护下继续维护自己的利益)。为了提高叶利钦的声望,挤压竞争对手,这些媒体展开了积极的信息战。它们引进西方先进的竞选手段和宣传技巧,通过电视竞选、炉边谈话等方式让叶利钦频频亮

---

① 程曼丽:《从车臣战事看叶利钦的新闻控制》,《新闻与传播研究》,1995 年第 2 期。
② 黄炳钧:《俄罗斯巨变——一个中国常驻记者的真实笔录》,经济日报出版社,2001年版,第 130 页。

相;同时采取"事实+历史"方式,对俄罗斯共产党候选人久加诺夫的记者招待会进行报道,故意让受众重温苏联时代战争、迫害、流放、商品短缺等景象,以破坏共产党的形象。1996年初到1996年中期,在寡头们的导演下,俄罗斯新闻媒体出现了一边倒的局面,一连数月只有叶利钦的形象、叶利钦的声音。这场媒体大演练最终使叶利钦重新赢得了选民支持,再次登上了总统宝座。

这一时期,通过对车臣战事以及总统大选直观而生动的报道,俄电视媒体的优越性充分显示出来,其影响力显然超过印刷媒体,成为主导性的媒体。

(三) 1996年中期—1998年中期:寡头瓜分媒体与新闻战

叶利钦连任总统后,和寡头们分享成果,开始了实际上的共同掌权时期。在叶利钦的庇护下,寡头们在媒体领域频频出击,势力范围进一步扩大。1996年,在成功入股《消息报》的基础上,卢科伊尔石油集团得到了Ren-TV的控股权,同时拥有电视六台四分之一的股份,掌握了TSN电视制作公司和AST卫星传送网络。1997年,"桥"集团控制下的媒体联合组成一个独立的控股公司"桥-媒介"(Мост-Медиа)集团,由古辛斯基亲自领导(任总裁),为此他辞去"桥"集团董事长的职务。"桥-媒介"集团拥有的新闻机构有:《七日》出版社(出版《七日报》和《今日报》)、《综述》周刊(与美国《新闻周刊》合办)、"独立电视台"(拥有控股权)、"莫斯科回声"广播电台。此外,"桥-媒介"集团还建立了专门向地方观众提供娱乐性节目的地方电视网THT,该电视网在俄地方电视市场具有一定的竞争力。1998年1月,卫星电视频道"HTB+"开播,在数字卫星技术的帮助下,古辛斯基进一步巩固了他在电视(转播)领域中的地位。从1997年起,俄天然气工业公司也加入了并购者的行列。该公司先后购得《工人论坛报》51%的股份、"独立电视台"30%的股份,拥有"普罗米修斯广播电视台"100%的股份、"公共电视台"3%的股份,并向《劳动报》、《专业》周刊等五六家报刊投资。此外,该集团还凭借其在俄罗斯各地的子公司向许多地方电视台和报刊投资,拥有全俄上百家地区报纸和电视台的股份。奥涅克西姆银行集团向媒体领域的迅速拓展也始于1997年。这一年,该集团购买了国内最大的日报《共青团真理报》20%的股份,并取得了《消息报》的控股权。此外还拥有多份中央和地方报纸的股份。1998年初,该集团的媒体部分分离出来,组成了专门的集团——"职业媒体"(Проф-медиа)

出版集团。

在工业、金融寡头瓜分俄罗斯媒体市场的同时,以莫斯科市长卢日科夫(Лужков)为首的政治集团也开始向媒体市场进军。该集团拥有《莫斯科晚报》、《莫斯科真理报》、《钟声报》、"中心电视台"(ТВЦ)、"市有线电视台"等市一级新闻媒体,1997年又以莫斯科市政府的名义投资《公共报》。在此基础上,卢日科夫组建了属于市政府的媒体集团——"摩天大楼"(Метрополис)。集团成立后,又有一批媒体加入进来,如莫斯科有线广播电台、"一电台"、《文学报》和《小俄罗斯报》(1998年停刊)。其中,《文学报》因经济陷入困境而被收购。在重新出版的《文学报》中,莫斯科政府占25%的股份,政府还为它提供了办公大楼。

如果说,1997年之前还有一些独立报刊存在的话(如《文学报》、《消息报》、《共青团真理报》等),1997年以后,这些报刊已经被媒体寡头一网打尽,成为寡头媒体的组成部分。俄罗斯媒体市场至此也被瓜分完毕①。

在瓜分媒体市场的过程中,各利益集团之间经常发生矛盾、冲突。每当这时,他们最常用的手法,就是利用自己掌握的媒体互相攻击、谩骂,彼此揭底、拆台,从而掀起了一次又一次的"揭丑运动"。例如,1997年7月,古辛斯基和别列佐夫斯基联合阵营与当时第一副总理波塔宁手下的奥涅克西姆银行集团因"俄罗斯国有电信投资公司"拍卖事件展开了一场舆论战。双方都想获得对这家公司的控制权,互不相让。于是自拍卖第二天起,对阵双方媒体每天都有数篇文章互揭丑闻,彼此攻讦,甚至一度牵涉到叶利钦总统(奥涅克西姆银行集团与叶利钦政府关系非同一般),造成了恶劣的社会影响。最终奥涅克西姆银行集团获得了对这家公司的控股权。从1997年到1998年间,这样的媒体大战此起彼伏,许多媒体被卷入其中,成为寡头们权力之争的工具。俄罗斯理论界对这场"揭丑运动"持批评态度,将它与"炮轰白宫"事件相提并论,认为两者不同之处只是"由坦克换成了媒体,战场换到了大众传播媒介"②。

---

① 董晓阳:《俄罗斯利益集团》,当代世界出版社,1999年版,第91页。

② Иван Засурский, Реконструкция России: Масс-медиа и политика в России девяностых.

与寡头媒体的喧嚣相比,这一时期国家媒体的声音相对微弱。叶利钦本人由于身体状况欠佳淡出政治前台,政局实际上由其家族和寡头们共同控制。由于国内暂无战争、大选等重大事件,国家媒体没有被赋予特殊的使命,其受关注的程度也相对降低。与其他主流媒体相比,此时的国家媒体如《俄罗斯报》在信息量、可读性以及思想活跃程度等方面都逊色不少;而在国家电视台中,仅有"俄罗斯电视台"完全为政府所掌握,原来的"奥斯坦基诺"电视台改组成"公共电视台"股份有限公司之后,其控制权已经实际掌握在别列佐夫斯基手里。

（四）1998 年中期至今:政府、媒体权力回归

1998 年俄罗斯爆发金融危机,金融寡头及其控制的媒体受到一定程度的影响,国家媒体也因拨款不到位而陷入困境。这期间,叶利钦罢免了任总理不到 4 个月的基里延科,其职位由外长普里马科夫接任。普里马科夫继任后,便开始强化国家政权,提高政府对国家政治、经济的调控能力。为此,他采取措施收回政府对媒体的控制权,削弱寡头对媒体的影响力。例如,面对金融危机以来别列佐夫斯基媒体集团资产不良的状况,普里马科夫许诺为"公共电视台"提供一亿美元的贷款,但条件是如果"公共电视台"未能如期偿还贷款,国家将持有该台的所有私营股份。这表明,政府试图收回对"公共电视台"的控制权。

1999 年 5 月,叶利钦解除了普里马科夫的总理职务,任命斯捷帕申为代总理。不久,1999 年 8 月 9 日,又任命普京为代总理。在此期间爆发了第二次车臣战争。与第一次车臣战争不同,这次战争是由车臣非法武装分子挑起的,因而普京将其定性为"反恐怖活动"。在这次战争中,俄罗斯媒体支持政府举措,对战事的报道与政府口径基本一致,政府也没有进行新闻封锁,加上普京的外交努力,国内外舆论出现了有利于俄罗斯政府的局面。普京在第二次车臣战争中的出色表现,使他在民众中的支持率迅速上升,同时也得到议会中大多数人的支持。

任代总理以来,普京延续普里马科夫的宏观控制政策,大力整顿国内局势,加强政府对新闻媒体的影响力。他采取的一个实际的步骤,就是改组"全俄国家电视和广播公司"(ВГТРК)。该公司是"俄罗斯电视台"的经营公司,在此基础上,普京将"俄罗斯广播"(Радио России)电台、"灯塔"(Маяк)广播电台、"俄罗斯之声"(Голос России)广播电台三大国家广播电台和国家通讯社——新闻社(Новости)纳入其中,形

成了国家电子媒体的航母①。普京还对该公司进行了重大的人事调整,并保证国家对它的行政拨款。普京同时加强了对"公共电视台"的影响力。如前所述,实行股份制改造后,尽管国家在"公共电视台"中拥有 51%的股份,但该台的实际操控权一直掌握在别列佐夫斯基手中。普京通过政府施压,削弱别列佐夫斯基在该台的势力,解聘了他的亲信——"公共电视台"新闻部主任兼该台晚间节目《时代》的主持人谢尔盖·多连科②。紧接着,普京又提名 6 位政府官员为"公共电视台"董事会成员。

2000 年普京当选总统后,进一步加强了对寡头及其媒体的整治力度。当年 5 月 11 日,政府内务部搜查了"桥-媒介"集团总部及其下属机构,并根据最高法院决定收缴了该集团保安公司的枪支。6 月 12 日,最高检察院以涉嫌经济犯罪为由拘留了古辛斯基(获释后出走西班牙,12 月再次被捕)。这年下半年,有着政府背景的国有天然气工业公司以"桥-媒介"集团的独立电视台亏欠其 2 亿多美元的债务为由,迫使"桥-媒介"集团出让股份。2001 年 4 月,天然气工业公司通过非常手段撤换了独立电视台的领导并接管了这家电视台。"桥-媒介"集团所属的《今日报》则于 2002 年 4 月被宣布停刊。至于别列佐夫斯基,2000 年也因涉嫌经济犯罪受到有关部门调查。在别列佐夫斯基的电视六台拥有部分股份的卢科伊尔公司,通过复杂的破产法把电视六台告上法庭。结果电视六台败诉,并于 2001 年初关闭(后经改组重新营业)。经过几年的较量,这两家媒体王国终于瓦解。

通过整治寡头及其所属媒体,普京加强了政府权威,同时也树立了自己的威信,这使他的支持率始终居高不下,并使他在 2004 年连任总统。

(五) 俄罗斯媒介生态的现状

近年来,俄罗斯的媒介数量虽然还在不断增长,但是发展势头和多样化程度已经远不如 20 世纪 80 年代末和 90 年代前期。根据俄罗斯新闻部(Ministry of Press)的统计,俄罗斯现有正式登记的印刷出版物 3.7 万多种,包括 2.2 万多种报纸和 1.2 万多种杂志。但是,许多出版物的发行量非常低,报纸价格的上涨带来了读者人数的下降。与几年

---

① 《俄政府加强对国有电视台的管理》,《世界广播电视参考》,2000 年第 12 期。
② 同上刊,2000 年第 2 期。

前相比,绝大多数报刊的订阅率都出现了滑坡。在经济仍然比较困难的情况下,许多报纸适应读者消费习惯的变化,改日报为周报或一种特别版的周刊。这些周刊在读者中很受欢迎。

电视仍然是这个国家最普及的大众媒介,其受欢迎的程度从 90 年代以后大大提高。这不仅仅是电视节目多样化和质量提高的结果,也有看电视比读报便宜得多的原因,而且,俄罗斯从前苏联继承了高度发达的电视传输网络,也为电视的普及创造了技术条件。如今,平均每个俄罗斯家庭拥有至少一台电视机,至少能够收到两个国家级频道、一个地区级频道和一个本地频道。

目前,俄罗斯有 3 000 多家电视台在新闻部登记注册。第一个国家级电视台——"公共电视台"(ORT)是俄罗斯最大的电视台,信号覆盖了俄罗斯 98% 的领土,拥有 1.4 亿多观众。"俄罗斯电视台"(TV Channel Russia)是第二个国家级电视台,覆盖面积 98.5%,拥有观众五千多万。"公共电视台"是一家联合股份的电视机构,国家拥有其 51% 的股份,而"俄罗斯电视台"则完全是国家控制下的电视台。"独立电视台"(NTV)是唯一一家私人产权的国家级电视台,覆盖 95% 的俄罗斯领土,并拥有 1.1 亿多的观众。但 2000 年以后,随着原来的老板古辛斯基被定罪和外逃,NTV 面临着一系列经济和政治的困难。

俄罗斯正式注册的广播电台有 2 000 多家。音乐广播是这个国家最流行的广播节目类型。主要的广播电台有"俄罗斯之声"广播电台、"莫斯科回声"广播电台等等。苏联解体之前的境外广播如"美国之音"、"自由之声"等仍然保持着一定的收听率。

近几年来,俄罗斯的互联网发展虽然还落后于多数发达国家,但是增长非常迅速。2001 年俄罗斯有 1 800 万网民,占人口总数 12.42%。这一比例虽然低于欧洲平均水平,但是比 4 年前增长了 4 倍多。网民中以受过高等教育的人口和 16 岁到 34 岁的年轻人居多,主要集中在莫斯科和彼得堡等大城市。

总之,十几年来,俄罗斯新闻业和整个国家一样经历了艰难曲折的转型过程,整体面貌和苏联时期相比已发生了根本性的变化。在社会转型的过程中,俄罗斯新闻业逐渐形成以下特点。

（一）媒介产业集中化

20 世纪 90 年代中期以来,伴随着俄罗斯经济私有化的进程,两种新型的资本集团在国家政治、经济生活中崛起。一是官僚(政治)资本集团,二是金融工业资本集团。为了创造有利于自身发展的舆论环境,这两类资本集团纷纷向新闻领域渗透,在短期内掌握、控制了大量媒体。俄罗斯新闻业集团化的历程也自此开始。这些被称作"媒体康采恩"的集团,集合了银行、工业企业、商贸公司、定期出版物和视听媒体,同时还有提供出版设备的企业,还包括科研机构等等,是一个庞大的体系。在俄罗斯,这样的媒体集团大大小小有几十个(其中规模较大的有六七个)。需要指出的是,俄罗斯的金融工业资本集团及其传媒中的新权贵,不是像西方国家那样依靠原始的资本积累发展起来的,他们中的绝大多数是依靠其政治机缘或"攀龙附凤"而发家致富的。因此,不能简单地用西方资本主义国家垄断形成的模式来套俄罗斯的社会现实。

（二）媒介经营商业化

苏联解体后,尤其是1992年俄政府实行自由价格政策以后,新闻媒体几乎全部被抛入市场经济的大潮中。国家起初试图为媒体提供部分补贴(后补贴取消),但杯水车薪,无济于事。于是媒体四处求援,寻找经济靠山,成为自谋生路、自负盈亏的经济实体,由此开始了媒体商业化的过程。商业化经营带来了种种新的问题。其后果之一是出现了媒介内容的庸俗化倾向。为了吸引读者、扩大发行、增加广告收入,许多报刊采用西方小报的做法,大量刊登耸人听闻的消息、低级庸俗的材料,争相揭丑,刻意炒作,经常以黄色、桃色、黑色新闻招徕读者。例如创办于1919年、曾经有过辉煌历史的《莫斯科共青团员报》,现在已成为"具有小报性质"的报纸,发行量在莫斯科各报中遥遥领先,可是人们普遍认为它的成功就在于"广泛运用了耸人听闻和揭丑新闻的手法"[1]。实际上这种庸俗化倾向已经蔓延到许多媒体,成为俄罗斯新闻界一种较为普遍的现象。

（三）媒介手段西方化

如同俄罗斯的社会转型一样,俄罗斯媒体的转轨几乎是在一夜之间完成的。由于没有现成的经验可资借鉴,媒体普遍模仿西方,特别是美国模式,在编辑理念、方针,节目的形式、内容等方面迅速向西方靠拢。拿电视来说,脱口秀和各种形式的娱乐节目屡见不鲜,奇闻轶事和

---

[1]　Елена Вартанова, Медиа в постсоветской России: их структура и влияние.

庸俗的笑料越来越多,甚至出现了主持人边播新闻边脱衣服的"赤裸裸的真相"节目。而这在苏联时期是不可想象的。同样,在报刊上,新闻和评论有了明显的区分;能够带来经济收益的报纸副刊开始盛行;许多报纸在版面风格上刻意模仿西方大报大刊,如《新消息报》模仿《今日美国》视觉化的彩版样式,《综述》周刊模仿《新闻周刊》,一些俄文报刊的名称还全部或部分使用英文,如《每日商报》(Коммерсантъ-Daily)、《酷女孩》(Cool Girl)等。尽管俄罗斯媒体从形式到内容都向西方靠拢,但国家对外国资本投资媒体却进行了比较严格的限制。

(四)媒介布局分散化

联盟解体后,过去那种金字塔式的、垂直的管理模式迅速退位,代之而起的是区域性的、分散化的管理模式。到20世纪90年代中期,这种模式逐渐占据了主导地位。这一时期,由于从中央到地方的纵向的行政管理体系逐渐弱化,加上邮政系统工作效率低下,首都莫斯科出版的全国性报纸在地方上已经很少能够看到了。而此时地方报纸(主要是州报和市报)在地方政权的管理和影响下逐渐发展起来并且各踞一方。电视领域也是如此。到目前为止,除了少数几个经济落后的地区外,绝大多数联邦主体都拥有了非国有的地方电视台。它们与首都的国家电视台不是领导与被领导的关系,而是合作与交流的关系①。俄罗斯媒体这种分而治之的格局,虽然有利于展现媒体市场的多样性,但随之而来的一个问题是,由于地方媒体与中央政府渐趋疏离,后者又缺乏主导性的新闻媒体,因而在一些关乎国家利益的重大问题上,很难形成一致的舆论。这也正是俄现任总统普京致力于整顿媒体的一个重要原因。

二、东欧国家新闻业

20世纪80年代中期以后,受苏联改革风潮的影响,东欧各国也发生了重大的变化。1989年剧变以后,各国共产党均改变名称和纲领,成为社会民主主义性质的政党,各国以党报为核心的社会主义新闻体制也不复存在。这之后,东欧各国先后展开了以私有化为核心的所有制改造过程,各国新闻媒体也随之走上私有化的道路。苏联解体前后,东欧国家全面摆脱苏联的控制,逐渐转向西方。

---

① 程曼丽:《转型期俄罗斯新闻业透视》,《国际新闻界》,2002年第1期。

（一）波兰

战后 40 多年,波兰统一工人党(共产党)一直是执政党。1989 年 4 月,团结工会取得了合法地位,并在全国大选中获得众议院 35% 的席位和参议院 99% 的席位,波兰统一工人党则成为少数派。在此基础上建立了以团结工会为主体的波兰政府。同年 7 月,国民大会选举雅鲁泽尔斯基为总统。担任总理的马佐维耶茨基宣布:今后"宣传工具属于我领导的政府","新闻媒介隶属政府,因此隶属总理"①。组阁时,政府新闻发言人、广播电视委员会主席和政府机关报《共和国报》的总编辑全部换成团结工会的人,一些地方电视台的主要负责人也为团结工会人士所取代。1990 年 1 月,波兰统一工人党宣布停止活动。同年 12 月,团结工会主席瓦文萨当选总统。从此波兰政权全面转移到右翼的非共产党人手中。1995 年 11 月,社民党主席克瓦希涅夫斯基在总统大选中战胜瓦文萨,当选为波兰总统,从而形成总统、议会、政府统归左翼执掌的格局。

波兰是东欧国家中第一个采用"休克疗法"向市场经济过渡的国家,也是率先摆脱经济衰退步入稳定增长,而且涨幅最大的国家。与之相应,波兰新闻业也走上了商业化的发展道路。实行私有化以来,波兰报刊发行情况变化不定。2003 年年底,全国出版发行的报纸杂志 6 300 种,其中主要报刊有《选举报》(1989 年创办),平时发行量近 50 万份,节假日发行量 70 多万份,是波兰发行量最大的日报;《共和国报》,原为政府机关报,后与外资合办,平日发行量 25 万份左右,节假日发行量超过 27 万份。此外还有《论坛报》、《政治》周刊、《直言》周刊、NEWSWEEK 等。波兰主要通讯社有波兰通讯社、波兰国际新闻社。主要电台和电视台是波兰广播电台和波兰电视台。1990 年 10 月,波兰众议院通过关于允许开办私营电台和电视台的法令。至 2003 年年底,波兰有 205 家广播电台和 15 家电视台。

（二）罗马尼亚

1989 年 12 月 22 日,执政近 25 年的齐奥塞斯库政权被推翻,罗马尼亚救国阵线委员会接管了国家的一切权力。1991 年 11 月 21 日,罗马尼亚议会批准新宪法,12 月 8 日全民公决予以通过。宪法

---

① 新华社新闻研究所编:《苏联东欧剧变与新闻媒介》,新华出版社,1993 年版,第 76 页。

规定:罗马尼亚是一个主权独立、统一和不可分割的民族国家,政体为共和制。

由于政局动荡的影响,罗马尼亚私有化的进程比较缓慢,报业亦然。其主要报刊有:《真理报》,原为《火花报》,1989 年改名,成为独立日报,发行量 50 万份;《自由罗马尼亚报》,原为社会主义民主团结阵线机关报,后成为独立日报,发行 40 万份;《今日报》,罗救国阵线机关报,发行 20 万份;《自由青年报》,原《青年火花报》,后为独立日报,发行 100 万份。此外还有《晨报》、《全国信使报》、《每日事件报》、《经济论坛》等。

罗国家通讯社是罗马尼亚新闻社,由罗马尼亚通讯社改名而来。罗国家广播电台是罗马尼亚广播公司,1994 年在罗马尼亚广播电台的基础上组建而成。国家电视台是罗马尼亚电视公司,1994 年由罗马尼亚电视台改组而成。20 世纪 90 年代初以来,罗马尼亚私人电视台纷纷建立,如 Pro TV 电视台、"天线一号"电视台等,目前已具有较大规模和较高的收视率。罗马尼亚同 100 多个国家的广播、电视系统有业务联系。

至 2004 年年底,罗马尼亚有线电视用户有 375 万户,有线电视普及率达世界第 18 位。

(三) 匈牙利

1989 年 10 月 23 日,匈牙利人民共和国改名为匈牙利共和国。同年匈国会通过宪法修正案,对宪法做了重大的原则性的修改。修改后的宪法取消了马列主义政党的领导作用,实行多党制议会民主和市场经济,在国家机构中体现分权原则。

匈牙利是东欧国家中采用渐进方式实行经济转轨的国家。"剧变"以来的历届政府都把私有化视为基本国策而大力推行,从而使其私有化进程远比其他国家快。新闻业的情况也是如此。目前,匈牙利办报无须批准,到文教部登记即可。不少日报有外国股份。2001年发行量较大的全国性报纸有 7 种,其他刊物 87 种。主要日报有:《地铁报》,日发行量 28 万份;《今日一瞥》,24.4 万份;《人民自由报》,22.2 万份;《民族体育报》,11.4 万份;《匈牙利民族报》,8.8 万份;《快报》,5.8 万份;《匈牙利新闻报》,4.7 万份;《人民之声报》,4.7 万份。

匈牙利通讯社仍为国家通讯社,业务上没有太大的变化。主要广播电台科苏特广播电台和裴多斐广播电台均为国营电台。此外还有鲍尔多克广播电台和道努比乌斯广播电台。2001 年广播时间一共为 24 671 小时。匈牙利电视台为国营电视台,后来创办的多瑙河电视台为私营电视台。2001 年播放节目时间一共为 23 577 小时。

（四）南斯拉夫

1991 年至 1992 年,南斯拉夫社会主义联邦共和国的斯洛文尼亚、克罗地亚、波斯尼亚和黑塞哥维那、马其顿 4 个共和国相继宣布独立。1992 年 4 月 27 日,南斯拉夫议会通过新宪法,宣布塞尔维亚和黑山两共和国联合组成南斯拉夫联盟共和国。2003 年 2 月 4 日,南联盟议会通过《塞尔维亚和黑山宪法宪章》,改国名为"塞尔维亚和黑山"（简称塞黑）。

由于受到战乱和国际制裁的影响,私有化的进程相当缓慢,到 1997 年才有实质性的进展。与此相应,塞黑(南斯拉夫)新闻业的发展也较为缓慢。2001 年有报纸 607 种,发行量为 3.69 亿份。主要日报有:《战斗报》、《政治报》、《晚报》和《胜利报》,用塞尔维亚文出版。2000 年出版杂志 564 种,发行量 415.3 万份。主要有《新闻周刊》、《经济政策》、《国际政治》、《时代》和《军队》。

南斯拉夫通讯社(1943 年建立)仍为国家通讯社。至 2001 年,塞黑国内共有 184 家电台,70 家电视台。

（五）阿尔巴尼亚

1991 年,阿尔巴尼亚社会主义人民共和国改名为阿尔巴尼亚共和国。1992 年,阿右翼政党民主党在议会大选中获胜并开始执政。该党的目标是,建立市场经济机制,实行对外开放政策,同欧洲实现一体化,解决民族问题。民主党还主张国家政治多元化、经济私有化、社会西方化。

阿尔巴尼亚是东欧国家中私有化最滞后的国家,1991 年 10 月开始启动,1998 年政府宣布对国有企业实行私有化,但应者寥寥,私有化几乎处于停滞状态。相应地,新闻业的发展也相对滞后。有各类报刊 160 种,其中主要有《当代报》,发行量约 2 万份;《人民之声报》,现在的执政党社会党党报,发行量约 1 万份;《民主复兴报》,现在的最大的反对党民主党党报,发行 1 万份。其他报刊还有《世纪报》、《信使报》、《共和报》、《阿尔巴尼亚报》、《经济报》、《克兰》杂志等。

阿尔巴尼亚通讯社仍为国家通讯社。地拉那广播电台为国家公共广播电台。除对内广播外,还有对阿侨广播和用英、法、德、意、希、土、塞等七种语言对外广播。阿尔巴尼亚电视台为国家公共电视台。1996年以来,阿私人电台和电视台发展较快,目前已有30多家电视台。该台1981年开播彩色电视节目,现在每天播放节目10多个小时。从1993年11月开始每天播放2小时卫星电视节目,覆盖整个欧洲和地中海地区。阿通讯社和专事广播电视管理的广播电视局独立于各政党,广播电视局直属议会。

（六）捷克和斯洛伐克

1989年11月,捷克斯洛伐克政局发生剧变,捷共失去执政党地位,原国家、政府及捷共领导人全部更迭。反对派上台后,对宪法做了修订,取消了有关捷共领导作用的条款,宣布实行多党制和议会民主制。1990年更改国名为捷克和斯洛伐克联邦共和国。1992年12月31日,联邦解体。从1993年1月1日起,捷克和斯洛伐克分别成为独立国家。

捷克斯洛伐克曾经是东欧公有化程度最高的国家。剧变后,它却被认为是实行私有化最成功的国家。到1995年,捷克共和国私有成分在当年国民生产总值中已接近80%。在新闻传播领域,捷克也基本实现了公司化、私有化。至2003年,捷克全国发行各种报纸、杂志3 376种。主要报纸有《今日青年阵线报》、《权利报》,此外还有《经济报》、《人民报》等。

捷克通讯社(捷通社)为国家商业性通讯社,在国外有11个分社,与20多个国家的通讯社有业务联系。捷克国家广播电台2003年播出时间共计10.5万小时,私人电台播出时间共计41.2万小时。捷克电视一、二台(国家电视台)2003年共播出17 520小时。另有私人电视台普里马(PRIMA)台和诺瓦(NOVA)台。

斯洛伐克新闻媒体同样实行了私有化。2003年全国发行报纸杂志1 539种,主要日报有《真理报》、《劳动报》、《存在报》、《经济报》、《经济日报》、《民族复兴报》、《共和国报》等。斯洛伐克通讯社(斯通社)为国家商业性通讯社。2003年斯国家广播电台对内广播42 447小时,其中对少数民族广播3 181小时,主要语言为匈牙利语、乌克兰语、罗姆语;对外广播3 699小时,主要语言有斯洛伐克语、英语、法语、德语和俄语。私人广播电台有21家,全年广播175 580小时。2003年斯国家电视台播放全国性节目10 420小时,另有81家地方及私人电视台,全年播放节目 342 612 小时。

（七）保加利亚

1989 年,保加利亚政局发生剧变之后,新闻界也发生了很大的变化,国家通讯社、国家电台、电视台等只对议会负责。除了党派机关报之外,独立派报纸大大增加并占据了主要地位。同时,私人电台、电视台大量出现,并在社会政治生活中发挥着越来越大的作用。

20 世纪 90 年代中期保加利亚发行报纸 1 059 种,杂志 711 种,发行量分别为 4.01 万份和 1 590 万册。保加利亚主要报刊有:《劳动报》(1946 年创办),《24 小时报》(1991 年创办),《言论报》(前身为《工人事业报》,1927 年创办,1990 年 4 月 4 日改名),《监视器报》(1998 年创办),《现在报》(1997 年创办),《标准报》(1992 年创办),《日志报》(2001 年 2 月 12 日创办)。

保加利亚通讯社仍为国家通讯社,该社同世界上许多国家通讯社有合作关系和业务联系,其领导人由议会任免;索菲亚通讯社由国家资助,民间经营,主要负责对外宣传和报道;巴尔干通讯社,成立于 1993 年,私人经营。

保加利亚广播电台为全国性国家广播电台,业务受议会监督,领导人由议会任免。现有两套全国性节目,对外用 10 种语言广播,每天播出 49 小时。保从 1993 年开始允许建立私人电台,至 1996 年,共有 22 家私人电台。保加利亚电视台为全国性国家电视台,业务受议会监督,领导人由议会任免。现有两套节目。至 1996 年底,有两家私人电视台。

第二节　两德统一后的新闻业

1989 年下半年,民主德国局势发生剧烈动荡——游行示威此起彼伏,党政领导人频繁更迭,大批公民出走联邦德国,柏林墙和两德之间的边界一夜之间全部开放。1989 年 11 月,联邦德国总理科尔提出德国统一的十点计划;1990 年 8 月 31 日,《两德统一条约》签署;10 月 3 日,民主德国以 5 个州和柏林地区的归并西部加入联邦德国,德国正式统一。

一、东部媒体的私有化改造

两德统一,实际上是联邦德国对民主德国的"全面改造"——联邦德国的"基本法"在原民德地区生效;联邦德国的资本主义政治体制取代了民德原有的社会主义政治体制;联邦德国的托管局①以私有化的形式,将民德的社会主义计划经济纳入其市场经济体系。与此相应,民主德国的新闻媒介也全面接受了联邦德国的"改造"和影响,发生了巨大的变化。

（一）报业的变化

民德的印刷媒介,是由托管局以拍卖的形式实现私有化的。1990 年 9 月,柏林出版社及其所属的《柏林日报》、《柏林晚报》和《广播电视节目报》被托管局卖给了格鲁纳-雅尔出版公司和英国出版商罗伯特·马克斯韦尔;1990 年秋,萨克森州的《自由新闻》和萨克森-安哈特州的《中德日报》被分别卖给了联邦德国的两家报社;1991 年 4 月,托管局一次性卖掉了属于原民德统一社会党的 10 家地区性报纸,而这些报纸在民德报业市场上曾经居于重要地位。为什么托管局将这些报纸卖给西部报社和出版商而没有让东德人接管呢? 因为购买这些报纸,竞标人必须向托管局支付 8.5 亿马克。东德人既没有足够的资金,也没有在市场经济体制下管理和经营报刊的经验,所以只能眼睁睁地看着西部的商人买走他们的报纸。

随后,托管局对民德地区所有的出版社、报纸杂志社都进行了拍卖和转让,使它们成为私有企业。

与此同时,联邦德国的出版物大量涌入民德地区。1990 年初,联邦德国的《图片报》在民德地区广为发行,其销量很快超过 100 万份。其他的报纸杂志,如《明星》周刊、《彩色》、《时代》、《明镜》周刊等也步其后尘,打入民德报业市场。从 1990 年 2 月起,联邦德国几十家通俗报纸在民德地区同时出现;4 家大的出版公司(鲍尔出版公司、施普林格出版公司、布尔达出版公司和格鲁纳-雅尔出版公司)建立了报刊批发网,将报刊发行市场瓜分完毕。

---

① 托管局(Treuhandanstait),联邦德国 1990 年 7 月 1 日成立,任务是将民主德国的国家计划经济转变为市场经济。1994 年完成使命。

联邦德国方面还以独资或合资的方式创办了许多新的报刊。截至1990年8月,联邦德国出版社新创办的地区性报纸的发行量达到70万份,占民德地区报纸发行总量的7.9%。1993年4月,民德地区创办了34家日报,它们全部为联邦德国传媒机构所有。

（二）广播电视业的变化

两德统一之前,联邦德国的电子传媒实行的是公私并存的"双轨制",即公营广播电视系统与私营广播电视系统协调并存。统一之后,民主德国全盘采纳了联邦德国的广播电视制度。

还是在1989年12月,民主德国的广播、电视国家委员会就被取消,广播、电视机构改名为民主德国广播电台和德国电视台。1990年8月,《两德统一条约》对民德地区广播电视机构的设置作出了具体规定:合并民主德国广播电台和德国电视台,成立独立的广播电视机构,以民德地区为对象播出具有公共性质的广播电视节目。该机构1991年年底宣布解散,重新设立各州或几个州共同的公营广播电视机构。

两德统一后,新联邦各州议会开始审议本州广播电视机构的设置问题。虽然按照制度各州都应有自己的广播电视机构,但是德广联(德国广播联合会)以财政困难为由,提出在5个新的州至多只能建立2~3个广播电视机构。经过一番讨论,最终决定由南部的萨克森-安哈特、图林根和萨克森3个州共同成立"中德意志广播电视台"(MDR);勃兰登堡州单独成立"东德意志勃兰登堡广播电视台"(ORB);北部的梅克伦堡-前波莫瑞州加入联邦德国的"北德意志广播电视台"(NDR);而中德意志广播电视台和东德意志勃兰登堡广播电视台则加盟德广联。1991年秋天,5个新联邦州的公共广播电视制度全面建立。

两德统一之前,私营广播电视系统在民主德国是不存在的。1992年,联邦政府允许在原民德地区建立私营广播电视台。1993年以后,5个新联邦州接连出现了15家私营广播电台,如萨克森私营广播电台、梅克伦堡-前波莫瑞天线台等。

（三）通讯社的变化

两德统一之后,原民德通讯社——德通社改为自筹资金的独立股份公司,影响力骤减。与此同时,德意志电讯社(DDP)、美联社、路透社、法新社等在民德新闻市场上占据了重要的位置;原联邦德国的体育通讯社、联合经济通讯社、天主教通讯社等也纷至沓来,德通社一家称雄的局面一去不复返了。1992 年 5 月,托管局将德通社出售给德意志电讯社最大的股东——明镜证券公司,合称德通社联合的德意志通讯社(DDP ADN),所属图片社由联邦档案馆接收。

二、合并后的德国媒体

媒体私有化,对原东德地区产生了很大的影响,直接的后果是大批新闻工作者失业,人数占三分之一以上。如原民德广播电台、电视台就解雇了大部分工作人员。据统计,原民德电视台有 14 000 名职员,被接管后继续留任的只有 4 000 人左右。原德通社有 1 350 名工作人员,被接管前夕减少到 250 人。解雇人员依据的主要是政治标准,大量解聘的是原统一社会党成员。一些来自西部的媒体在招聘人员时,公开声明"原统一社会党党员一概不接收"。

两德统一后,东部地区民众对来自西部的媒体及其信息的态度出现了一个由热到冷的过程。统一后的最初一段时间里,东部地区居民对来自西部的所有事物包括媒体均表现出极大的好奇心和热情,他们对新的报纸杂志趋之若鹜,对广播电视中播放的信息也如饥似渴地接收。但这只是昙花一现,不久人们便产生了强烈的幻灭感。他们对来自西部的出版物逐渐失去了兴趣,开始向已经习惯的原党报靠拢。这些党报虽然已经归属于西部大出版社,但其保留下来的编辑人员仍然让他们感到亲切。西部出版商很快意识到,虽然现实社会中的柏林墙已经拆除,但是人们头脑中的墙却不是那么容易拆除的。这也是西部有影响的大报,如《法兰克福汇报》、《法兰克福评论报》、《世界报》、《南德意志报》等在东部地区不受欢迎的一个重要原因。杂志也是如此。在西部地区出版市场处于领先地位的杂志,如《明镜》周刊、《明星》周刊等,在东部地区销量很小。当然这一方面是由于这些杂志售价过高(尤其是对于东部地区的居民而言),同时也是因为它们不符合东部人特有的生活经历和体验。不过据统计,德国东部地区的居民比西部地区居民花在媒体上的时间相对多一些:西部居民每天接触媒体的时间平均为 5 小时,东部居民平均为 6.5 小时。因此,对西部地区的出版商而言,东部仍然是一个颇具潜力的市场。

目前,德国的新闻业仍十分发达。2004 年德国出版日报 345 种,2004 年第三季度日报发行量为 2 602 万份,平均每千人 311 份。其主要报纸《南德意志报》现为德订户最多的跨区域性日报,发行量仅次于《图片报》,根据 2004 年第三季度的统计数字,日销量 43.7 万份,读者约 145 万人,市场份额约为 1.7%。该报在 150 多个国家和地区发行,在美国、阿根廷、南非、土耳其、中国、日本、新加坡、以色列以及欧洲各大城市均有常驻记者。《法兰克福汇报》注重对国际政治、经济新闻的报道,金融版和文艺评论版颇具权威性。政府官员、经济界管理人士和自由职业者在其读者中占大多数。该报日发行量约 37.7 万份,读者 100 万人,市场份额 1.3%。该报在 148 个国家发行,记者站遍布全球。《世界报》是德国最大的报业集团施普林格报团的主要日报,原立场保守,德国统一后对办报方针进行了改革,观点向中间靠拢。日发行量约 30 万份,读者 50 余万人。读者大多是政府官员、经济界领导层和知识分子。《法兰克福评论报》日发行量约 20 万份,读者 50 万人,观点偏向左翼。《图片报》是德国发行量最大和最受民众喜爱的报纸,日发行量为 374 万份。该报属通俗小报,内容丰富,语言简单,消息短小,版面活泼并配有大量图片,惯于使用耸人听闻的标题,在德全国发行,读者面很广,包括社会各阶层和各年龄段,但总体上看,还是一份"平民报纸"。

《明镜》周刊政治上中间偏左,以严肃的政治社会问题为主要内容,注重调查性报道,敢于揭露政界内幕和社会弊端,在国内外具有相当大的影响。目前该刊发行量 100 万份,读者 530 万。《时代》周刊(1946 年创刊)以时事政治、文化教育等为报道重点,文章篇幅较大,注重分析评论,观点独立,属自由派,读者多为上层人士及学术界人士。该周刊发行量 47.2 万份,读者 140 万,在德影响较大。《焦点》杂志 1993 年在慕尼黑创刊,现已成为《明镜》周刊的竞争对手。该刊内容侧重于公众关心的各类问题和时事政治,文章短小并配以图片,发行量 81 万份,读者 600 万。《明星》周刊属通俗刊物,图文并茂,涉及面广,面向各界读者,发行量 110 万份,读者 700 万。

两德统一前,西部德国居民拥有收音机 2 625 万台,平均 2.3 人一台,电视机 2 301 万台,平均 2.7 人一台。东部德国有收音机 600 万台,平均 2.8 人一台,电视机 618 万台,平均 2.7 人一台。两德统一后,20 世纪末全德有收音机 7 780 万台,千人平均为 948 台,电视机 4 766 万台,千人平均为 580 台。德国主要的电视台电视一台和电视二台最新收视率分别是 16.5% 和 15%。两台之间既合作又竞争,每天上午联合播出节目。近年来,由于私人电视台不断涌现,两台的市场占有份额已从过去的90%下降到40%。德国全国性广播电台是德意志广播电台和德国之声广播电台。德意志广播电台原主要面向东西德国邻近欧洲的国家,两德统一后,将"里亚斯柏林电台"、东德的全国性广播并了进来,改组为新的德意志广播电台,作为面向国内的全国性公共电台,播送两套节目。德国之声广播电台是德官方对外广播电台,建台初期只有德语广播,现除了24小时德语广播外,还用38种语言向世界各地广播,每天播音时间总计90小时。1992年开始增播全球卫星电视节目,同世界上1 250家电台有合作关系并向其提供德语节目。

目前德国的主要电视台有德国电视一台(ARD)和德国电视二台(ZDF)。电视一台由各州电台、德国广播电台和德国之声电台组成德国广播协会,共同经营,播放全国性的第一套节目及地方性的第三套节目;电视二台是德国最大的电视台,1961年由各州共同组建,总部设在美因兹,播放第二套节目。另外一些卫星电视节目如德国电视台的1 PLUS和私营电视台如SAT 1、RTL、PRO 7也拥有大量观众。

第三节　西方国家新闻业的高度垄断及其全球扩张

从20世纪90年代开始,在美国的"示范"下,西方国家媒体兼并、联合之风迭起。在此风潮中,新闻媒体从单一的报业或广电集团转而成为集各种媒体于一身的综合性的产业集团,继而又融入更大的产业集团中,成为其中的一部分。集媒体、娱乐、电脑、电信等产业于一体的巨型"航母",以其资金、资源的优势,进行全球性的信息渗透、扩张,不但从中获取了可观的利润,同时也将西方的价值体系和文化推销到世界各国。

一、美国新一轮的媒体并购大战

19世纪末期,伴随着美国历史上第一次企业兼并和收购浪潮,美国报业也开始了兼并、集中化的过程,出现了传媒集团的早期形式——报团(如斯克里普斯报团、赫斯特报团等)。两次大战期间,报业竞争和垄断进一步加剧,报团的数量和规模也在不断扩大。战后美国以至所有发达国家报业垄断的程度都在加深,并且出现了多种垄断形式:1)报业集团(即报团),传统的报业垄断形式,指在两个以上地区拥有两家以上报纸的集团;2)传媒集团,指兼营几种传媒产业、拥有几家不同类型的传播媒介的集团;3)联合企业,指既经营传媒产业,又经营其他产业的集团。

1996年2月,美国国会通过了新的电信法(《1996年联邦电信法》),这是对实行了62年的《1934年通信法》作出的重大修改。其主要内容是取消了对一家公司在全国范围内拥有广播电台或电视台数量的限制,减少了对电信、广播电视等电子信息传播产业的控制。紧随政府对传媒业垄断控制的放松,大规模的兼并活动迅速展开。

这一次的兼并活动有两个特点(或两种形式):一是传媒内部的兼并、联合,使资源日益集中在少数几个大的媒介集团的手中;二是传媒业与其他产业,包括电脑、电信、互联网、娱乐等产业的整合,形成具有传媒特征的巨大的产业集团。在新的电信法通过前后,美国传媒业出现的主要并购案有:

(一)时代华纳(Time Warner)公司和特纳广播公司(Turner Broadcasting Corporation)合并案

1996年,时代华纳公司(1989年由出版业巨头时代公司和娱乐业巨头华纳公司合并而成)和特纳广播公司以67亿美元合并,从而创建了美国同时也是世界上最大的传媒集团。合并后,时代华纳又将有线工业公司、前进新屋企业、顶点通讯公司、KMBCON等公司收归麾下。经过不断扩充,时代华纳集电影、出版、音乐、广播、有线电视等部类于一身,成为一家复合型的媒介传播公司(联合企业)。

2001年1月11日,在获得美国联邦通信委员会(FCC)的批准后,全球最大的网络公司美国在线(AOL)以1 035亿美元换股并购了时代华纳公司。在这场被称为"世纪联姻"的并购中,诞生了全球第一家综合性的传媒及通信公司——美国在线时代华纳。一年后,美国在线时代华纳以382亿美元的年收入领先于美国其他媒介集团。但好景不长。由于2002年下半年以来全球互联网泡沫的破灭,导致美国在线的互联网接入服务和网络广告方面的收入大幅度下降,同时陷入不良资产和官司缠身的窘境。在时代华纳公司传统部门继续保持较高的利润增长的情况下,2003年9月18日,董事会决定从公司名称中去掉"美国在线"的字样。更名后的公司仍叫"时代华纳公司",它仍然是世界上最大的传媒集团。

（二）沃尔特·迪斯尼（Walter Disney）公司与大都会/美国广播公司（ABC）合并案

沃尔特·迪斯尼公司是由 20 世纪 20 年代的一家动画工作室发展而来的全球娱乐传媒业巨头。1995 年,该公司以 190 亿美元收购了大都会/美国广播公司,成为美国第二大传媒集团。现在迪斯尼公司的主要业务有 5 项:电视网、影视娱乐、主题公园与游乐场、消费品、因特网与直销。公司的电视网包括全国广播公司、10 家电视台、27 家广播电台;公司的有线电视有迪斯尼频道、卡通迪斯尼、肥皂剧频道,还与老牌报业集团赫斯特集团共同拥有体育频道 ESPN、ESPN2、A&E、LIFE-TIME 等。在欧洲、拉美一些国家拥有电视公司的股份。迪斯尼旗下的制片公司有迪斯尼电影公司、试金石电影公司、好莱坞电影公司、Mira-max 电影公司等。迪斯尼拥有的主题公园和游乐场有佛罗里达州的迪斯尼世界,加利福尼亚州的迪斯尼乐园,法国、日本、香港的迪斯尼主题公园。其因特网与直销业务包括各种在线服务,消费品业务则包括许可证交易、出版、迪斯尼专卖店和迪斯尼互动软件等。此外,迪斯尼还拥有艺术表演团体和球队。1994 年成立的迪斯尼戏剧制作公司专门从事歌舞剧的创作与演出。迪斯尼的体育企业部门拥有美国冰球协会旗下的巨鸭队和美国棒球甲级联盟所属的加州天使队。

（三）鲁珀特·默多克（Rupert Moderch）的新闻公司（News Corporation）与新世界通信集团合并案

鲁珀特·默多克是从澳大利亚起家的,他从阿得雷德的一家小报做起,经过几十年的经营,一举成为世界级的传媒大亨。1997 年,默多克以 30 亿美元购买了新世界通信集团的全部股权,成为拥有 22 个连锁电视台的业主,在美国媒介公司排名升至第三。

新闻集团是在不断的收购和兼并中成长起来的。它收购的各种资源极为丰富,经过集团的业务整合,如今已形成几大重要的媒介系统:一是美国无线、有线电视系统。福克斯电视网目前在纽约、洛杉矶、芝加哥、明尼阿波利斯、华盛顿特区、达拉斯、凤凰城、奥兰多、休斯敦 9 个城市分别拥有两座电视台,其市场份额位居前列。二是全球卫星电视系统。该系统辐射 10 多个国家和地区,为集团创造了可持续的利润源。三是电影、体育等娱乐制片系统。该系统是新闻集团主要的收入来源,它不仅为集团提供了巨大的收入,而且为其在全球影响的扩大立下了汗马功劳。四是印刷出版系统。在澳洲,新闻集团拥有强大的出版阵容;在英国,新闻集团拥有数份著名报纸,仅《太阳报》就占英大众报业市场56%的份额;在报业市场竞争激烈的美国,《纽约邮报》连续多年发行量攀升。

（四）维亚康姆公司（Viacom）与哥伦比亚广播公司（CBS）合并案

维亚康姆公司源于现任董事会主席的萨姆纳·雷石东1954年继承的家族企业——一家汽车影院连锁店。从1987年并购维亚康姆有线电视网开始,公司迅速发展。新的电信法通过后,维亚康姆公司并购了不久前刚刚完成兼并西蒙·舒斯特（Simon & Schuster）出版公司的派拉蒙公司,从而成为美国第四大传媒集团。1999年9月,维亚康姆公司宣布将以370亿美元收购哥伦比亚广播公司,这桩当年最大的传媒业合并案于2000年初获得批准,维亚康姆从此跻身世界上规模最大、最具影响力的传媒和娱乐业巨头之列。维亚康姆公司最新的成功收购是2000年11月宣布、2001年完成的以30亿美元的价格收购BET控股公司。BET的黑人娱乐电视网在美国拥有6 240万个家庭用户和一个在另外14个国家能看到的24小时播出的爵士乐频道。维亚康姆购买BET也是意欲在快速发展的少数族裔观众市场中占据领先地位。维亚康姆公司的主要业务领域有7个部分:电视;广播与户外广告;电影与剧院;录像带连锁出租;因特网;出版;主题公园。

在美国,类似的并购案还有很多。如西屋公司对无限广播公司的并购;芝加哥论坛公司对复兴通信公司的并购;甘尼特公司对多媒体娱乐公司的并购;达拉斯的贝洛公司对普洛维斯日报公司的并购等等。媒体的兼并重组,带来了产业的复兴和资源的整合,同时也引起了产业的集中和垄断的日趋加剧。越来越多的广播电台、电视台、有线电视台、出版社、电信服务部门、娱乐业等集中到了少数几家超级信息产业集团手中,形成了对美国信息传播业的控制。

对于垄断的后果,在西方有不同的看法。持正面观点的人认为,组建大规模的媒介产业集团,可以在经济上形成规模效应,提高在国际市场上竞争的能力;可以提高政治上的自主性,防止或抵御来自政府或其他权势集团的压力。但总体上看,国际传播界对媒介垄断是持批评态度的。主要观点是认为垄断使得传媒业的竞争减少,同质性增强,对思想的多元化构成了严重的威胁。

兼并重组的浪潮从美国兴起,继而扩展到其他发达国家,呈现出国际化的发展趋势。

二、西方国家传媒集团的全球拓展

资本的特性就是追逐利润,因此,垄断资本不会满足于国内市场,而要在全球范围内进行生产、投资、销售和获取最大的利润。正是在这一动机的驱使下,以美国为首的西方国家的传媒集团将其势力范围扩展到了全世界。

媒介资本的跨国流动始于 20 世纪六七十年代,而于世纪之交形成高潮。在此我们选取世界主要跨国媒介集团——美国的时代华纳公司、迪斯尼公司、维亚康姆公司、新闻集团以及法国的维旺环球集团、德国的贝塔斯曼集团,考察其全球拓展的轨迹。

(一) 时代华纳公司

早在美国在线收购时代华纳公司之前,它就以联合、收购、兼并的形式开始了全球性的扩张。

1995 年 11 月,美国在线通过与贝塔斯曼结盟联合推出了美国在线德国版,获得了内容丰富的报纸杂志的电子版本,同时也获得了相应的订户,为以后进一步开展广告业务、开发市场潜在用户做好了准备,为美国在线打开欧洲市场奠定了坚实的基础。1996 年 1 月,美国在线又以同样的方式进军英国、加拿大市场。

1996 年 8 月,通过与日经公司合作,美国在线进入日本市场。

1998 年 2 月,美国在线以 2.87 亿美元收购了以色列 Mirablis 有限公司以及该公司的 ICQ 互联网聊天技术,为自己增加了 1 200 万注册用户。

1999 年 11 月,美国在线将资本向巴西渗透。不久,阿根廷、墨西哥也被纳入美国在线的发展计划中。

2001 年 4 月,美国在线时代华纳斥资 1 亿美元入主中国香港华娱电视,控制了华娱电视 90% 的股权。

2001 年 6 月,美国在线时代华纳投资 2 亿美元,与中国最大的电脑生产商——"联想"集团合作成立合资公司"联想在线",以此进入中国市场。

2003 年,时代华纳将华娱电视 64% 的股权转卖给 TOM 集团。

2004 年开始,时代华纳以与中国国内企业合资的方式,开始在中国上海、重庆等大城市投资建设影院,并宣布了在中国大陆组建 30 家影院的宏伟计划。

2005 年,时代华纳将美国在线 5% 的股份转卖给网络搜索领域的"新贵"Google。

目前,时代华纳公司的业务范围已经延伸到传媒产业的各个领域。它拥有美国最大的杂志出版集团,发行《时代》(Time)、《人物》(People)、《体育画报》(Sports Illustrated)、《娱乐周刊》(Entertainment Weekly)、《财富》(Fortune)等著名杂志;在有线电视领域,时代华纳控股多家著名频道,包括有线电视新闻网(CNN)、TNT、TBS、卡通网(The Cartoon Network)、Court TV、HBO、Cinemax 等;它名下的华纳兄弟电影公司(Warner Brothers Film Studios)和新线影院(New Line Cinema)是全球电影市场中重要的电影公司;华纳音乐集团(Warner Music Group)也是控制世界音乐唱片产业的 6 家公司之一。

(二) 迪斯尼公司

作为最早进军电视业的好莱坞电影制片公司,迪斯尼公司始终将迪斯尼视为全球性的资源。20 世纪 90 年代中期重组之后,公司将其在电视领域中的重点放在了全国广播公司、迪斯尼频道和 ESPN 上。它致力于将以儿童和家庭为主要定位的迪斯尼频道扩展为全球性资源,在北美、英国和澳大利亚的英语频道播出,颇受欢迎。迪斯尼公司还在法国、意大利、德国和中东开通了迪斯尼频道。1995 年,它在中国台湾地区开通了中文迪斯尼频道,2001 年 8 月在中国内地开通了迪斯尼网站。

迪斯尼还瞄准面向全球观众的电视频道,与之建立合作关系。例如 ESPN 以经营体育节目为主,每天用 21 种语言向全球 165 个国家播出,而这一频道所面对的较为固定的受众群体——年轻、单身的中产阶级男性观众,正是迪斯尼曾经难以突破的人群。于是它与 ESPN 建立合作关系,利用它已有的受众网络推广自己的节目。

迪斯尼公司积极拓展其产品的特许经营业务,全世界拥有迪斯尼特许经营权的商家已达 4 000 多个;公司还更新和扩展主题公园,美国本土的两个迪斯尼乐园业务得以拓展,并且从美国本土扩展到了欧洲、亚洲。

在中国,早在 1986 年迪斯尼的动画片就在每周日的晚上与中国儿童见面。到了 20 世纪 90 年代,ESPN 电视节目开始在国内一些城市的有线电视台播放,迪斯尼同时被批准出版动画周刊。1994 年,迪斯尼和北京电视台合作创办了"小神龙俱乐部"动画节目。1995 年,中国台湾地区开通了中文迪斯尼频道。2001 年中国内地开通了迪斯尼网站。2005 年迪斯尼乐园进驻香港特别行政区。

（三）维亚康姆公司

维亚康姆公司具有强烈的全球市场意识,其产品无论是影视作品还是音像制品,都能畅销全球市场,广泛盈利。MTV 和尼克儿童频道（Nickelodeon）是维亚康姆的两个主要武器。MTV 创立于 1981 年,是第一个 24 小时全天候播放音乐的电视网络。经过 20 多年的成功经营,MTV 音乐频道已经从美国本土延伸到世界各地,包括拉丁美洲、亚洲、欧洲和澳洲等地,一跃而成为全球最大的电视网络,覆盖全球 86 个国家和地区的 3.3 亿户家庭,成为全球最著名的音乐电视频道。尼克儿童频道 1979 年在美国问世,是全美电视节目中收视率最高的专业频道之一。从 1993 年起,该频道开始拓展国际市场,于 1995 年进入澳大利亚,1996 年覆盖整个拉美地区,1997 年进入美欧地区的大部分国家,1998 年进入亚太地区,1999 年进入非洲,在各国以不同方式进行 12 小时或 24 小时播出。如今,尼克频道已经进入世界上 149 个国家和地区的数亿户家庭,在世界主要国家和地区拥有 26 个本地频道,成为全球最大的儿童娱乐节目供应商。

维亚康姆公司 2001 年又以 30 亿美元的价格收购 BET 黑人娱乐电视网,意欲在快速发展的少数族裔观众市场中占据领先地位。2006 年年初,原维亚康姆公司被分拆成两家独立的上市公司。原来该公司旗下的哥伦比亚电视广播网、无限广播公司和其他一些电视台拆分出来成立一家新公司,并沿用哥伦比亚广播公司的名称,而维亚康姆作为拆分后的另一家公司,将保留现有的 MTV 有线电视网、派拉蒙电影公司和其他一些电影制作机构等。拆分不久,维亚康姆公司又分别以上亿美元的价格收购了多家游戏制作公司和互联网电影制作商。

在中国,从 1995 年开始,维亚康姆以 MTV 为主制作的《MTV 天籁村》、《MTV 学英语》、《MTV 光荣榜》和《MTV 明星档案》4 档节目通过与各地方有线电视台的合作进入中国家庭。之后,维亚康姆公司还通过各种形式与中央电视台、北京电视台等合作开发音乐、娱乐节目。

2006年,维亚康姆公司宣布与中文搜索网站百度达成协议,向百度提供总长度达上万小时的视频节目,并采用新的广告收益模式为双方盈利。与此同时,该公司已经开始进入中国大城市的户外广告市场。

（四）新闻集团

新闻集团的前身是澳大利亚新闻有限公司。该公司于20世纪60年代后期开始向海外市场发展。先是收购了英国的《世界新闻》,后又买下英国的《太阳报》。70年代进入美国,先后买下《圣安东尼奥新闻和快报》、《纽约邮报》、《波士顿先驱报》等多家报纸。70年代末,公司业务遍及欧洲、美国和澳大利亚。为了更好地管理和协调公司日益扩大的业务,默多克于1979年成立了新闻集团。80年代是新闻集团全球业务拓展的重要阶段。该公司在英国收购了著名的《泰晤士报》、《星期日泰晤士报》以及世界上最大的英文图书出版公司之一的哈珀·柯林斯出版社。接着,新闻集团进入了竞争异常激烈的美国电影电视市场。1985年收购20世纪福克斯影业公司后,于1987年组建了全美第四大电视网——福克斯电视网,由此开始了向电视市场的大规模的投资。20世纪90年代新闻集团的业务已地跨澳洲、美洲、欧洲、非洲,在卫星电视领域形成了霸主地位。90年代中后期,新闻集团的战略性投资逐渐聚焦于最有潜力的媒体市场——亚洲。STAR成为其辐射亚洲媒体市场的重要平台,它已经成功地打开了印度、日本市场,并积极在中国开展业务。

目前,新闻集团已经成为当今世界上最大的综合性传媒集团之一,经营范围包括分布在美洲、欧洲、亚洲和大洋洲的报纸、杂志、图书出版和电影、电视节目的制作发行以及卫星和有线电视广播、数字广播、加密和收视管理系统开发,它拥有福克斯影业公司、福克斯电视网、美国有线频道、英国天空电视台、STARTV、哈珀·柯林斯出版社等有实力的媒介公司。

（五）维旺环球集团

维旺集团是法国的传媒巨头,也是世界上规模最大的传媒集团之一（一度是仅次于美国在线时代华纳的全球第二大传媒集团）。该集团始建于1853年,其主要业务是工程与建筑施工、能源、垃圾处理、交通服务、水处理设备等。从20世纪80年代起,公司逐渐发展成为一家集水务、能源、运输、电信、电视等业务为一体的综合性企业。90年代中后期,其经营重点转向传媒业。2000年以340亿美元收购了加拿大

的西格拉姆公司,成为传媒业的巨头。目前维旺集团的业务主要有 6
个方面:影视、音乐、出版、电信、互联网和环保。影视方面,它拥有欧洲
最大的电影公司和美国第二大电影公司,世界第二大影视片库;其
Canal + 有线电视网是欧洲最大的付费电视和数字电视运营商,拥有欧
洲 11 个国家的 1 550 万用户。音乐方面,该集团的业务覆盖全球 63 个
国家,占据着全球音乐市场的 22.5%。出版方面,该集团于 2001 年并
购了美国霍顿·米夫林出版社(Houghton Mifflin),成为世界第三大图
书出版商和第二大教育图书出版商;集团在法国、美国、西班牙、巴西和
阿根廷等国家拥有著名的出版社。互联网方面,维旺集团是欧洲和美
国第二大互联网内容提供商,在欧洲 8 国提供互联网接入门户网站服
务。电信方面,维旺环球通讯公司拥有法国两家主要的移动通讯运营
商,在欧洲、地中海和非洲提供固定和移动通讯业务。

在中国,维旺集团拥有维旺(北京)文化传媒中心、阳光维旺(北
京)国际广告有限公司等跨媒体集团公司。在电视节目制作、广告经
营、网络游戏等领域与国内媒介机构进行合作。

(六) 贝塔斯曼集团

贝塔斯曼集团创建于 1835 年,现已发展成为全球性的传媒集团。
该集团遍及 50 多个国家,拥有 300 多家下属公司。其中主要的有:蓝
登书屋(Random House),经营大众图书出版;RTL 集团,经营 24 家电
视台和 17 家电台,是世界上最主要的内容制造商之一;古纳亚尔
(Gruner Jahr),主营杂志报纸出版;贝塔斯曼音乐集团(BMG),经营唱
片出版发行;贝塔斯曼普林格(Bertelsmann Springer),经营专业出版;
阿瓦多集团(Avarto),经营印刷公司、物流、多媒体和信息技术服务等;
贝塔斯曼直接集团(Direct Group),经营图书俱乐部、音乐俱乐部和电
子商务。20 世纪 60 年代,贝塔斯曼在西班牙成立图书俱乐部"Círculo
de Lectores",迈出了国际化发展的第一步。80 年代开始进军美国,收
购美国 Doubleday 和 RCA 唱片公司,为其成为美国媒体产业的主力军
奠定了基础。20 世纪 90 年代,贝塔斯曼的战略重心转向东欧、远东,
开始在东德和东欧地区发展报纸、杂志业务。1998 年 10 月,贝塔斯曼
集团总部在北京注册成立贝塔斯曼中国投资有限公司北京代表处,以
推动集团在华投资和各种项目的合作。目前贝塔斯曼在中国的业务不
断拓展。

1995 年贝塔斯曼集团与上海市新闻出版局直属的中国科技图书

公司共同发起成立上海贝塔斯曼文化实业有限公司,以书友会的形式,经营图书邮购业务,从此进入中国市场。目前,贝塔斯曼已经在中国投资几千万美元,设立了近 10 家机构,其中包括:贝塔斯曼中国控股有限公司北京代表处、上海贝塔斯曼文化实业有限公司(中外合资企业)、上海贝塔斯曼信息技术有限公司(独资企业)、上海贝塔斯曼媒体系统有限公司(独资企业)、美国 BMG 中国公司北京办事处等。

综上所述,以美国为主的西方国家媒介集团凭借先进的传播科技手段,不遗余力地将自己的信息产品推销到世界市场。对发达国家而言,这不仅仅是市场的扩张,也是政治、文化力量的扩张。在信息流向原已不平衡的世界新闻传播格局中,其资本的跨国流动更加重了这种不平衡的态势。

第四节　发展中国家应对西方媒体的挑战

面对以美国为代表的西方强势媒体的进入,发展中国家一方面继续寻求建立公平、合理的国际传播新秩序的途径,同时组建本土强大的媒介及媒介集团与之抗衡。尤其是在亚洲,一些进入工业化过程的发展中国家,如东南亚国家联盟的新加坡、马来西亚等采取了一系列措施,取得了明显的成效。

一、新加坡媒体应对挑战

新加坡的主流媒体由两大媒体公司构成:新加坡报业控股有限公司(SPH,简称报业控股)和新加坡传媒公司(Media Corporation of Singapore,简称新传媒)。报业控股成立于 1984 年,是一家私营的上市公司;新传媒成立于 1999 年,是一家官营企业。至 2000 年年中,报业控股只出版报纸、期刊和开设以报纸内容为基础的商业网站。新加坡 4 种文字(英、华、马来、泰米尔)的报刊都在它的麾下,其最主要的报纸是英文《海峡时报》和中文《联合早报》。此外还有以这两份报纸的内容为基础发展起来的亚洲网(AsiaOne.com)和早报网(Zaobao.com)。而新传媒只经营广播电台、电视台和相关网站,新加坡的免费电视频道都是由它经营的,其中最重要的是英语第五频道、亚洲新闻台和华语第八频道。

世纪之交,面对西方媒体整合的大趋势以及信息全球化的严峻挑战,新加坡政府和传媒业者认识到,"向来采取开放政策和接受全球化趋势的新加坡,必须做好准备,巩固本国媒体的力量,加强本国媒体的竞争能力,才能在全球化媒体整合浪潮的冲击下屹立不倒;在面对国际传媒的竞争时,以丰富、充实的本地内容争取本地受众,先立于不败之地,再设法向外扩展"[①]。基于这样的考虑,政府决定让报业控股和新传媒两大公司跨出各自经营了多年、熟悉而舒适的核心业务圈,进入彼此的领域,培育经营多媒体的能力,在多媒体业务层面上展开竞争。政府希望两大公司在相互竞争中得到锻炼,积累知识和经验,以便在本土、区域以至更大的范围内与国际媒体一争高下。2000 年 6 月 5 日,新加坡政府对此作出了正式的决定。为了使两大公司利用不同的媒体平台进行有效的竞争,政府决定将经营两个电视频道的执照发给报业控股,同时将出版一份英文报纸的执照发给新传媒。这样一来,两大媒体公司在本地传媒市场上独沽一味、各据一方的偏安局面彻底结束了。

媒体开放竞争的决定一经宣布,"报业控股就立刻决定利用它拥有强大印刷媒体资源的这一大优势,接受挑战,进军电视事业,进入真正的多媒体时代"[②]。该公司成立了一家子公司,称报业传讯公司(SPH Media Works),负责经营电视广播业务。报业传讯决定开设华语和英语各一个电视频道。华语频道名为"优频道"(Channel U),英语频道名为"电视通"(TV Works),后改名为 i 频道。经过近一年的准备,2001 年 5 月,两个频道同时开通。与此同时,新传媒也办起了一份英文报纸,两个集团之间的竞争全面展开。

目前新加坡主要的广播电视频道(台)有:

1. 属于新加坡传媒公司的

第五频道:娱乐性英文频道,提供国内外电视娱乐及综艺节目和部分新闻节目。

---

① 《面对新世纪的海外华文媒体——"首届世界华文传媒论坛"论文集》,香港中国新闻出版社,2001 年版,第 13 页。

② 同上书,第 13 页。

第八频道:综合性华文频道,提供新闻和娱乐节目,占华文电视收视率的50%。

亚洲新闻台:英文时政与经济新闻频道,由新传媒下属的新闻公司经营和管理,在亚洲、欧洲、美洲设有多个常驻记者站,其节目可通过卫星传至中东、南亚、东南亚、东北亚和澳洲等15个国家和地区,观众超过1 000万户。

News Radio 93.8FM:播送英文新闻和综合性广播节目。

城市95.8FM:播送华文新闻和综合性广播节目。

新加坡国际广播电台:短波电台,以英、华、马来、印尼文播送节目。

2. 属于新加坡报业控股有限公司的

"优频道":综合性的频道,提供娱乐、戏剧、资讯和新闻节目,其中的新闻节目由报业控股旗下的华文报——《联合早报》、《联合晚报》和《新明日报》以承包的方式提供。该频道的新闻本地性强,本土色彩浓厚,使观众有亲切感。目前,"优频道"已占华文频道收视率的50%。

i频道:与"优频道"几乎同时开通。和"优频道"一样,它与《海峡时报》、《联合早报》等共享信息来源和采访力量。

两大媒体公司业务相互渗透、形成竞争之后,不久便见成效。首先是"优频道"开通后,它利用众多的专线记者,提供内容丰富的本地新闻,为新加坡的华语电视新闻观众开拓了全新的视野,其收视率很快超过英语台,稳居全国第二位,仅次于新传媒的华语第八频道;"优频道"的电视新闻也成为新加坡收视率第二的电视新闻节目。为了应对"优频道"的挑战,新传媒第八频道建立起了一支自己的采访队伍,不再完全依赖英语台提供新闻了。两个媒体集团竞争的结果是华语电视新闻的水平明显提高,同时也增强了新加坡传媒整体上的竞争能力。

当然,同以美国为首的西方国家相比,新加坡在经济实力以及传媒技术手段的开发、使用方面还有一定的距离,但在迎接国际媒体的挑战方面,它毕竟迈出了坚实的步伐。

二、东盟其他国家应对挑战

除新加坡外,以其经济指标的迅速增长被誉为亚洲"新四小龙"的东盟国家——马来西亚、泰国、印度尼西亚和菲律宾近年也致力于传媒建设,新闻业发展出现良好的局面。

（一）马来西亚

作为东盟经济发展水平较高的国家，马来西亚的新闻出版业也较为发达，部分媒体具有一定的地区影响力。马报纸主要分马来文、华文和英文三大类。华文报纸多创刊于 20 世纪初，历史相对悠久，在马政治、社会生活中发挥着重要的作用，在东南亚华文媒体中也具有较大的影响。马来文和英文报纸创刊较晚，但发展迅速，影响不断扩大，发行量和读者人数与日俱增。

其主要报纸有：《马来西亚先锋报》(Utusan Melayu)，马来西亚第一份马来文报纸，前身为 1938 年成立于新加坡的马来先锋出版公司。马来西亚独立后，于 1958 年迁至吉隆坡。1967 年马来先锋报（马来西亚）公司正式取代马来先锋出版公司业务。1994 年，该公司在吉隆坡股票交易所挂牌上市。目前《马来西亚先锋报》是全马发行量最大的日报，读者人数近 200 万。《新海峡时报》属新海峡时报集团所有，目前该集团共出版 5 种日报和 4 种周日刊物。《新海峡时报》官方色彩比较浓，在英文报刊市场原与《星报》旗鼓相当，但近年读者数量有所下降，日发行量约 15 万份。《星报》(The Star)属星报出版公司，1971年创办于槟城，是全马第一份英文小报，早期发行范围仅限北马，1978年总部迁至吉隆坡，开始成为全国性报纸。1995 年该报上市，并于同年在全马率先开辟了网络版。该报日发行量 27.5 万份，读者数量达98.5 万人，居全马英文报纸之首。《星洲日报》是 20 世纪 20 年代末期出版的一份华文日报，1988 年被沙捞越朝日报业有限公司收购后，进入了一个新的发展阶段。该报以传承薪火、维护华族文化为使命，积极推动和资助文化、社会、慈善活动。该报所办"花踪"文学奖在东南亚华人文学界有一定的影响。目前该报发行量约 38 万份，读者人数 100万左右，居马华文日报之首。《南洋商报》前身是著名爱国华侨陈嘉庚于 1923 年创办的新加坡《南洋商报》的马来西亚版，隶属南洋报业控股集团有限公司(吉隆坡上市公司)。该报坚持"马来西亚化"立场，立足于促进华族社会与政府的交流和相互了解，在马华人社会具有一定的影响力，一度曾为全马最大的华文报纸。近年因机构多次调整，办报质量受到影响，发行量有所下降。日发行量 17 万份，读者 39.7 万人。2001 年该报由马华人政党马华公会控制的华仁控股公司收购。

马来西亚的主要广播电视机构有：马来西亚广播电视台(RTM)，由新闻部管理，负责协调属于政府的所有大众传媒机构。该台侧重向民众传播政府消息和政策,提供新闻和教育信息。近年该台提出"信息+娱乐"的理念,希望成为"大众服务性的广播电视台"。RTM 由广播电台和电视台两大部门组成。目前该台国内电视观众数量约 1 000 万,电台听众约 900 万。马来西亚之声建于 1963 年,是 RTM 的对外广播机构。其宗旨是从政治、经济和社会的角度向海外听众宣传马来西亚,加强与邻国的友好关系,同时制作特别节目向海外的马来西亚人介绍国内最新的发展情况。每周用阿拉伯语、马来语、英语、印尼语、华语、缅甸语、他加禄语和泰语向亚太、北非及中东地区广播,总播出时间为 168 小时,另设有伊斯兰之声频道。电视三台(TV3)是马来西亚第一个私营电视台,也是吉隆坡股票交易所首家上市的电子传媒公司。1984 年开播,初期覆盖范围仅限于吉隆坡和巴生河流域,1988 年起覆盖马来西亚各州。目前该台约 70% 的内容为本土节目。1996 年,TV3 首次在加纳设立分台。该台现拥有 7 家子公司和 3 家相关业务公司。

马来西亚政府对新闻媒体的管理较为严格,有多项涉及新闻媒体的法令法规,以规范媒体的相关活动。

(二)泰国

泰国的印刷媒体以私营为主,按市场规则运作,自主经营,自负盈亏;在内容方面限制也不多(但对华文报纸实行控制,不允许创办新的华文报),报刊的自由度相对比较大。在泰国首都曼谷出版的主要刊物有 63 种,分为综合性、经济、劳工、旅游、体育和新闻评论七大类。曼谷地区有泰文报纸 32 种,英文报纸 2 种,华文报纸 7 种。另外,在曼谷以外的 70 多个府中,各府基本上都有自己的地方报纸,有的 2~3 种,但其印刷及版面均很简单,内容主要是地方消息及广告、贺词等。在泰国的印刷媒体中,泰文报刊占据主导地位。《泰叻报》是目前泰国发行量最大的泰文报纸(100 万份),境内记者总数 500 多名,境外常驻记者 25 名,职工总数 4 000 余人。《每日新闻》是第二大泰文报纸(发行量约 70 万份),《民意报》是第三大泰文报纸(发行量近 50 万份)。泰国的泰文、英文报刊多采用西方通讯社的消息和文章。泰国华文报纸(如《中华日报》、《星暹日报》、《新中原报》等)的读者主要是旅居泰国的华人、华侨,这些报纸大多关注有关中国的新闻,报道面较广,消息来源以中国的新华社、中新社为主,部分来源于中国台湾和香港以及西方通讯社。

泰政府对广播电视的控制较为严格。根据 1955 年《广播电视法案》的规定,任何个人和私有公司不得经营广播、电视行业。私有行业必须与大众传播机构合作方可建立新的电视台和有线电视服务机构。因此在泰国,除了由政府和军队直接管理的电台、电视台之外,还有政府或军队授权私有企业经营的电台、电视台。目前泰国有 6 家无线电视台,即电视 3 台、5 台、7 台、9 台、11 台和泰国独立电视台(ITV),其中电视 3 台是泰国收视率最高的电视台。该台成立于 1970 年,目前在泰境内设有 32 个地方台。3 台产权归为国有机构的大众传播机构(MCOT)所有,由 MCOT 授权曼谷娱乐公司(Bangkok Entertainment Company)经营。该台以影视片等娱乐性内容为主,也有对话、访谈、时事新闻等新闻类节目,颇受观众欢迎。UBC 集团是泰国最大的有线电视经营者,其股票已经上市。该公司的有线电视用户在曼谷区域最大容量为 80 万,卫星数字服务可覆盖 1 540 万电视家庭。UBC 共有 42 个频道,可以同步传播包括泰国所有电视频道以及 CNN、BBC、法国 TV5、中国 CCTV4 等综合性或新闻、娱乐节目。UBC17 频道和 18 频道播放由泰国教育部主办的远程教育节目,其中包括中文教学节目。

（三）印度尼西亚

在苏哈托时期,印尼实行严格的新闻管制,政府设立新闻部,对报道内容进行审查,不允许媒体随意批评政府,并曾经关闭数家违反规定的报刊。苏哈托政权还禁止引进、出版华文报刊,在很大程度上限制了它的发展。1999 年瓦希德执政后,印尼政府撤销了新闻部,取消了政府对新闻报道的控制,新闻管理体制与苏哈托时期相比发生了很大的变化,印尼媒体开始享有充分的新闻自由。1999 年 9 月,印尼通过《新闻法》,规定政府无权对媒体报道内容进行审查,或随意吊销媒体出版许可证。梅加瓦蒂总统上台后,设立了通信与信息部,但该部不再履行新闻监督职能。

目前印尼有各类报纸 600 多种,其中全国性日报 50 余种。杂志110 余种。在印尼的印刷媒体中,印尼文报纸占据主导地位。其中《罗盘报》是印度尼西亚发行量最大的全国性日报,发行量约 50 万份。该报原为天主教团体机关报,现为无党派报纸。该报观点比较客观求实,经常派记者采访国际重大新闻事件。《印尼媒体报》(Media Indonesia)1970 年创刊,创办之初仅有 4 版,1988 年起,报纸的版面、发行量逐步增加,社论质量也不断提高。目前该报发行量约 20 万份,在首都雅加达地区的发行量仅次于《罗盘报》。《革新之声》(Suara Pemaruan)前身为发行量第二大的基督教党机关报《希望之光报》,20 世纪 80 年代中期因发表批评政府的文章被关闭,后于 1987 年 2 月以现名出版,发行量约 30 万份。该报在一定程度上反映了印尼各界知识分子的观点,颇受知识阶层的青睐。

印尼现有近 800 家电台,其中大部分为私营,只有印尼共和国电台(RRI)为国有电台。截至 1989—1994 年,印尼第五个五年建设计划末,RRI 共有 49 个广播站,覆盖印尼 67% 的国土面积和 80% 的人口。印尼有全国性电视台 11 家,全部集中在雅加达,其中除了印尼共和国电视台(TVRI)为国有外,其余均为私营台。TVRI 拥有目前印尼最大的电视转播网,它利用"苏门答腊—爪哇—巴厘岛"微波网络建立的远距离协调系统开始启用,使其节目覆盖面达到 81 万多平方公里,82% 的印尼居民可以收看到国家台的电视节目。

(四)菲律宾

菲传媒界自称是"亚洲最开放的媒体",在其诸种传媒中,报纸的影响力最大。菲报纸均为私营性质,英文主流报刊为洛佩兹家族控制,主要华文报纸《马尼拉公报》(1900 年创刊)为华人叶应禄拥有。发行量最大的两份报纸是《每日问讯者报》(Daily Inquiree)和《菲律宾星报》(Philippine Star)。《每日问讯者报》面向全国发行,发行量平日 25 万份,周末版 27 万份。消息来源为自采和采用路透社、法新社、新华社、菲通社等新闻社消息,以及转载《纽约时报》等大报和杂志的稿件。该报与阿罗约现政府关系较好,旗下还有总统的官方网站、菲最大的广播公司 GMA 和菲电视台 17 频道等传媒实体,已形成综合性的媒体集团。《菲律宾星报》同样面向全国发行,发行量 25 万份。该报消息来源也是自采和采用外国新闻社的消息,以及转载美国大报和杂志的稿件。两报同为菲律宾著名报纸,并互有竞争。

对菲全国,特别是基层民众最具影响的媒体是广播,其覆盖率为 50%。菲大多数电台为私有性质,有全国的,也有省级的。政府广播事业由新闻部广播服务局管理。政府在马尼拉有 4 个电台,分别为 DZRB 大众台、DWBR 经济台以及 DZRM 和 DZFM 体育台。各地还有 34 个省级台,其中调频节目有 4 个台。菲电视台数量众多,绝大部分为私营。主要有 ABS—CBN、PTV4 频道、MBS、ABC、IBC-13 频道、RPN-9 频道、ZoeTV11 频道等。菲全国 7 600 万人口,收视人口约 1 000 万。播出语言主要为他加禄语,部分节目的部分段落夹杂着英语。其中 ABS—CBN 是全国最大的电视台,PTV4 频道是影响最大的官方电视台。

第五节　多媒体传播技术的兴起

20 世纪是新闻传播业空前繁荣的世纪,也是信息传播技术飞速发展的世纪。20—30 年代,广播电视相继问世,新闻传播由以印刷传播为主的时代,进入印刷传播与电子传播并驾齐驱的时代。90 年代起,以互联网传播为特征的多媒体传播技术兴起,使它成为继报纸、广播、电视之后的"第四媒体",这无疑是人类新闻传播史上的一次大的飞跃。这一次的飞跃比前几次"新旧交替"的意义更为深远,因为它已不仅仅是媒体自身形态的变化,它的变化还引起社会经济形态的相应变革(或者说它本身也成为了一种经济形态),从而有力地推动了整个人类社会的发展。

一、互联网的产生与发展

国际互联网(Internet)是冷战时期的产物。在以美、苏为首的两大政治集团的对峙中(20 世纪 60 年代),美国军方为了避免集中式的命令控制网络遭到敌方的攻击,研制、开发出一个新的计算机网络。它可以把信息分解为不同的部分,每一部分经不同路径发送,最后在终点组合成完整的意思。这个网络被称作"阿帕网"(ARPANET)。

ARPANET 诞生后不久,其发送电子邮件的功能被开发出来,这一结果导致 20 世纪 70 年代整个分布结构网络的扩张与连接。于是,一个用于保护军事通信系统的网络变成了日常使用的交互式通信网络。

ARPANET 于 1983 年扩展并分离为 MILNET(军用)和 ARPANET(科研教育网)。1990 年,ARPANET 的最后一个站点被撤销,由 NSF-NET 取而代之。NSFNET(National Science Foundation)是美国国家科学基金的简称,它建成后迅速取代 ARPANET 而成为 Internet 的主干网。欧洲、日本等也积极发展本地网络,并在此基础上互联形成 Internet。

随着形势的发展,NSFNET 主干网已无法满足越来越多的科研和教育机构的联网需要。为解决这一问题,IBM、MCI 和 Merit 组建了高级网络和服务公司 ANS(Advanced Networks and Services)。1992 年,ANS 建立了一个新的广域网 ANSNET,它取代 NSFNET 而成为 Internet 新的主干网。

ANSNET 建立后,其传输线路和计算机等设备开始归 ANS 公司而不再归国家所有。互联网所有权的转让,标志着其商业化进程的开始。

1995 年以后,互联网进入商业应用阶段。随着用户的增加,网上资源日益丰富,覆盖面越来越广,商业价值也越来越大。据统计,1997 年 Internet 的广告收入达 27 400 万美元,增长率为上一年的 250%。……正因为这样,众多商业团体和行业对计算机网络表现出极大的兴趣,各电信公司也在积极参与计算机网络的竞争。

与传统媒介相比,Internet 的发展速度是惊人的:无线电广播用了 38 年才在全球拥有 5 000 万听众;电视经过 13 年,观众达到 5 000 万;而互联网仅向社会公开 4 年,上网用户就超过了 5 000 万。

与传统的大众媒介相比,互联网具有以下几大特点。

(一)集多种传媒功能于一体

传统媒体,无论报纸、广播还是电视,只能传送较为单一的信息。而互联网强大的兼容能力可以使不同媒体的不同功能在此得以集中体现。它可以将计算机声像、通信技术融为一体,让人们从文字、图像、声音、动画等多方面摄取信息。其音响、视频使报道生动直观,具有如电视般的现场感;其超大容量使得网上深度报道如同报纸、杂志一样全面、细致。它以全方位多角度的媒介表现形式诉诸人们的感官,形成了多维的信息环境。

(二)互动性与开放性

传统媒体向受众传递信息基本上是单向的,受众无法利用同样的渠道反馈信息。网络传播则一改传统媒体传受关系上的局限性,为传受双方提供了一个双向交流的信息平台,形成了良性互动的传播环境。通过与受众的沟通,网络传播主体可以及时发现其关注的热点、焦点问题,掌握其对重大事件的不同看法,从而以此为据,调整自己的传播行为,更好地满足各类受众的需要。这就从根本上改变了传统媒体传播中发布手段与反馈手段相分离的局面,使受众在传播过程中发挥了更加积极、主动的作用。

（三）快捷性

传统媒体中,报纸使用纸质媒介传播信息,其传递速度受制于交通手段和零售环节;广播、电视采用无线电磁信号传播信息,但受到信号传输范围的限制,传输范围之外还要借助于其他辅助性的传播手段,这也会影响信息传递的速度。而网络传播的载体是光纤通讯线路,光纤传递数字信号的速度为每秒30万公里,瞬间可达世界上任何地方,其快捷性显然优于传统媒体。此外,传统媒体"把关人"的强势地位,也难免造成新闻发送速度的限制。网络传播因拥有多元化传播主体而不受此限,便于在事件发生的第一时间,将新闻信息传诸网上。

（四）大容量和灵活性

传统媒体受到版面、播出时间的限制,信息容量及发送量有限。互联网则具有巨大的信息容量和信息存储能力,它可以为传者提供近乎无限的版面,也可以为用户提供表现自我的广阔的舞台。它创造的电脑网络空间,几乎可以把全世界的新闻信息全部包揽,用户足不出户便可知天下事。在信息的检索和查询方面,它具有传统媒体无法比拟的灵活性,用户在阅读某一新闻时,可以快速链接到另一个正文页,查找相关背景材料。

互联网的上述优越性,使越来越多的媒体和各种类型的用户竞相抢占地盘,设立网站,挤上驶入信息高速公路的网络快车。

二、互联网的作用与意义

互联网是一种全新的媒体,它与传统媒体的最大区别就是变点对面的传播为点对点的传播,变单向传播为双向传播、多极传播,从而有力地突破了时空限制,实现了信息流通的迅捷化和无障碍化。互联网的兴起不但极大地改变了人类的精神生活方式,而且极大地改变了人类社会的生产、流通方式。因此,无论就新闻传播而言还是就社会发展而言,它的意义都非常重大。

其作用和意义在于——

（一）它为"新经济"或知识经济奠定了基础

20世纪末,美国经济出现了100多个月持续增长的景观。一些经济学家认为,经济持续增长的主要原因是新一代信息产业和信息技术的快速发展、金融创新和经济全球化等,并用"新经济"来描述由这些因素所引致的新的经济格局。由此可见,"新经济"或知识经济是指建立在信息技术和高科技之上的经济形态。

互联网与新经济有着十分密切的联系,它是高新技术、信息技术的重要组成部分,是新经济赖以存在的"基础设施"。它以其便利、迅捷、无远弗届的优势改变着人类社会的信息获取及处理方式、商务运作方式、市场交易方式,进而改变着传统经济的结构和规律。它不但催生了新经济,就连它本身也成为了一种经济形态——与"新经济"相提并论的"网络经济"的称谓,对此就是最好的诠释。

近年来,网络经济在世界各地已经取得了骄人的成绩:1995 年至1998 年间,美国的因特网产业以每年 1.74 倍的速度增长,因特网产业的销售收入 1998 年达到 3 014 亿美元,1999 年达到 5 070 亿美元,首次超过汽车、民航、电信等传统产业。欧盟国家中与网络有关的经济部门所占的比重也越来越大,移动通信技术迅速发展,产品不断更新,多数国家的上网率和网络服务都达到了较高的水平,在所有经济部门中进行的企业重组几乎都涉及网络技术。在亚洲,"网络小虎"已逐渐取代"亚洲小虎"。在这些国家和地区(包括新加坡、马来西亚、韩国、中国台湾和中国香港),政府通过放宽对通讯行业的限制,通过废除垄断、引进外资来满足便携电话、因特网的发展需求,从而带动了国民经济的复苏,形成了良性循环。由此可见,网络经济已经发展成为世界的主导性产业,成为全球经济的新的增长点。

（二）进一步推动了社会经济的发展

在新经济时代,互联网已不再是一种单纯的新闻传播媒体,而成为一种经济形态;它的功能也不再限于报道新闻、提供娱乐,而迅速扩展到包括网上银行、网上证券、网上零售、电子商务在内的各个方面。其中,电子商务越来越成为互联网的一个重要的应用领域。据统计,目前发达国家通过电子商务进行交易的比重达到了 31% 左右,而到 2005年,这个比重有可能上升到 98%。拿美国来说,1997 年它的网络消费总额是 24 亿美元,1999 年一跃而增长到 202 亿美元,两年增幅达 7.4倍。电子商务的全面推进具有重要的意义,它可以压缩中间环节,提高沟通效率,减少不必要的成本支出,从而大幅度地提高经济效益。由于美国是最早开发、使用因特网的国家,它也最先享受到网络经济带来的高回报和高效益。这种"高效益"被概括为"三高两低"。所谓"三高",一是经济增长率高,其增长幅度为战后50年所罕见;二是劳动生产率高,最近5年年均增长4%;三是企业经济效益高,连续5年位居国际竞争力的榜首。所谓"两低",一是失业率低,二是通货膨胀率低。随着互联网经济在全球的不断推进,相信会有更多的国家享受到这种高回报和高效益。

（三）提高了信息传播的开放度

从历史上看,新闻传播由"小众"到"大众"的转变意味着社会民主的进步,而单向传播到双向传播的演进,更意味着民主化程度和社会开放程度的提高。

大众传播时代,尽管受众拥有法律所规定的言论自由权,他们的意志、愿望、要求、兴趣等也声称被充分考虑到,但是由于大众传播的单向性质,受众参与传播的程度是十分有限的;作为一个集合群体,他们的具体情况也是不为媒体所确知的。这就使媒体与受众处在一种不平等的关系状态中:媒体是主动的一方,受众是被动的一方,媒体报道新闻,受众接收新闻,传播过程的黑箱始终没有打开。网络传播彻底改变了大众传播中的传—受关系,它把信息的获知权和传播权向大众开放,使传播过程中的个人与个人、个人与组织、组织与组织之间达到了一种前所未有的平等。人们既可以通过电子邮件、电子论坛或建立个人网页的形式自由发表言论(甚至以个人网站的形式发布新闻),也可以通过搜索引擎、数据库或超链接方式随心所欲地获取信息,共享人类文明的成果。总之,网络是开放的,这里没有权威,没有总裁,也没有谁说了算,任何人只要拥有一台电脑、一根电话线和一个调制解调器,就可以成为网络社会中的公民。这就彻底打破了只有官方机构或拥有强大经济实力的组织才能创办媒体的神话,使信息传受的开放程度大大提高了。

诚然,网络传播在创造空前的言论发表自由的同时,也为种种不良信息创造了发表的自由,这是十分矛盾的。限制这种自由,网络不成其为网络;不限制这种自由,网络又可能成为一个没有法律、法规、道德约束的"世界"。所幸许多国家已经意识到这一点,正在通过各种途径解决这一问题,并且取得了初步的成效。

（四）促进了大众传媒的更新

由于互联网集多种媒体功能于一身,具有交互性好、选择性强、快速便捷、信息多样化等特点,它对传统媒体(报纸、广播、电视)的冲击是显而易见的,对它的影响更是显而易见的。首先是媒体形态的变化。传统媒介开始利用互联网的优势,创办媒体的网络版,以增强自身的竞争能力。例如,报纸已开始由纸质媒介的单一形式向电子版、多媒体版等形式转变;广播电视公司也开始把自己的节目送上互联网。传统媒体与互联网的结合,有力地突破了传统媒体自身的局限,极大地拓展了它的生存、发展空间,使它在网络经济时代展现出新的风采。

其次是报道方式的变化。网络时代,以文字新闻写作为主的传统报道方式将逐步向多媒体写作、报道方式转变。记者将采用超文本结构写作报道新闻,编辑将采用电脑网络改稿、编排,使得整个新闻工作流程无纸化、高效化、高质化。第三是媒介角色的变化。在传统的大众传播中,信息是由媒介不加区分地"推"(Push)给受众的。而在网络上,受众可以根据自身的爱好与需求,自由选择报纸、杂志、广播、电视等传媒的网上信息;一旦发现有用的信息,即可将其"拉"(Pull)进视野;同时还可以表达意见,提出新的要求。单向的、线性的"信息沙漏"传播方式因此而转变为多向、交互式的"信息蛛网"传播方式,媒介从信息的"把关人"变成了信息的"服务员"。

三、传播科技前景瞻望

新闻传播"大众化"从出现到完成,用了 60~70 年的时间,互联网从投入商用到全面普及用了不到 10 年的时间。那么,未来媒体的发展将会如何呢? 这是一个令人费解的方程式,不过答案却是肯定的:随着数字技术、计算机技术、互联网和信息传播技术的日臻成熟与完善,新闻传播手段的更新速度将会越来越快,间隔将会越来越短。甚至还会出现这样的情形:当上一次媒体技术革命还没有完成时,新的媒体技术革命的端倪已经出现。美国即是如此。20 世纪末,在刚刚兴建的"信息高速公路"的基础上,美国政府又提出了"数字地球"的计划。所谓"数字地球"是指以地球为载体的信息集成和整体化战略,借助于它,人们无论走到哪里,都可以按照地理坐标了解地球上任何一处的任何方面的信息,从而实现全球信息传递的数字化和网络化。"数字地球"比"地球村"前进了一大步:后者是指传媒打破了时空界限,使此地发生的事情彼地很快就能知晓;"数字地球"则是指无论你想要了解世界上哪个地区哪一方面的情况,只需一个指令就能办到。人类的主动性由此又大大提高了一步。按照美国政府的计划,"数字地球"的初步实现是在 2005 年左右,它的基本实现预计在 2020 年左右。

当然,美国在推行"信息高速公路"和"数字地球"计划时,也在谋求它所主导的"世界新秩序",这对广大发展中国家来说是一把"双刃剑"。但是,科学技术毕竟是推动社会经济发展的重要力量,它一经开发,就不再属于某一个国家而成为人类共同的财富。"信息高速公路"在世界范围内的发展就说明了这一点。因此,通过努力化弱势为强势,跟上时代发展的步伐,抢占信息传播领域的"制高点",应当成为包括中国在内的各国国家层面上的战略目标。

第七章

新的世界格局中的华文媒体的崛起

目前,"世界经济一体化"正在成为一个全球性的话题而受到世界各国的关注。世界经济一体化或曰经济全球化是近代以来世界性市场经济发展的产物。它起始于新航路的开辟(欧洲国家的殖民扩张),兴盛于"二战"后跨国公司的全球性扩张,继而在贸易领域、金融领域和信息领域掀起了一次又一次的浪潮。1978 年以前,中国大陆基本上是封闭的,没有加入到"一体化"浪潮中来。改革开放是一个历史性的转折,它是中国由背向世界转而面向世界、融入世界的第一个实际步骤。所谓"改革",是革除内部体制的弊端;所谓"开放",是与世界经济接轨。也就是说,中国的改革不是封闭式的改革,而是开放式的改革。"改革"与"开放"相辅相成、互动互进,共同推动中国的发展,使它在其后的若干年内全面完成了从计划经济向市场经济的转型,一步步融入了世界经济一体化的潮流。新世纪伊始,中国又成功加入世界贸易组织,成为其成员国。这意味着,中国将在更大的范围内和更高的层次上参与国际市场的竞争,与世界经济同步发展。

中国的改革开放,中国经济与世界经济的同步发展,必将对中国媒体以至整个华文传媒的发展产生重大影响,这是毋庸置疑的。

从历史上看,除了早期外国传教士创办的中文报刊外,世界各国的华文报刊都是以中国为中心向外延伸的。尽管 20 世纪 50 年代末到 70 年代初,东南亚各国以及中、南美洲一些国家的华侨大多加入了所在国国籍,其创办的华侨报刊也因此失去了"侨"的性质转而成为当地华裔公民拥有的传播媒介,但是他们与中国本土和中华民族的渊源却是无法割断的。从这个意义上说,世界各地的华人及其所办报刊与中国有着与生俱来的本家或亲家关系,两者相辅相依、休戚与共。中国的发展会带来世界华文媒体的发展,中国的繁荣也会带来世界华文媒体的繁荣。这正如同树的根系与枝叶的关系,根深才能枝繁,枝繁才能叶茂。

第一节　中国媒体的发展

中国媒体包括中国内地和香港、澳门、台湾地区的新闻媒体。

一、中国内地媒体的发展

改革开放 20 多年来,特别是 20 世纪 90 年代以后,中国经济在持续发展、稳步上升的基础上,进入了一个高速发展时期。到 2005 年底,中国的国内生产总值达到 18 万亿元,在世界经济各项指标中的排名不断上升:中国首次超过美国成为对外资最具吸引力的国家,中国成为世界上第四大生产国和第五大旅游国,外贸总额和国内生产总值均居世界第六位,综合国力跃居世界第七。与此相应,中国的传媒业也进入了迅速发展时期。

从媒介行业的市场规模来看,1978 年全国只有广播电台 100 座,电视台 32 座,而且绝大多数电台和电视台只有一两套节目。到了 2005 年全国已有广播电台 273 座,广播节目 1 800 多套,电视台 302 座,电视节目 2 200 多套。1978 年全国报纸发行 109.4 亿份,杂志出版 7.6 亿册;到 2005 年中国出版各类报纸 404 亿份,各类期刊 27.5 亿册。中国已经成为世界报刊出版的大国。从营业收入来看,2005 年中国内地广播电台和电视台的总收入达到 888.76 亿元,报纸总定价达到 252.66 亿元。

中国传媒业的迅速发展表现在以下几个方面。

（一）中国传播科技的发展

改革开放 20 年来,中国传媒业发展最显著的特征之一,就是传播技术手段的不断发展与更新。1987 年 5 月 22 日,《经济日报》利用国产系统出版了世界上第一张采用计算机编辑、激光照排、整页输出的中文报纸,以此为标志,中国报业完成了从"铅与火"到"光与电"的飞跃。也是在20世纪80年代,中国调频广播和调频立体声广播得到快速发展,中国电视业也于80年代中期进入高速发展期。通讯卫星使广播电视信号的全国覆盖成为可能,也为中国广播电视走向世界奠定了基础。90年代中期,随着数字音频广播在广东佛山的试播,许多电视台开始使用非线性编辑系统、虚拟演播室等数字化先进设备,纵横全国的有线电视网也开始朝着多功能的数字化信息网络方向发展。在传统媒体科技含量不断增加的同时,国际互联网在中国也获得了跃进式的发展。90年代初期,几乎还没有人知道因特网为何物,而截至2006年6月,中国网民人数已达1.2亿多,中国正在成为一个网络人口大国。传播科技的发展为中国媒体的全球化拓展提供了技术支撑。

(二) 中国传媒产业的振兴

20多年来,随着中国经济的快速、持续发展,中国的传媒业已成长为国民经济中拥有巨大发展前景的产业。为了适应入世后新形势的需要,在更大的范围内和更高的层次上参与国际新闻市场的竞争,中国积极推进媒体集团化改革,力争将传媒业做大做强。"九五"期间,中国报业通过市场化运作,相继成立了广州日报、南方日报、羊城晚报、经济日报等16家报业集团,踏上了集约化发展的道路。这些报业集团的总资产均在数亿元以上,各自拥有报刊系列,组成门类齐全、各具特色又能形成合力的报刊团体,最大限度地实现了资源共享和规模经营。进入新世纪,中国广播影视集团又组建成功。该集团整合了中央级广播电视、电影及广电网络公司的资源和力量,拥有电视、网络、出版、广告等多方面业务,固定资产200亿元人民币,是中国目前规模最大、实力最强的传媒集团。中国传媒产业的振兴,使中国媒体有可能面对更具挑战性的国际传播大环境,并跻身其间。尽管与西方媒体相比我们还有很大的差距,但是正如中国经济的发展一样,中国传媒业发展的潜力也是不可低估的。

(三) 中国媒体的域外"落地"

以海外华侨、华人以及港、澳、台同胞为主要对象的中央电视台第四套节目(国际频道)的开播(1992年)以及面向国外观众的中央电视台第九套节目(英语国际频道)的开播(2000年),标志着中国电视开始走向世界。近10年来,中央电视台先后租用了10多颗国际通讯卫星转播国际频道和英语国际频道的节目。经过几次对租用卫星的调整和优化组合,到 2000 年年底,共有 8 颗国际通讯卫星转播中央电视台两个对外电视频道的节目。据美国泛美卫星公司提供的资料,中国中央电视台是亚洲地区首先完成电视信号全球覆盖的电视机构。在加快电视信号全球覆盖步伐的同时,中央电视台还加大了节目在海外落地工作的力度。据统计,截至 2000 年年底,已有 26 个国家和地区的 48 家电视机构与中央电视台签约,通过各种方式完整或部分地转播中央电视台国际频道的节目,节目落地范围涉及 119 个国家和地区。2002 年 3 月底,新闻集团旗下星空传媒集团推出的"星空卫视"在广东开播,与此同时,中央电视台的英语频道也通过新闻集团旗下的福克斯新闻网进入美国。在中央电视台挺进海外的同时,一些地方台也开始实施雄心勃勃的远征计划。2001 年和 2003 年,上海卫视(继中央电视台之后)先后落地日本和澳大利亚,成为国内首家得到广电总局批准在日本落地播出的省级电视频道。最近湖南电广传媒也打算在美国和欧洲设立分支机构,为进军美国和欧洲市场做准备。

二、港、澳、台地区中文媒体的发展

(一) 香港

香港是世界金融中心、贸易中心、航运和资讯中心。香港的传媒业十分发达。据统计,截至 2003 年 2 月,香港注册的报纸杂志共 841 份,其中每天出版的中文报纸 26 份,报纸总发行量 200 万份。平均千人拥有报纸 380 份,大大超过世界平均千人阅读报纸 100 份的水平。香港媒体对周围地区有很大的辐射力和影响力,其报纸每日运送到澳门销售的达 2 万份;香港规模比较大的报纸,发行网远达海外华人社会,有的在美、加、欧洲、澳洲华人聚集较多的城市设立报社,在当地编辑出版发行。

世界上许多国际性和地区性的报纸、杂志、电台、电视台都以香港作为亚洲的业务基地,国际知名的通讯社都在香港设立分社,《亚洲华尔街日报》、《国际先驱论坛报》、《金融时报》、《新闻周刊》、《运动经济评论》等外国报刊,亦以香港为基地。

香港有 3 家广播电台,包括公营的香港电台、商营的香港商业电台和新城电台。香港电台有 7 个频道,其余两家各有 3 个频道。香港电台每星期制作超过 1 000 个小时的节目,分别以粤语、英语和普通话播放。商业电台和新城电台的频道,均为全天 24 小时播放。

香港现有两家本地免费电视机构,即电视广播有限公司(无线电视)和亚洲电视有限公司(亚洲电视)。两家电视台各提供一个广东话和一个英语频道,4 个频道,平均每日播出节目 85 小时,收看家庭的数目达 212 万户,观众人数达 680 万人。

香港有 5 家本地收费电视节目机构,其中香港有线电视公司提供 57 个频道节目。至 2002 年 10 月,其广播网络覆盖约 196 万个住户,观众逾 58 万人。

香港现有 12 家非本地电视节目服务持牌机构,如银河卫星广播有限公司、亚太卫星广播发展有限公司、东风卫星电视有限公司、美亚电视有限公司、特纳国际亚太有限公司、华侨娱乐电视广播有限公司、柏卫通讯器材有限公司、有限卫星电视有限公司、阳光文化网络电视企业有限公司等,合计共有 54 个卫星电视播放频道,其中 26 个可在香港接收。

一些跨地区的华文媒体也利用香港资讯中心的区位优势向世界各地拓展,获得快速成长。如凤凰卫视从 7 年前创办之初的单一频道发展到包括中文台、电影台、欧洲台、美洲台和资讯台 5 个频道电视平台,覆盖亚太、欧美、北非 70 多个国家和地区。

到 2005 年年底,香港家庭上网电脑达 178 万台,占家庭总数的 78%。目前香港大多数综合性报纸以及电台、电视台都设有网页,内容每日更新,并增设即时新闻和传受互动等功能。

(二) 台湾

台湾的传媒业相当发达。在 2 000 多万人口的台湾拥有 100 多家报纸,其中《中国时报》和《联合报》实力雄厚、历史悠久,占据相当大的报业市场。台湾的杂志逐年增加,世纪之交达到 6 641 家。在广播电视方面,由于近 10 年来台湾当局对广播频道的渐次开放,使商业电台陆续投入广播市场,广播业生态随之发生很大的变化,市场竞争日趋激烈。电视业方面,频道的开放使台湾在原有 3 家无线电视台——台视、中视、华视的基础上,又出现了第 4 家电视台——"全民电视台"(1994 年 1 月获得频道播放权),从而结束了数十年来 3 家无线电视台垄断的局面。发展更为迅速的是有线电视频道。1995 年 5 月,当局开放有线电视频道,有线电视台迅速增加。目前 100 多个有线台提供各种类型的电视节目,从 24 小时新闻频道、24 小时电影频道到饮食、购物、美容、戏剧、卡通,甚至限制级的锁码频道无所不包。

至 2005 年 1 月,台湾岛内共有无线电视台 5 家,广播公司 172 家,有线电视台 100 多家,有线电视普及率达到 81%。岛内的网络媒体也非常发达,目前共有 130 多万个网站服务器,网民人数占全岛人口 40%以上。

进入 21 世纪,台湾的传媒市场几乎全面开放了。政策的开放并非直接表现在各类媒体数量的增多,而是传媒拥有了更加广阔的报道空间,可以提供更加多元的新闻信息。政策的开放使传媒不必受过去戒严时期政策与法规的制约,传媒得以各尽所能,受众可以各取所需。信息流通的速度也加快了,受众在接收信息方面不再落后于国际潮流。

世纪之交,两岸新闻业交流取得新的进展。2000 年 11 月 10 日,台湾“新闻局”宣布,即日起开放大陆媒体来台驻点采访,获准驻台采访的 4 家媒体是新华社、人民日报社、中央电视台和中央人民广播电台。尽管第一批记者的驻台采访经历了一番波折,但此事在两岸媒介关系发展史上毕竟是跨时代的。

（三）澳门

澳门地方虽小,人口也不多,但传媒业却颇为发达。

澳门有 8 家中文日报,即《澳门日报》、《华侨报》、《大众报》、《市民日报》、《星报》、《正报》、《现代澳门日报》和《新华澳报》,总印数超过 10 万份。《澳门日报》是澳门地区销量最大和最具代表性的日报,其发行量、广告量长期占全澳总量的 90%以上。1992 年,《澳门日报》在全球率先使用由北京北大方正计算器研究所研制成功的中文彩色图文合一激光照排系统,轰动全球华文传媒业,澳门报业也领先走入全球先进的中文电脑排版行列。目前,《澳门日报》正向更先进的数码化改革迈进。

澳门有两家广播电台,分别是澳门电台和绿邨电台。澳门电台的中文台和葡文台,每日播出 4 小时,每周播送总时数 168 小时,新闻节目所占比例分别是 15%和 5%。绿邨电台于 1952 年正式启播,20 世纪 90 年代曾经停办,2000 年 3 月复业,每天广播 24 小时。

澳门有两家电视台。澳门电视股份有限公司的“澳广视”于 1984 年开播,有中文和葡文频道,每周播送总时数分别为 100 小时和 168 小时,新闻节目所占比重为 11%和 15%。澳门有线电视股份有限公司的电视台于 2000 年 7 月正式开播,有 47 个频道,24 小时播出,每周播出总时数为 7 896 小时。

澳门有两家获准提供卫星电视服务的公司,一家是宇宙卫星电视有限公司。该公司 1999 年 5 月试播,拥有旅游台、五星台、东亚台、五星财经台、澳亚台、卡通台和华人导视台 7 个频道,讯号覆盖范围包括中国澳门、香港、内地、台湾,以及东南亚、日本、朝鲜、印度和蒙古等地区和国家。另一家获准提供卫星电视广播电信服务的公司是中华卫星电视公司,2001 年 11 月试播,有 4 个频道,每天播放 4 小时节目,其市场主要包括中国澳门、香港、内地,亚太国家、中东以及欧洲部分地区。

第二节　海外华文媒体的发展

如果从《察世俗每月统记传》创刊的 1815 年算起,海外华文传媒已经有了 180 多年的历史,期间出现过的华文、华文与其他文字合刊的报刊累计超过 4 000 种。目前仍在出版的印刷媒体有 500 多种,其中每天出版日报 100 多家,以报纸形式定期出版的期报 180 多家,各类刊物 230 多种;海外华语广播电台 70 多家,华语电视台五六十家;网络媒体则难以计数[①]。历百余年的发展,海外华文传媒已经形成了一个独具特色的庞大支系,在世界新闻传播体系中发挥着越来越重要的作用。

转眼间,新的世纪已经来临。21 世纪初,随着中国加入世贸组织,北京申奥、上海申博的成功,中国进一步融入世界,成为国际舞台上不可缺少的一支重要力量。这同时也为海外华文传媒提供了更加广阔的发展空间,使它在新的世纪里焕发出新的生机。

一、海外华文媒体的现状

由于历史的原因,在海外华文传媒的发展中,东南亚地区华文传媒长期占据主导地位。20 世纪七八十年代以后,这种情形发生变化,海外华文传媒由以东南亚地区占压倒优势转变为相对集中在东南亚和北

---

① 中国新闻社主编:《首届世界华文传媒论坛报道集》,香港中国新闻出版社,2001 年版,第 21 页。

美两个地区,进而发展到出现东南亚、北美和欧洲 3 个中心(当然,后者的发达程度不及前两者)。

这 3 个地区华文传媒的情况又有所不同。东南亚地区华人人口众多,并且在经济和政治方面具有相当的影响力。其中新、马地区的华人(华族)已成为"主流"民族之一,成为"主流文化"的一方代表。因此这两个地区华文传媒的发展相对顺利,起到了凝聚华族、维系华族文化的作用(前已介绍,此从略)。新、马以外的东南亚地区华人,在法律和文化上居少数民族地位,面临着被本地主流文化同化的威胁。这些地区的华文媒体虽有助于团结华族,保留传统,但也因为如此,其发展具有一定的政治敏感性,前途决定于政府政策以及当权者的政治性考虑。

北美的华人及其媒体,享有比较自由的发展空间,受政府的干预最少。随着移民人数的增加,这些地区的华文媒体已成为联系当地华人华族和其他华人地区的桥梁。旅美华人已达 250 万。目前美国有华文日报 7 家,即《世界日报》、《星岛日报》、《侨报》、《明报》、《金山时报》、《国际日报》和《自由时报》。此外还有许多免费派送的华文周报,估计有 40 家到 50 家,如《美洲时报》等。美国还有全天播出的华语电台、电视台。近年来,华语卫星电视、华文互联网站迅速拓展。加拿大有华人 102 万,汉语已经成其第一大非官方语言。目前加拿大拥有各类华文报刊 50 多种,电台 10 多家,电视台 6 家,互联网站 60 家。

欧洲华侨、华人的数量约计 100 万。西欧有 3 家主要的华文日报,即《欧洲时报》、《欧洲日报》和《星岛日报》(欧洲版)。华文周报、月刊 20 多家,较有影响的华文网络媒体 5 家。电视有"凤凰卫视欧洲台"和"香港无线欧洲台"等。东欧地区的华文媒体中,既有日报如《每日观察》,也有《布达佩斯周报》、《欧亚新闻报》、《新导报》、《欧洲侨报》、《南华时报》、《莫斯科华人报》等周报。

当然,同美国、加拿大地区相比,欧洲国家的华文媒体在组织化、专业化、市场竞争以及数量和质量方面都有较大的差距,这是由欧洲华人社会较小的人口规模和相对分散的结构造成的。但是 20 世纪 80 年代以后,随着中国内地改革开放带来的出国热的升温,随着台湾地区经济起飞而大举开拓西欧市场的举措,再加上两岸三地关系格局的变化以及经济的强劲增长,当代欧洲华人社会正日益发生深刻的变化并重新塑造着华文媒体的形象,它的发展与进步是显而易见的。

20 世纪 80 年代末特别是 90 年代以后,随着新移民的大量出现以及留学人员的不断增加,一些人开始办报办刊作为交流信息和发表意见的园地,于是便出现了一批由新移民创办并以新移民(以及海外留学人员)为读者对象的报刊。这类报刊以日本、澳大利亚为多,在北美、欧洲亦不少见。在日本,仅1985年至1996年出版的、被称为“在日中国人”所办的报刊就有77种,其中20世纪90年代中后期仍在发行的有20多种。在澳大利亚,随着近年中国内地、香港、台湾以及东南亚华人移民人数的增加,自1992年《华联时报》(悉尼)创刊之日起,先后出版了一大批以内地留学生、新移民为主要对象的华文报刊。在美国,80年代以后就有内地移民及留学生创办的报刊出现,它们多为周报和期刊,虽然多数寿命不长,但彼伏此起,保持着相当的规模。在欧洲则有比利时、匈牙利、西班牙等国华人团体出版的华文报刊。

这一时期也是华语广播电视大发展的时期。在北美,除了各地陆续办起了一批面向本地区播出的广播电视台之外,还出现了覆盖美国和北美广大地区的华语广播电视网。在亚洲、欧洲、大洋洲以及非洲的一些国家和地区,也出现了华语广播电台、电视台。据不完全统计,到20世纪90年代中期,海外华语广播电台(或办有华语节目的广播电台)先后开办60多家,华语电视台(或办有华语节目的电视台)约有50多家。世界五大洲的近20个国家办有华语广播电视台或华语广播电视节目①。

与此同时,作为新媒体的国际互联网在海外华文媒体中也得到广泛运用。先是于80年代末期海外出现留学生网络杂志,到90年代中期在北美、欧洲和日本已有30余种。继留学生电子报刊之后,1995年5月,新加坡《联合早报》进入互联网,成为东南亚国家第一份上网的华文报纸;1995年7月,美国休斯敦美南报业传播机构创办的《环球电子日报》进入互联网;1995年10月和1996年1月,马来西亚历史悠久的大报《星洲日报》和《南洋商报》也分别上网。这就标志着华人新闻事业在从纸上发展到无纸新闻的过程中又前进了一大步。

二、新世纪海外华文媒体的特征

20世纪90年代以来,特别是新世纪伊始,海外华文媒体的发展呈

---

① 赵玉明:《海外华语广播电视的现状与未来》,参见《世界华文传媒年鉴》。

现出以下特征。

（一）有关中国内地的信息量扩大

改革开放以前，海外华人对中国内地的了解十分有限，涉及中国内地的内容，华文传媒所能做的仅限于对其风土人情、民间掌故等的介绍，鲜活的信息和材料非常少。新移民传媒使这种情形得到彻底改变。新移民来自中国内地，与祖国的关系十分密切。他们大都有着良好的教育背景，许多人求学的目的是为了报效国家。因此，他们对国内信息有着很强的依赖性，十分关注中国社会的发展和政治、经济等方面的情况。此外，随着中国改革开放的深入，特别是中国加入WTO以后，其变化引起包括海外华人在内的世界各国的瞩目，来华投资已成为一个新的热点。在此背景下，中国内地方方面面的情况，包括它的经济发展状况、市场运行情况、投资环境等就成为人们普遍关心的问题。适应这种需要，新移民媒体加大了对中国的报道力度，拓宽了报道范围，过去旧华报没有涉及或无法涉及的一些方面也充分展示出来了。比如许多报纸开辟了中国要闻栏目，并在重要的版面上予以突出处理，一些以经济报道为主的报纸还开设了经济信息、经济动态、市场点评、投资指南等栏目，为有意到内地投资的华人提供信息服务。一些港台报纸也增加了对中国内地新闻的报道量，关于中国的话题不但有了新的内容，也更为深入了。

（二）意识形态色彩淡化

与中国的政局变动有关，历史上海外华文传媒曾带有鲜明的政治色彩。"二战"以后，全球性的大规模的战争结束，许多殖民地国家相继独立，进入和平稳定的发展时期。同时，随着华侨社会转变为华人社会，人们的注意力也从持续多年的党争、政争中转移到当地社会和经济活动中来，对政治不再像从前那样热心了。在此背景下，许多报纸顺应潮流，改变观念，开始淡化政治色彩，改变报道态度，趋向中立。如泰国《中华日报》曾为国民党当局控制，中泰建交后，尤其是20世纪80年代以后，该报立场有所改变，宣称走"中间路线"；美国《联合日报》创办初期有着明显的政治倾向性，版面上时有反共言论，随着形势的变化，逐步转向中间立场。这种历史性的转变使得不同政治派别、不同立场传媒之间的相异性大为降低，而使其相同性的一面凸现出来。令人称庆的是，目前在许多与中国有关的重大事件上，如"李文和案件"、中国申奥、中国加入WTO、中国男子足球冲出亚洲等，在全球的华文媒体上都会形成共同的关注和一致的舆论;"反独促统"更是成为海外华文媒体的共同呼声(目前影响最大的华文报纸,如以台湾为依托的《世界日报》和以香港为依托的《星岛日报》都持"反独促统"的立场)。总之,在海外华文传媒中,"合"的趋势是十分明显的。

(三) 编排方式渐趋一致

新移民报刊出现之前,海外华文报刊大都为老一代华侨、华人(多为港台移民)所办。与港台报刊风格一脉相承,这些报刊几乎都是繁体字、直排、左行文,语言上半文半白。由于它们符合老一代移民的接受心理和阅读习惯,因而有着较为广阔的读者市场。伴随着中国内地移民的迅速增加,出现了与老侨报风格迥异的、形式上更加"内地化"的报纸。其特点是横排,右行文,语言简洁、直白。20 世纪 90 年代初期彩色印刷的大型日报《侨报》在纽约创办后,"内地化"之风日盛。其后创办的华文报刊,大多采用这一模式。有些报纸还一改使用繁体字的传统,开始使用汉字简化字。例如由来自中国内地的留学生和当地华人共同创办的《新世界时报》,在美国首次使用简化汉字排版。而在其他较晚出现华文媒体的国家和地区,如匈牙利、俄罗斯、罗马尼亚、保加利亚等,其华文报刊则多为简体字。在内地移民报刊的影响下,为了争取更多的读者,一些有着港台背景的报纸在版面风格上也进行了调整,改直排为横排,如澳大利亚华文报纸《澳洲新报》、美国《星岛日报》和《世界日报》等。目前,除新加坡外(新加坡是中国内地以外地区采用简化字最成功的国家),海外华人社会仍以使用繁体字为主。有专家预测,这一状况将随着中国内地移民人口增加到某一个临界点时得到改变。

(四) 专业化程度不断提高

在海外华文传媒中,以台湾、香港为依托的《世界日报》、《星岛日报》等,原本就有着很高的专业水准,由于新加坡等国实行鼓励华文媒体发展的政策,其媒体在专业化方面也达到了相当的水准。相形之下,90 年代以后出现的新移民报刊,则普遍存在专业水准有待提高的问题。近年来,随着媒体创办者们的不懈努力,这方面的情况大有改观。在加拿大,华文报刊"剪刀加糨糊"的时代一去不复返了。现在无论大报还是小报,基本上都使用电脑进行编辑和排版,一些大报的设备已经接近主流媒体的水平。日本也是如此,所有华文报刊全部实现了电脑制作,熟悉电脑操作是各报招聘编辑人员的一个重要标准。在东欧地区,办报者们为吸引读者而竞相调整报刊内容,提高编辑、印刷质量,遂使东欧地区的华文报刊逐渐步入正轨。经过几十年的发展,海外华语广播电视的专业水平也有了很大的提高。在美国,华语广播电视不但数量大幅度增加,技术手段日益进步,规模和覆盖面不断拓展,节目内容也渐趋多元化,增加了新移民感兴趣并需要的内容。澳大利亚的悉尼中文电视台注重节目内容的本地化,尽可能贴近澳大利亚华人的生活现实,播出的节目90%在本地制作,同时多方面寻求与中国电视台的合作,以扩大发展空间。

三、海外华文媒体的发展趋势

从整体上看,目前华文媒体的发展正呈现出一些明显的趋势。

(一)与中国的改革开放同步发展的趋势

改革开放以来中国经济的快速发展及其大步融入世界,使中国成为对全球投资者最具吸引力的国家,来华投资已经成为一个新的热点。在此背景下,世界对中国的关注程度进一步提高,对中国各方面情况的了解也成为了一种客观需要。满足这种需要,适时拓展内容空间,无疑将会提高华文媒体的竞争力和影响力。随着世界性中国热的升温,汉语在国际上的地位明显提高,学习人数逐年增长。据2002年8月在北京语言大学召开的"中文教学发展国际研讨会"透露,目前已有85个国家的2 100余所大学和中国邻近国家不计其数的中小学、民间机构开设了汉语课程,学生人数将近3 000万。学习汉语人群的扩大,将为华文媒体带来更广大的读者群体。随着中国国力的日渐强盛,海外华人的社会地位不断上升,经济实力也大为增长。华人社区消费能力的提高,使当地各大商业机构获得了实在或潜在的客户市场,而这些遍地开花的商业机构又为华文媒体输送着源源不断的广告,成为媒体生存和发展的生命线。总之,随着中国改革开放的不断深入,随着世界经济发展重心的东移以及海外华人经济的进一步扩展,华文媒体所需要的物质、人才、市场等条件将会逐步得到改善,华文传媒也将会出现蓬勃发展的新局面。

(二)华文媒体相互配合、协力发展的趋势

近20年来,随着中国内地对外开放步伐的加快,两岸四地媒体间的交流与合作逐渐开展起来。香港、澳门回归后,交流与合作的范围进一步扩大,包括人员交流、技术交流、学术研究方面的交流以及协同报道、版面互换等方面的合作。进入新世纪,两岸之间的新闻交流也取得了新的进展,相互间入驻采访的范围正在扩大。在两岸四地新闻业互动互利的同时,海内外华文媒体之间的交流与合作也在增加。一方面,海外华文媒体通过各种形式寻求与中国媒体(包括港台媒体)的合作,以获得人力、物力、信息资源等方面的支持;中国媒体在大举进军海外的同时,也在寻求与当地华文媒体的合作。合作方式包括中国媒体(包括港台媒体)向海外华文媒体供稿,在海外媒体上开辟专版、专栏;中国报刊和海外华文报刊互换版面,共享资源。这种"借船出海"的战略正在为越来越多的中国媒体所采用。为了扩大发展空间,海外华文媒体之间的合作也在展开。许多地区性广播开始联网播出,如北美地区跨国华语广播机构——美加华语广播网,在美国和加拿大的十余个城市有联网台,通过地区间的携手合作,形成了加拿大全国信息网络,从而成为北美地区颇具规模的华语电台。这些合作必将促进华人媒体的资源整合,最终形成全球共享的华文媒体网络系统。

(三) 由社区媒体向主流媒体发展的趋势

在过去的 100 多年间,海外华文传媒在维护华人利益、帮助所在国华侨华人融入当地社会等方面发挥了重要的作用。不过在很长一段时间里,华文媒体的影响仅限于华人社区。近年来,随着华人人数的增加及其经济实力的增长,华文传媒在西方国家逐渐站稳了脚跟,影响也越来越大。例如台湾联合报系在美国出版的《世界日报》已经成为美国发行量最大的报纸之一,在包括所有英文报纸在内的美国报纸中,它已排到二十几名。在 2000 年的美国大选中,《世界日报》是唯一能够同时采访布什和戈尔两位总统候选人的社区报纸。在纽约市的选举中,几乎所有的市长候选人都与该报保持密切联系,并随时通报相关信息,以表示他们对华人社区的关注。悉尼的华文报纸在州选或全国大选中,也成为不同政党竞相拉拢的对象,大约三分之一的版面都要提供给各主要政党候选人,以宣传其纲领。在澳大利亚,每逢春节或中国国庆节时,国家以及州市的领导人甚至反对党领袖都会在华文报纸头版发表贺词。在加拿大,多伦多星报集团收购加拿大《星岛日报》,也证明华文媒体在主流媒体心目中已占有重要地位。华文媒体进入主流社会及主流媒体视野并与之合作,是华文传媒历史上从未有过的。

（四）全球拓展的趋势

作为一种信息传播工具,海外华文传媒是以华人社会的形成及其规模的扩大为基础的。20世纪50年代以前,华文报刊主要集中在东南亚一带,五六十年代以后,这种状况逐渐改变,由东南亚国家占压倒优势变为相对集中在东南亚和北美洲两个地区。七八十年代以后,欧洲(包括澳洲)的华文报刊逐渐发展起来,遂形成东南亚、北美、欧洲三个中心。20世纪90年代以后,一些华文报刊销声匿迹数十年的国家,如拉美各国、日本、蒙古、新西兰等,其华文报刊重新获得生机;一些过去没有华文报刊的国家,如意大利、西班牙、瑞士、丹麦、奥地利、匈牙利、罗马尼亚等,也出现了华文报刊。总之,经过100多年的发展,海外华文报刊已遍布全球,成为世界性的传播媒介之一。它不仅存在于数以百万计的华人聚居地,就是在华人人数不多的天涯海角,也有它的踪迹。例如在只有3万名华人的毛里求斯,就有铅印的中文日报两家和中文周报一家;在只有数千名华人的苏里南,也有两家华文报出版。尽管由于主客观条件的差异使得海外华文传媒发展的水平和规模大不相同,但是它们的广为存在和与日俱增,是任何人不能回避的事实。从目前的情形看,海外华文传媒这种全球拓展之势仍在继续。

总之,随着中国在国际舞台上的崛起,随着华人社会的不断成长,世界华文媒体正面临着一个大好的发展机会,其前景是十分广阔的。但是我们也应当看到,华文媒体的发展还存在着一些问题。首先是发展水平不均衡——有些报刊已经采用彩色柯式印刷,有些印刷水平还十分落后;有些报刊发行量高达数十万份,有的仅销一两百份。其次是不少华文报刊面临资金短缺、人才不足、发行萎缩的问题,此外还要受到新媒体和所在地主流媒体的挑战。但是无论如何,在中华文化圈的基础上,一个庞大的中华传媒圈(网络)正在形成,并且在世界新闻传播体系中发挥着越来越重要的作用。

后　记

外国新闻传播史是新闻传播教学的有机组成部分,与中国新闻史同属历史新闻学的范畴。

我国高校正式开设外国新闻史课程是在改革开放之后。起初并无固定教材,只是老师讲,学生记。1985年中国新闻教育学会专门召开了外国新闻史教学研讨会,与会代表(14所高校新闻院系的主讲教师)对这门课程的名称、地位、目的、要求进行了认真探讨,达成了初步共识。会议要求各新闻院系尽快编写教材,以供教学之急需。1988年,由中国人民大学新闻系张隆栋、傅显明教授编著的中国内地第一部外国新闻史教材问世,并作为这门课程的示范教材在各高校得以推广、使用。之后一些新闻院系根据需要编写了自己的教材,由六所高校专业教师合作编写的外国新闻史自学考试教材也于20世纪90年代初期问世。外国新闻史教学由此步入正轨。十几年来,外国新闻史教学逐渐成熟,师资队伍不断扩大,各种教材和专著也日益增多。

外国新闻史这门课程有它的复杂性和特殊性。它涉及的国别多,涵盖面广,内容庞杂,这给教师授课、学生学习都带来了一定的困难。如何克服这个困难,一直是授受双方共同面临的问题。在我看来,外国新闻史教学中有几个关系应当处理好。

第一,点与面的关系

外国新闻史课程内容广泛,它不但涉及多个国家、多种媒体、多方面的人物,而且涉及不同的体制、制度以及复杂的历史分期。因此,外国新闻史教材按什么体例编写,外国新闻史教学以什么为主线,就成为这个领域的教学人员颇费思量的问题。以体制、制度为标准分类,不足以突出外国新闻史的学科特色,并且容易将复杂的问题简单化;以国别划线分类,又嫌繁琐,且不足以说明一国新闻业在世界新闻发展史上的地位与作用。因此,如何突出主线、重点,能不能兼顾到面,点面结合,帮助学生加深对历史规律的普遍性和特殊性的理解,是外国新闻史教学面临的一个课题。

第二，史与论的关系

早期的外国新闻史教材，兼有对世界各国媒体发展历史以及对传播学理论、西方新闻学理论的介绍。传播学从西方新闻学理论分离出去、成为新的课程独立存在以后，外国新闻史基本上就不再涉及各种理论问题，而将重点放在了对各国新闻业发展过程的描述上。这实际上是一个缺失。因为理论是在实践的基础上形成的，它必定是适应了那一时期新闻业发展的需要并且反过来对它产生了一定的影响。缺了这一块，外国新闻史的内容也就不完整了。当然，这里有一个区分问题，也就是外国新闻史讲理论和传播学讲理论的区分，我想其区别在于传播学理论(包括西方新闻理论)着眼于理论本身的描述与评价，外国新闻史则侧重于描述理论产生的时代背景及其历史必然性。也就是这种理论为什么会出现，为什么于此时出现，它的动因是什么，产生了怎样的影响，由一种理论向另一种理论过渡的促发因素是什么等等。这种描述与解释对于新闻传播实践的参照和借鉴意义是显而易见的。

第三，历史与现实的关系

外国新闻史教学中容易出现两种偏差：一是照本宣科，只关注历史，不关注现实；二是抛开教科书，只讲现实，不讲历史。我认为两者都是不可取的，一方面，历史具有连续性，历史发展到今天也就成为现实。如果不关注今天的问题，明天的历史就会出现断裂。所以，现实问题应当关注，应当研究，并应及时补充到教学内容中去。其次，历史是现实发展的依托，也为现实提供了镜鉴。只讲现实不讲历史，对现实的解读就缺乏科学依据，相应地也就缺乏参考价值。现有的教科书只是为教学提供了框架体系，它并不是最终范本，也并不意味着研究的终结。相反，外国新闻史领域中还有许多问题和现象值得我们深入探讨，并期待我们得出结论，去更新教材内容。比如在重大的国际事件中，在紧要的历史关头，媒介起了什么样的作用，它对社会发展产生了怎样的影响等等。对新闻史事件和现象进行不间断的分析解读，外国新闻史教学才会具有生命力，才不会故步自封，仅仅停留在对历史过程的描述和回顾上。

本教材在以上方面做了一定的探索和尝试，总的思路是以世界政治、经济的发展脉络为线索，围绕重大的历史时期和历史事件，对新闻传播的伴生现象进行分析描述，并作出合理的解释。由于研究的循序渐进，这种探索和尝试只能是初步的，以后尚待充实。

感谢复旦大学新闻学院童兵教授的举荐——他曾经是我的同事，也是我的良师益友；感谢复旦大学出版社顾潜老师的信任，若没有他的深重期许与大力鞭策，就没有这本书的出版；感谢北京大学新闻与传播学院与我先期分享这部教材内容的同事诸君和可爱的学生们，他们，还有未名湖与博雅塔是我永远的精神家园。

程曼丽

2004 年 6 月于北大燕北园

再 版 后 记

　　本教材自 2004 年出版以来,为不少高校的新闻院系采用,如今又被列入"十一五国家级规划教材",得以再版,深感荣幸与欣慰。

　　作为一名留校伊始即与外新史教学结下不解之缘的教师,本人参与过多部此类教材的编写,在基本框架与体例方面,经历了由"无产阶级"、"资产阶级"的二水分流,到"国别史"异彩纷呈的过程,同时深切感受到我国新闻史研究者们显而易见的变化—— 一步步摆脱冷战思维的影响,逐渐具有了现代意识、国际眼光和全球视野。从根本上说,这是整个国家的发展、变化在新闻史研究领域中的反映。

　　从冷战思维模式中走出来,面对全球经济一体化的社会现实,我们应当给学生提供什么样的知识体系? 这是每个从事新闻史教学与研究的学者们都在努力探索和身体力行的。本教材即是这种探索的产物。如果说它有什么新意的话,那就是它改变了传统教材的编写与结构方式,按照时间顺序,同时紧扣世界政治、经济发展的脉搏,对历史上的新闻现象进行描述、分析与解读。

　　希望它能够继续为广大学生提供有益的知识与信息,帮助他们透过纷纭复杂的历史现象,达到对新闻业发展的规律性的认识。

　　如同本人在第一版的出版后记中所言,此教材只是为教学提供了框架体系,它并不是最终范本,也并不意味着研究的终结。

　　感谢复旦大学出版社再版此教材,也感谢各地使用这部教材的老师们,以及他们中的一些人为此书的再版所提出的宝贵意见与建议。

程曼丽

2007 年 8 月 16 日于北京大学燕园

图书在版编目(CIP)数据

外国新闻传播史导论/程曼丽著.—2版.—上海:复旦大学出版社,2007.9(2024.1重印)
(新闻与传播学系列教材)
ISBN 978-7-309-05724-9

Ⅰ.外…　Ⅱ.程…　Ⅲ.新闻事业史-外国-高等学校-教材　Ⅳ.G219.19

中国版本图书馆 CIP 数据核字(2007)第 132500 号

外国新闻传播史导论(第二版)
程曼丽　著
责任编辑/顾　潜

复旦大学出版社有限公司出版发行
上海市国权路 579 号　邮编:200433
网址:fupnet@fudanpress.com　http://www.fudanpress.com
门市零售:86-21-65102580　团体订购:86-21-65104505
出版部电话:86-21-65642845
盐城市大丰区科星印刷有限责任公司

开本 787 毫米×960 毫米　1/16　印张 20.75　字数 340 千字
2024 年 1 月第 2 版第 17 次印刷
印数 60 601—63 700

ISBN 978-7-309-05724-9/G·706
定价:45.00 元

复旦大学出版社新闻传播类重点图书

复旦博学·新闻与传播学系列教材(新世纪版):

新闻学概论*(李良荣,32.00);马克思主义新闻经典教程*(童兵,28.00);新闻评论教程*(丁法章,32.00);中国新闻事业发展史*(黄瑚,30.00);外国新闻传播史导论*(程曼丽,33.00);当代广播电视新闻学(张骏德,32.00);当代广播电视概论*(陆晔等,36.00);网络传播概论*(张海鹰等,30.00);新闻采访教程(刘海贵,25.00);西方新闻事业概论(李良荣,22.00);新闻法规和职业道德教程(黄瑚,29.80);中国编辑史(姚福申,49.00)

复旦博学·当代广播电视教程(新世纪版):

当代电视实务教程(石长顺,36.00);中外广播电视史*(郭镇之,36.00);当代电视摄影制作教程(黄匡宇,30.00);影视法导论:电影电视节目制作须知(魏永征、李丹林,38.00);电视观众心理学(金维一,28.00);当代广播电视播音主持(吴郁,28.00);电视制片管理学(王甫、吴丰军,38.00);广电媒介产业经营新论(黄升民等,30.00);电视节目策划学*(胡智锋);视听率教程*(刘燕南)

复旦—麦格劳·希尔传播学经典系列:

传播研究方法;传播学导论;大众传播通论;电子媒体导论(张海鹰,32.00);跨文化传播;公共演讲;说服传播;商务传播;倾听的艺术;访谈技艺:原理和实务;20世纪传播学经典文本(张国良,30.00);媒介与文化研究方法(Jane Stokes,22.00)

复旦博学·新闻传播学研究生核心课程系列教材:

马克思主义新闻思想概论(陈力丹,30.00);当代西方新闻媒体(李良荣,29.00);中国现当代新闻业务史导论(刘海贵,36.00);中国当代理论新闻学(丁柏铨,26.00);媒介战略管理(邵培仁等,38.00);数字传媒概要(闵大洪,25.00);传播学研究理论与方法*(戴元光,30.00);国际传播学导论*(郭可,25.00)

新闻传播精品导读丛书:

新闻(消息)卷——范式与案例(孔祥军,20.00);广播电视卷(严三九,27.00);通讯卷(董广安,20.00);外国名篇卷(郑亚楠,16.00);广告与品牌卷——案例精解(陈培爱,28.00);特写与报告文学卷(宋玉书,28.00)

新闻传播名家自选集丛书:

童兵自选集:新闻科学:观察与思考(童兵,39.00);李良荣自选集:新闻改革的探索(李良荣,39.00);陈力丹自选集:新闻观念:从传统到现代(陈力丹,36.00);喻国明自选集:别无选择:一个传媒学人的理论告白(喻国明,36.00);黄升民自选集:史与时间(黄升民,38.00);尹鸿自选集:媒介图景·

打*者为教育部评审、确定的"十一五"国家级规划教材。

中国影像(尹鸿,38.00);罗以澄自选集:新闻求索录(罗以澄,35.00);戴元光自选集:传学札记:心灵的诉求(戴元光,32.00);王中文集(赵凯主编,45.00);丁淦林文集(丁淦林,25.00)

全球传播丛书:

畸变的媒体(李希光,26.00);中西方新闻传播:冲突·交融·共存(顾潜,21.00);世界百年报人(郑贞铭,28.00);当代对外传播(郭可,15.00);中美新闻传媒比较:生态·产业·实务(薛中军,19.80);国家形象传播(张昆,25.00);跨文化传播:中美新闻传媒概要(高金萍,15.00)

传媒经营丛书:

中国传媒经济研究:1949—2004(吴信训、金冠军,48.00);报刊传播业经营管理(倪祖敏,29.80);图书营销管理(方卿,24.00);战略传媒:分析框架与经典案例(章平,30.00);报纸发行营销导论(吴锋、陈伟,29.80);报刊发行学概论(倪祖敏、张骏德,35.00);现代传媒经济学(吴信训,30.00);中国图书发行史(高信成,45.00);媒体战略策划(李建新,38.00);娱乐财富密码——引爆传媒心经济(张小争,30.00)

新闻传播学通用教材:

中国新闻采访写作教程*(刘海贵);当代新闻采访(刘海贵,16.00);当代新闻写作(周胜林等,20.00);高级新闻采访与写作(周胜林,32.00);当代新闻编辑(张子让,16.00);传播学原理(张国良,10.00);新闻心理学(张骏德等,11.00);新闻与传播通论(谢金文,20.00);实用新闻写作概论(宋春阳等,40.00);新闻写作技艺:新思维新方法(刘志宣,36.00);新闻报道新教程:视角、范式与案例解析(林晖,38.00);当代新闻评论(柳珊,26.00);电视:艺术与技术(张成华、赵国庆,15.00);创新启示录:超越性思维(王健,30.00);实用英汉汉英传媒词典(倪剑等,40.00);全球化视界:财经传媒报道(安雅、李良荣,48.00);财经报道(安雅·谢弗琳)

影·响丛书(电影文化读物):

好莱坞启示录(周黎明,35.00);映像中国(焦雄屏,36.00);香港电影新浪潮(石琪,45.00);台湾电影三十年(宋子文,35.00);影三百:南方都市报中国电影百年专题策划(南方都市报,36.00)

请登陆 www.fudanpress.com,内有所有复旦版图书全书目、内容提要、目录、封面及定价,有图书推荐、最新图书信息、最新书评、精彩书摘,还有部分免费的电子图书供大家阅读。

意见反馈、参编教材、投稿出书请联系 journalism@fudanpress.com;fudan-news@163.com;liting243@126.com。电话:021-65105932、65647400、65109717;传真:021-65642892。

打 * 者为教育部评审、确定的"十一五"国家级规划教材。